Pão Diário
Jornada com DEUS

Edição anual

De:_____

Para:_____

Publicações Pão Diário

Escritores:
Poh Fang Chia, Peter Chin, Winn Collier, Tom Felten, Russel Fralick, Regina Franklin, Tim Gustafson, Jeff Olson, Ruth O'Reilly-Smith, Roxanne Robbins, Jennifer Benson Schuldt, K.T. Sim, Sheridan Voysey, Marvin Williams, Mike Wittmer

Tradutores:
Wilson Ferraz de Almeida, Renata Balarini, Cláudio F. Chagas, Sandra Pina

Revisores editoriais:
Dayse Fontoura, Thaís Soler, Lozane Winter e Rita Rosário

Diagramação:
Rebeka Werner

Fotos:
Alex Soh, stock.xchng

Foto da capa:
por Pixabay

Créditos:
Exceto se indicado o contrário, as citações bíblicas são extraídas da Nova Tradução na Linguagem de Hoje © 2011, Sociedade Bíblica do Brasil.

© 2017 Ministérios Pão Diário. Todos os direitos reservados.

Publicações Pão Diário
Caixa Postal 4190, 82501-970 Curitiba/PR, Brasil
E-mail: publicacoes@paodiario.org
Internet: www.paodiario.org
Telefone: (41) 3257-4028

Código: MJ728 • ISBN: 978-1-68043-293-0
1.ª edição: 2017 • 2.ª impressão: 2023

Impresso na China

Pão Diário
Jornada com DEUS

Edição anual

**Obrigado por interessar-se pelo
*Pão Diário — Jornada com Deus!***

Esta edição anual do devocional *Pão Diário — Jornada com Deus* lhe oferece uma perspectiva inspiradora da Palavra de Deus. Na página seguinte, você encontrará algumas dicas úteis sobre como aproveitar ao máximo este devocional. Reserve um tempo para lê-las.

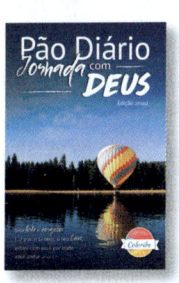

Leia as meditações, dia a dia. Você descobrirá que nossos escritores falam de assuntos relacionados à vida real — problemas de relacionamentos, educação de filhos, serviço, encorajamento mútuo e sobre a busca de santidade num mundo incrédulo.

Suas perguntas e comentários são muito bem-vindos, então, por favor, não hesite em nos contatar.

E-mail: brasil@paodiario.org

Bem-vindo ao *Pão Diário — Jornada com Deus!* Que Deus o abençoe nesta jornada com Ele!

—Os editores do *Pão Diário — Jornada com Deus*

COMO USAR ESTE LIVRO

Como usar e obter o melhor resultado da leitura do devocional
Pão Diário — Jornada com Deus:

1 **Escolha um momento e local.** Escolha um momento e um local específico para ler *Pão Diário — Jornada com Deus*.

2 **Leia os versículos da Bíblia.** Inicie o seu momento com Deus lendo a passagem da Bíblia impressa abaixo da seção leia>. A Palavra de Deus é a parte mais importante da sua leitura diária.

3 **Medite sobre o versículo-chave.** Ele destaca um tema-chave e indica um bom ponto de partida para a leitura do artigo.

4 **Leia o artigo e reflita.** Ao ler, procure aprender mais sobre Deus, seu relacionamento com Ele, e como o Senhor deseja que você viva.

5 **Dedique um momento à seção examine>.** Ela contém passagens adicionais para você considerar e meditar.

6 **Reflita sobre a seção considere>.** As perguntas o ajudarão a trazer a mensagem do devocional ao seu coração. Esforce-se para responder cada pergunta com total honestidade e transparência diante de Deus.

7 **Dedique um momento à oração.** Após ler o artigo e as seções distintas, converse com Deus sobre o que você acabou de aprender e vivenciar. Compartilhe sua reação com o Senhor.

8 **Compartilhe-a com outros também!** Busque oportunidades de compartilhar o que você aprendeu. Ajude outros a conhecerem a Palavra de Deus usando *Pão Diário — Jornada com Deus* todos os dias!

É um equívoco achar que Deus agiu de uma maneira no Antigo Testamento e de outra no Novo Testamento. Nós o imaginamos como um Deus terrível de ira, juízo e castigo no Antigo Testamento e o aceitamos como o Deus de amor, perdão, misericórdia e graça no Novo Testamento.

Contudo, Deus é imutável (NÚMEROS 23:19; 1 SAMUEL 15:29; 2 TIMÓTEO 2:13; HEBREUS 6:17,18; TIAGO 1:17). Ele disse: "…Eu sou o SENHOR e não mudo…" (MALAQUIAS 3:6). Tiago afirma que "Ele não muda, nem varia…" (1:17).

Pensamos que Deus agiu de formas diferentes no Antigo e Novo Testamento porque o Senhor se revelou a nós especialmente através da nação de Israel e de Jesus Cristo (ATOS 13:16-41; ROMANOS 16:25,26; 1 CORÍNTIOS 2:7-12; EFÉSIO 3:3-5; COLOSSENSES 1:25,26; HEBREUS 1:1,2; 1 PEDRO 1:10-12). O Antigo e o Novo Testamentos juntos são necessários para que possamos compreender quem Deus é.

O Deus de ira do Antigo Testamento é também Aquele que se revelou como "…o Deus Eterno! Eu tenho compaixão e misericórdia, […] a minha fidelidade e o meu amor são tão grandes, que não podem ser medidos. Cumpro a minha promessa a milhares de gerações e perdoo o mal e o pecado…" (ÊXODO 34:6,7; NÚMEROS 14:18; DEUTERONÔMIO 4:31; SALMO 86:5,15; ISAÍAS 54:10; LAMENTAÇÕES 3:22; JOEL 2:13; JONAS 4:22; MIQUEIAS 7:18). Neemias afirmou o grande amor de Deus em sua oração: "…Mas tu és Deus que perdoa; tu és bondoso e amoroso e demoras a ficar irado. A tua misericórdia é grande…" (NEEMIAS 9:17).

Por outro lado, o Deus que amou o mundo de tal maneira que deu Seu único Filho (conforme o Novo Testamento) é o mesmo que se ira e julga. Paulo preveniu: "Do céu Deus revela a sua ira contra todos os pecados e todas as maldades das pessoas…" (ROMANOS 1:18), e quem não se arrepende está "…aumentando ainda mais o castigo […], pois [Deus] recompensará cada um de acordo com o que fez […], fará cair a sua ira e o seu castigo sobre os egoístas…" (ROMANOS 2:5-8). João relata o terrível derramamento da "ira do Cordeiro" em Apocalipse, "Pois já chegou o grande dia da ira deles, e quem poderá aguentá-la?" (6:16,17).

Ao ler o Antigo e o Novo Testamentos em suas perspectivas e contextos corretos, fica claro que o Deus do Antigo é também o Deus do Novo Testamento.

—*K.T. SIM*

1.º DE JANEIRO

NOVO

LEIA

Apocalipse 21:1-5

...*Agora faço novas todas as coisas!*... (v.5).

EXAMINE

Leia Jeremias 31:31-34 e pense no que a nova aliança significa para aqueles que creem em Jesus.

CONSIDERE

Onde você vê a nova criação emergir e, ao mesmo tempo, lutar para vir à tona em sua vida? O que a nova vida em Jesus significa para você?

Feliz Ano Novo! Mais uma vez, é hora de anunciar a chegada de outro conjunto de 365 dias novinho em folha.

A maioria de nós gosta de coisas novas; então, novos anos e novas fases geralmente são bem-vindos. Com certeza, eu compraria um carro novo para substituir o antigo. Uma casa nova seria bem legal. Um barco de pesca novinho seria melhor ainda (ah, quem me dera!). E ainda tem sapatos novos, livros novos, nova música, novas amizades, novas oportunidades de servir e crescer e muito mais!

O novo é bom. Mas existe um tipo de "novo" que a Bíblia apresenta e que leva o novo a um novo nível (sem trocadilhos).

O Novo Testamento usa dois tipos de termos gregos para a palavra *novo*. *Neos* se refere a algo que veio a existir recentemente, tal como um ano novo. Ele não existia antes e é novo em folha. *Kainos* indica algo *renovado* em vez de novo em folha. Contém a ideia de que havia algo "anterior" que agora está herdando a plenitude de sua verdadeira realidade.

É *kainos* que eleva o conceito de "novo" a um nível diferente. O apóstolo João usou esta palavra para descrever os novos céus e nova terra futuros (APOCALIPSE 21:1). É a mesma palavra que Jesus usará para proclamar de Seu trono: "Eis que faço novas todas as coisas" (v.5). Também é a palavra que o apóstolo Paulo usou quando escreveu sobre qualquer pessoa que se torna "nova criatura" em Cristo (2 CORÍNTIOS 5:17).

Em todos os casos, a ideia do "novo" é que algo que já existia e agora está sendo recriado e restaurado a fim de que possa ser tudo o que foi designado para ser.

À medida que entramos em outro ano, vivamos nossa nova criação que já começou. E lembremos que, um dia, ela será completamente revelada. —*JEFF OLSON*

2 DE JANEIRO

UM PANORAMA MAIS AMPLO

LEIA

Jó 40:1-14

Já falei mais do que devia e agora não tenho nada para dizer (v.5).

EXAMINE

Leia o Salmo 103 e veja os temas de injustiça, fraqueza humana e bondade de Deus que o salmista ancião abordou.

CONSIDERE

Que grandes perguntas você quer fazer a Deus? O que você acha que Ele poderia lhe ensinar nestes dias?

Minha filha me fez uma ótima pergunta: Qual é a relação entre Provérbios, Eclesiastes e Jó? Os primeiros dois parecem tão... *contraditórios*. E o livro de Jó é uma saga bem peculiar!

Philip Yancey assinala a ironia de Eclesiastes vir depois de Provérbios na Bíblia. Provérbios retrata a vida como deveria ser: faça coisas boas e prospere. Faça coisas ruins e sofra. Entretanto, Eclesiastes aconselha quase como um Bisonho bíblico (personagem de *O Ursinho Pooh*): *Fim da linha... Nada a fazer...*

Jó traz uma perspectiva sobre esses pontos de vista. Esforçado e íntegro, Jó vivia bem, e a vida seguia sem maiores problemas. No entanto, a tragédia o assolou. Seus amigos insistiram que apenas os perversos sofriam (portanto, Jó era perverso). Sua esposa o aconselhou: "Amaldiçoe a Deus e morra!" (Jó 2:9). Estavam tão enganados.

Esses livros agem juntos. Provérbios não é um livro de promessas, mas de instruções sobre como viver com sabedoria. Eclesiastes descreve a estupidez de viver apenas para esta vida. Jó nos mostra que existe muito mais na vida — e em Deus — do que se imagina. Muitas coisas permanecem além da nossa compreensão.

Em quatro capítulos (Jó 38–41), Deus fez a Jó perguntas sem resposta, instigando a confissão completa de Jó: "Eu não valho nada; que posso responder? Prefiro ficar calado" (40:4). Então concluiu: "É que falei de coisas que eu não compreendia, coisas que eram maravilhosas demais para mim e que eu não podia entender" (42:3).

É bom fazer escolhas sábias, e Provérbios pode nos ajudar. Também é bom compreender a vida nesta terra, e Eclesiastes pode nos ajudar. Jó nos dá um vislumbre do mistério. Deus *está* ali, e Ele é grande. Deus também é *bom*. —TIM GUSTAFSON

A BÍBLIA em UM ANO ▶ Gn 4–6; Mt 2

3 DE JANEIRO

DISCIPLINA ESPIRITUAL

LEIA

2 Timóteo 2:1-13

Participa dos meus sofrimentos como bom soldado de Cristo Jesus (v.3 ARA).

EXAMINE

Leia
1 Coríntios 9:7-25
e repare como Paulo descreve o próprio ministério.

CONSIDERE

Liste as disciplinas espirituais (como oração e leitura bíblica). Quais você pode adotar para ser um bom soldado, atleta campeão ou lavrador que trabalha para Deus?

O que soldados, atletas e lavradores têm em comum? *Disciplina*. Soldados passam por exercícios rotineiros, para estar preparados para a batalha. Os atletas se submetem a treinamento rigoroso para poder competir. Os lavradores trabalham desde o nascer até o pôr do sol, na esperança de uma colheita abundante.

Quem crê em Jesus, deve ser como soldado, atleta e lavrador. Isso é o que o apóstolo Paulo diz a Timóteo e a nós em 2 Timóteo 2:3-6. Primeiramente, você é um soldado. Reconheça que está sempre em guerra e não se surpreenda ao sofrer. Espere. Em segundo lugar, você é um atleta. E deve jogar segundo as regras para ganhar o prêmio. Em terceiro lugar, você é um lavrador. Aquele que trabalha mais pesado, deve ser o primeiro a colher os frutos.

E não é tudo. Paulo diz que cada um deve ser um "bom soldado de Cristo Jesus" (v.3). O termo grego para "bom" é *kalos*, que significa nobre ou excelente. Em outras palavras, devemos não apenas ser soldados zelosos, mas excelentes, que levam uma vida disciplinada para agradar ao nosso General, Jesus Cristo.

E como atletas em busca do ouro, nos entregamos ao treinamento espiritual. Somos compelidos a vencer, não apenas a concluir a corrida. Nós nos disciplinamos e suportamos anos difíceis de esforço, a fim de sermos o melhor que pudermos, afiando os dons e talentos que Deus nos deu para a Sua glória.

Além disso, os cristãos devem ser como lavradores que trabalham. A locução *que trabalham* usada aqui significa trabalhar a ponto da exaustão. Cristãos trabalham pesado pois confiam nas promessas de Deus. Ele pacientemente trabalha conosco até que o sucesso venha.

A pergunta é: que tipo de soldado, atleta ou lavrador seremos? —*POH FANG CHIA*

Gn 7–9; Mt 3

4 DE JANEIRO

SENDO ENCONTRADO

LEIA

Êxodos 3:1-15

Estou aqui — respondeu Moisés (v.4).

EXAMINE

Leia Êxodo 3:11-14 novamente. Por que Moisés estava com medo de voltar para o Egito? Qual foi a reação de Deus ao medo dele?

CONSIDERE

A ideia de um encontro com o Altíssimo faz você tremer de alguma maneira? Em que aspectos o poder ou amor de Deus o aterroriza?

Tenho uma amiga que tem cicatrizes tão profundas em sua alma, que ela resiste ao amor compassivo dos outros. Pessoas generosas lhe estendem a mão e dão a vida por ela (na realidade, em muitos aspectos é exatamente isso o que fazem). Mesmo assim, ela foge desse amor. Tem medo de ser amada. O amor que lhe é oferecido é tão forte, e seu coração é tão fraco, que isso a aterroriza. Parece mais seguro permanecer em seu casulo.

Moisés havia enfrentado muitas perdas. Seus primeiros dias fora do útero haviam sido traumáticos; ele fora resgatado por um assassino. Então, foi separado de sua família e criado na casa de faraó. Finalmente, teve de fugir após ter matado um egípcio que estava espancando um de seus irmãos hebreus.

Agora, anos mais tarde, as Escrituras relatam que Moisés estava no deserto. Esta palavra descrevia a geografia, mas também a vida de Moisés. Ele estava longe de casa, longe de seu povo, longe de sua vida normal.

Em seu deserto, Moisés se deparou com uma sarça em chamas — uma sarça que notadamente não se consumia! Ele aproximou-se. Uma voz bradou da sarça ardente: "Moisés! Moisés!" (ÊXODO 3:4). Ele deu outro passo, e a voz trovejou: "Pare aí e tire as sandálias, pois o lugar onde você está é um lugar sagrado..." (v.5).

Como se isto não bastasse para desconcertar o homem, a voz então se apresentou como o Deus de seus antepassados! Moisés entrou na presença do Altíssimo. Sua reação? "Moisés escondeu o rosto, porque temeu olhar para Deus" (v. 6).

Deus tinha visitado Moisés e compassivamente cuidado dele — assim como fizera por décadas. Quando Ele nos visitar hoje, que possamos estar abertos ao Seu poderoso amor. —WINN COLLIER

5 DE JANEIRO

SEM ARREPENDIMENTO

LEIA

Mateus 25:14-30

Fiquei com medo e por isso escondi o seu dinheiro na terra. Veja! Aqui está o seu dinheiro (v.25).

EXAMINE

Leia Lucas 16:19-31 para aprender a evitar o arrependimento de uma vida desperdiçada.

CONSIDERE

Como você servirá a Deus hoje? Que talentos, dons ou recursos você deveria estar usando para a Sua glória?

Os sociólogos de uma universidade realizaram um estudo sobre o arrependimento. Eles examinaram se as pessoas sentiam mais remorso pelo que tinham feito ou pelo que haviam deixado de fazer. Descobriram que o nível de arrependimento era basicamente o mesmo. Porém, quando se pediu que pensassem no maior arrependimento da vida, a vasta maioria falou que se preocupava mais com as oportunidades perdidas. Como John Greenleaf Whittier escreveu: "De todas as palavras tristes, as mais tristes são estas: *Poderia ter sido assim*".

Algumas oportunidades perdidas são maiores do que outras. Jesus contou uma parábola para explicar que Deus dá a cada um de nós responsabilidades em Seu reino. Na história, cada servo recebeu um, dois ou três talentos de prata com base naquilo com que poderiam lidar. O servo que recebeu um talento o enterrou porque, como disse ao seu "duro" senhor, "Fiquei com medo e por isso escondi o seu dinheiro na terra…" (MATEUS 25:24,25).

Será que desistimos das oportunidades do Reino por medo? Se acreditamos que nosso Deus é um Rei bom, podemos confiar nele o suficiente para tentar coisas novas.

O senhor disse ao servo com um talento que ele era "mau e negligente", porque poderia ter tido o interesse de depositá-lo num banco (vv.26,27).

Será que desistimos das oportunidades do reino porque preferimos não ser incomodados? Se acreditamos que Deus nos presenteou com dons e talentos para servir aos outros, é melhor que o façamos. As consequências podem ser horríveis, como foram para o "empregado inútil" na história de Jesus, o qual foi lançado "…fora, na escuridão" (v.30).

Deus nos deu uma única vida para vivermos para Ele. Façamos isso sem arrependimentos. —MIKE WITTMER

Gn 13–15; Mt 5:1-26

6 DE JANEIRO

DERROTADO

LEIA

Deuteronômio 1:42-46

...Não vão lá, nem entrem em nenhum combate, pois eu não irei com vocês, e os seus inimigos os derrotarão (v.42).

EXAMINE

Leia Lucas 11:28 e veja o que Jesus diz sobre as pessoas que entendem a Palavra de Deus e fielmente a colocam em prática.

CONSIDERE

Pronto para atacar alguém com palavras? Pense nos mandamentos de Deus e escolha fazer o que é correto aos Seus olhos. O que impedirá que você seja derrotado por decisões que desonram a Deus hoje?

Outro dia, li duas passagens de Deuteronômio e Números com mensagens similares. Elas me fizeram reconhecer mais profundamente as consequências de desobedecer a Deus e não conseguir prestar atenção às Suas advertências. Trocando em miúdos: prosseguir sem a liderança, a permissão ou a assistência de Deus, independentemente de como justifiquemos nossas palavras ou atitudes, nos levará a Seu julgamento.

Vamos dar uma olhada em como esses dois relatos revelam esta verdade. Mas consideraremos as consequências físicas, terrenas da nossa desobediência, não as consequências eternas do pecado pelo qual Jesus tornou possível a salvação.

Em Deuteronômio 1, Moisés relatou como os israelitas tinham rejeitado a provisão de Deus e "...mesmo assim vocês não confiaram no Senhor" (v.32). Por terem desobedecido e não entrado na terra quando Deus lhes disse para entrar, Ele adiou a entrada do povo por 40 anos.

Mais tarde, os israelitas haviam cansado de vagar pelo deserto e começaram a queixar-se. Descontentes com o tempo de Deus, eles se prepararam para ir rumo à Terra Prometida. Tomaram a situação nas próprias mãos e atacaram seus inimigos embora tivessem sido alertados pelo Senhor: "Não vão lá, nem entrem em nenhum combate, pois eu não irei com vocês, e os seus inimigos os derrotarão" (Deuteronômio 1:42). E, de fato, quando atacaram, foram derrotados. "Então vocês voltaram e clamaram pedindo ajuda ao Senhor, mas ele não lhes deu atenção, nem os atendeu" (v.45).

Quando escolhemos palavras e atos que vão contra a vontade de Deus e Sua clara instrução, colhemos as consequências. Em vez disso, que possamos orar ainda mais e buscar a sabedoria do Senhor antes de falar ou agir. —Roxanne Robbins

7 DE JANEIRO

AMOR E CONHECIMENTO

LEIA

Mateus 10:26-31

...até os fios dos seus cabelos estão todos contados. Portanto, não tenham medo, pois vocês valem mais do que muitos passarinhos (vv.30,31).

EXAMINE

Leia Salmo 139:13-18 para um belo lembrete de como o conhecimento profundo de Deus sobre nós anda de mãos dados com Seu amor inigualável!

CONSIDERE

Na sua vida, de quem você mais ouve a opinião ou o julgamento? Como você pode ouvir com mais atenção a opinião ou o julgamento de Deus?

Uma antiga lenda sobre o *Titanic* diz o seguinte: uma mulher a bordo do navio perguntou, com nervosismo, a um ajudante do convés se o *Titanic* era realmente uma embarcação impossível de afundar, e que ele respondeu: "O próprio Deus não conseguiria afundar este navio".

Um resultado trágico mais tarde provaria que essa declaração estava errada. Porém, algumas das mentes mais brilhantes da história também erraram. Por exemplo, Winston Churchill uma vez proclamou que a guerra com o Japão era impossível (e ela aconteceu!).

Já que as pessoas podem errar em suas afirmações, é estranho que, às vezes, vivamos com tanto medo delas — como se não fossem tão falíveis quanto nós. Mas Mateus 10 nos relembra de Alguém que detém a verdadeira autoridade e o conhecimento: apenas Deus. Ele tem autoridade não apenas sobre o corpo físico, mas também sobre a própria alma (v.28). Sua sabedoria é abrangente, e Ele sabe até o número dos fios de cabelo da nossa cabeça (v.30). Como Jó, muitas vezes passamos tempo demais ouvindo o conselho de nossos amigos imperfeitos em vez de ouvir as opiniões do nosso Deus Altíssimo.

Na mesma passagem de Mateus, Jesus continuou dizendo que não apenas somos conhecidos de Deus, mas somos valiosos para Ele (v.31). Isto revela, como é repetido em outras partes das Escrituras, que o temor do Senhor não está em oposição ao Seu amor. Provérbio 9:10 nos relembra de que o temor do Senhor é o princípio da sabedoria, e, no Salmo 118:4, lemos: "E que todos os que o temem digam: 'O seu amor dura para sempre!'".

Assim, devemos nos aproximar de Deus, não somente porque Ele nos conhece melhor do que ninguém, mas também porque nos ama muito mais! —PETER CHIN

Gn 18–19; Mt 6:1-18

8 DE JANEIRO

AS FERROADAS DA VIDA

LEIA

Ageu 1:1-13

E assim Ageu, o mensageiro de Deus, falou e entregou ao povo de Judá a seguinte mensagem: — Eu estarei com vocês. Eu, o Senhor, falei (v.13).

EXAMINE

Leia Mateus 24:12-14 e reflita sobre a importância de viver a verdadeira fé em Jesus até quando o pecado e os desafios abundam.

CONSIDERE

O que o faz experimentar a apatia espiritual? O que pode ajudá-lo a readquirir paixão por seguir e servir a Deus?

Uma senhora de 71 anos estava fora de casa quando um letal enxame de abelhas africanas começou a ferroá-la. Os vizinhos chamaram os bombeiros, que correram em seu resgate e a encontraram coberta num "traje de abelhas". Um cobertor foi jogado sobre ela, e a carregaram para a casa. Surpreendentemente, ela sobreviveu a mais de mil ferroadas!

Um remanescente de Judá tinha voltado para Jerusalém do cativeiro na Babilônia e foram ferroados pelas palavras e atitudes dos moradores locais pagãos (Neemias 4:1-3).

Antes cheios de entusiasmo e preparados para reconstruir o templo e o restante da cidade, estavam agora deprimidos e num estado de apatia. Foi quando o profeta Ageu lhes transmitiu uma mensagem composta de quatro partes:

• *Façam a obra* — Ageu lhes disse que abrissem mão do conforto e restaurassem o templo e a cidade para a glória de Deus (Ageu 1:1-15).

• *Apeguem-se às promessas de Deus* — O povo poderia descansar no fato de que Deus não os tinha esquecido nem os abandonado (2:1-9).

• *Busquem a pureza* — Deus desejava que continuassem a seguir Sua lei e a ser santos como Ele é (vv.10-19; Levítico 11:44,45).

• *Saibam que Deus reina* — Deus reafirmou que a linhagem de reis que leva ao Messias e ao reino que Ele lideraria não poderia ser interrompida (Ageu 2:20-23).

As ferroadas da vida podem nos fazer imergir na apatia espiritual. Talvez você esteja trabalhando com um chefe difícil ou enfrentado um desafio familiar que não passa. Quaisquer que sejam os problemas, lembre-se: Deus nos chama para servi-lo com entusiasmo ao descansarmos em Suas promessas. Busque a Deus ao mesmo tempo que encontra esperança no fato de que *Ele* reina! —Tom Felten

9 DE JANEIRO

O SUCESSO QUE SEGUE

LEIA

1 Samuel 30:1-30

...Tudo deve ser repartido em partes iguais: quem ficou atrás com a bagagem deve receber o mesmo que aquele que lutou na batalha (v.24).

EXAMINE

Leia 2 Timóteo 1:5-14 e veja como Paulo aconselhou Timóteo a explorar os dons que lhe foram dados pelo Espírito Santo.

CONSIDERE

Você só quer fazer as coisas empolgantes para Deus, em vez do que é necessário ou do que Ele o chamou para fazer? Como pode incentivar aqueles que são chamados a "ficar com a bagagem"?

Um membro da minha pequena congregação está agora em sua nona década de vida. Seu zelo por Deus e por servir aos Seus propósitos não diminuiu por mais de 60 anos. Seu corpo, porém, está começando a desacelerar. Isto o frustra, porque ele deseja compartilhar com todos sobre o amor de Jesus. Quer fazer parte dos esforços evangelísticos, mas raramente sai de casa ultimamente.

Davi levava 600 homens consigo quando saiu para perseguir os invasores amalequitas (1 SAMUEL 30:9). Logo, 200 deles estavam exaustos demais para prosseguir pelo ribeiro, terminar a batalha e tomar de volta todos os bens e as pessoas que haviam sido levados (v.10). Os 400 remanescentes foram adiante e tiveram uma grande vitória, como Deus prometera a Davi (vv.7,8).

Mais tarde, alguns dos guerreiros vitoriosos se ofenderam com o fato de que os 200 que haviam ficado com a bagagem receberam uma parte igual dos despojos, mas Davi sabia que era o certo a se fazer. Compreendia que o papel de cada pessoa era de igual importância (vv.21-24). Se ninguém tivesse se cansado, a bagagem teria ficado desprotegida e poderia ter sido roubada. Na providência divina, um terço dos homens exaustos proveu um serviço inestimável permanecendo sentado!

Deus quer nossa disponibilidade e nossa obediência, não apenas nossa força física. Meu irmão mais velho em Cristo é um grande homem de oração, uma inspiração para muitos. Agora, ele tem muito tempo para cumprir o propósito de Deus nesta área, para encorajar outros em seus ministérios e obedecer plenamente à vontade do Pai. Deus quer a obediência dele nessas funções, não seu zelo em outra qualquer. À medida que obedecemos, Deus nos promete e provê o sucesso vindouro.

—RUSSELL FRALICK

Gn 23–24; Mt 7

10 DE JANEIRO

VESTIDO PARA O SUCESSO

LEIA

Colossenses 3:12-15

Vocês são o povo de Deus. Ele os amou e os escolheu para serem dele. Portanto, vistam-se de misericórdia, de bondade, de humildade, de delicadeza e de paciência (v.12).

EXAMINE

Leia Romanos 13:12-14 e veja o que Paulo diz sobre vestir-se da presença de Jesus.

CONSIDERE

Que "revestimento" espiritual você não tem usado ultimamente? O que precisa mudar a fim de poder se vestir para o sucesso em viver para Jesus?

Há alguns anos, meu marido e um amigo tentaram o Desafio dos Três Picos — escalar as montanhas mais altas da Escócia, Inglaterra e Gales em 24 horas. A empreitada incluía escalar Ben Nevis, a montanha mais alta das Ilhas Britânicas, com 1344 metros. Estava ensolarado ao sopé de Ben Nevis quando, usando apenas camisetas e *shorts*, eles começaram a subir. Enquanto se aproximavam do pico, o tempo mudou; chegaram ao gelo e à densa neblina, e suas roupas leves não eram suficientes. Desceram a montanha, o desafio estava cancelado.

Assim como podemos ouvir a previsão do tempo antes de escolher o que vestir, também devemos consultar a Palavra de Deus ao nos preparar para o dia (Josué 1:8; 2 Timóteo 3:16,17). Como pessoas que creem em Jesus, precisamos começar nosso dia apropriadamente "vestidos" — de misericórdia, bondade, humildade, mansidão e longanimidade (Colossenses 3:12). Isso inclui estar preparado para levar em conta as falhas dos outros, perdoando quem nos ofender e lembrando-nos do perdão de Deus ao perdoar aos outros (v.13).

Devemos também jamais sair de casa sem nos revestir de amor — é essencial que nos mantenhamos conectados às necessidades dos que nos cercam (v.14). Finalmente, antes de sermos arrastados para a loucura de um novo dia, devemos fazer uma pausa e permitir que a paz de Cristo reine em nosso coração enquanto refletimos sobre como somos gratos por Suas bênçãos e Sua provisão (v.15).

Quando estamos ocupados, é fácil sair de casa espiritualmente malvestidos. No começo de um novo ano, que nos tornemos familiarizados com Jesus e com Sua mensagem a fim de que possamos ser uma representação precisa de quem Ele é para os outros (vv.16,17). —*Ruth O'Reilly-Smith*

11 DE JANEIRO

A DISTÂNCIA?

LEIA

Salmo 33:1-22

O Senhor Deus olha do céu e vê toda a humanidade (v.13).

EXAMINE

Leia Salmo 139:1-10 e considere como Deus está intimamente envolvido conosco.

CONSIDERE

Você, às vezes, sente que Deus está longe de você? Como pode se aproximar dele?

A canção *From a Distance* (A Distância) descreve o mundo a distância. A letra descreve as cores vibrantes da Terra vista do espaço sideral, um estado de harmonia e felicidade sendo encontrado em cada nação e a ideia de que ninguém tem falta de nada. Guerras e enfermidades nada são além de uma lembrança — deixando os habitantes do nosso mundo cantando com paz e esperança. A canção conclui retratando Deus contemplando Sua criação a distância.

Um cântico na Bíblia pode inicialmente parecer apresentar uma mensagem parecida: "O Senhor olha dos céus; vê todos os filhos dos homens" (Salmo 33:13).

O Salmo 33 é um cântico de louvor (vv.1-3). O autor convoca o povo de Deus a louvá-lo por Sua Palavra e obras (vv.3-9), porque Ele é Deus digno de confiança, justo, bom, fiel *e* amoroso (vv.4,5). Adoramos um Deus que poderosamente cria, soberanamente controla e providencialmente cuida de Sua criação (vv.6-22). O Criador Todo-Poderoso do mundo cósmico também é o Autor supremo da história humana! (vv.9-11).

Do céu, Deus "...vê toda a humanidade. Do lugar onde mora, ele observa todos os que vivem na terra" (vv.13,14). Mas isso não faz dele distante; pelo contrário, nosso Deus está intimamente envolvido conosco. "É Deus quem forma a [nossa] mente e quem sabe tudo o que [fazemos]" (v.15). O Senhor não está meramente nos observando a distância. Ele é Emanuel — Deus conosco (Mateus 1:23).

Não adoramos um Deus num trono distante. Adoramos Jesus, que entrou em nosso mundo (Hebreus 2:17,18); que sente empatia por nossas fraquezas e nossa natureza humana (4:15,16); que nos resgata da morte e é a nossa esperança, o nosso auxílio e o nosso escudo (Salmo 33:19,20). —*K. T. Sim*

Gn 27–28; Mt 8:18-34

12 DE JANEIRO

FILTRE SEUS SONHOS

LEIA

Romanos 13:8-14

Não fiquem devendo nada a ninguém. A única dívida que vocês devem ter é a de amar uns aos outros. Quem ama os outros está obedecendo à lei (v.8).

EXAMINE

Reflita sobre Filipenses 2:3-11 e sobre como Jesus abdicou de Seu privilégio divino a fim de que pudéssemos viver.

CONSIDERE

Se o seu maior sonho se tornasse realidade, quem mais se beneficiaria? Quanto você está disposto a abdicar de um sonho por uma pessoa?

Minha esposa, Merryn, e eu conversávamos em profunda dor emocional. "Se esta for nossa última chance de ter um bebê e não acontecer", ela falou, "vou precisar de algo a mais". Tínhamos passado a última década tentando tudo para construir uma família — fertilização *in vitro*, orações por cura, adoção — tudo sem sucesso. Agora, esperávamos o resultado da última rodada de fertilização.

Os primeiros dez anos tinham sido profissionalmente plenos para mim. Eu começara um programa nacional de rádio, escrevera alguns livros e dera algumas conferências. Estava vivendo meus sonhos.

"Se esta rodada da fertilização não funcionar, quero recomeçar", Merryn falou. "No exterior." *No exterior?*, pensei. *E deixar tudo o que conquistamos para trás?* Ela precisava de um novo sonho, mas realizá-lo exigiria abrir mão dos meus.

Sonhar é importante. Mas assim como a embriaguez, imoralidade, contendas e inveja devem ser filtradas de nossa vida (ROMANOS 13:13), nossos sonhos também devem ser filtrados — pelo *amor*. Como Paulo diz, é nossa obrigação amar ao próximo (v.8). Quando filtrados pelo amor, alguns dos nossos sonhos precisam ser remodelados, até abdicados, para ajudar outros a alcançar seus sonhos. Devemos ser como Jesus (v.14), que abriu mão da Sua glória por nós (FILIPENSES 2:3-11). O que eu faria por Merryn? Eu não gostava do preço.

Por fim, deixamos a Austrália e nos mudamos para a Inglaterra, onde ela conseguiu o emprego dos sonhos na Universidade de Oxford. E eu consegui um contrato inesperado para escrever um livro para ajudar os outros em sua própria dor.

Jesus pode nos chamar para filtrar nossos sonhos pelos outros. Mas frequentemente Ele nos dá novos sonhos em troca. —SHERIDAN VOYSEY

13 DE JANEIRO

EM APUROS

LEIA

Mateus 12:9-14

Pois uma pessoa vale muito mais do que uma ovelha. Portanto, a nossa Lei permite ajudar os outros no sábado (v.12).

EXAMINE

Leia Ester 4:8-16 e veja como uma mulher foi contra as regras para salvar o próprio povo.

CONSIDERE

Quando foi a última vez que você agiu com base na questão: "A quem posso mostrar bondade hoje"? Ainda que você "entre em apuros", que regras e rituais precisa ignorar para ajudar alguém?

Um dia, durante a aula, Adrionna Harris notou algo perturbador — um de seus colegas de classe estava se cortando com uma lâmina de barbear. Quando ela percebeu que se tratava de uma situação grave, ela fez o que pensava ser o certo a fazer — intrometeu-se, tirou a lâmina dele e a jogou fora. Porém, em vez de ser elogiada, sua atitude compassiva custou-lhe uma suspensão de dez dias. Indagada se agiria da mesma forma, Adrionna replicou: "Ainda que eu me metesse em encrenca, não importaria, porque estaria ajudando meu colega... Eu faria tudo novamente mesmo que fosse suspensa".

Assim como o ato de compaixão de Adrionna estimulou a controvérsia na escola, a compaixão de Jesus incitou uma rixa religiosa com os fariseus.

Sempre provocando Jesus e procurando uma abertura para derrubá-lo, os fariseus usaram um homem com a mão deformada, ressequida, como isca para levar o Salvador a infringir a lei (Mateus 12:10). Jesus lhes disse que, se os judeus tinham a permissão de cuidar dos animais em situações horríveis no sábado, muito mais deveriam separar regras e códigos para cuidar das pessoas (vv.11,12).

Jesus é o Senhor do sábado e, então, Ele pode regulamentar o que é e o que não é permitido nesse dia (vv.6,8). Mesmo sabendo que isso o deixaria em problemas com os líderes religiosos (e de fato o *deixou*), Jesus restaurou a mão do homem (vv.13,14).

Mesmo quando nos metemos em problemas, às vezes somos compelidos a ir contra tradições e preferências para ajudar pessoas necessitadas. Quando as ajudamos, imitamos Deus (EFÉSIOS 5:1), revelamos a genuinidade da nossa fé (TIAGO 2:14-17) e dividimos as cargas dos nossos irmãos (GÁLATAS 6:1). —*MARVIN WILLIAMS*

14 DE JANEIRO

CAMINHOS DIFÍCEIS

LEIA

Atos 16:22-37

...Paulo e Silas oravam e cantavam louvores a Deus... (v.25).

EXAMINE

Leia Hebreus 11:24-26 para ver o que significou para Moisés escolher o caminho difícil. E Daniel 3:19-29 para saber o que houve quando três homens escolheram a fornalha ao invés da infidelidade a Deus.

CONSIDERE

Qual foi a coisa mais difícil que você já fez (ou evitou fazer) por Jesus? Como Seu sacrifício o inspira a escolher o caminho difícil por Ele?

Certa vez, caminhando por um parque com o meu avô, nossa trilha deu num lago no fundo de um vale. Enquanto prosseguíamos, vários caminhos menores desligavam-se da trilha principal. Cada vez que chegávamos a uma bifurcação, meu avô me deixava escolher a direção. Eu sempre escolhia o caminho mais escarpado, rochoso e difícil. Meu avô suspirava algumas vezes, mas tomava a trilha mais desafiadora por minha causa.

Paulo e Silas frequentemente escolhiam o caminho difícil por Jesus. Mesmo depois de terem sido espancados e colocados num cárcere em Filipos (Atos 16:23,24), eles louvaram a Deus na prisão. "Mais ou menos à meia-noite, Paulo e Silas estavam orando e cantando hinos a Deus..." (v.25). Eles glorificaram a Deus quando teria sido mais fácil reclamar e chorar.

Escolhendo o caminho difícil novamente, Paulo e Silas permaneceram dentro da cadeia quando um terremoto lhes apresentou a oportunidade de fugir. Por causa do tremor, "...que abalou os alicerces da cadeia. Naquele instante todas as portas se abriram, e as correntes que prendiam os presos se arrebentaram" (v.26).

Quando o carcereiro percebeu o que acontecera, presumiu que os presos haviam escapado e preparou-se para cometer suicídio. Decidindo abençoar aquele que o acorrentara, Paulo gritou: "Não faça isso! Todos nós estamos aqui!" (v.28). O carcereiro, aliviado, escoltou Paulo e Silas para fora da prisão. Mais tarde, ele e toda a sua casa se entregaram a Cristo (v.34).

Embora as coisas terminaram bem para Paulo e Silas em Filipos, o caminho que honra a Deus raramente é agradável. Mas não importa o que enfrentemos, sabemos que Jesus jamais nos deixará sozinhos (2 Coríntios 4:8,9). —JENNIFER BENSON SCHULDT

15 DE JANEIRO

O PODER DA BELEZA

LEIA

Eclesiastes 3:9-14

Deus marcou o tempo certo para cada coisa... (v.11).

EXAMINE

Leia Filipenses 4:8 e considere como as palavras de Paulo nos levam a pensar sobre o que é verdadeiramente formoso aos olhos de Deus.

CONSIDERE

Como você pode trazer mais beleza à sua vida? Como pode compartilhar a beleza de Deus com os outros, esta semana?

O pôr do sol. As pessoas tendem a parar o que estão fazendo para contemplá-lo... tirar fotos do momento... admirar seu esplendor.

Alguns anos atrás, minha esposa e eu observávamos o sol se pôr sobre o Golfo do México. Estávamos cercados por uma multidão de pessoas — na maioria, estrangeiros — que haviam se reunido na praia para contemplar este ritual noturno. No momento em que o sol desapareceu completamente sob o horizonte, a multidão irrompeu em aplausos.

Por que as pessoas agem assim? Eu diria que é pelo poder da beleza! A beleza fala ao nosso coração como poucas coisas o fazem. Ela não apenas nos atrai, mas também tem o poder de nos levar a algo além de si mesma. Por fim, ela pode nos levar até para mais perto do Criador da beleza.

A filósofa francesa do século 20, Simone Weil, escreveu: "A inclinação da alma para a beleza do amor é a armadilha que Deus muitas vezes usa a fim de vencê-la". Como o antigo autor de Eclesiastes no relembra: "Deus marcou o tempo certo para cada coisa..." (3:11).

A beleza é absorvida pelos sentidos que o nosso Criador nos deu e pode ser encontrada praticamente em todos os lugares. Podemos vê-la num pôr do sol ou numa camada fresca de neve. Podemos ouvi-la enquanto escutamos uma peça de música favorita ou a sentimos nas palavras gentis de um amigo. Podemos senti-la no aroma de uma xícara de café recém-preparado. Podemos vê-la nas pinceladas da tela de um artista.

A beleza de fato pode estar no olho de quem vê, mas é algo de que todos nós precisamos diariamente. É um dom de Deus que renova e dá vida à nossa alma. —*JEFF OLSON*

16 DE JANEIRO

ENS

LEIA
Salmo 77:1-20
Damos-te graças, ó Deus, damos-te graças, pois perto está o teu nome... (75:1 NVI).

EXAMINE
Leia do princípio ao fim alguns dos salmos de Asafe hoje (Salmos 50 e 73–83). Procure o equilíbrio entre a honestidade aflita e o louvor a Deus.

CONSIDERE
Que "maravilhas" você pode lembrar que Deus fez em seu favor? Escreva-as e agradeça-lhe pelo que Ele fez no passado ao encarar suas preocupações presentes.

Quase todo mundo gosta de ouvir histórias de Deus "se revelando". Nós nos sentimos aprisionados pelas circunstâncias, oramos em desespero, e uma resposta providencial chega na hora certa. Sabemos que é Deus, e é fácil louvá-lo — *durante algum tempo.*

Mas muito da vida é vivido no "ens" ("Eu não sei") — aqueles momentos intermediários quando nossos problemas aumentam e ameaçam obscurecer a bondade de Deus. Imaginamos onde Ele está.

Um grupo de salmos atribuídos a Asafe (SALMOS 73–83) lida com a vida no "ens". Repetidas vezes, o salmista revelava a honestidade nua e crua de seu coração ao ver seu povo desonrado e os tiranos prosperando.

No Salmo 77, ele escreveu: "...erguem-se as minhas mãos durante a noite e não se cansam; a minha alma recusa consolar-se" (v.2). Essa angústia logo passou para resignação: "Recordo os feitos do SENHOR, pois me lembro das tuas maravilhas da antiguidade" (v.11). Ele então celebrou o "Deus que operas maravilhas" e que "entre os povos, tens feito notório o teu poder" (v.14). A conclusão é uma das memórias triunfantes, não o desespero com o presente.

Apesar do medo que permeia muitos dos salmos de Asafe, o foco está no Senhor, em Sua bondade passada e em Sua promessa de ser nosso Deus. Almejamos o dia em que a justiça reinará. Então, olharemos para trás e veremos como o Senhor estava perto de nós a cada passo do caminho.

Os momentos em que não sabemos o que fazer são os momentos de deixar Deus edificar nossa fé. Quando não temos mais lugar algum para onde ir, Ele nos tem exatamente onde nos quer. —TIM GUSTAFSON

17 DE JANEIRO

VOCÊ AMA A DEUS?

LEIA

1 João 4:20–5:5

...aquele que ama a Deus ame também a seu irmão (4:21).

EXAMINE

Leia João 14:21 e considere o que Jesus diz que é exigido de nosso amor por Ele.

CONSIDERE

O que as suas atitudes em relação a seus irmãos na fé revelam sobre o seu amor por Deus? O que será preciso você fazer para amá-los mais? Para amar mais a Deus?

Você ama a Deus? Pense a respeito. Como uma pessoa desprezível pode se aproximar e até falar sobre ter um relacionamento pessoal com um Ser tão elevado e exaltado? Isso me surpreende. Um hino descreve Deus como "imortal, invisível, Deus único, sábio, em luz inacessível oculto aos nossos olhos". Talvez, a "singularidade" do Senhor explique por que nos sentimos tão inadequados ao afirmar que o amamos.

Deus nos ama e deseja que o amemos! Em 1 João 4:20 – 5:5, Ele nos diz como podemos saber se realmente o amamos.

Primeiramente, afirmar que o amamos não é uma verdadeira demonstração de amor. Deve haver atitudes visíveis. Somos chamados para amar os irmãos em Cristo. O amor pelo Deus invisível encontrará expressão no amor por aqueles a quem *vemos* (4:20), porque "todo aquele que ama ao que o gerou também ama ao que dele é nascido" (5:1).

Em segundo lugar, guardaremos os mandamentos sem considerá-los penosos (5:3). John Piper nos ajuda a compreender este versículo dentro do contexto. Ele explica: "A prova da genuinidade do seu amor pelos filhos de Deus é se você permite que os mandamentos de Deus governem seu relacionamento com eles e se estes mandamentos são penosos para você".

Estes testes nos ajudam a ver que o amor a Deus e às pessoas estão intimamente relacionados. Se o amarmos, amaremos Seu povo. E a maneira como amamos Seu povo estará em conformidade com a forma como Ele nos revela Seu amor.

"Tu me amas?", Jesus perguntou a Pedro (João 21:15-17). A pergunta de Jesus não tinha a intenção de crítica, mas de restauração ao serviço. São palavras de incentivo, porque, se hesitamos como Pedro, Deus ainda nos ama e nos convida a amá-lo demonstrando amor por Seu povo. —POH FANG CHIA

Gn 41–42; Mt 12:1-23

18 DE JANEIRO

VERTICAL E HORIZONTAL

LEIA

2 Coríntios 5:16-19

...Deus estava em Cristo reconciliando consigo o mundo... (v.19 ARA).

EXAMINE

Leia o contexto maior (2 Coríntios 5:11-19). Reflita sobre o que significaria "...não vamos mais usar regras humanas quando julgarmos alguém" (v.16).

CONSIDERE

O que significa receber o dom de Deus de reconciliação? Como você pode oferecer esse dom aos outros?

Jean Vanier foi um oficial da marinha que completara um doutorado, e cuja família tinha prestígio (seu pai fora governador-geral do Canadá). Porém, vivendo na cidadezinha francesa de Trosly-Breuil, Vanier sentia-se sozinho e desanimado. Seu pastor o encorajou a convidar dois homens deficientes físicos a morar com ele, e assim nasceu *L'Arche* (comunidades onde deficientes e aqueles que Vanier chama de "temporariamente-capazes" compartilhavam amizade e viviam juntos). Mais de 50 anos depois, essas comunidades existem no mundo todo.

A essência do trabalho de Vanier é a crença de que Deus une as pessoas que normalmente têm pouco motivos para ter amizade. O apóstolo Paulo insiste em afirmar que o evangelho prepara reconciliação, em que as barreiras são rompidas, e as pessoas reunidas.

O primeiro movimento de reconciliação é entre Deus e as pessoas, trazendo-nos de volta "consigo mesmo por meio de Cristo" (2 Coríntios 5:18 ARA). No segundo movimento, Deus nos dá "o ministério da reconciliação", estabelecendo a paz uns com os outros pela vida que compartilhamos nele (v.18). A reconciliação é vertical (entre nós e Deus) e, então, é horizontal (entre nós e o próximo).

A reconciliação não é uma pauta social, mas uma ação de Deus em Cristo. "Tudo isso é feito por Deus...", Paulo diz (v.18). Como Emmanuel Katongole e Chris Rice dizem no livro *Reconciliando Todas as Coisas* (Ed. Esperança, 2013): "A visão cristã de reconciliação não pode ser concebida ou sustentada sem a vida particular do Deus que os cristãos confessam, o Deus vivo de Israel que ressuscitou o Cristo crucificado. A vida e a pregação de Jesus modelam as vidas nitidamente num mundo em pedaços". —POH FANG CHIA

19 DE JANEIRO

OMBROS LARGOS

LEIA

Salmo 44:1-26

Mas por causa de ti estamos em perigo de morte o dia inteiro; somos tratados como ovelhas que vão para o matadouro (v.22).

EXAMINE

Leia Jó 3:1-26 para ver um lamento excelente.

CONSIDERE

Você acha que Deus o está decepcionando? Fale com Ele a esse respeito e, então, adore-o por quem Ele é.

Diferentemente de alguns governos que compartilham apenas avaliações positivas, as Escrituras registram as palavras de pessoas frustradas com Deus. O Salmo 44 começa lembrando conquistas que inspiram confiança nele: "...ó Deus [...] os nossos antepassados nos contaram [...] como castigaste as outras nações e fizeste o teu povo progredir" (vv.1,2). O salmista concluiu: "Tu és o meu Rei e o meu Deus..." (v.4).

No entanto, o salmista se queixava de que Deus não defendia mais Seu povo: "Tu nos trataste como se fôssemos ovelhas que vão para o matadouro e nos espalhaste entre as outras nações. Vendeste barato o teu próprio povo, como se nós tivéssemos pouco valor" (vv.11,12). O leitor presume que Israel deve ser culpado de algum pecado contra Deus, como idolatria. Mas o salmista diz que não. "Tudo isso nos aconteceu, embora não tivéssemos esquecido de ti, nem tivéssemos quebrado a aliança que fizeste com o teu povo" (v.17).

O salmo conclui implorando que Deus desperte e resgate Seu povo, porque "...por causa de ti estamos em perigo de morte o dia inteiro..." (v.22). Deus inspirou os descendentes de Corá a escrever este lamento e o deixou sem solução por mil anos. Seu clamor deu a gerações de filhos de Deus um exemplo de como reagir quando se sentissem injustamente tratados. Até Jesus nos encorajou a continuar insistindo (MATEUS 7:7-11).

A ressurreição de Jesus resolveu este lamento. Paulo citou este salmo em Romanos 8:36-39, declarando que, embora sejamos "entregues à morte o dia todo" nada — nem mesmo a morte — pode nos separar do amor de Jesus. Amor que é mais forte que a morte e forte o bastante para tolerar nosso lamento. Clame a Deus; Ele tem ombros largos. —*K. T. SIM*

Gn 46–48; Mt 13:1-30 ❮ A BÍBLIA em UM ANO

20 DE JANEIRO

SERVINDO JUNTOS

LEIA

Mateus 25:4-40

...Em verdade vos afirmo que, sempre que o fizestes a um destes meus pequeninos irmãos, a mim o fizestes! (v.40 ARA).

EXAMINE

Leia Marcos 2:1-12 e considere o que alguns homens servindo juntos fizeram para ajudar um amigo ferido.

CONSIDERE

Como você pode servir com outros para glorificar a Deus ao ajudar os necessitados? É importante trabalhar com quem conhece o tipo da necessidade e os que têm necessidade antes de prosseguir com o ministério?

Quando me mudei para a África, um casal que vivia nos EUA entrou em contato comigo dizendo: "Gostaríamos de fazer uma doação para ajudá-la com seu ministério em Uganda". Como meu emprego na época não requeria que eu levantasse verba, eu lhes agradeci, mas recusei a oferta generosa.

Meus amigos estavam ávidos por ajudar a alimentar os famintos, mostrar hospitalidade aos estrangeiros, vestir os pobres e matar a sede dos sedentos, como os que creem em Jesus são orientados a fazer em Mateus 25:34-39. Entretanto, eu não achava que deveria aceitar o dinheiro deles ou de qualquer um na época.

No mês seguinte, porém, eu estava visitando algumas crianças num hospital rural ao norte de Uganda quando conheci um garotinho que precisava de tratamento médico urgente com o qual sua família não poderia arcar. Então, o Senhor colocou no meu coração de contar aos meus amigos sobre ele para que pudéssemos ajudá-lo. E meus amigos doaram alegremente.

Enquanto passava dias no hospital supervisionando a criança e visitando os enfermos (v.39), eu era fortalecida pelas orações, apoio emocional e ofertas financeiras dos meus amigos. Eles ajudaram a me preparar para ministrar amorosamente ao garotinho e aos outros pacientes do hospital. As condições ali eram tão desanimadoras que uma "multidão de enfermos, cegos, coxos, paralíticos" era forçada a dormir em áreas abertas assim como os pobres e doentes descritos em João 5:2-4.

Pense em como você pode unir-se e servir "a um destes pequeninos" por meio da sua igreja local e pela oferta pessoal (MATEUS 25:40 ARA). Posso afirmar que, até diante do sofrimento, poucas alegrias se comparam a trabalhar com os outros para ajudar os necessitados. —ROXANNE ROBBINS

21 DE JANEIRO

REMOVIDO...

LEIA
Josué 5:2-12

E o SENHOR disse a Josué: — Hoje eu tirei de vocês a vergonha de terem sido escravos no Egito... (v.9).

EXAMINE
Leia Salmo 103:8-12 e 2 Coríntios 5:17 e seja lembrado do poder de Deus de transformar vidas!

CONSIDERE
Você já sentiu que a sua vida estava tão sombria que Deus era incapaz de redimi-la? Como Deus removeu sua vergonha? Sua vergonha é demais para Ele?

Eu tenho vergonha de admitir, mas às vezes oro para Deus me conceder uma boa vaga para estacionar quando vou buscar meus filhos na escola. Imagino se faço isto porque, lá no fundo, acredito que Deus seja capaz de cuidar apenas das pequenas coisas da vida e pouco mais.

Em Josué 5, Deus disse ao povo de Israel que Ele havia removido a vergonha do Egito dos israelitas (v.9). É importante entender que isto não era pouca coisa. Porque a "vergonha do Egito" incluía a reclamação constante dos israelitas no deserto, a criação do bezerro de ouro aos pés do Monte Sinai e perder a fé em Deus quando finalmente estavam se aproximando da Terra Prometida. Mas Deus removeu isso tudo depois que o povo obedientemente praticou o ato da circuncisão — um sinal externo do restabelecimento da aliança com Deus (vv.2-8).

Hoje, Deus oferece remover nossa vergonha pela obra de Jesus, dando-nos um recomeço desde os piores e mais baixos momentos da nossa vida. Considere como Deus restabeleceu Pedro depois deste discípulo ter negado a Jesus e como Ele chamou o fariseu homicida, Saulo, para tornar-se o apóstolo Paulo (JOÃO 21:15-19; ATOS 9:3-18). Considere a tristeza da Sexta-feira Santa sendo transformada em alegria na manhã de Páscoa (JOÃO 19:31-33; 20:11-17).

Deus *realmente* se importa com as pequenas coisas, mas Seu poder não se limita a essas coisas. Ele é capaz de tomar a vergonha do nosso pecado, independentemente do quanto seja pesado e penoso, e removê-la. E assim, podemos cantar a plenos pulmões as palavras do famoso hino: "Meu triste pecado, por meu Salvador foi pago de um modo total. Valeu-me o Senhor, oh que amor sem igual! Sou feliz, graças dou a Jesus" (*Sou feliz com Jesus* HCC 329). —PETER CHIN

22 DE JANEIRO

QUEM NÓS SOMOS

LEIA
Zacarias 1:1-17

...vocês são a raça escolhida, os sacerdotes do Rei, a nação completamente dedicada a Deus, o povo que pertence a ele [...] para anunciar os atos poderosos de Deus, que os chamou da escuridão para a sua maravilhosa luz (1 Pedro 2:9).

EXAMINE
Leia Romanos 12:1,2 e considere o que significa viver a tríplice missão de quem crê em Jesus — ser transformado no modo como vemos a Deus, aos outros e a nós mesmos.

CONSIDERE
Como você é afetado ao perceber que é um profeta, sacerdote e rei aos olhos de Deus? Em qual destes três papéis você precisa crescer? Como fará isso?

Zacarias viveu uma identidade dupla como sacerdote e como profeta. Neto do sacerdote Ido e sumo sacerdote de sua família (Zacarias 1:1; Neemias 12:1,16), foi chamado para encorajar o povo de Judá com as palavras de Deus (Zacarias 1:13-17). Além disso, ele lhes disse que se arrependessem (vv.3,4), renovassem seus esforços para Deus (8:12,13) e seguissem Seus caminhos (7:8-10).

A missão de Zacarias revela a porção da missão tríplice de todo o que crê em Jesus — ser profeta, sacerdote e rei. Tim Keller escreve sobre este propósito tripartido em seu livro *Igreja Centrada: desenvolvendo em sua cidade um ministério equilibrado e centrado no evangelho* (Ed. Vida Nova, 2014). Eis os pontos que Tim apresenta:

1. *Quem crê em Jesus é um profeta*. Joel 2:28,29 descreve o tempo em que o Espírito Santo desceria sobre todos os cristãos, e eles profetizariam. Isto ocorreria no dia de Pentecostes (Atos 2:1-13). E agora os cristãos são chamados para profetizar — apresentar a verdade de Deus aos outros para que se arrependem e o sigam.

2. *Quem crê em Jesus é um sacerdote*. Pedro escreveu que aqueles que creem em Jesus são "sacerdotes do Rei" (1 Pedro 2:9). Seguindo o exemplo de Jesus, nosso "grande sumo sacerdote", devemos ministrar aos outros com amor e compaixão.

3. *Quem crê em Jesus é um rei*. A Bíblia revela que reinamos com Jesus como reis e sacerdotes (Efésios 2:6; Apocalipse 1:5,6). E todos os cristãos devem, portanto, batalhar contra o mundo, a carne e o diabo e falar a verdade em amor para os irmãos na fé (Efésios 4:15).

Zacarias teve o cuidado de revelar as palavras de Deus em sua época. Como profetas, sacerdotes e reis, que possamos fazer o mesmo durante a nossa! —Tom Felten

A BÍBLIA em UM ANO > Ex 4–6; Mt 14:22-36

23 DE JANEIRO

O QUE HÁ NUM NOME?

LEIA

2 Samuel 23:8-39

Deus está sempre vigiando tudo o que acontece no mundo a fim de dar forças a todos os que são fiéis a ele com todo o coração...
(2 Crônicas 16:9).

EXAMINE

Mapeie os nomes em Hebreus 11:4-32 e considere por que Deus os incluiu em Sua Palavra.

CONSIDERE

Como Deus o tem preparado para servi-lo? Se você não sabe, peça a Ele que lhe mostre. Se sabe, como você se dedicará a servi-lo mais plenamente?

Gosto de ler listas de nomes na Bíblia. No passado, elas pareciam sem sentido para mim. Na realidade, eu passava por elas para chegar às partes "substanciais" da passagem. Um dia, entretanto, percebi que todos aqueles nomes estavam ali por algum motivo. Deus tinha escolhido certos indivíduos e os incluíra pelo nome em Sua Palavra.

Os "valentes de Davi" são listados em 2 Samuel 23. Os primeiros recebem descrições a respeito de seus atos heroicos, mas a maior parte dos personagens tem apenas o nome mencionado (vv.24-29). Embora seus feitos não sejam descritos, podemos inferir que também fossem dignos de louvor e renome. Alguns nomes são mencionados na Bíblia como um meio de mostrar como *não* se comportar ou como exemplos negativos. Mas isso não se aplica a estes homens. Eles não eram impecáveis, mas Deus os escolheu para serem encontrados em Sua Palavra e lembrados para sempre.

Nem todos seremos valentes no sentido militar. A maioria de nós não pode, em nenhum sentido, ser descrita como homens e mulheres de renome. Felizmente, Deus olha para o coração (1 Samuel 16:7). Ele está em busca de pessoas que lhe sejam fiéis — indivíduos que o sirvam de todo o coração seja qual for o preço a pagar. "Deus está sempre vigiando tudo o que acontece no mundo a fim de dar forças a todos os que são fiéis a ele com todo o coração..." (2 Crônicas 16:9).

Hoje, Deus ainda se lembra daqueles que, como os valentes de Davi, decidem não se deter diante de nenhum obstáculo com os dons recebidos dele, fazer a vontade de Seu Rei e cumprir Seus propósitos na terra. Conforme leio listas de nomes na Bíblia, oro para que eu também, um dia, tenha um nome digno de ser lembrado — para a glória de Deus! —WINN COLLIER

Ex 7–8; Mt 15:1-20

24 DE JANEIRO

A PROMESSA DE RESTAURAÇÃO

LEIA

Jeremias 32:37-44

Eu lhes darei este único propósito na vida: temer sempre a mim, para o próprio bem deles e dos seus descendentes (v.39).

EXAMINE

Leia Ezequiel 36:26,27 e veja o que diz sobre o novo coração que Deus deu àqueles que creram nele.

CONSIDERE

O que Deus revelou sobre sua distância dele? O que você fará hoje para se aproximar do Senhor?

O tio Mark (nome fictício) teve o dedão do pé removido porque suas artérias haviam entupido após anos fumando 60 cigarros por dia. Meu marido e eu usamos o acontecimento para conversar com nossos filhos sobre as consequências de hábitos destrutivos. Percebemos o quanto essa história os tinha impactado quando, alguns dias depois, ouvimos nosso filho falando que outro membro da família tinha de parar de fumar ou seu dedão do pé precisaria ser cortado!

Judá estava prestes a sofrer consequências de hábitos destrutivos. Eles haviam se afastado de Deus, eram infiéis a Suas leis e haviam escolhido adorar outros deuses (JEREMIAS 2–3;5;9). Edificaram altares a Baal e sacrificaram seus filhos no fogo como ofertas (19:4,5). O profeta Jeremias os alertou de que logo enfrentariam a fome, seriam saqueados e levados cativos a uma terra estrangeira (10–11). Jeremias expôs os pecados do povo que os levariam ao cativeiro e à destruição pelo exército babilônio (1–2; 5:19).

Qualquer um que tenha tentado desafiar a gravidade saltando de um lugar alto demais conhece as consequências dolorosas de tentar infringir as leis da natureza. De igual modo, o preço que pagamos por infringir as leis de Deus é alto. Porém, a bondade do Senhor pode nos afastar da nossa desobediência voluntária (ROMANOS 2:4), mas às vezes são as consequências do nosso pecado que nos levam à vida correta (HEBREUS 12:3-17).

Deus deseja que nos afastemos da desobediência cheia de teimosia para que o conheçamos como nosso Pai misericordioso e generoso (JEREMIAS 24:7). Ele reforçou Seu comprometimento fiel com Judá e prometeu restaurá-lo a si. E, por Sua graça, Ele faz o mesmo por nós hoje (32:39,40). —*RUTH O'REILLY-SMITH*

25 DE JANEIRO

RETALIAÇÃO OU REFLEXÃO?

LEIA

Salmo 4:1-8

Irai-vos e não pequeis; consultai no travesseiro o coração e sossegai (v.4 ARA).

EXAMINE

Leia Gênesis 4:1-8 para ver como a ira de um homem gerou o primeiro homicídio.

CONSIDERE

Pense em alguém que lhe causou ira. Reflita sobre o Salmo 4 e veja como ele pode ajudá-lo biblicamente. Como o exemplo de Jesus o encoraja na sua batalha contra a ira?

O secretário de guerra do presidente norte-americano Abraham Lincoln, Edwin Stanton, ficou furioso com um comandante do exército que o acusou de favoritismo. Stanton queixou-se com Lincoln, que lhe sugeriu escrever uma carta ao comandante. Posteriormente, Stanton disse ao presidente que ele estava pronto para mandar a carta. Lincoln falou: "Você não quer enviar essa carta... Queime-a. É o que eu faço quando escrevo uma carta me sentindo irado. É uma boa carta, e você teve um bom tempo para escrevê-la e se sentir melhor. Agora, queime-a e escreva outra".

Davi teria todo o direito de irar-se. Falsamente acusado e difamado (SALMO 4:2), ele poderia ter escrito uma carta contra-atacando seus acusadores. Em vez disso, levou suas emoções e sua dor a Deus em oração de confiança. Em vez de retaliação, escolheu a reflexão silenciosa — redirecionando sua ira e refletindo sobre a bondade e a fidelidade divina (vv.3-8).

Sabendo que Deus o separara para a piedade (v.3), Davi alertou para o perigo de se irar o suficiente para buscar a vingança daqueles que nos difamam. "Irai-vos e não pequeis; consultai no travesseiro o coração e sossegai" (v.4 ARA) é uma terapia radical contra a ira impulsiva. A ira não é necessariamente pecaminosa, mas deixá-la controlá-lo sempre leva a pecados graves (GÊNESIS 4:1-8; EFÉSIOS 4:26,27). Em outra parte, Davi alertou: "Não fique com raiva, não fique furioso. Não se aborreça, pois isso será pior para você" (SALMO 37:8).

Não é de se admirar, então, que Davi fosse capaz de se alegrar e dizer: "Quando me deito, durmo em paz..." (4:8). Que aprendamos a aplicar a terapia radical de Davi (v.4), ou, como minha filha muitas vezes me diz: "Relaxa, pai. Relaxa". —*K. T. SIM*

26 DE JANEIRO

O LAR E OUTROS TESOUROS

LEIA

Mateus 6:19-21
Não acumuleis para vós outros tesouros sobre a terra, onde a traça e a ferrugem corroem e onde ladrões escavam e roubam (v.19).

EXAMINE

Leia Lucas 12:13-21 para ver uma história que Jesus contou sobre como ajustar nossa abordagem do lar e de outras posses.

CONSIDERE

Você se apega ao seu lar, às suas economias ou aos seus bens? O que você fará hoje para abandoná-los nas mãos de Deus?

Decidi reformar a sala que dá para a velha varanda de nossa casa. Comecei pintando o teto e substituindo as luzes feias e ultrapassadas. Tirei as cortinas desbotadas e instalei persianas. Gastei horas nas paredes — lixando a pintura descascada, preenchendo os buracos, lixando novamente e, então, aplicando camadas de tinta nova. Substituí o piso de cimento por ladrilhos novos. A lareira também precisou ser trocada. Finalmente, lixei os rodapés e os pintei com verniz. Foi um trabalho duro, mas senti orgulho das mudanças.

Na metade do projeto, nossa cidade foi atingida por inundações. Tempos antes, uma enchente similar tinha colocado nossa casa um metro debaixo d'água. Graças às providências tomadas, tivemos apenas 2,5 centímetros de água na cozinha, mas outras casas tiveram as salas inundadas. Foi um lembrete vigoroso de que todo o trabalho que havíamos feito em nossa casa poderia ter sido levado de repente.

Jesus foi carpinteiro (Marcos 6:3). Posso imaginá-lo destacando-se em Seu trabalho e sentindo a realização de uma tarefa bem-feita. Posso imaginá-lo desanimado se uma catástrofe, como uma enchente, tivesse arruinado Seu trabalho antes que estivesse finalizado.

Porém, Jesus foi claro: por mais que os bens materiais possam ser importantes, jamais podem ser nosso tesouro (Mateus 6:19). Apenas Deus é nosso tesouro (v.20). No fim, tudo o que possuímos se deteriorará, e muito do que temos é vulnerável ao roubo (v.19). Nosso coração e seus desejos devem estar centrados em Deus e em Seu reino (vv.21,33). Ele deve ser nosso principal bem.

Alegro-me com minha sala de estar reformada, ainda que tudo isso possa desaparecer amanhã. Jesus? Eu o terei para sempre! —SHERIDAN VOYSEY

27 DE JANEIRO

A LATA DE BISCOITOS

LEIA
Efésios 5:1-14
Vocês fazem parte do povo de Deus; portanto, qualquer tipo de imoralidade sexual, indecência ou cobiça não pode ser nem mesmo assunto de conversa entre vocês (v.3).

EXAMINE
Leia Gênesis 39:1-18 e veja como José lidou com a lata de biscoitos da tentação sexual.

CONSIDERE
Por que é desafiador resistir à tentação e à imoralidade sexual? Saber da nossa identidade como filhos de Deus pode nos ajudar a resistir ao pecado?

A mãe assou uma fornada de biscoitos e os colocou numa lata, instruindo o filho a não tocar nas guloseimas até o jantar. Logo depois, ela ouviu a tampa da lata se mexer e gritou: "Filho, o que você está fazendo?". Uma voz mansa respondeu: "Minha mão está na lata de biscoitos resistindo à tentação". É engraçado pensar em alguém tentando resistir à tentação com a "mão na lata de biscoitos". Este é um desafio em nossa cultura hoje tanto quanto o foi na dos efésios.

Existiam todos os tipos de "latas de biscoitos" em Éfeso. Uma era a imoralidade sexual. Paulo percebia que a atividade sexual ilícita era um problema enorme a ser superado para os novos cristãos gentios na igreja primitiva. Eles não tinham um padrão social aceito com relação ao sexo.

Paulo queria que os efésios resistissem ao que acontecia em seu ambiente e vivessem sua identidade como filhos santos de Deus. Lembrou-lhes de que a imoralidade sexual — adultério, sexo antes do casamento, abuso sexual e outras perversões — era incongruente com o que significava ser imitador de Cristo (EFÉSIOS 5:3). Se eles ignorassem este alerta claro, perderiam o melhor de Deus e a experiência de Sua disciplina (v.6).

Como pessoas que creem em Jesus, a vontade de Deus para nós é que *sejamos santos*, especialmente numa cultura em que a imoralidade sexual é um comportamento aceito. Resistir como luz para Cristo significa apropriar-se da Palavra de Deus (SALMO 119:9), controlar nosso corpo (1 TESSALONICENSES 4:1-7), intencionalmente resistir à tentação (PROVÉRBIOS 7:24,25), viver no Espírito (GÁLATAS 5:16) e usufruir do sexo dentro dos limites adequados (1 CORÍNTIOS 7:2,9). Mantenhamos nossa mão longe da lata de biscoitos! —*MARVIN WILLIAMS*

28 DE JANEIRO

NADA DE ESPECIALISTA

LEIA

Atos 18:24-28

[Apolo] Era também instruído no Caminho do Senhor, falava com grande entusiasmo, e o seu ensinamento a respeito de Jesus era correto; porém conhecia somente o batismo de João (v.25).

EXAMINE

Consulte Êxodo 4:11,12 para ver o que aconteceu quando Moisés hesitou em falar por Deus. Leia 2 Coríntios 3:4-6 para ver o que Paulo disse sobre as qualificações cristãs.

CONSIDERE

De um a dez, quanto você está disposto a investir tempo para aprender mais sobre a sua fé? Que áreas da Bíblia você talvez precise investigar mais a fundo?

Certa professora de minha filha me pediu para eu falar às crianças sobre ser escritora. Os pais foram apresentados à classe como "especialistas" em suas profissões. Concordei em falar embora estivesse um pouco nervosa com o termo "especialista". Não me sentia como tal. Naquela semana, eu estava frustrada pela falta de boas ideias e imaginava se voltaria a escrever algo de valor! Pensei: *Você não é especialista. Você não está qualificada a falar.*

Quanto a falar sobre nossa fé em Jesus, muitos de nós não nos sentimos aptos a abrir a boca. Felizmente, a especialidade teológica não é necessária para falar por Deus. Apolo era um homem que "sendo fervoroso de espírito, falava e ensinava com precisão a respeito de Jesus, conhecendo apenas o batismo de João" (Atos 18:25). Como judeu, Apolo estudara e conhecia bem as Escrituras (v.24), mas tinha informações incompletas sobre o Salvador.

Quando Priscila e Áquila ouviram a pregação sincera de Apolo, eles "o levaram para a casa deles e lhe explicaram melhor o Caminho de Deus" (v.26). Com seu conhecimento ampliado, Apolo moldou argumentos formidáveis e os apresentou em debates públicos. Ele queria que seus irmãos judeus entendessem que Jesus era o Messias.

Apolo pode não ter sido um especialista em todas as áreas de sua fé, mas proclamou com ousadia o que sabia. Também dispunha-se a continuar aprendendo o que era verdade. Como ele, que possamos estar abertos a aprender e ser ousados ao guardar "...esse precioso tesouro que foi entregue..." (2 Timóteo 1:14). Mesmo que nunca façamos uma faculdade de teologia ou que achemos partes de nossa fé difíceis de explicar, Deus nos ajudará a sermos eficazes ao falar por Ele. —Jennifer Benson Schuldt

29 DE JANEIRO

SIMPLESMENTE PERFEITO!

LEIA

Colossenses 1:15-22

...Ele trouxe a paz por meio da morte do seu Filho na cruz e assim trouxe de volta para si mesmo todas as coisas, tanto na terra como no céu (v.20).

EXAMINE

Para o início perfeito, releia Gênesis 2. Para o final perfeito, leia Apocalipse 22.

CONSIDERE

Qual é a questão mais urgente para você neste exato momento? Como você pode contar com Deus em relação a isso?

A palestrante do seminário enfatizou uma abordagem mental positiva em relação a *tudo*. E eu concordo em grande parte. Falou sobre como podemos permanecer positivos diante dos aborrecimentos. Suponha que alguém roube sua vaga no estacionamento. Apenas diga: "Isso é simplesmente *perfeito*! Agora posso me exercitar mais".

Tal abordagem pode nos ajudar a não nos queixar de bobagens. Algumas situações, no entanto, estão longe de serem "perfeitas". Às vezes, manter uma posição mental positiva não é apenas difícil; não é nem sensato.

Em determinado sentido, a Bíblia inteira é dedicada ao fato de que tudo *não é* perfeito. Partes das Escrituras falam sobres feitos repulsivos: assassinato, estupro, canibalismo, traição, genocídio — as experiências intoleráveis da Terra são bem documentadas.

Um dos delimitadores do caos é um jardim onde o primeiro casal viveu em perfeição. O outro é a promessa de que o Criador daquele bom jardim voltará para fazer novas todas as coisas (GÊNESIS 2:1-25; APOCALIPSE 21:5). E, no meio, entretecido na estrutura imperfeita da vida, está uma linha unificadora que nos dá o motivo para a verdadeira alegria.

"[Cristo] ... é antes de todas as coisas", escreve Paulo. "Nele, tudo subsiste" (COLOSSENSES 1:15,17 ARA). "...Ele trouxe a paz por meio da morte do seu Filho na cruz e assim trouxe de volta para si mesmo todas as coisas, tanto na terra como no céu" (v.20).

Quando confiamos em Jesus, confiamos naquele que colocou tudo isto em movimento. Ele veio para andar entre nós e oferecer o sacrifício perfeito pelo dano que causamos à Sua criação. E está restaurando todas as coisas à sua própria ordem. Um dia, diremos sem qualquer ironia: "Isso é simplesmente *perfeito*!" —TIM GUSTAFSON

30 DE JANEIRO

EGO GRANDE, DEUS MAIOR

LEIA
2 Reis 5:1-14
[Naamã] era um soldado valente, mas sofria de uma terrível doença da pele. (v.1).

EXAMINE
Leia João 3:27-30. Como as palavras de João Batista ecoam a história de Naamã? Como elas ecoam a nossa própria história?

CONSIDERE
Você tem sido tentado a se preocupar demais consigo mesmo e com a sua reputação? Como a história de Naamã afeta sua visão do que Deus faz em sua vida?

Tive um chefe que detinha o poder supremo em nossa organização. Seu objetivo era certificar-se de que nunca nos esqueceríamos de quem comandava. Embora ele fosse bem-sucedido em agir com mão de ferro no escritório, era evidente que vivia na solidão. Poderia ter sido tão diferente se tivesse se humilhado e criado relacionamentos amigáveis com seus empregados!

Naamã era o comandante do exército do rei da Síria (2 Reis 5:1), um dos inimigos de Israel. A Bíblia diz que ele era um soldado valente, em algumas traduções é tido como um "homem grande" (v.1). Também vencera batalhas importantes e conquistado inimigos poderosos. Este grande homem, embora um guerreiro forte, sofria de lepra. Conseguia empunhar uma lâmina de ferro e esmagar inimigos, mas não conseguia impedir que seu corpo sucumbisse por causa da enfermidade.

Para todos nós, chega um momento em que nos deparamos com nossas limitações ou com a terrível realidade de um mundo fora do nosso controle. Não podemos proteger nossos filhos. Não podemos deter a doença. Não podemos impedir que um relacionamento desmorone.

A escrava judia de Naamã disse à esposa dele que o profeta Eliseu poderia curá-lo (v.3). Mas, quando ele foi ver Eliseu, as instruções estranhas do profeta foram que o grande guerreiro se lavasse sete vezes no rio Jordão (v.10). Naamã partiu ofendido, incomodado com uma instrução tão indigna e aleatória (v.11). Os oficiais do exército do homem, porém, o convenceram a executar o plano (v.13). Ele mergulhou (diversas vezes!) e foi curado (v.14).

Naamã aprendeu o que todos nós devemos descobrir: quando somos dominados por nossa própria "grandeza" (nosso ego), não temos espaço para receber a Deus. —WINN COLLIER

A BÍBLIA em UM ANO ▸ Ex 23–24; Mt 20:1-16

31 DE JANEIRO

SEU CORPO

LEIA

1 Timóteo 4:1-16

Pois os exercícios físicos têm alguma utilidade, mas o exercício espiritual tem valor para tudo porque o seu resultado é a vida, tanto agora como no futuro (v.8).

EXAMINE

Leia Neemias 8:1-18 para aprender sobre como vários atos físicos contribuem para a adoração.

CONSIDERE

Como um corpo saudável afeta a sua fé? Que posturas ou falta de disciplina atrapalham sua vida espiritual?

Gosto de anotar meus pensamentos antes de digitá-los. Mas quando uso uma caneta velha, meus pensamentos também saem aos trancos e barrancos. Às vezes não consigo forçar a tinta, nem as palavras. Uma caneta que desliza com suavidade abre a minha mente, e as palavras fluem rapidamente.

Não me surpreende que o funcionamento da minha mente dependa da qualidade da minha caneta. Sou um ser físico, e é natural que o meu corpo tenha uma linha direta com a minha alma. Nosso corpo influencia nossa vida espiritual de pelo menos duas maneiras:

1. *Corpos saudáveis promovem almas saudáveis.* Paulo estava se referindo aos benefícios do exercício físico quando disse a Timóteo que o treinamento espiritual é ainda melhor. Ele reconhecia a importância de um corpo saudável e instruiu Timóteo para que cuidasse de sua saúde (1 Timóteo 5:23). Um corpo saudável e em forma pode ajudar a dar vigor e agilidade quando buscamos conquistar uma alma mais disciplinada.

2. *A postura corporal altera a postura da nossa alma.* Nas *Cartas de um Diabo a seu Aprendiz* (Ed. WMF Martins Fontes, 2009) de C. S. Lewis, o demônio disse ao seu aprendiz que se ajoelhar em oração tende a prostrar o coração diante de Deus. O demônio deve persuadir os cristãos "de que a posição do corpo não faz diferença na oração; pois constantemente esquecem o que você sempre deve lembrar: que são animais e que aquilo que o corpo deles faz afeta a alma deles".

Deus nos deu o batismo para simbolicamente experimentarmos morrer e ressuscitar com Cristo. E nos deu a Ceia do Senhor, para saciar nossa fome de Jesus em nossa alma. Que estas coisas que envolvem o uso do nosso corpo nos ajudem a permanecer espiritualmente fortes. —*Mike Wittmer*

1.º DE FEVEREIRO

MAS DEUS...

LEIA
1 Samuel 23:7-14

...*Saul continuava a procurá-lo todos os dias, mas Deus não entregou Davi a ele* (v.14).

EXAMINE
Leia Efésios 2:3-5 e observe o que legalmente merecíamos, mas também o que acompanha as palavras "mas Deus" compartilhadas pelo apóstolo Paulo.

CONSIDERE
Quais são alguns dos momentos "mas Deus" em sua vida? Como você pode efetivamente lembrar que Ele está com você hoje?

Um homem desesperado confessou a um professor de ensino bíblico: "Minha vida está péssima". "Péssima quanto?", perguntou o professor. O homem lamentou-se: "Vou lhe dizer quanto — não tenho mais nada, além de Deus".

O homem achava que a vida o tratara mal! Ele não entendia que "mas Deus" é uma expressão reconfortante frequentemente encontrada na Bíblia. Eis alguns exemplos:

- "É verdade que vocês planejaram aquela maldade contra mim, *mas Deus* mudou o mal em bem..." (GÊNESIS 50:20).
- "Davi se escondeu nas fortalezas da região deserta e montanhosa que fica perto de Zife. Saul continuava a procurá-lo todos os dias, *mas Deus* não entregou Davi a ele" (1 SAMUEL 23.14).
- "A minha carne e o meu coração desfalecem; *mas Deus* é a fortaleza do meu coração e a minha porção para sempre" (SALMO 73:26 ARC).
- "Jesus olhou para eles e respondeu: — Para os seres humanos isso não é possível; *mas, para Deus*, tudo é possível" (MATEUS 19:26).
- "Assim vocês mataram o Autor da vida; *mas Deus* o ressuscitou, e nós somos testemunhas disso." (ATOS 3:15).
- "Dificilmente alguém aceitaria morrer por uma pessoa que obedece às leis [...]. *Mas Deus* nos mostrou o quanto nos ama: Cristo morreu por nós quando ainda vivíamos no pecado." (ROMANOS 5:7,8).

Há momentos em que a vida parece sem esperança. *Mas Deus* está aqui e não o abandonou. O escritor Ray Stedman escreveu: "Sempre que enfrentamos um obstáculo impossível, devemos nos lembrar dessas duas palavras: 'Mas Deus...' Seu poder não tem limites. Seu caráter é fidedigno. Suas promessas são certas. Tudo o que Ele diz, Ele *fará*". Lembre-se: Deus é tudo o que você precisa. —POH FANG CHIA

2 DE FEVEREIRO

PORTA PARA A GRAÇA

LEIA

Números 21:4-9

...Nós pecamos, pois falamos contra Deus, o Senhor, e contra você. Peça a Deus que tire essas cobras que estão no meio da gente. Moisés orou ao Senhor em favor do povo (v.7).

EXAMINE

Leia João 3:14-16 e considere como a serpente de bronze indicou a morte sacrificial de Jesus na cruz por nossos pecados.

CONSIDERE

Você tem experimentado a graça salvífica de Jesus? Por que é importante que confessemos nossos pecados a Deus?

Quando minha filha mais velha era pequena, sempre era difícil fazê-la admitir quando fazia algo errado. Ela conseguia se esquivar e parecia ter um talento especial para explicar uma situação ruim. Suas imprudências costumavam ser mínimas — essencialmente era uma "boa menina". Mas o hábito de nunca admitir seus erros era uma fonte de preocupação para nós.

Um dia, ela decidiu — sem permissão — brincar com a aliança de noivado de diamantes da mamãe... e rapidamente *a perdeu*! O tamanho de seu "crime" a impressionou, e ela correu para a minha esposa e literalmente implorou por perdão. Então, ofereceu à mãe todo o dinheiro que tinha (menos de um centésimo do valor da aliança) e disse que faria tudo para reparar a perda.

A resposta da minha esposa foi um imediato e caloroso abraço, enxugando as lágrimas da menina e experimentando a grande alegria de ver a filha sendo honesta e arrependida. A aliança não importava tanto.

O povo de Israel era um grupo contencioso e de coração duro. Queixavam-se de Deus e de Moisés o tempo todo (NÚMEROS 21:5). Finalmente, Deus enviou serpentes para assolá-los (v.6). O povo começou a ter consciência do comportamento errado e lançou-se à misericórdia de Deus. Os israelitas sabiam que só Ele poderia salvá-los (v.7). Mas, caso fossem condenados, compreendiam que *eles mereciam!* Estavam finalmente contritos e dispostos a se arrepender dos caminhos errados.

Essa é a porta para a graça. Apenas quando admitimos que somos impotentes e incorrigíveis, e que merecemos a ira de um Deus santo, estamos preparados para receber a salvação em Jesus. Ele derrama Sua graça sobre as pessoas cujo coração verdadeiramente se quebranta diante dele. —*RUSSELL FRALICK*

3 DE FEVEREIRO

COMPAIXÃO — NÃO CONDENAÇÃO

LEIA

João 8:3-11

Ou será que você despreza a grande bondade, a tolerância e a paciência de Deus? Você sabe muito bem que ele é bom e que quer fazer com que você mude de vida (Romanos 2:4).

EXAMINE

Leia Romanos 2:1-4 e considere o que a passagem diz sobre culpar os outros. Observe a compaixão e Deus.

CONSIDERE

O que é mais importante — apontar o pecado da pessoa ou demonstrar o amor de Deus a ela? Como Deus tem demonstrado a você Seus caminhos compassivos?

Um episódio de uma série britânica, filmado anos atrás em Londres, conta a história de uma mãe que se preparava para entregar o bebê para adoção assim que ele nascesse. Ela o faria porque a criança não fora assumida pelo marido. A constatação da paternidade seria óbvia, já que a cor da pele do pai biológico do bebê era negra e essa mulher e o marido eram brancos.

A assistente social que cuidava da adoção deu um olhar de condenação para a mulher e desdenhou: "Pelo andar da carruagem, devemos agir o mais rapidamente possível". Momentos depois, ela assinalou para a parteira: "É bom saber que sempre existem pais dispostos a assumir crianças *abandonadas*".

"Não estou abandonando meu bebê!", replicou a mãe. "Não tenho escolha!" A assistente social a repreendeu: "Isso não tem a ver com as consequências? Elas são menos agradáveis do que as ações que as produzem". Ao que a parteira disse: "Então, sejamos gratas por não termos de lidar com elas. E sintamos compaixão de quem está passando por essa situação".

As palavras da parteira me trouxeram à mente as palavras que Jesus falou à mulher flagrada em adultério (João 8:3-11). "…Não ficou ninguém para condenar você? […] Pois eu também não condeno…" (vv.10,11). Ao contrário daqueles que a tinham condenado, Ele não esfregou o óbvio diante de seu nariz. Em vez disso, Jesus lhe ofereceu compaixão, o que mostrou que havia esperança e futuro para ela.

Jesus não ofereceu um amor do tipo: "Faça o que lhe agradar", mas uma bondade que a convidou a voltar o coração e as atitudes para uma direção melhor: "Vá e não peque mais" (v.11).

Vidas são transformadas quando amorosamente apresentamos a compaixão incansável de Cristo (GÁLATAS 6:1,2). —*JEFF OLSON*

4 DE FEVEREIRO

NOME SOBRE TODOS OS NOMES

LEIA

Salmo 148:1-14

Que todos louvem a Deus, o Senhor... (v.13).

EXAMINE

Leia Salmo 52:9 e louve a Deus porque Seu nome é bom.

CONSIDERE

Como você pode exaltar o nome de Deus ao interagir com os outros? O que acontecerá se buscar a Deus e a plenitude de Seu nome esta semana?

Usando o *Google*, decidi experimentar quantas letras seriam necessárias para seu algoritmo reconhecer que eu estava buscando referências à deidade — não à cultura pop. Depois de começar do zero, limpando o histórico de buscas, comecei a digitar, e eis o que aconteceu: Uma letra "J" fez aparecer Justin Bieber, Jetblue. "JE" fez aparecer Jennifer Lawrence, Jeep e Jetblue. "JES" fez aparecer Jessica Simpson, Jessica Biel, Jessica Alba e Jessie. O *Google* exigiu quatro letras, "JESU", antes de indexar "Jesus".

Digitei a palavra "Deus" [N.T.: Em inglês, *GOD*]. "G" fez aparecer *Google, Gmail, Google Maps*. "GO" também resultou apenas em marcas do Google. Mesmo digitando o nome todo "God", apareceram GoDaddy, Godzilla e Andy Crouch (um autor de *Cristianismo Hoje*) antes de Deus.

Não acho que os programadores desenvolvam algoritmos para evitar a divindade, mas creio que o único lugar seguro para buscar a verdade sobre Deus é em Sua Palavra. Devemos nos dispor a servir "... o Senhor, seu Deus, com todo o coração e alma..." (1 Crônicas 22:19). Por quê? "[Porque] ele é superior a todos os outros deuses! A sua glória está acima da terra e do céu" (Salmo 148:13).

E Jesus Cristo nunca é diminuído nem mesmo pelas pessoas mais reconhecidas e famosas na Terra, porque "...Deus deu a Jesus a mais alta honra e pôs nele o nome que é o mais importante de todos os nomes, para que, em homenagem ao nome de Jesus, todas as criaturas no céu, na terra e no mundo dos mortos, caiam de joelhos e declarem abertamente que Jesus Cristo é o Senhor, para a glória de Deus, o Pai" (Filipenses 2:9-11).

Que todo ser que respira louve a Deus, pois Ele é grande e digno de todo o nosso louvor (Salmo 148:1,5,6). —*Roxanne Robbins*

Ex 34–35; Mt 22:23-46

5 DE FEVEREIRO

PALAVRAS DE AMOR

LEIA

Filipenses 1:3-11

Deus é testemunha de que estou dizendo a verdade quando afirmo que o meu grande amor por todos vocês vem do próprio coração de Cristo Jesus (v.8).

EXAMINE

Leia Romanos 5:8 e Efésios 2:4,5 para ver mais lembretes do amor de Deus, e observe como este amor deveria afetar a maneira como o ouvimos!

CONSIDERE

Para você, Deus é: juiz ou impositor de regras; pai amoroso ou amigo? De que maneira seu entendimento de Deus afeta a forma como ouve Suas palavras?

Em 2014, alguns jogadores de um time de futebol americano de uma escola se envolveram em várias formas de mau comportamento: cabular aula, tirar notas baixas e até fazer *bullying* virtual. O treinador sugeriu uma medida disciplinar radical: dispensou a equipe inteira. Os jogadores e suas famílias reagiram à notícia com aceitação contrita, porque sabiam o quanto o treinador se importava com os meninos.

Uma dinâmica similar existe no livro de Filipenses. Nesta carta, Paulo escolhe cada palavra com visíveis proximidade e ternura. Ele declara ter a igreja em seu coração, afirmando que o próprio Deus pode testificar o quanto o apóstolo ama aqueles que fazem parte dela (FILIPENSES 1:8).

É notório que Paulo amava profundamente essa igreja. E este tom amoroso afetou seriamente a maneira como a igreja filipense compreendia as instruções gerais do apóstolo. Pois, independentemente do que ele escrevesse ou dissesse em seguida, mesmo se fosse algo duro e direto, os filipenses tinham confiança de que as palavras haviam sido ditas num espírito de amor. E, quando você tem confiança de que alguém realmente o ama, sua reação em relação ao que essa pessoa tem a dizer é profundamente afetada.

Esta mesma dinâmica é verdadeira para nosso relacionamento com Deus. Quando Ele nos instrui, repreende ou encoraja, é fácil vê-lo como um rígido impositor de regras, o que faz que nos aborreçamos com Suas normas "injustas". Mas inúmeras passagens como a de João 3:16, Hebreus 12:5,6 e 1 João 3:16 nos relembram de que, mais do que qualquer coisa, é o amor que motiva Deus em Seu relacionamento conosco.

Independentemente do que Deus diz, Ele o diz em amor. Escolhamos levar a sério Suas palavras! —PETER CHIN

6 DE FEVEREIRO

PALAVRA DE QUEM?

LEIA

2 Timóteo 3:13-17

Pois toda a Escritura Sagrada é inspirada por Deus e é útil para ensinar a verdade, condenar o erro, corrigir as faltas e ensinar a maneira certa de viver (v.16).

EXAMINE

Leia 2 Pedro 1:16-21 para ver o que Pedro disse sobre a Palavra de Deus.

CONSIDERE

O que você pode fazer para permanecer no que aprendeu e foi inteirado (2 Timóteo 3:14)? Como você pode crescer em seu conhecimento da Palavra de Deus?

Quer seja em séries de TV quer em filmes, o mundo tem assistido a várias histórias baseadas na Bíblia nos últimos anos. Mas em que as pessoas realmente *acreditam* com relação à Palavra de Deus?

Uma pesquisa de 2013, realizada nos Estados Unidos, revelou que a porcentagem de indivíduos céticos em relação à Bíblia — pessoas que acham que a Bíblia é "um livro como outro qualquer com ensinamentos escritos por homens e que contém histórias e conselhos" — quase dobrou de 10% para 19% em apenas três anos. Os resultados da pesquisa também mostraram que apenas 56% dos respondentes acreditam que a Bíblia seja a Palavra inspirada de Deus.

Paulo profetizou que as pessoas abandonariam a fé, "os homens serão... xingadores" (1 Timóteo 4:1,2; 2 Timóteo 3:2). Então, aconselhou Timóteo a permanecer fiel à Palavra de Deus (3:14). Também lhe disse que não se envergonhasse da Bíblia, mas que fosse diligente em "...[ensinar] corretamente a verdade do evangelho" (2:15). Paulo enfatizou o quanto as Escrituras são essenciais (3:15), afirmando que a Palavra de Deus é correta, fiel e útil para o viver diário.

"[Toda] a Escritura Sagrada é inspirada por Deus" (v.16) significa que a Bíblia é "soprada" por Deus ou contém "toda palavra que procede da boca de Deus" (Mateus 4:4). Os autores humanos da Bíblia reconheciam que o que falavam ou escreviam era "a palavra do Senhor" (Êxodo 24:3,4; 34:27; Jeremias 30:1,2; Oseias 1:1; Joel 1:1; Ageu 1:1-3; Hebreus 1:1). Eles escreviam o que Deus lhes revelava (2 Pedro 1:21).

Que permaneçamos "nas verdades que [aprendemos] e em que [cremos] de todo o coração...", para termos a "sabedoria que leva à salvação por meio da fé em Cristo Jesus" (2 Timóteo 3:14,15).

—K. T. Sim

7 DE FEVEREIRO

CONFIAR EMBORA TREMENDO

LEIA

Provérbios 3:5,6

Confie no Senhor de todo o coração e não se apoie na sua própria inteligência (v.5).

EXAMINE

Leia Isaías 26:4 e perceba quanto devemos confiar em Deus e porque devemos confiar nele.

CONSIDERE

Qual tem sido sua experiência de confiar em Deus em tempos difíceis? Por que confiar em Deus é essencial quando lutamos para viver a fé verdadeira?

Há momentos em que o alicerce da nossa vida parece se abalar. *Aquele telefonema terrível durante a noite. Aquela notícia difícil do médico. Aquela triste decisão de um amigo ou familiar.* Tudo isto pode fazer-nos agonizar por dentro e tremer por fora.

Para onde nos voltamos em momentos como estes?

Salomão escreveu: "Confie no S<small>ENHOR</small>" (P<small>ROVÉRBIOS</small> 3:5). Esse rei tinha imensa sabedoria e riqueza. Ele detinha todo o poder e os recursos que alguém poderia desejar ao encarar os momentos mais difíceis e amargos da vida. Mas essas coisas não importavam tanto a seu ver. Colocou sua fé em Deus. Por quê? Porque sabia que só Deus é digno de confiança, porque Ele é perfeito em bondade e soberano em Seus caminhos.

Em seguida, Salomão abordou a maneira de confiar em Deus: "de todo o teu coração". Isto não é esperança inconstante ou compromisso casual. Confiar de todo o coração é colocar todas as circunstâncias que vivemos nas mãos poderosas de Deus — sem tentar repelir os ventos frios com as próprias mãos.

Salomão então escreveu: "Não se apoie na sua própria inteligência". Pois, como Isaías reconheceria mais tarde: "O S<small>ENHOR</small> Deus diz: 'Os meus pensamentos não são como os seus pensamentos, e eu não ajo como vocês'" (I<small>SAÍAS</small> 55:8). *Devemos* submeter-nos à vontade perfeita de Deus e ao que Ele escolhe fazer. Porque Ele sabe o que é melhor (P<small>ROVÉRBIOS</small> 3:6; R<small>OMANOS</small> 8:28).

Na noite em que Jesus foi traído, disse aos Seus discípulos: "Não se turbe o vosso coração; credes em Deus, crede também em mim" (J<small>OÃO</small> 14:1). Hoje, saiba que nosso Deus bom, soberano e Todo-Poderoso está apenas a uma oração de distância. E Jesus está com você (M<small>ATEUS</small> 28:20). Isso é algo em que você pode confiar! —T<small>OM</small> F<small>ELTEN</small>

8 DE FEVEREIRO

CONVERSAS DIFÍCEIS

LEIA

Gálatas 2:1-21

Pois, quanto à lei, estou morto, morto pela própria lei, a fim de viver para Deus. Eu fui morto com Cristo na cruz. (v.19)

EXAMINE

Leia 1 Timóteo 1:12-17 e considere como testificar continuamente de Jesus pode manter-nos centrados em Suas verdades divinas e não nos caprichos da humanidade.

CONSIDERE

Numa escala de zero a dez, quanto as pessoas de sua igreja sabem sobre você? Quais são alguns dos obstáculos que você enfrenta ao ser verdadeiro com outros cristãos?

Lembro-me de quando alguém da equipe ministerial da nossa igreja reagiu com incredulidade ao descobrir que meu marido e eu temos desacordos. Mas eu não abri mão de compartilhar que — como qualquer outra família — tínhamos de lidar com conflitos para nos relacionar melhor. Ser espiritualmente maduro não significa estar isento de desafios ou fracassos. Significa ser honesto, sem tentar se esconder atrás de uma fachada.

A sedução da imagem é uma tentação que todos enfrentamos. Com as opiniões dos outros como um meio tangível e pronto de obter respostas, podemos perder de vista o real chamado do discipulado (LUCAS 9:23,24) e optar por focar na maneira como os outros nos veem. Em Mateus 10:28, Jesus nos instruiu: "Não tenham medo daqueles que matam o corpo, mas não podem matar a alma. Porém tenham medo de Deus, que pode destruir no inferno tanto a alma como o corpo." Podemos esculpir nossa reputação sob inúmeros disfarces, mas *o desejo de proteger nossa reputação nada mais é do que o medo das outras pessoas* (JOÃO 12:42,43).

Decepcionado com a reação de Pedro aos cristãos gentios (GÁLATAS 2:11-16), Paulo não teve medo de confrontá-lo. Paulo havia enfatizado suas credenciais na tentativa de provar ser digno (FILIPENSES 3:3-7). Mas agora, recusando-se a bajular os outros para conseguir favores, ele lembrou a Pedro, e a todos que liam sua carta, de que ceder aos desejos das pessoas não era a resposta (GÁLATAS 2:20,21).

Ser autêntico na igreja significa manter a reputação de Cristo acima da própria reputação. Só então, seremos a cidade no monte — a esperança de Jesus brilhando num mundo envolvido pelo engano das aparências e pelos meios artificiais (MATEUS 5:14-16). —*REGINA FRANKLIN*

Lv 4–5; Mt 24:29-51 ‹ A BÍBLIA em UM ANO

9 DE FEVEREIRO

TENTADO PELO "BOM"

LEIA

Gênesis 3:1-7

...Orem pedindo que vocês não sejam tentados (Lucas 22:40).

EXAMINE

Leia Mateus 4:1-11 e repare nas estratégias de Satanás ao tentar Jesus.

CONSIDERE

Em que áreas você é mais tentado a se afastar de Deus? Como você pode aprender a resistir a esta tentação e a apegar-se à bondade divina?

Já enfrentei muitos ciclos de sucesso e fracasso em minha longa luta para comer alimentos saudáveis e me exercitar com constância. Sempre que meus esforços falham, é porque sucumbi à sedução de algo que parecia me oferecer verdadeira satisfação: outra fatia de torta de maçã ou manhãs preguiçosas em que eu não tenho de arrastar meu corpo para estrada em mais uma corrida. A verdade, claro, é que a nutrição ruim e o corpo letárgico não produzem nada de bom mesmo.

Desde as primeiras histórias da tentação humana até hoje, é óbvio que raramente somos tentados por algo que se pareça ruim. Muitas vezes, há um traço de bom misturado com a sugestão de que faríamos bem em recusar as instruções de Deus. Na tentação do Éden, a serpente disse à Eva o contrário do alerta de Deus: que ela não morreria se comesse da árvore. "Deus disse isso porque sabe que, quando vocês comerem a fruta dessa árvore, os seus olhos se abrirão, e vocês serão como Deus, conhecendo o bem e o mal" (GÊNESIS 3:5).

Ou seja, a serpente sugeriu a Eva que Deus era egoísta, e que, se ela ignorasse Seus avisos, conseguiria o conhecimento e a experiência que lhe faltavam. E este conhecimento e experiência, a serpente garantiu, não era algo ruim, mas muito bom. Depois da trágica desobediência, Eva e Adão encontraram apenas ruína e grande tristeza: "...perceberam que estavam nus" (v.7). Foi um choque. Eles esperavam descobrir novo poder e liberdade.

A tentação sempre promete algo de bom e jamais pode cumprir tal promessa. Deus é a fonte de toda a beleza, de toda a verdade e de todo o prazer. Qualquer coisa (ou qualquer um) que nos afaste dele nos faz deixar a verdadeira vida e a alegria para trás. —WINN COLLIER

10 DE FEVEREIRO

SURPRESA!

LEIA

1 Tessalonicenses 1:4-8

Pois temos anunciado o evangelho a vocês não somente com palavras, mas também com poder, com o Espírito Santo e com a certeza de que esta mensagem é a verdade... (v. 5).

EXAMINE

Leia Efésios 2:8 e considere o dom da salvação de Deus.

CONSIDERE

Com quem você pode compartilhar sua fé hoje? Por que podemos manter a esperança mesmo quando alguém com quem falamos de Jesus parece desinteressado?

Durante muitos anos, acreditava-se que o Dr. David Livingstone, missionário na África, tinha apenas um convertido. O homem era um líder de Botswana, chamado Sechele, sobre quem Livingstone escrevera que havia apostatado. Sechele pode, na realidade, ter sido um dos maiores evangelistas da África. Missionários que chegaram para trabalhar com a tribo de Zulu Ndebele em 1859 se surpreenderam ao descobrir que eles já praticavam orações cristãs regulares. Sechele os ensinara a ler a Bíblia, e muitos dos Bakwena tinham se convertido a Jesus.

Paulo elogiou os cristãos de Tessalônica com quem passara apenas algumas semanas (Atos 17:1-10). Preocupado com a jovem igreja, ele enviou Timóteo para ver como estavam as coisas (1 Tessalonicenses 3:1-5). Paulo ficou radiante ao ouvir que, a despeito da perseguição, eles tinham permanecido fortes (2:13,14), crescendo na fé, no amor e na esperança (1:3,6,7). Embora tivesse de alertar os cristãos dos perigos da imoralidade sexual e corrigir alguns pontos de vista sobre a ressurreição e a volta de Cristo (4:1-8,13–5:11), o apóstolo estava muito feliz com a igreja crescente (2:19,20).

Podemos nos desesperar quando nossas tentativas de levar a salvação a alguém não dão em nada. Paulo nos relembra de que uns plantarão, alguns regarão e outros colherão, mas é Deus quem dá o crescimento (1 Coríntios 3:5-9).

Paulo estava radiante por saber que a igreja de Tessalônica estava prosperando, e David Livingstone provavelmente se surpreenderá com a colheita resultante de seu testemunho na África. Que possamos também experimentar a alegria e a surpresa ao ver quem está no céu como resultado de Deus ter usado nosso testemunho. —RUTH O'REILLY-SMITH

11 DE FEVEREIRO

COMANDANTE DA MINHA ALMA?

LEIA

Salmo 51:1-19

...tu não rejeitarás um coração humilde e arrependido (v.17).

EXAMINE

Leia sobre o pecado da autossuficiência de Davi, o castigo de Deus e o arrependimento do salmista em 2 Samuel 24:1-17.

CONSIDERE

Como ter uma independência saudável e ainda ser dependente de Deus? O que ocorre quando você despreza a Deus e age como o comandante da sua alma?

Enquanto Timothy McVeigh enfrentava a execução por um ato terrorista que praticara matando 168 pessoas, proclamou, como últimas palavras, o conhecido poema *Invictus*. Uma parte diz: "A qualquer deus — se algum acaso existe, Por minh'alma insubjugável agradeço". E termina com estes versos:

Por ser estreita a senda — eu não declino,
Nem por pesada a mão que o mundo espalma;
Eu sou dono e senhor de meu destino;
Eu sou o comandante de minha alma.

O autor William Ernest Henley era um homem afável. Mas não buscou a ajuda do Criador, e o mesmo tipo de espírito individualista ressoou um século mais tarde no coração sombrio de um terrorista não arrependido.

E se o terrorista tivesse voltado sua face para Cristo como o ladrão na cruz: "Jesus, lembra-te de mim quando vieres no teu reino" (Lucas 23:42)? E se tivesse escolhido a poesia de outro homem — o rei Davi — que também foi assassino?

O rei derramou suas emoções compungidas ao Deus que perdoa: "Pois eu conheço bem os meus erros, e o meu pecado está sempre diante de mim" (Salmo 51:3). Davi planejara o assassinato de Urias para ocultar seu adultério. Por fim, ele cometeu mais pecados — um que resultou na morte de milhares de pessoas (2 Samuel 24:10-16). Mas voltou-se a Deus em arrependimento genuíno, dizendo-lhe: "...Só eu sou culpado. Fui eu que errei. [...] eu e a minha família é que deveríamos ser castigados por ti" (v.17). Davi era imperfeito, mas as Escrituras o chamam de "um homem segundo o seu coração" (1 Samuel 13:14 NVI). Embora nosso Pai celestial deseje nosso afeto, Ele jamais o forçará. Podemos desafiá-lo com independência ou olhar para Aquele que morreu para nos salvar dos nossos muitos pecados. Ele nos dá a escolha. —*TIM GUSTAFSON*

12 DE FEVEREIRO

FACE A FACE

LEIA

3 João 1:1-15

Tenho ainda muitas coisas para contar a você, mas não quero fazer isso por carta. Espero vê-lo em breve, e então conversaremos pessoalmente (vv.13,14).

EXAMINE

Leia Apocalipse 1:9-20 para saber o que acontece quando uma pessoa verdadeiramente entra em contato com Jesus.

CONSIDERE

De que forma usar ou limitar a tecnologia pode aprofundar amizades? Com quem você precisa sentar e conversar face a face para trazer glória a Deus?

A tecnologia é útil, mas também atrapalha a comunicação. Como o apóstolo João disse a Gaio, é difícil transmitir tudo o que está em nosso coração quando não estamos com a outra pessoa (3 João 1:13,14). Se João escrevesse sua terceira epístola hoje, poderia terminar assim: "Eu não quero telefonar, mandar uma mensagem de texto nem usar o *Twitter* para expressar o que penso. Espero chegar logo, para conversarmos face a face".

João conhecia o poder da comunicação pessoal, pois cria em Jesus. Em seu evangelho, revelou que é assim que Deus nos transmitiu Seu amor: "A Palavra se tornou um ser humano e morou entre nós, cheia de amor e de verdade. E nós vimos a revelação da sua natureza divina, natureza que ele recebeu como Filho único do Pai" (João 1:14). Deus não revelou Seu amor por meio de um *blog* ou de uma mídia social. Ele nos mostrou Seu amor ao se revelar em *carne*.

O poder do contato presencial pode ser intimidante. Às vezes, parece mais seguro isolar-nos atrás das paredes tecnológicas, conversando com quem não está ao nosso lado ao invés de falar com aqueles que estão. É mais fácil não fazer contato visual quando compartilhamos nossos sentimentos mais profundos via caracteres.

Devemos nos abrir para a pessoa de Jesus a fim de experimentar plenamente Seu amor. João diz que Jesus voltará, e "haveremos de vê-lo como ele é" (1 João 3:2). Então, compreenderemos que poderíamos ser mais conhecidos ou amados. Jesus já nos vê como realmente somos, e aceita todos que recebem Sua graça insondável. Este amor pessoal é mais bem compartilhado com os outros pessoalmente (3 João 1:13,14). Se quisermos alcançar os outros, devemos nos dispôr a fazê-lo face a face. —*Mike Wittmer*

13 DE FEVEREIRO

DOSE DIÁRIA

LEIA

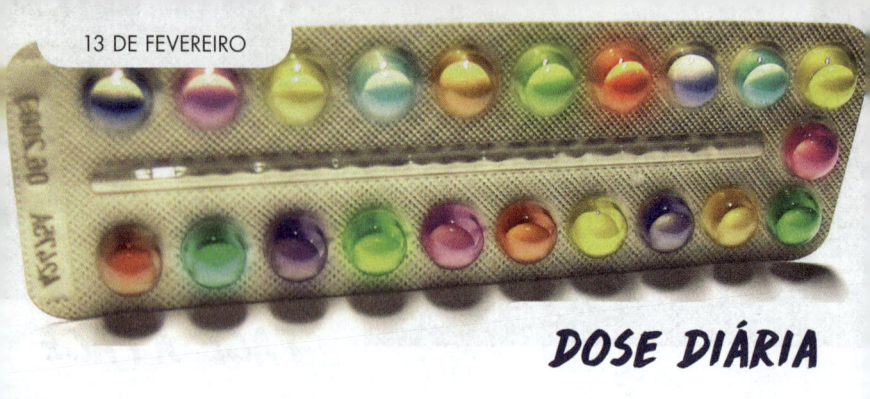

Êxodo 16:1-21

Todas as manhãs cada um pegava o necessário para comer naquele dia... (v.21).

EXAMINE

Leia Salmo 125:1,2 para ser encorajado a confiar em Deus. Examine 2 Coríntios 1:8,9 para ver como Paulo abandonou a autoconfiança e passou a confiar em Deus.

CONSIDERE

Como Deus lhe ofereceu uma dose diária de ajuda ao enfrentar uma situação difícil? Em que aspectos você pode praticar sua confiança nele esta semana?

Minhas vitaminas vêm em três sabores. Felizmente, alguém as desenvolveu para ter a aparência e o sabor mais parecidos com os de doces do que com os de remédios. Cada porção contém suplementos suficientes para durar um dia. Toda manhã, tenho de tomar outra dose, porque meu corpo consumiu o suprimento do dia anterior.

Os israelitas experimentaram uma noção de dependência parecida com o maná, que caía do céu. Quando chegaram ao deserto de Sim, começaram a reclamar, dizendo: "...Teria sido melhor que o Senhor tivesse nos matado no Egito! Lá, nós podíamos pelo menos nos sentar e comer carne e outras comidas à vontade..." (Êxodo 16:3).

Suas queixas chegaram aos ouvidos de Deus, e assim decidiu lançar comida do céu. Ele disse a Moisés: "...E o povo deverá sair, e cada um deverá juntar uma porção que dê para um dia..." (v.4). Eles não deveriam armazenar o alimento (vv.16,19); quem o fez viu o maná cheirar mal e encher-se de bichos de um dia para o outro (v.20).

Recolher o alimento sobrenatural ensinava os israelitas a obedecerem a Deus e a depender dele dia a dia. Por fim, depender de Deus tornou-se um estilo de vida. "Durante quarenta anos os israelitas tiveram maná para comer, [...] até que chegaram à fronteira de Canaã" (v.35).

Deus quer que confiemos nele também. A dependência consistente leva a uma vida de confiança no Senhor. Talvez seja por isso que Ele frequentemente nos dê uma dose diária de ajuda em vez de solucionar todos os nossos problemas de uma vez. Se nos decepcionamos quando Deus não resolve os grandes problemas da nossa vida, podemos lembrar que Ele ainda está agindo na situação, fornecendo apenas aquilo de que precisamos, um dia de cada vez. —*Jennifer Benson Schuldt*

14 DE FEVEREIRO

MAIOR DO QUE VOCÊ IMAGINA

LEIA

Efésios 3:14-21

...vocês possam compreender o amor de Cristo em toda a sua largura, comprimento, altura e profundidade (v.18).

EXAMINE

Leia Salmo 36:5 e considere o que a passagem revela sobre o amor de Deus.

CONSIDERE

Você tem dificuldade de sentir o amor de Deus por você pessoalmente? Em que comparação pode pensar para compreender o amor de Deus por você?

Deus nos ama. A maioria sabe disto, mas quantos de nós *sentimos* isto? Para Paulo compreender o amor de Deus era difícil; para isso, acreditava, era preciso de revelação sobrenatural (EFÉSIOS 3:16,18). O amor de Deus é tão grande, e nossa compreensão, tão pequena...

Parte do nosso problema é interpretar o amor divino a partir do amor humano. Se entendermos o amor de Deus baseados no "amor" distorcido que experimentamos por meio de alguém que maltrata ou até ao amor relativamente bom da família e dos amigos (na melhor das hipóteses, limitado e, na pior das hipóteses, corrompido por motivações erradas), nos sentiremos indiferentes com relação ao amor de Deus por nós.

Entretanto, com a ajuda do Espírito Santo, podemos começar a compreender este amor não pela *semelhança*, mas pelo *contraste* com o amor humano. Tente pensar na coisa mais amorosa que alguém já fez por você. Por maior que tenha sido esse ato, ele é minúsculo em contraste com o amor divino. Minúsculo quanto? Imagine um grão de areia ao lado de um arranha-céu; um micróbio ao lado de Júpiter. O pingo mais minúsculo ao lado do mais poderoso dos rios, ou um fio de algodão ao lado de um quilômetro e meio de tecido.

Imagine o aroma mais fraco em oposição ao perfume mais forte; o gorjeio mais sereno em oposição à trovoada mais alta. Compare uma gota d'água com o Oceano Pacífico, a centelha de uma vela com o brilho do sol, uma única folha com uma floresta toda. É minúsculo *assim* o amor humano e grandioso assim o amor de Deus!

A verdade é que o amor de Deus jamais pode ser completamente compreendido, o que significa que todas as comparações são insuficientes! (v.19). É maior do que você pode imaginar. —SHERIDAN VOYSEY

Lv 15–16; Mt 27:1-26

15 DE FEVEREIRO

A FONTE DE VIDA

LEIA
Gênesis 2:1-7
Ó Senhor Deus, eu sei que o ser humano não é dono do seu futuro; ninguém pode controlar o que acontece na sua vida (Jeremias 10:23).

EXAMINE
Leia Tiago 4:13-17 e considere qual deve ser nossa resposta à brevidade da vida. De que maneira você viverá de modo diferente esta semana considerando o que Deus pensa sobre a vida e seu significado?

CONSIDERE
O que você fará para tornar-se um administrador fiel e responsável da vida que Ele lhe deu?

Em 2012, graças a um rapper e à mídia social, "YOLO" tornou-se um acrônimo popular: *You Only Live Once* (Só se vive uma vez). Embora a mensagem do YOLO seja *testar os limites*, ele se tornou uma justificativa para viver de maneira irresponsável: dirigir embriagado, estacionar em locais proibidos, desrespeitar os pais e faltar à aula. Seu significado subliminar é: *a vida é minha, e eu vou vivê-la como eu quiser*.

YOLO, entretanto, pode nos apontar algumas verdades importantes sobre a vida:

• *A vida vem de Deus*. Todo ser humano deve sua existência ao Autor da vida. Deus soprou o fôlego de vida em Adão, e ele se tornou um ser vivente (GÊNESIS 2:7; JÓ 33:4; ATOS 17:25).

• *A vida é preciosa para Deus*. Uma vez que as pessoas são criadas à imagem de Deus, são preciosas e valiosas para Ele (GÊNESIS 1:26,27).

• *A vida deve ser vivida para Deus*. A vida é um dom de Deus, então, a postura da humanidade diante dele deveria incluir a reverência e o comprometimento de viver com responsabilidade de acordo com Seus padrões delineados nas Escrituras (ECLESIASTES 12:13). E esses padrões de vida deveriam deixar-nos desconfiados com os nossos próprios — levando-nos a rejeitar o significado cultural do lema YOLO e a admitir completamente que a vida não se encontra em nós, mas em Deus. Como Jeremias 10:23 diz: "Ó Senhor Deus, eu sei que o ser humano não é dono do seu futuro; ninguém pode controlar o que acontece na sua vida".

A vida é temporária, e a morte é desígnio de Deus. Depois que morrermos, viveremos eternamente com o Senhor ou longe dele. É sábio, portanto, entregar nossa vida a Jesus e passar nossos dias seguindo os Seus caminhos, porque Ele é a verdadeira Fonte de vida. —MARVIN WILLIAMS

16 DE FEVEREIRO

EU CREIO

LEIA

1 Coríntios 8:4-8

... Porém para nós existe somente um Deus, o Pai e Criador de todas as coisas, para quem nós vivemos... (v.6).

EXAMINE

Leia Atos 17:24-31 para entender a breve apresentação de Paulo do que ele acreditava e sabia ser a verdade.

CONSIDERE

Você tem certeza daquilo em que acredita? O que você precisará fazer para ter uma fé ainda mais confiante em Jesus?

Por ser uma chinesa criada num ambiente politeísta, eu costumava pensar que o cristianismo era uma religião ocidental, a "religião do homem branco". Eu pensava: *Nós, asiáticos, temos nossos próprios deuses*. Depois, mesmo cristã, às vezes ainda imaginava se eu havia renegado minhas raízes para crer num deus estrangeiro.

Com o passar dos anos, tive a oportunidade de visitar igrejas na China, Malásia, Tailândia, Japão e América. Juntei-me a vários cristãos do mundo todo para cantar hinos conhecidos e novos cânticos de louvor. E, embora os estilos de adoração possam diferir, percebo que, no fim das contas, adoramos a "...um Deus, o Pai e Criador de todas as coisas, para quem nós vivemos..." (1 CORÍNTIOS 8:6).

Essas experiências têm-me ajudado a testificar que "creio em Deus Pai Todo-poderoso, Criador do céu e da terra" (extraído do *Credo dos Apóstolos*).

A palavra hebraica para "Todo-poderoso" é *El Shaddai*. Ela significa "o Deus que é sobre todas as coisas, Aquele que prevalece". Ele é o Criador do céu e da Terra. Ou seja, Sua esfera de autoridade inclui todo o Universo.

Eu era politeísta — uma pessoa que acredita que cada raça tem deuses separados em cargos diferentes, para tarefas separadas. Então, tornei-me henoteísta — uma pessoa que acredita que cada deus tem certa soberania sobre determinada região geográfica ou etnia. Mas hoje, como monoteísta, acredito que há um *único* Deus diante do qual todas as línguas confessarão e as nações dobrarão seus joelhos, reconhecendo que Ele é o Senhor (FILIPENSES 2:9,10).

Sei em quem tenho crido — no único Deus verdadeiro. E sou tão grata por Ele ter me encontrado. Sou membro de Sua família com irmãos em Cristo por todo o mundo! —POH FANG CHIA

17 DE FEVEREIRO

UM VERDADEIRO AMIGO

LEIA

Jó 2:11-13

Em seguida sentaram-se no chão ao lado dele e ficaram ali sete dias e sete noites; e não disseram nada, pois viam que Jó estava sofrendo muito (v.13).

EXAMINE

Leia João 15:12-17 e considere como você pode verdadeiramente amar e consolar uma pessoa que esteja sofrendo.

CONSIDERE

Você se dispõe a confortar os que sofrem e os que choram mesmo se sentindo despreparado? Como você pode ser um amigo para alguém que precise de amizade?

Poucos meses depois da trágica morte de seu filho, meu amigo me contou que as pessoas antes próximas estavam evitando ele e a sua família. Era como se não quisessem mais estar por perto. Eu lhe perguntei por que ele achava isso. Sua resposta me perturbou, pois era a dura verdade: "Quando as pessoas sentem que não podem consertar uma situação, elas tentam fingir que nada está acontecendo. Elas se sentem constrangidas".

Tendemos a condenar os amigos de Jó por sua descrição incorreta de Deus e da situação do patriarca. É verdade que eles entenderam tudo errado. Mas, pelo menos, *compareceram!* (Jó 2:11). Não apenas isso, também choraram com o amigo (v.12) — como somos instruídos a fazer em Romanos 12:15. Mais tarde, sabendo que não conseguiriam consertar a situação, apenas se sentaram com Jó em vez ir embora. Que consolo quando um verdadeiro amigo se senta com outro em sua dor e não oferece conselhos, mas permanece ao seu lado apesar de tudo!

Infelizmente, os amigos de Jó não mantiveram a boca fechada. Ofereceram sua "sabedoria" humana e logo provaram, pelos comentários, quão pouco compreendiam. Mas, antes disso, tinham sido amigos verdadeiros!

Antes de condenarmos os pobres consoladores de Jó, pensemos nisto: Deus enviou os homens até Jó, e eles foram inicialmente para consolá-lo. Depois, o Senhor os repreendeu radicalmente! Na realidade, Deus permitiu que Jó ministrasse aos seus amigos embora eles tivessem ministrado a ele sem sucesso (Jó 42:7-9). Jó sabia que eles tinham tentado ajudar, mas o fizeram do jeito errado.

Escolhamos nos aproximar daqueles que estão sofrendo. Nossa ajuda pode não ser perfeita, mas verdadeiros amigos se dispõem a estar perto. —RUSSELL FRALICK

18 DE FEVEREIRO

SEGREDOS OBSCUROS

LEIA
Salmo 32:1-11
Enquanto não confessei o meu pecado, eu me cansava, chorando o dia inteiro (v.3).

EXAMINE
Leia Salmo 51:1-12 e observe a direção para a qual a verdadeira confissão a Deus pode levar.

CONSIDERE
O que o impede de confessar seus pecados secretos e obscuros a Deus? Como o pecado não confessado afeta sua vida e aqueles a quem você ama?

Você tem algum segredo obscuro escondido dos outros? Talvez, tenha feito algo que ache tão ruim que, se as pessoas descobrissem, não se relacionariam mais com você. Talvez, esteja viciado em filmes pornográficos ou lute contra a dependência química. Talvez, esteja alimentando ódio profundo por alguém que o magoou.

Algumas pessoas acham que é melhor manter tudo escondido num armário. Porém, como aprendeu um homem, guardar segredos obscuros pode ser o próprio castigo.

Em 2 Samuel 11, vemos a história de como o rei Davi teve relações sexuais com a esposa de outro homem e a engravidou. Quando ele não conseguiu mais esconder a verdade, planejou que o marido da mulher fosse colocado na linha de frente a fim de que ele morresse em batalha. Logo após, Davi se casou com a viúva enlutada (2 Samuel 11:1-27).

Durante um ano, Davi guardou seu segredo. Não o contou a ninguém, recusando-se até a discuti-lo com Deus. Mas manter esse segredo o dilacerava por dentro. No salmo 32, Davi escreveu sobre este momento de sua vida: "Enquanto calei os meus pecados, envelheceram os meus ossos pelos meus constantes gemidos todo o dia" (v.3). A tortura de esconder seu segredo terminou quando ele confessou o que fizera. "Então eu te confessei o meu pecado e não escondi a minha maldade [...], e tu perdoaste todos os meus pecados" (v.5; veja também 2 Samuel 12:1-13).

Você tem escondido um segredo que o está deixando doente por dentro? Confesse-o ao Senhor e pense em compartilhá-lo com alguém de confiança que não venha a se constranger, humilhá-lo ou afastar-se de você. Assim, descobrirá um dos "segredos mais bem guardados" da vida — o poder de confessar nossas faltas uns aos outros (Tiago 5:16). —*Jeff Olson*

19 DE FEVEREIRO

VAGA-LUMES

LEIA
Romanos 12:1-5
...não se achem melhores do que realmente são... (v.3).

EXAMINE
Leia Provérbios 19:11 e pense sobre o que significa ser uma pessoa sensível no que se refere a abordar conflitos em seus relacionamentos.

CONSIDERE
Por que é vital que respeitemos os outros ao interagir com eles, ainda que não nos respeitem? Como você pode ser mais atencioso ao se comunicar hoje?

Em resposta a uma crítica, o ex-primeiro ministro britânico Winston Churchill replicou certa vez: "Somos todos insetos, mas eu realmente acredito que sou um *vaga-lume*".

Certa vez, no jogo de futebol americano das crianças, vi uma reação muito diferente à crítica, que está cada vez mais comum. Um grupo de pais quase invadiu o campo quando um dos árbitros penalizou um jogador do time deles. Quando o jogador grosseiramente respondeu ao juiz, os pais gritaram: "É isso aí! Você estava certo e precisa mostrar isso ao juiz!". Quanto mais rudemente o garoto se comportava, mais os pais aplaudiam e demonstravam completo desrespeito à ordenança básica de Deus: "Por causa do Senhor, sejam obedientes a toda autoridade humana..." (1 PEDRO 2:13).

Embora eu não tenha tratado desrespeitosamente o juiz (e que isso nunca aconteça!), o que vi me fez refletir sobre como podemos buscar formas *sábias* para reagir a mal-entendidos.

Confiando na força e na graça que Jesus nos oferece, façamos do nosso objetivo seguir estes princípios bíblicos ao interagir com os outros pessoalmente ou pelas mídias sociais:

• *Busque a santidade*. Isto significa usar nosso corpo, especialmente nossa boca como "um sacrifício vivo, dedicado ao seu serviço e agradável a ele" (ROMANOS 12:1).

• *Seja humilde e honesto*. "...pensem com humildade a respeito de vocês mesmos, e cada um julgue a si mesmo conforme a fé que Deus lhe deu" (v.3).

• *Seja atencioso com outros cristãos*. Pois "...somos um só corpo por estarmos unidos com Cristo. E todos estamos unidos uns com os outros como partes diferentes de um só corpo" (v.5).

Equívocos acontecem, mas que nossas palavras e reações possam brilhar a graça de Deus! —ROXANNE ROBBINS

20 DE FEVEREIRO

IMUTÁVEL

LEIA

João 21:1-14

Joguem a rede do lado direito do barco, que vocês acharão peixe! — disse Jesus. Eles jogaram a rede e logo depois já não conseguiam puxá-la para dentro do barco, por causa da grande quantidade de peixes que havia nela (v.6).

EXAMINE

Leia Lucas 15:11-32 para ver o que Deus sente por aqueles que se afastam dele.

CONSIDERE

Depois de cometer um erro ou passar por algum tipo de fracasso, você sente que Deus o ama menos? O que significa para você saber que Deus é imutável?

Que tipo de traição alguém teria de cometer para que você virasse as costas para essa pessoa para sempre? E se esta pessoa lhe dissesse que o amava, que até morreria por você, mas, logo depois, negasse até que o conhece? Suponho que você viraria as costas para ela ou, pelo menos, lhe daria um gelo durante algum tempo.

Essa é a situação de João 21. Pedro tinha falhado com Jesus ao negá-lo três vezes, proferindo até blasfêmias. Mais tarde, Pedro voltou a pescar — o que fazia antes de encontrar Cristo (v.3). Este é um bom exemplo de como voltamos às buscas e aos interesses que tínhamos antes de conhecer Jesus quando começamos a nos sentir distantes dele.

Mas Pedro pulou na água para ver quem na praia? Jesus (v.7)! Apesar de Seu discípulo tê-lo negado anteriormente, Jesus não o abandonara. Na realidade, Ele basicamente encenou o que acontecera no início do relacionamento entre eles, o momento em que revelara Seu poder divino e chamara Pedro à vida de discípulo (LUCAS 5:1-11).

Este relato é um lembrete maravilhoso de um aspecto de Deus que estou inclinado a esquecer — Sua natureza imutável. Muitas vezes, penso que o Senhor se afasta de mim quando fracasso — irado e envergonhado de minhas atitudes. Imagino que Ele me ame um pouquinho menos como resultado do meu comportamento.

Porém, Hebreus 13:8 afirma: "Jesus Cristo é o mesmo ontem, hoje e sempre". E Tiago 1:17 diz que Deus não muda, e nele não existe "sombra de mudança" (ARA). Nossos fracassos, por mais obscuros que possam ser, não são ruins o suficiente para que Deus nos rejeite ou desista de nós. Ele nos espera na praia de nossa vida, chamando-nos ao arrependimento e à comunhão. Seus caminhos são imutáveis! —*PETER CHIN*

21 DE FEVEREIRO

INFARTO ESPIRITUAL

LEIA
Provérbios 4:20-23
Sobre tudo o que se deve guardar, guarda o coração, porque dele procedem as fontes da vida (v.23 ARA).

EXAMINE
O que estas passagens — Deuteronômio 32:46,47; Josué 1:7,8; Salmo 119:9-12, 119:97-105; Provérbios 3:1,2 — dizem sobre guardar nosso coração?

CONSIDERE
Que coisas estão ameaçando seu coração neste momento? O que você fará para guardá-lo?

Ataques cardíacos são a primeira causa de morte em muitas partes do mundo. No Brasil 30% das mortes são por infarto. Nos Estados Unidos, um ataque cardíaco acontece a cada 20 segundos, e alguém morre de doenças cardíacas a cada 34 segundos. Precisamos observar o que os profissionais da área médica dizem sobre prevenção: reduza o estresse, não fume, exercite-se regularmente e cuide da alimentação. "Sobre tudo o que se deve guardar, guarda o coração" (PROVÉRBIOS 4:23).

Mas o "coração" neste versículo não é o órgão biológico. Nas Escrituras, o "coração" é o lugar onde nossos sentimentos, atitudes e palavras são concebidos (LUCAS 6:45). "Assim como a água reflete o rosto da gente, o coração mostra o que a pessoa é" (PROVÉRBIOS 27:19). É o "homem interior" que define quem somos.

O coração é onde Cristo faz morada (JOÃO 14:23; EFÉSIOS 3:16,17) e onde o Espírito de Deus habita (ROMANOS 8:9-11; 1 CORÍNTIOS 3:16,17). O coração determina nossa receptividade a Deus (DEUTERONÔMIO 30:6; EZEQUIEL 11:19,20). É o centro da nossa adoração (JEREMIAS 32:39; SALMO 86:12). Define, molda e determina a trajetória da vida "porque dele procedem as fontes da vida" (PROVÉRBIOS 4:23).

Policiais e soldados usam coletes à prova de balas para proteger o coração. Salomão oferece um conselho sobre como se prevenir: "preste atenção" e "escute" à Palavra de Deus. Que Suas palavras penetrem deem "...vida longa e saúde a quem entendê-las." (vv.20-22).

O salmista fala sobre a importância desta verdade: "Guardo a tua palavra no meu coração para não pecar contra ti" (SALMO 119:11). O risco de um ataque cardíaco *espiritual* fatal se intensifica quando você negligencia e ignora a Palavra de Deus. —*K. T. Sim*

A BÍBLIA em UM ANO ➤ Nm 1–3; Mc 3

22 DE FEVEREIRO

JUNTOS

LEIA

Filipenses 1:27–2:2

Agora vocês podem tomar parte comigo na luta... (1:30).

EXAMINE

Leia Efésios 4:1 e 1 Tessalonicenses 2:12 e observe como Paulo encorajou seus leitores a viver para glorificar a Jesus juntos.

CONSIDERE

O que tem feito você se afastar de outros cristãos? Como você pode encorajar alguém hoje a prosseguir na fé?

Um fenômeno estranho ocorreu enquanto escrevia este texto. Abrigado na bela e aquecida sala de estar da minha sobrinha, observava as formigas andando pelo chão e subindo as paredes. Por que isto era estranho? Bem, há alguns dias a temperatura chegou a 2 graus negativos e havia mais de 60 centímetros de neve do lado de fora da casa. Então, pensei: *Como estas minúsculas criaturas estão sobrevivendo?* Parece que sobrevivem por permanecerem juntas, trabalharem juntas e habitarem no calor que existe dentro de casa.

É possível que Paulo estivesse familiarizado com as formigas na cela da prisão onde escreveu sua carta à igreja de Filipos. E assim como minhas amiguinhas ao meu redor, o apóstolo quis que seus leitores ficassem "lutando juntos, com um só desejo" (FILIPENSES 1:27). Paulo estava atrás das grades, e os cristãos a quem ele escrevia enfrentavam perseguição; estavam verdadeiramente "lutando juntos" (v.30).

Mas o apóstolo estava jogando a toalha? Tinha desistido da luta? De jeito nenhum. Enquanto escrevia sua *epístola da alegria,* Paulo encorajava seus amigos a viver de "acordo com o evangelho de Cristo" e a compartilhar da graça de sofrer por Cristo e não somente de crer nele (vv.27,29). Embora eles enfrentassem os "elementos" amargos das forças externas que ameaçavam destruí-los, Paulo escreveu sobre a esperança calorosa de que eles alcançassem a "salvação, e isto da parte de Deus" (v.28).

É essencial que andemos com outros cristãos nas dificuldades e fé — enfrentando os ataques deste mundo. Juntos, podemos experimentar encorajamento, consolo, comunhão *e* compaixão "no Espírito" (2:1). Andemos juntos, trabalhemos juntos e habitemos no calor do amor de Deus. —TOM FELTEN

23 DE FEVEREIRO

CONGELADOS

LEIA

Colossenses 2:1-7

...Estejam enraizados nele, construam a sua vida sobre ele e se tornem mais fortes na fé, como foi ensinado a vocês. E deem sempre graças a Deus (v.7).

EXAMINE

Leia Salmo 119:138-144. Pense em como você tem experimentado a proteção de Deus ao caminhar de acordo com Sua Palavra — independentemente do custo.

CONSIDERE

Quais são algumas das mentiras que você tem escutado e que têm tentado mantê-lo longe do amor de Cristo? O que significa estar "enraizado" em Jesus?

Enrolados nos cobertores, estávamos preparados para uma das piores nevascas que já tínhamos enfrentado. As estradas foram fechadas, as aulas suspensas e os cidadãos aconselhados a permanecer em casa. Sem energia elétrica, cozinhamos na lareira, assistimos a filmes com a bateria do computador e dormimos sob camadas de cobertores para nos manter aquecidos. No meio da noite, despertamos com o som alto e intermitente de estalos. Camadas de gelo e neve fizeram os galhos das árvores altas de trás da casa despencar, incapazes de suportar o peso.

Declarando que só Ele seria nossa fonte de vida contínua, Jesus nos dá a imagem de uma videira e de seus ramos produzindo fruto (João 15:5-7). Assim como os galhos sem vida espalhados pelo nosso jardim, não podemos esperar florescer se nos separarmos da verdade da Palavra de Deus (1 João 2:3-5).

Satanás amaria nos ver despencando com regras feitas por homens, argumentos sem sentido e ideologias vazias. Camada a camada, cada palavra congelada e sem vida determina a próxima até que nossa fé enfraqueça, o coração seja enganado e a mente, obscurecida. Com nosso olhar inclinado para a direção errada, esquecemos então a liberdade do amor de Deus à medida que nosso coração se esfria (Marcos 8:15-17).

Porém, o amor de Deus persevera (Cânticos dos Cânticos 8:6,7). As tempestades virão, mas não precisamos ser enganados. O encorajamento de Paulo é claro: "Portanto, já que vocês aceitaram Cristo Jesus como Senhor, vivam unidos com ele. Estejam enraizados nele, construam a sua vida sobre ele e se tornem mais fortes na fé, como foi ensinado a vocês. E deem sempre graças a Deus" (Colossenses 2:6,7). Mantenhamos os olhos em Cristo (3:1-4). —*Regina Franklin*

24 DE FEVEREIRO

ANDANDO PERTO

LEIA

Gálatas 6:1-3

Levai as cargas uns dos outros... (v.2 ARA).

EXAMINE

Leia João 13:34,35 e considere o que acontece quando verdadeiramente amamos e cuidamos de outros crentes em Jesus.

CONSIDERE

Existe alguém que Deus colocou ao seu lado para que você acompanhe e o ajude a levar as cargas? Como você pode compartilhar mais livremente suas cargas com outras pessoas?

Em 2014, um grupo de baleias-piloto foi encontrado em apuros nas águas rasas da costa da Flórida, nos Estados Unidos. Aproximadamente 50 baleias de barbatanas curtas permaneciam próximas à margem — escolheram não nadar para águas mais profundas, onde estariam a salvo. Diversas delas estavam doentes, o que fez os conservacionistas se preocuparem. Baleias-piloto são criaturas intensamente leais, e, quando uma do grupo está doente ou em risco, o resto não a abandona. Elas formam um círculo e ficam juntas umas das outras.

As Escrituras chamam o povo de Deus a este estilo de vida, no qual permanecemos próximos e encontramos nossa vida ao lado dos outros. Somos chamados para ajudar a suprir as necessidades dos outros, a cuidar uns dos outros durante momentos de fraqueza e a proteger uns aos outros durante as fases perigosas que enfrentamos. Se alguém se encontra oprimido pela tentação, não devemos rejeitá-lo, mas "...ajudar essa pessoa a se corrigir..." (GÁLATAS 6:1). Se alguém se encontra em agonia ou sofrimento, isolamento ou dor, deveríamos levar "as cargas" deles (v.2 ARA).

Talvez, não saibamos o que dizer ou fazer. Na realidade, talvez não tenhamos ideia de como ajudar. *Podemos*, porém, simplesmente andar perto dos nossos irmãos e irmãs em Cristo. Podemos colocar nosso ombro junto ao ombro da pessoa e dizer: "Eu não sei o que fazer. Não tenho respostas. Mas posso levar sua carga com você".

Acho edificante — e esperançoso — que Paulo não tenha dito que devemos *arrumar* as cargas uns dos outros. Devemos *carregá-las*. As cargas deles também são nossas, e — na hora certa — nossas cargas também serão as deles. Escolhamos, hoje, andar perto dos irmãos que sofrem em Jesus. —WINN COLLIER

25 DE FEVEREIRO

DEUS FALA

LEIA

Ezequiel 2:1-7

São teimosos e não me respeitam. Estou mandando você para dizer a eles aquilo que eu, o Senhor Deus, quero dizer. Tanto se derem atenção a você como se não derem, eles vão saber que um profeta esteve no meio deles (vv.4,5).

EXAMINE

Leia Jó 33:13-18 para saber mais sobre como Deus fala conosco.

CONSIDERE

Como Deus pode falar com você hoje? Esteja consciente e se esforce para vê-lo ou ouvi-lo enquanto Ele está agindo em você e por seu intermédio.

Um dia, eu tive uma conversa interessante com um rapaz. Embora acreditasse que Deus existia, ele não achava que o Senhor estivesse diretamente envolvido nos assuntos da humanidade — esta crença é conhecida como *deísmo*.

Há momentos em que nos perguntamos onde Deus está neste mundo caído e turbulento. Mas, desde Adão e Eva (Gênesis 3:8) até a morte e ressurreição de Jesus Cristo (Hebreus 1:1,2) e as atividades da igreja primitiva, vemos Deus se envolvendo nos assuntos dos seres humanos.

No Antigo Testamento, Deus frequentemente falava por intermédio dos profetas. Após anos de constante desobediência, Ele permitiu que o povo de Judá fosse levado cativo pelos babilônios (1 Crônicas 9:1), mas nunca desistiu dos israelitas. Em vez disso, enviou Sua "sentinela", Ezequiel, para falar aos exilados a partir de uma série de visões (Ezequiel 1:1-3; 2:1-8; 3:17; 33:7).

O povo estava dominado pelo sofrimento (Jeremias 8:18-21) por ter perdido o lar e estar vivendo numa terra estrangeira como resultado de seu coração endurecido e rebelde. Deus, entretanto, revelou, por intermédio de Ezequiel, que Ele não os esquecera (Ezequiel 2:4,5). Ele permaneceu fiel e lembrou-lhes de que eles seriam novamente restaurados (28:25; 39:25-29).

Deus fala conosco de muitas formas: pela Bíblia (2 Timóteo 3:16,17), por Seu Espírito Santo (Romanos 8:14; 2 Pedro 1:20,21), por outras pessoas, pelo mundo natural (Jó 12:7-9; Salmos 50:6; 97:6), por sonhos e visões (Jó 33:15). Seu plano é restaurar toda a criação para si por meio de Jesus (Romanos 8:20-24), e Ele continua estendendo a mão para nós hoje. Permaneçamos em silêncio e escutemos Sua voz atuante acima do ruído deste mundo (Salmo 46:10). —*Ruth O'Reilly-Smith*

A BÍBLIA em UM ANO ▸ Nm 12–14; Mc 5:21-43

26 DE FEVEREIRO

NASCIDO NA RELIGIÃO

LEIA

2 Timóteo 1:3-14
Lembro da sua fé sincera, a mesma fé que a sua avó Loide e Eunice, a sua mãe, tinham. E tenho a certeza de que é a mesma fé que você tem (v.5).

EXAMINE

Leia Deuteronômio 6:1-25 para descobrir como você pode perpetuar ou estabelecer uma herança piedosa para seus filhos ou para aqueles que o procuram.

CONSIDERE

Que herança você recebeu dos seus pais ou de outros mentores? Como você transmitirá suas crenças àqueles que você conhece?

Hoje em dia, é popular tratar todas as religiões como se fossem meramente um acidente de nascimento. É provável que uma pessoa nascida no Paquistão venha a ser muçulmana. A Índia produz hindus, a Tailândia faz budistas, os brasileiros tendem a ser católicos e assim por diante. Você já perguntou se a única razão pela qual acredita em Jesus seja a influência de seus pais ou de outras pessoas? Ser cristão está se tornando algo relacionado a nascer na família certa?

A fé cristã tende a funcionar nas famílias, e por um bom motivo. Deus usa pessoas para atrair os pecadores. Paulo disse: "...'Todos os que pedirem a ajuda do Senhor serão salvos.' Mas como é que as pessoas irão pedir, se não crerem nele? E como poderão crer, se não ouvirem a mensagem? E como poderão ouvir, se a mensagem não for anunciada? E como é que a mensagem será anunciada, se não forem enviados mensageiros? As Escrituras Sagradas dizem: 'Como é bonito ver os mensageiros trazendo boas notícias!'" (ROMANOS 10:13-15). Isto pode exigir cruzar o oceano com o evangelho, mas deve sempre começar em casa.

Paulo disse a Timóteo que a herança cristã é uma razão para louvar a Deus. Ele escreveu: "Todas as vezes que lembro de você nas minhas orações, de dia e de noite, eu agradeço a Deus, a quem sirvo com a consciência limpa, como também os meus antepassados serviram" (2 TIMÓTEO 1:3). Paulo escolheu seguir a Cristo e implorou a Timóteo que fizesse o mesmo.

Se você aprendeu sobre Jesus com seus pais, deve ser grato por isso. E pode ser grato pela família de cristãos da qual faz parte hoje. E, junto daqueles a quem ama e de seus conhecidos, deve ter a alegria de compartilhar sobre como fazer parte da família de Deus. —MIKE WITTMER

Nm 15–16; Mc 6:1-29 ‹ A BÍBLIA em UM ANO

OLHANDO PARA FRENTE

LEIA
Josué 23:1-16

Por isso se esforcem para obedecer fielmente a tudo o que está escrito no Livro da Lei de Moisés. Não desprezem nenhuma parte desta Lei (v.6).

EXAMINE
Leia Daniel 6:10,19-23 para ver como a devoção inabalável de uma pessoa pode afetar outras.

CONSIDERE
Por que Deus aprecia nossa devoção sincera a Ele? Que tipo de disciplina espiritual o ajuda mais efetivamente a centrar-se em Deus?

Um velho amigo levou um tombo dentro da própria casa e fraturou o pescoço. Felizmente, ele não precisou de cirurgia. Seu médico o orientou a usar um colete cervical e a não se curvar, levantar-se ou virar-se até que o pescoço estivesse curado. Com isto, ele tinha de mover o corpo todo para ver algo fora de sua linha de visão.

Deus queria que Seu povo olhasse exclusivamente para Ele — mantendo-o no centro da vida deles. Segundo Josué, não deveriam virar "nem para a direita nem para a esquerda" (Josué 3:6 ARA). Isto não foi fácil quando entraram na Terra Prometida. As distrações estavam por toda parte — deuses pagãos, estrangeiros exóticos e vários costumes incomuns.

Porém, o Senhor prometeu abençoar os israelitas se eles se concentrassem nele. Teriam o respeito de outras nações, conquistariam vitórias e aproveitariam as mudanças climáticas providenciais para suprir suas necessidades! Seus filhos, colheitas e gado floresceriam (Deuteronômio 28:1-14). Josué os alertou: "Mas, se vocês não forem fiéis a ele [Deus], e fizerem amizade com os povos que ainda estão aí, e casarem com essa gente [...], eles se tornarão perigosos para vocês, como se fossem precipícios, armadilhas, chicotes nas costas ou espinhos nos olhos..." (Josué 23:12,13).

Como cristãos, vivemos num mundo cheio de tentações que podem enfraquecer nossa devoção ao Senhor. A disciplina na vida espiritual pode nos ajudar a manter o nosso olhar nele. Observar as Escrituras, conversar com Deus, adorá-lo e jejuar são algumas práticas que nos impedem de virar para a direita ou para a esquerda (v.6). Permanecer focado nele significa amá-lo de todo o coração, alma, forças e de todo o entendimento (Lucas 10:27). —*Jennifer Benson Schuldt*

A BÍBLIA em UM ANO > Nm 17–19; Mc 6:30-56

28 DE FEVEREIRO

E SE?

LEIA
Romanos 8:18-28
Pois sabemos que todas as coisas trabalham juntas para o bem daqueles que amam a Deus, daqueles a quem ele chamou de acordo com o seu plano (v.28).

EXAMINE
Leia Tiago 1:5 para ver a promessa de sabedoria de Deus, Filipenses 4:6,7 para aprender sobre a paz de Deus e Provérbios 11:14 para compreender a necessidade de buscar o conselho de outras pessoas.

CONSIDERE
De que maneira você toma decisões? Como pode confiar em Deus mesmo quando as coisas não saem de acordo com seus planos?

Renee me contou que ela e o marido tentavam, há anos, sem sucesso, começar uma família. Depois de numerosas tentativas de fertilização *in vitro* e vários anos esperando na fila de adoção, estavam exaustos e pensavam em pôr um fim nessa jornada. Sabendo que minha esposa e eu havíamos trilhado um caminho parecido, Renee fez uma pergunta: "Como você desiste do sonho de ter filhos sem se arrepender do que poderia ter sido?".

Assim que comecei a aconselhá-la, percebi que havia algo escondido por trás daquela pergunta. Eu lhe disse que seu medo poderia ser resumido numa pergunta: "Se tomarmos a decisão errada, nossa vida será destruída?".

Acho que é isso que tememos diante de uma decisão grande. Damos espaço às preocupações, e as perguntas e os "e se" nos assombram: "E se a agência de adoção telefonasse no dia seguinte?", "E se outro cônjuge em potencial nunca aparecer?", "E se eu escolher a carreira errada?". Tememos que nossa vida venha a ser arruinada se não tomarmos a decisão perfeita.

Eu compartilhei que a resposta às suas perguntas era um retumbante "Não!". Mesmo escolhendo a direção errada, o Senhor ainda pode nos trazer à direção correta (PROVÉRBIOS 3:5,6). Se o sonho morrer antes que Deus escolha agir, Ele poderá ressuscitá-lo (JOÃO 11:23-44). Paulo diz que, neste mundo imperfeito, "...todas as coisas trabalham juntas para o bem daqueles que amam a Deus..." (ROMANOS 8:28; VEJA TAMBÉM vv.18-23). Se o amamos, Ele pode fazer até mesmo uma decisão ruim se ajustar à trama da nossa vida.

"Sua vida não terminará se você escolher pôr um fim à procura de uma família", eu disse a Renee. "Confie que Ele a conduzirá a algum lugar novo, qualquer que seja a sua decisão."

—SHERIDAN VOYSEY

1.º DE MARÇO

PERSISTÊNCIA

LEIA

2 Tessalonicenses 1:3-12

...nas igrejas de Deus falamos com orgulho sobre vocês. Nós temos orgulho de vocês por causa da paciência e da fé que vocês mostram no meio de todas as perseguições e sofrimentos (v.4).

EXAMINE

Leia Colossenses 1:4,5 e veja, de acordo com Paulo, o que gera uma fé resistente e constante.

CONSIDERE

O que Deus providenciou para ajudá-lo a resistir nos tempos difíceis de perseguição? Como sofrer por sua fé o torna "digno do reino de Deus"?

Alguns anos atrás, fiz uma viagem de carro de 17 horas com a minha família e um aluno de intercâmbio que hospedávamos.

Para poupar tempo, tentamos cortar o caminho pela fronteira do país. Porém, tivemos de recuar, porque esse aluno não possuía a papelada correta. A boa segurança resultou em más notícias para nós. Decepcionados, mas sem perder o ânimo, tomamos o *caminho longo* rumo ao nosso destino.

Fazer longas viagens de carro e viver para Jesus requerem persistência. O apóstolo Paulo encorajou os cristãos perseguidos da igreja de Tessalônica a persistir. Ele escreveu sobre o sofrimento que eles haviam experimentado nas mãos dos "próprios patrícios" (1 Tessalonicenses 1:6; 2:14). Então, na segunda carta, ele os elogiou pela sua fé que crescia e pelo amor que aumentava (2 Tessalonicenses 1:3). E isto ocorreu em meio a "perseguições e sofrimentos" (v.4) que enfrentavam.

A igreja escolheu a "constância" e a "fé", em vez de desmoronar ou fugir para as colinas. Por quê? Eles escolheram confiar em Deus, que — como Paulo escrevera — por fim usaria as perseguições como "...prova de que [Ele] é justo na sua maneira de julgar. Como resultado disso, vocês se tornarão merecedores do seu Reino..." (v.5). Pedro também escreveu sobre o privilégio de enfrentar a perseguição por Jesus: "...alegrem-se por estarem tomando parte nos sofrimentos de Cristo, para que fiquem cheios de alegria quando a glória dele for revelada" (1 Pedro 4:13).

Poderão existir momentos em que você será chamado a sofrer por Jesus e a resistir com Ele. Como Paulo escreveu: "...o nosso Deus, que chamou vocês para a nova vida, faça com que sejam merecedores dela. [...] e complete o trabalho que fazem com fé" (2 Tessalonicenses 1:11). —TOM FELTEN

2 DE MARÇO

PRECISA DE SABEDORIA? PEÇA!

LEIA

Tiago 1:2-8

Como são grandes as riquezas de Deus! Como são profundos o seu conhecimento e a sua sabedoria! Quem pode explicar as suas decisões? Quem pode entender os seus planos? (Romanos 11:33).

EXAMINE

Medite sobre a verdade de Efésios 1:8 e considere o que Deus tem derramado sobre você.

CONSIDERE

Ore as palavras de Colossenses 1:9 por um amigo que esteja precisando de sabedoria. Como a sabedoria de Deus se diferencia da sabedoria humana?

Depois da faculdade, passei vários anos no ministério esportivo e desenvolvi amizades profundas com um punhado de atletas profissionais e olímpicos. Conversando com estes amigos ao longo do ano que passou, cada um deles comentou que, depois de aposentados da competição atlética, passaram a ter dificuldade de saber o que fazer na vida.

Embora eu nunca tenha sido uma atleta de elite, consigo me identificar com a confusão que muitas vezes acompanha grandes mudanças na vida. Felizmente, temos um Pai celestial que cuida de nós em todas as fases da vida e que, nos tempos de transição, deseja que lhe peçamos conselhos.

Tiago escreve: "Mas, se alguém tem falta de sabedoria, peça a Deus, e ele a dará porque é generoso e dá com bondade a todos. Porém peçam com fé e não duvidem de modo nenhum, pois quem duvida é como as ondas do mar, que o vento leva de um lado para o outro" (1:5,6).

Sou particularmente consolada ao saber que, apesar dos erros que cometi no passado, Deus permanece acessível. O salmista escreveu: "Ó Senhor, tu és bom e perdoador e tens muito amor por todos os que oram a ti" (SALMO 86:5).

Somos chamados a (1) confiar no Senhor de *todo* o nosso coração; (2) não depender do nosso próprio entendimento; (3) reconhecê-lo em *todos* os nossos caminhos. Então, Ele *dirigirá* nossos passos (PROVÉRBIOS 3:5,6).

De fato, Deus generosamente nos dará a sabedoria de que precisamos. Porém, devemos pedir com fé, não duvidando (TIAGO 1:6). E, quando seguirmos a orientação divina, Ele nos dará alegria ao invés de falta de propósito (PROVÉRBIOS 29:18). Buscando a direção de Deus, receberemos a bênção de Sua sabedoria. —ROXANNE ROBBINS

3 DE MARÇO

VOCÊ É O QUE VOCÊ DIZ

LEIA
Mateus 15:1-20
Não é o que entra pela boca que faz com que alguém fique impuro. Pelo contrário, o que sai da boca é que pode tornar a pessoa impura (v.11).

EXAMINE
Leia Tiago 3:1-12 para aprender sobre o perigo e a importância de nossas palavras.

CONSIDERE
O que as suas palavras revelam sobre você? Como você pode usá-las para levar os outros a Deus?

É verdade que "você é o que você *come*". Tenho um cereal doce predileto que de vez em quando como nos lanchinhos mesmo sabendo que, meia hora depois, vou me sentir mal. A dieta é importante, porque — graças ao milagre do metabolismo — os alimentos que ingerimos se tornam parte de nós. *Eu poderia ser 20% leite e xarope de milho hidrogenado!*

É ainda mais verdade que "você é o que você diz". Quando os líderes religiosos reclamaram que os discípulos de Jesus estavam comendo sem ter lavado as mãos, o Senhor respondeu que não é o que comemos que nos corrompe, mas as palavras que saem da nossa boca. Existe uma linha direta que vai da boca ao coração. Jesus explicou: "O que entra pela boca vai para o estômago e depois sai do corpo. Mas o que sai da boca vem do coração. É isso que faz com que a pessoa fique impura" (Mateus 15:17,18).

Se quer saber o que há no seu coração, pense no que você disse hoje. Suas palavras alimentaram e encorajaram outros? Foram como "...mel: doces para o paladar e boas para a saúde" (Provérbios 16:24)? Tiago afirmou que podemos revelar o que somos pela forma como conversamos com e sobre os outros. Sabemos que não vale a pena xingar Deus, mas será que xingamos "as pessoas, que foram criadas parecidas com Deus"? Se o fazemos, nosso coração se torna uma "fonte" que jorra apenas "água amarga" (Tiago 3:9-12).

Na noite passada, fiz algo pior do que comer "porcarias". Sem pensar, falei "porcarias" para a minha filha, fazendo os olhos dela se encherem de dor. Meu coração sofreu pelo dano causado, sem necessidade, e pelo que as palavras tolas que falei revelam sobre mim mesmo. Pedi que ela me perdoasse e agradeci a Deus por um recomeço hoje. —MIKE WITTMER

4 DE MARÇO

PASTOR NO VALE SOMBRIO

LEIA

Salmo 23:1-6

Certamente a tua bondade e o teu amor ficarão comigo enquanto eu viver. E na tua casa, ó Senhor, morarei todos os dias da minha vida (v.6).

EXAMINE

Se você não memorizou o Salmo 23, separe um ou dois versículos por dia esta semana. Ore os versículos toda manhã. Permita que suas palavras fiquem em seu coração ao longo do dia.

CONSIDERE

Onde estão seus "pastos verdes"? Agradeça a Deus por eles. Onde está seu "vale escuro como a morte"? Declare que Deus está com você ao passar por ele.

Certa vez, uma mulher irritada, membro da igreja, foi ao escritório de um famoso pregador sentindo-se incomodada e assustada. "Dois homens estão me seguindo em todos os lugares aonde vou", ela disse. Consciente da imaginação fantasiosa da mulher, o pregador falou gentilmente: "Ah, sei exatamente quem são eles". "Quem?", ela perguntou. "A *bondade* e o *amor*."

O Salmo 23 abre com esta afirmação simples e poderosa: "O Senhor é o meu pastor: nada me faltará" (v.1). Nenhuma das palavras que vêm em seguida faz sentido sem esta firme convicção: *Deus nos provê tudo aquilo que precisamos*. Sempre estamos ao alcance de Deus, e Ele tudo pode fazer para o nosso bem-estar. Na realidade, Sua bondade e amor nunca nos abandonam (v.6).

O salmo nos diz que de nada teremos falta com Deus. Ele nos lembra de que, embora Israel tenha peregrinado pelo deserto durante 40 anos, "coisa nenhuma [lhe] faltou" (Deuteronômio 2:7). Mesmo quando estamos nos desertos da vida, aparentemente perdidos e apáticos, Deus supre cada uma de nossas necessidades.

Ele cuida de nós quando desfrutamos os pastos verdes e no vale da sombra da morte (Salmo 23:2,4). Os pastos verdejantes e as águas tranquilas são reais porque Deus é conosco. O "vale escuro como a morte" não nos destruirá porque Deus é conosco. Nossa fé não é uma promessa de fuga das realidades complicadas do mundo, mas a garantia de que o Senhor suportou o horror do mundo e se mantém Vencedor. Ele nos pastoreia rumo à plenitude de vida no reino de Deus (João 10:10).

Este lindo futuro com Deus é para onde estamos indo, mas ainda há um caminho a percorrer. Enquanto caminhamos, com o Senhor como nosso Pastor, lembremos que de nada teremos falta. —*Winn Collier*

Nm 31–33; Mc 9:1-29

5 DE MARÇO

UNIDADE GENEROSA

LEIA
Efésios 4:1-16
Façam tudo para conservar, por meio da paz que une vocês, a união que o Espírito dá (v.3).

EXAMINE
Leia Romanos 14:1-19 e considere como podemos amar os outros cristãos até mesmo quando discordamos deles em assuntos relacionados à liberdade e à consciência.

CONSIDERE
Em que relacionamentos você está sentindo discórdia? Como pode buscar a paz de uma maneira que aborde o conflito de modo autêntico e saudável?

Abril de 2013 foi um aniversário marcante para mim. Para comemorar, fizemos uma longa viagem à minha antiga universidade. Vistas panorâmicas da praia e passeios na cidade marcaram nossa festa inesquecível. Porém, o que chamou a atenção do meu marido e a minha foi o fato de que nossos filhos gostaram de ficar juntos durante um longo período de tempo.

Atritos são normais em qualquer relacionamento, ainda mais entre membros da família que passam muito tempo juntos. É interessante, então, que facilmente nos desanimamos ao deparar com conflitos em nossos relacionamentos mais próximos — especialmente na igreja. Como qualquer outra família, o Corpo de Cristo é uma mescla de personalidades, peculiaridades e necessidades. Todos nós somos cristãos, porém não somos cópias idênticas.

Às vezes, pregações referentes a manter a harmonia no Corpo de Cristo podem parecer simples avisos a "interagir bem" com os outros. Mas a unidade no Espírito oferece muito *mais*. Se o conflito é realidade, devemos nos perguntar não apenas o que Deus requer de nós em momentos de discórdia, mas também qual dom Ele nos oferece em nossa busca de paz (SALMO 34:14,15; EFÉSIOS 2:14-22).

Como pais valorizamos não ter de servir de mediadores entre nossos filhos, mas o maior prazer que tivemos foi a proximidade com eles na ausência de discussões. A escolha de deixar de lado as ofensas, trabalhar o conflito e mostrar o amor semelhante ao de Cristo é um reflexo da nossa unidade em Jesus (ROMANOS 15:5,6,13). Podemos ser indivíduos, mas também fazemos parte de um Corpo. Jesus é "quem faz com que o corpo todo fique bem ajustado [...] e o corpo todo cresce e se desenvolve por meio do amor" (EFÉSIOS 4:16). —REGINA FRANKLIN

A BÍBLIA em UM ANO ▶ Nm 34–36; Mc 9:30-50

6 DE MARÇO

DEUS É INCAPAZ?

LEIA

Jó 26:1-14

Mas essas coisas são apenas uma amostra, um eco bem fraco do que Deus é capaz de fazer. Quem pode compreender a verdadeira grandeza do seu poder? (v.14).

EXAMINE

Leia Salmo 145 e celebre e louve a Deus por quem Ele é.

CONSIDERE

Como o incrível conhecimento e o poder de Deus o encorajam? Como isso o ajuda a lidar com os sofrimentos desta vida?

O rabi Harold Kushner perdeu um filho para uma doença degenerativa — a síndrome do envelhecimento precoce. Mais tarde, ele escreveu o *best-seller Quando coisas ruins acontecem às pessoas boas* (Ed. Nobel, 1988). Tentando manter a fé, ele disse que, ou Deus não é suficientemente bom, já que permitiu a enfermidade, ou não é suficientemente poderoso para impedi-la. Ele escolheu a última opção. De acordo com Kushner, Deus criou o mundo, mas não tem pleno controle sobre a criação. Em outras palavras, Ele espera nosso bem e se identifica conosco em nossa dor, mas não pode fazer nada a respeito.

Jó sofreu uma tragédia tripla: perdeu as riquezas, os dez filhos e a saúde (Jó 1–2). Seus amigos, preocupados, foram confortá-lo (2:11). Como acreditavam que o sofrimento é sempre resultado do pecado, se revezaram para convencê-lo (4–25) a confessar seus pecados para ser novamente abençoado (8:4-7; 11:4-17; 15:5,6).

Enquanto Jó conversava com os amigos, lamentou que eles não o estivessem ajudando, mas aumentando sua dor (6:14-17). Falando sobre os caminhos insondáveis de Deus (26:5-14), ele exaltou a *onisciência* divina — Sua capacidade de saber e ver todas as coisas (vv.5,6). E, diferentemente de Kushner, Jó não duvidou da *onipotência* divina — Seu grande poder e domínio sobre tudo (vv.7-13). Também falou sobre a *transcendência* de Deus — que os Seus caminhos são mais altos do que os nossos (v.14).

Há mistério nos *caminhos* de Deus, mas não há dúvida de Sua soberania e poder absoluto. Jó concluiu que o que podemos ver Deus fazer neste mundo é "apenas uma amostra, um eco bem fraco". Intimidado, Jó perguntou: "Quem pode compreender a verdadeira grandeza do seu poder?" (v.14). —K. T. SIM

Dt 1–2; Mc 10:1-31

7 DE MARÇO

APENAS A GRAÇA

LEIA

Marcos 6:7-12

Ele chamou os doze discípulos e os enviou dois a dois, dando-lhes autoridade para expulsar espíritos maus (v.7).

EXAMINE

Leia 2 Coríntios 3:4-6 e Filipenses 4:11-19 para descobrir a experiência pessoal de Paulo com a generosa provisão de Deus.

CONSIDERE

Lembre-se de um momento em que você experimentou a provisão divina. Como isso o encoraja a enfrentar os desafios da vida e do ministério hoje?

Imagine sair em viagem missionária sem bagagem. Sem troca de roupa! Ah, e sem dinheiro ou cartão de crédito! Nada de comprar as necessidades básicas de que poderia precisar enquanto estivesse fora.

É exatamente isso que Jesus falou a Seus doze discípulos quando os enviou para a primeira viagem missionária (MARCOS 6:8,9). E, além de tudo isso, Cristo ainda falou que não poderia viajar com eles. Parece assustador, não é?

Felizmente, este não é mais o *modus operandi* para o trabalho missionário hoje. Porque, mais tarde, em Lucas 22:36, Jesus falou a Seus discípulos: "Pois agora quem tem uma bolsa ou sacola deve pegá-la; e quem não tem espada deve vender a capa e comprar uma".

Então, qual é a lição aqui? *Confiança*. É o foco fundamental para qualquer um que deseja servir a Deus. Confiamos que Ele suprirá as nossas necessidades? No que diz respeito ao sustento, sua fé é real?

Os discípulos não tiveram falta de nada em sua primeira aventura missionária (LUCAS 22:35). Naquela viagem, eles aprenderam a receber tudo o que Deus lhes dava com graça e gratidão e a não permitir que o dinheiro se tornasse a ênfase do ministério. Além disso, tiveram a experiência de saber que Deus era capaz de supri-los com poder para fazer Sua obra (MARCOS 6:7).

A canção poderosa *Grace Alone* (Apenas a Graça), de Kristina Hamilton, pode conter algumas perspectivas missionárias. A canção descreve como a graça de Deus nos permite alcançar os outros com Suas boas-novas, viver a paz em vez de conflitos, compartilhar palavras de amor com amigos e inimigos, oferecer consolo compassivo e adorar a Deus mesmo em meio ao sofrimento. Que palavras verdadeiramente lindas e bíblicas! —POH FANG CHIA

A BÍBLIA em UM ANO > Dt 3–4; Mc 10:32-52

8 DE MARÇO

DIGNA DE CONFIANÇA

LEIA

2 Timóteo 3:14-17

Pois toda a Escritura Sagrada é inspirada por Deus e é útil para ensinar a verdade, condenar o erro, corrigir as faltas e ensinar a maneira certa de viver (v.16).

EXAMINE

Leia 2 Reis 8:7-15; 2 Reis 18–19; 2 Crônicas 32; Isaías 36–37 e Daniel 5 para aprender mais sobre as pessoas e os acontecimentos encontrados no museu.

CONSIDERE

Qual é a importância de a Bíblia ser historicamente confiável? Como este relato do museu o encoraja a explorar a Palavra de Deus com maiores detalhes?

Minha esposa e eu visitávamos o Museu Britânico quando passamos por um grupo na galeria assíria, ouvindo um homem que pensamos ser o guia do museu. "Este é o Obelisco Negro", ele disse apontando para uma estátua. "Ele registra os triunfos de Salmaneser III no nono século a.C. Este monarca é mencionado no capítulo 8 de 2 Reis e, se você der uma boa olhada, bem aqui, verá um entalhe dos israelitas lhe pagando tributo."

Intrigados, seguimos o grupo até uma sala de cenas de batalhas esculpidas em rocha. "Estes painéis decoraram as paredes do palácio do rei Senaqueribe em Nínive", prosseguiu. "Eles retratam sua captura de Laquis, em Judá, em 701 a.C., o que é descrito em 2 Reis, 2 Crônicas e Isaías. Estes painéis causaram um rebuliço quando foram descobertos em 1847, já que foram a primeira confirmação arqueológica de um acontecimento registrado na Bíblia."

Apontando para o Cilindro de Nabonido, disse: "Nabonido foi pai do rei Belsazar, mencionado no livro de Daniel. Pesquisadores achavam que Belsazar era um mito até este cilindro ser descoberto no sul do Iraque em 1854".

Descobrimos que o pequeno grupo ao qual nos juntamos não era de excursionistas, mas vinha de uma igreja, e o "guia turístico" era um dos principais arqueólogos do mundo. Quando saímos do museu, imaginamos que outros "mitos" bíblicos estavam esperando para ser comprovados por alguma outra descoberta arqueológica.

Paulo escreveu: "...toda a Escritura Sagrada é inspirada por Deus e é útil para ensinar a verdade, condenar o erro, corrigir as faltas e ensinar a maneira certa de viver " (2 TIMÓTEO 3:16). E, conforme os arqueólogos estão descobrindo, toda Escritura é completamente digna de confiança. —*SHERIDAN VOYSEY*

9 DE MARÇO

EFEITO DE ECO

LEIA

2 Reis 19:9-19

...Ó Senhor, Deus de Israel, que estás sentado no teu trono que fica acima dos querubins!... (v.15).

EXAMINE

Estude Romanos 8:26,27 e observe como o Espírito Santo deve estar envolvido em nossas orações.

CONSIDERE

Como orar a Palavra de Deus pode ajudar com diferentes tipos de oração? Por que Mateus 6:7 alerta contra repetir as mesmas palavras que oramos?

Se você ficar à beira do Grand Canyon, nos Estados Unidos, e gritar uma ou duas palavras, ouvirá um eco. O barulho ricocheteará nos muros de rocha e voltará aos seus ouvidos. Dizem que isto é possível porque os melhores ecos ocorrem em ambientes silenciosos onde o som viaja pelo menos a 75 metros e atinge superfícies planas. O Grand Canyon é o lugar ideal para se fazer experiências com ruídos por sua extensão e natureza.

Como um canyon repetindo um som, nossa vida de oração pode ecoar as Escrituras de volta a Deus (2 Timóteo 3:16). Orações que incluem verdades bíblicas e até frases da Palavra de Deus podem impulsionar nossos pensamentos e sentimentos para a direção correta.

As palavras do rei Ezequias ecoavam as Escrituras enquanto orava para Deus salvar a ele e seu povo dos inimigos. Citando Êxodo 25:22 e Gênesis 1:1, Ezequias glorificou ao Senhor: "...Deus de Israel, que estás sentado no teu trono que fica acima dos querubins! [...] Tu fizeste os céus e a terra" (2 Reis 19:15).

Ele também orou: "...salva-nos [...], para que todas as nações do mundo fiquem sabendo que só tu, ó Senhor, és Deus " (v.19). A ideia era que o nome de Deus se espalhasse pelo mundo como resultado de um livramento. Este mesmo pensamento aparecera quando Josué descreveu como Deus salvara os israelitas dos egípcios no mar Vermelho (Josué 4:23,24).

Encaixar as Escrituras em nossas orações pode nos ajudar a ter a perspectiva correta de cada situação que enfrentamos. Combinar nossas palavras com a Palavra de Deus nos ajuda a ver como Ele pode agir e nos inspira a vê-lo como Ele é: grande, poderoso e capaz de livrar. Considere testar o efeito de eco ao orar hoje. —Jennifer Benson Schuldt

10 DE MARÇO

CONSCIÊNCIA LIMPA

LEIA

1 Timóteo 1:12-20

Conserve a sua fé e mantenha a sua consciência limpa. Algumas pessoas não têm escutado a sua própria consciência, e isso tem causado a destruição da sua fé (v.19).

EXAMINE

Leia Atos 23:1; 24:16 e observe o que Paulo disse sobre a própria consciência.

CONSIDERE

Por que tendemos a violar nossa consciência? Quais são alguns caminhos que você pode aprender a manter claros diante de Deus e das pessoas?

Num exercício de manobra em 1923, o primeiro-tenente Donald T. Hunter, um experiente navegador e instrutor da Academia Naval Norte-americana, conduzia o USS *Delphy*. Esse era o navio principal dentre vários torpedeiros. Durante o exercício, um espesso manto de neblina baixou sobre os navios (vv.16,17). Após diversas tentativas de comunicação, Hunter não conseguiu uma leitura precisa de sua localização.

Ao contrário de seus cálculos, o *Delphy* navegou em direção a problemas. Conhecido pela confiança, pelo ceticismo em relação a novos dispositivos de navegação e pela "infalibilidade mágica" ao navegar, Hunter ignorou as influências do método de radiolocalização e prosseguiu. Viajando a 20 nós, o USS *Delphy* atingiu a costa montanhosa de Point Arguello. O naufrágio resultou em 23 homens mortos e na perda de diversas embarcações.

No caso do apóstolo Paulo, algo mais duradouro e importante do que navios perecíveis estava em jogo — a fé em Jesus. Paulo encorajou Timóteo a continuar a combater o bom combate e a manter a consciência limpa (1 Timóteo 1:18,19). Apegar-se firmemente à fé cristã e viver pela fé resultaria numa boa consciência. Ter uma consciência programada com a vontade de Deus ajudaria Timóteo a ser um bom soldado cristão. Se ele ou outros deliberadamente violassem a própria consciência, porém, e ignorassem a "divinolocalização", como alguns já fizeram, naufragariam moral e espiritualmente (v.20).

Embora nossa consciência não seja um guia infalível, podemos treiná-la pela Palavra de Deus e purificá-la pela morte de Jesus (2 Timóteo 3:16; Hebreus 9:14). Assim, navegaremos para longe dos rochedos da imoralidade e da heresia rumo às costas seguras da fé. —*Ruth O'Reilly-Smith*

11 DE MARÇO

ARCO-ÍRIS E LEMBRANÇAS

LEIA

Gênesis 9:1-17

Quando o arco-íris aparecer nas nuvens, eu o verei e lembrarei da aliança que fiz para sempre com todos os seres vivos que há no mundo (v.16).

EXAMINE

Leia Mateus 16:1-3 e veja como Jesus usou as condições climáticas para provar Seu ponto de vista.

CONSIDERE

Quais são alguns "arcos-íris" da sua vida que Deus pode usar para ativar sua memória? Por que é fundamental que lembremos do que Ele fez no passado?

A visão de um arco-íris pode despertar pensamentos e evocar contos de fadas de duendes e potes de ouro. Na vida real, entretanto, os arco-íris *realmente* apontam para coisas importantes. Por exemplo, os marinheiros sabem, há muito tempo, que os arco-íris podem ser usados para prever o tempo. Genericamente falando, o tempo se move de oeste para leste; daí, o antigo ditado que diz: "Arco-íris de manhã, advertência para os marinheiros; arco-íris à noite, felicidade para os marinheiros".

O arco-íris era (e ainda é) um sinal da promessa de Deus de que jamais usaria a água novamente para destruir a vida na Terra (GÊNESIS 9:12-17). E, embora tempestades violentas e chuvas fortes — até enchentes graves — ainda ocorram, nada parecido com o que Noé experimentou voltará a acontecer agora ou no futuro.

Deus falou que, quando visse um arco-íris, Ele se lembraria de Sua promessa: "Quando eu cobrir de nuvens o céu e aparecer o arco-íris, então eu lembrarei da aliança que fiz com vocês e com todos os animais. E assim não haverá outro dilúvio para destruir todos os seres vivos" (GÊNESIS 9:14,15).

Verdade? Deus poderia realmente esquecer Sua promessa? De jeito nenhum! Nosso Criador é onisciente! Porém, Ele poderia estar ensinando a Noé (e ao resto da humanidade) a importância do *lembrar*.

A Bíblia está repleta de histórias que nos ensinam certas coisas que o Criador não quer que esqueçamos. Assim, da próxima vez que você contemplar um arco-íris, pense em Noé e pergunte a Deus se há mais alguma coisa que Ele queira que você lembre sobre a pessoa dele e do que Ele tem feito. —*JEFF OLSON*

12 DE MARÇO

SIGA JESUS

LEIA

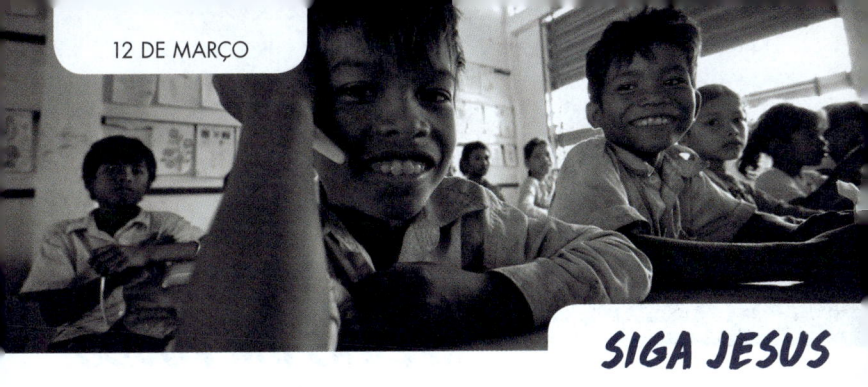

Marcos 1:16-20

Jesus lhes disse: — Venham comigo, que eu ensinarei vocês a pescar gente. Então eles largaram logo as redes e foram com Jesus (vv.17,18).

EXAMINE

Leia Marcos 2:13-17 e observe o que acontece quando Jesus chama Levi, o coletor de impostos, para segui-lo.

CONSIDERE

O que o está impedindo de verdadeiramente seguir Jesus? O que acontece quando entregamos tudo o que somos e o que temos a Ele?

Vovô era um gentil, mas firme, diretor de escola primária na África do Sul. No meu último ano como aluno auxiliar do professor, ele compartilhou comigo alguns segredinhos. Seu conselho sobre como tirar da sala de aula um aluno que causa tumulto e colocá-lo em isolamento foi muito útil: "Olhe a criança nos olhos e diga com autoridade: 'Siga-me'. Então, vire-se e caminhe com confiança para fora da sala sem olhar para trás". Testei esse conselho ao lidar com um adolescente incontrolável e, embora duvidasse de que funcionaria, logo o ouvi me seguir.

Jesus não estava intimando alunos incontroláveis quando chamou os pescadores Simão e André, mas disse: "...Venham comigo..." (MARCOS 1:17). Eles largaram as redes imediatamente e seguiram Jesus, tornando-se Seus discípulos (v.18). Mais tarde, quando Jesus chamou os irmãos Tiago e João, eles também o seguiram, deixando seu pai e empregados (vv.19,20).

Contudo, um jovem não seguiu Jesus, o jovem rico. Ele obedecia à lei, mas algo lhe escapou — a vida eterna (10:17). Quando o Mestre o orientou a vender tudo, dar o dinheiro aos pobres e segui-lo, o rapaz não conseguiu fazê-lo. Seu amor pelas riquezas terrenas o manteve escravizado a este mundo (vv.21,22).

Assim como o aluno incontrolável reconheceu a autoridade do professor e os pescadores responderam à autoridade de Jesus, assim devemos responder à autoridade do Salvador quando Ele nos chama para segui-lo. Ele não garante uma vida livre de problemas (JOÃO 16:33), mas promete uma vida abundante e satisfatória (10:10).

Ao entregar tudo o que consideramos precioso neste mundo, ganhamos a única coisa de que o jovem rico mais precisava — a verdadeira riqueza da vida eterna. —*RUTH O'REILLY-SMITH*

Dt 17–19; Mc 13:1-20

13 DE MARÇO

APENAS UM POUCO?

LEIA

Eclesiastes 10:1-3

Assim como algumas moscas mortas podem estragar um frasco inteiro de perfume, assim também uma pequena tolice pode fazer a sabedoria perder todo o valor (v.1).

EXAMINE

Leia Mateus 7:26,27 e note o que, de acordo com Jesus, é uma escolha tola e como ela pode afetar a base da sua vida.

CONSIDERE

Por que as pessoas que creem em Jesus fazem escolhas tolas de vez em quando? O que você fará para traçar uma trajetória sábia em Cristo hoje?

As pessoas que vivem na Flórida, nos Estados Unidos, estão lidando com uma criatura destrutiva e lenta. O caramujo gigante africano, que pode crescer tanto quanto um rato, causa destruição ao roer o reboco externo das casas e devorar as plantas que encontra em seu caminho. Ele produz 1200 ovos por ano e deixa um rastro nojento de muco e excremento por onde passa. Essas pestes se tornaram um grande problema!

Salomão notou que algo pequeno — como uma mosca — pode estragar a fragrância mais doce. Escreveu: "Assim como algumas moscas mortas podem estragar um frasco inteiro de perfume, assim também uma pequena tolice pode fazer a sabedoria perder todo o valor" (Eclesiastes 10:1). Por toda as Escrituras, esta ideia é revisitada — o que parece uma escolha tola e minúscula pode gerar problemas gigantescos.

Tiago escreveu: "...Vejam como uma grande floresta pode ser incendiada por uma pequena chama! A língua é um fogo. Ela é um mundo de maldade, [...] espalha o mal em todo o nosso ser. Com o fogo que vem do próprio inferno, ela põe toda a nossa vida em chamas" (3:5,6). E Jesus indicou a fonte de nossas palavras e ações tolas: "Porque é de dentro, do coração, que vêm os maus pensamentos, a imoralidade sexual, os roubos, os crimes de morte, os adultérios, a avareza, as maldades, as mentiras, as imoralidades, a inveja, a calúnia, o orgulho e o falar e agir sem pensar nas consequências" (Marcos 7:21,22).

Você está pensando numa decisão tola? Ainda que ache que é algo pequeno, pense na devastação que pode trazer a você e à causa de Cristo. Ao considerar o caminho que deve tomar (Eclesiastes 10:2,3), lembre-se de que a escolha correta reflete seu coração e seu relacionamento com Deus. —Tom Felten

14 DE MARÇO

ABUNDÂNCIA

LEIA

Efésios 1:3-14

Agradeçamos ao Deus e Pai do nosso Senhor Jesus Cristo, pois ele nos tem abençoado por estarmos unidos com Cristo, dando-nos todos os dons espirituais do mundo celestial (v.3).

EXAMINE

Leia o que Paulo escreveu em Filipenses 4:19 e considere o que a passagem diz sobre Deus e sobre como Ele suprirá suas necessidades.

CONSIDERE

Como você tem visto a essência de Mateus 25:29 revelada em sua vida? O que significa para Deus nos dar o que precisamos, mas não o que desejamos?

Levei meu filho a um desses lugares destinados à prática de rebatidas de beisebol e paguei por oito séries de 25 lançamentos. Para nossa agradável surpresa, quando as séries terminaram, a bola continuou voltando — e *voltando*. Por estar funcionando mal, a máquina continuava devolvendo uma abundância de lançamentos. Isto me fez lembrar quando a filha, de 5 anos, de um amigo acordou e disse: "Na noite passada, tive o melhor sonho de todos. Eu estava na praia, e as ondas me traziam mais brinquedos do que eu poderia imaginar!" Na realidade, raramente os bens materiais e as atividades recreativas vêm em abundância sobre nós. Pelo contrário, a maioria de nós deve trabalhar para ganhar dinheiro e poder pagar as máquinas de rebatidas e os brinquedos, os carros e as casas que desejamos. Contudo, por permanecermos em Jesus Cristo, Paulo revela que Deus... *nos amou e nos escolheu* antes que o mundo fosse criado (EFÉSIOS 1:4); *nos fez* santos e perfeitos (v.4); *nos adotou* em Sua família (v.5); *nos mostrou* Sua graça (v.6); *perdoou* nossos pecados (v.7); *derramou* sobre nós bondade, sabedoria e prudência (v.8); *nos capacitou* a ouvir e compreender Seu plano de salvação (vv.9,13); *nos deu* uma herança (vv.11,14); *colocou dentro de nós* Seu Santo Espírito (v.14).

Por causa da abundância de Deus, "...todos nós temos sido abençoados com as riquezas do seu amor, com bênçãos e mais bênçãos. A lei foi dada por meio de Moisés, mas o amor e a verdade vieram por meio de Jesus Cristo" (JOÃO 1:16,17). Hoje, considere o que Deus tem derramado sobre você e as bênçãos que Ele lhe oferece por meio de Seu Filho Jesus! —ROXANNE ROBBINS

15 DE MARÇO

X PRIZE

LEIA

1 Tessalonicenses 2:1-20

...quando o nosso Senhor Jesus vier, vocês e ninguém mais são de modo todo especial a nossa esperança [...], diante dele, pela nossa vitória. Sim, vocês são o nosso orgulho e a nossa alegria! (vv.19,20).

EXAMINE

Leia Atos 20:13-38 para descobrir como Paulo se dedicou a conquistar o prêmio oferecido por Deus.

CONSIDERE

Que sacrifícios você tem feito a fim de falar sobre Jesus para os outros? O que mais poderia contribuir para a causa? Por quê?

A Fundação *X Prize* tenta solucionar os problemas do mundo oferecendo grandes prêmios em dinheiro para a primeira equipe que resolvê-los. As equipes vencedoras construíram uma nave espacial capaz de voar além da atmosfera da Terra duas vezes, em duas semanas, e carros que fazem 42,5 quilômetros por litro de gasolina. Outras estão tentando fazer um robô aterrissar na Lua, construir uma máquina que possa sequenciar rapidamente o genoma de cada pessoa e criar um dispositivo portátil capaz de diagnosticar o problema de um paciente. Estes objetivos provavelmente serão alcançados, porque as pessoas trabalharão incansavelmente por exorbitantes somas de dinheiro.

Deus oferece algo muito maior do que dinheiro àqueles que ajudam a resolver a maior necessidade do mundo.

Paulo disse aos tessalonicenses que ele trabalhava árdua e alegremente em meio à intensa perseguição para levá-los a Cristo. Ele não se sacrificava para ouvir elogios nem buscava "conseguir dinheiro", mas se esforçava pela alegria de tê-los ao seu lado na volta do Senhor (1 Tessalonicenses 2:5,6,19). Jesus comprou "para Deus pessoas de todas as tribos, línguas, nações e raças" (Apocalipse 5:9). O que pode ser mais satisfatório do que saber que você contribuiu para levar alguns ao lar?

Jesus comparou Deus a um homem que confiou seu dinheiro a alguns servos enquanto estava fora. Aqueles que usaram sua riqueza para o progresso do seu reino escutaram: "'Muito bem, empregado bom e fiel', disse o patrão. 'Você foi fiel negociando com pouco dinheiro, e por isso vou pôr você para negociar com muito. Venha festejar comigo!'" (Mateus 25:21).

Essas recompensas são reais. Corra para o prêmio!

—Mike Wittmer

Dt 26–27; Mc 14:27-53

16 DE MARÇO

O EVENTO PRINCIPAL

LEIA

1 Coríntios 15:19-26

Se a nossa esperança em Cristo só vale para esta vida, nós somos as pessoas mais infelizes deste mundo (v.19).

EXAMINE

Leia o capítulo inteiro de 1 Coríntios 15. Quais das palavras de Paulo chamaram mais sua atenção?

CONSIDERE

A ressurreição lhe parece irracional ou absurda? Por quê? De que forma o fato da ressurreição muda a sua maneira de ver as áreas prejudicadas de sua vida?

No livro de John Irving *A Prayer for Owen Meany* (Uma oração por Owen Meany), Owen afirma a relevância da ressurreição de Cristo: "Qualquer um pode ser sentimental no que se refere à natividade; qualquer tolo pode sentir-se cristão no Natal. Porém a Páscoa é o evento principal".

Owen mantém esta convicção, por ela não ser uma ideia teológica abstrata. A ressurreição é central porque fala da morte sendo redimida e da vida sendo encontrada em Deus — é o centro das intenções do Senhor para o mundo.

Paulo reiterou esse tema e as verdades principais do evangelho. Escreveu que "Cristo morreu pelos nossos pecados, como está escrito [...]; ele foi sepultado e, no terceiro dia, foi ressuscitado..." (15:3,4). Alguns cristãos de Corinto tinham começado a sugerir que não havia ressurreição dos mortos.

Não, o apóstolo exclamou firmemente. *Não renunciem à nossa esperança*. Nosso bom futuro (e o da criação) depende do que Jesus fez: crucificou o pecado em Sua morte e renovou a vida em Sua ressurreição. "Porque, se os mortos não são ressuscitados, Cristo também não foi ressuscitado. E, se Cristo não foi ressuscitado, a fé que vocês têm é uma ilusão, e vocês continuam perdidos nos seus pecados" (vv.16,17).

A ressurreição de Jesus não foi apenas uma imagem do amor e da justiça de Deus ou um acordo econômico na qual os pecados da humanidade foram transferidos de uma conta para outra. Jesus "foi ressuscitado, e isso é a garantia de que os que estão mortos também serão ressuscitados" (v.20). Por Sua ressurreição, Cristo instaurou o modo como Deus pode renovar cada pessoa e local onde habita a morte. A ressurreição parece absurda, mas é nossa esperança garantida. —*WINN COLLIER*

Dt 28–29; Mc 14:54-72

17 DE MARÇO

DESPEDIDA

LEIA

Atos 20:13-38

Estavam tristes, especialmente porque ele lhes tinha dito que nunca mais iam vê-lo. Então eles o acompanharam até o navio (v.38).

EXAMINE

Leia 1 Samuel 20:27-42 e considere como as vidas de Davi e de Jônatas teriam sido diferentes se eles tivessem feito dos momentos juntos uma oportunidade para obedecer a Deus.

CONSIDERE

O medo da perda afeta sua capacidade de estabelecer relacionamentos saudáveis? Que pessoa Deus colocou na sua vida? Como você administra essa amizade?

Ainda me lembro de quando tive de me despedir da minha amiga Jen. Conheci-a um ano antes e gostei dela desde a primeira vez em que a entrevistei para o cargo de professora em nosso departamento. Logo percebi que éramos gêmeas nascidas com oito anos de diferença — ela também guarda bananas no freezer e tem um coração sensível. Vivaz, inteligente, forte — e sem medo de chorar —, Jen abraça a vida com paixão. Sinto sua falta já que agora ela vive com o marido em outra parte do país. Tão inesperadamente quanto nossos caminhos se cruzaram, eles hoje estão separados.

Viajando pela Europa e Ásia, o apóstolo Paulo sabia mais de despedidas e distância em seus relacionamentos do que de consistência e proximidade geográfica. Ele não tinha medo de falar sobre sua decepção em vários relacionamentos e pedir ajuda quando necessário (2 Timóteo 1:15; 4:10-13), mas o relato de seu encontro com os anciãos de Éfeso para uma despedida oferece um vislumbre do amor que Paulo sentia pelos outros. Ele queria — e talvez até precisasse — vê-los novamente (Atos 20:17). Mas ao lidar com a finalidade desta partida, Paulo manteve os olhos focados no propósito que Deus lhe dera para esses relacionamentos: promover o reino de Deus (vv.24,25).

A separação não é fácil, mesmo quando sabemos que Deus está no controle e quando o relacionamento traz crescimento espiritual para a nossa vida. Temos medo de mudar; tememos a perda. Mas podemos viver isolados na tentativa de evitar despedidas dolorosas, ou podemos amar aqueles que Deus nos dá dentro de um propósito divino.

Quando as despedidas vêm, nossa esperança permanece inalterável: Deus está preparando algo bom (Romanos 8:28).

—*Regina Franklin*

18 DE MARÇO

A ROCHA

LEIA

Salmo 18:1-3,30-36

O Senhor é o único Deus; somente Deus é a nossa rocha (v.31).

EXAMINE

Leia o Salmo 28 para conhecer uma oração similar a um pedido por socorro na qual Davi apela a Deus como sua rocha, sua fortaleza e seu escudo.

CONSIDERE

O que significa para Deus ser sua rocha, sua fortaleza e seu escudo? Como Ele supre suas necessidades de forma pessoal?

A fé cristã é uma fé cantante. Sabendo que amo cantar louvores, um amigo me deu o livro devocional *101 Hymn Stories: The Inspiring True Stories Behind 101 Favourite Hymns* (Histórias de 101 Hinos: As verdadeiras histórias inspiradoras por trás de 101 hinos favoritos) para que eu pudesse saber a história de grandes canções como *Preciosa Graça, Castelo forte, Tu és fiel Senhor* e *Sou feliz*. Enriquecidos com a verdade bíblica, estes hinos têm histórias que me fizeram gostar ainda mais de suas mensagens.

O Salmo 18 é um cântico de ação de graças. O título "Davi, o rei vitorioso [...] Palavras da canção que Davi, servo de Deus, cantou a Deus, o Senhor, no dia em que ele o livrou de Saul e de todos os seus inimigos", nos dá a história por trás deste cântico (1 Samuel 18-31; 2 Samuel 8:1-14).

Davi fala sobre o perigo que corria e sobre como o Senhor o resgatou (Salmo 18:4,5,7-29). Então, revela que existe um poder soberano esperando para ser liberado quando oramos e clamamos pela ajuda de Deus (vv.3,6).

Davi usou várias metáforas para descrever tudo o que o Senhor era para ele: uma rocha, uma fortaleza e um escudo. "O SENHOR é a minha rocha [...]. O meu Deus é uma rocha em que me escondo" é o tema do louvor de Davi (v.2). Uma rocha é imagem de força e estabilidade (vv.2,31,46). Uma fortaleza é um lugar alto de refúgio e segurança para onde se pode fugir em busca de proteção (v.2). E um escudo é uma arma de defesa e proteção (vv.2,30,35).

Davi encontrou no Senhor segurança, estabilidade, proteção, força e vitória em Deus (vv.3,6,30-36). Com gratidão, ele cantou: "O Senhor vive. Louvem aquele que é a minha rocha, anunciem a grandeza do Deus que salva a minha vida" (v.46).

—K. T. Sim

Dt 32–34; Mc 15:26-47

19 DE MARÇO

O NOME DE DEUS

LEIA

Êxodo 20:1-8

Não use o meu nome sem o respeito que ele merece; pois eu sou o Senhor, o Deus de vocês, e castigo aqueles que desrespeitam o meu nome (v.7).

EXAMINE

Leia Números 20:1-13 para ver um exemplo de como Deus lidou com alguém que não o seguiu com obediência e santidade.

CONSIDERE

Como você pode tratar o nome de Deus com mais reverência? Por que as pessoas escolhem desrespeitar Deus e o Seu nome?

Uma colega descobriu que o nome dela foi usado num *site* para atrair pessoas a um seminário bíblico. Imediatamente tomou providências para investigar a questão. Poderia ser um caso de roubo de identidade?

Nós nos ofendemos quando alguém faz mau uso do nosso nome. Nosso nome é importante para nós. Não é simplesmente uma sequência de letras. Identifica quem somos.

Deus se ofende quando fazemos mau uso do Seu nome (ÊXODO 20:7). O nome de Deus sempre é uma revelação de quem Ele é. Em cada título pelo qual o Senhor se fez conhecido ao homem, Ele revelou alguns atributos de Seu caráter divino. Assim, fazer mau uso de Seu nome é uma afronta ao Seu caráter.

Podemos fazer mau uso do nome de Deus de várias maneiras. Atrelar Seu nome à profanação é uma delas. E quando usamos "meu Deus" ou "Senhor" ou "Jesus Cristo" como forma de expressar choque, surpresa, medo, alegria ou apenas uma interjeição casual numa conversa, usamos Seu nome de maneira fútil e desrespeitosa. Quando louvamos a Deus em nossas canções sem comprometermo-nos com a letra, proclamamos Seu nome sem sinceridade.

Podemos fazer mau uso de Seu nome por ações e obras. Quando os cristãos vivem como o mundo, tratamos o título que se origina de Quem seguimos ("cristão") com desrespeito. Damos ao mundo oportunidade de blasfemar contra o bom nome do Senhor: "Pois as Escrituras Sagradas dizem: 'Os não judeus falam mal de Deus por causa de vocês...'" (ROMANOS 2:24).

A maneira como lidamos com o nome de Deus é reflexo do nosso relacionamento e estima por Ele. Sendo assim, sirvamos o único Deus (primeiro mandamento) do jeito certo (segundo mandamento) e com a reverência correta (terceiro mandamento). —POH FANG CHIA

20 DE MARÇO

EU SOU ELE

LEIA

João 5:16-30

E, porque ele disse isso, os líderes judeus ficaram ainda com mais vontade de matá-lo. Pois [...], ele afirmava que Deus era o seu próprio Pai, fazendo-se assim igual a Deus (v.18).

EXAMINE

Leia João 8:53-59; Colossenses 1:15-20; Hebreus 1:3 para conhecer algumas outras referências à divindade de Jesus.

CONSIDERE

Para você, qual é a importância de acreditar que Jesus é verdadeiramente Deus? Como Ele pode ser tanto humano quanto divino?

É hora de revelar a vocês quem eu realmente sou. Eu — Sheridan Voysey — sou Ele. Sou o Cristo, o Messias, o Filho do Deus vivo. Eu lhes digo a verdade: eu — Sheridan Voysey — nada posso fazer sozinho. Só posso fazer o que vejo meu Pai fazendo. O que quer que o Pai faça, eu também faço. Pois o Pai me ama e me mostra tudo o que Ele está fazendo. Assim como o Pai dá a vida por aqueles que Ele ressuscita dos mortos, assim eu dou vida a quem eu quiser. Além disso, o Pai a ninguém julga. Pelo contrário, Ele me deu autoridade absoluta para julgar a fim de que todos venham a me honrar — a mim, Sheridan Voysey — assim como honram ao Pai.

Você está pronto para me apedrejar?!

Eu *não* sou o Messias! Parafraseei João 5:19-23 para provar o que quero dizer: podemos perder de vista a audácia das palavras de Jesus sobre Ele mesmo. Para Seus contemporâneos, sobretudo os líderes religiosos, Jesus não passava de um homem de uma aldeia ao norte de Israel. Mas Ele alegava ter a autoridade para infringir regras religiosas (João 5:8-10), seguir a vontade de Deus (v.19), ter conhecimento divino pessoal (v.20), ser a fonte de vida (v.21), ser o supremo juiz (v.22) e merecer a mesma honra de Deus (v.23). Como as autoridades judaicas entenderam, Jesus estava se igualando ao Pai (v.18). Eles pensaram: *Como Ele ousa?!*

Existem algumas seitas religiosas hoje que afirmam a autoridade delas, mas negam a divindade de Jesus. Sejamos claros: um judeu proferiria as palavras que Jesus proferiu apenas se estivesse *louco* ou se tivesse *direito*. São palavras de divindade.

Diferentemente de mim, a vida sem pecados de Jesus e Sua ressurreição dos mortos justificam Sua audácia. Ele era e é o *Deus encarnado.* —SHERIDAN VOYSEY

21 DE MARÇO

TORRE DE... LIVROS

LEIA

Gênesis 11:1-9

[Agora] vamos construir uma cidade que tenha uma torre que chegue até o céu... (v.4).

EXAMINE

Leia Isaías 14:12-15 para entender o perigo da ambição ímpia. Leia Romanos 15:20-22 para ter um vislumbre da ambição de Paulo.

CONSIDERE

Por que você corre o risco de esquecer Deus quando experimenta o sucesso? O que pode indicar que o sucesso se tornou um ídolo em sua vida?

Marta Minujin criou uma escultura da Torre de Babel, com quase 25 metros de altura, em Buenos Aires. A artista a construiu usando mais de 30 mil livros doados e escritos em quase todos os idiomas do mundo. Dentro da torre, os visitantes podem ouvir uma gravação de Minujin em várias línguas. Ela disse que sua missão era "unir todos os povos".

Diferentes línguas emergiram como resultado da Torre de Babel original. Depois do dilúvio, alguns descendentes de Noé encontraram um pedaço de terra bom e aberto na Babilônia. Estabeleceram-se ali e planejaram "construir uma cidade que [tivesse] uma torre que chegue até o céu" (v.4). Esperavam que esta superestrutura os tornasse famosos e os mantivesse unidos. Mas sua ambição era egocêntrica, orgulhosa e ímpia.

Deus inspecionou o lugar da construção (v.5) e decidiu dar fim à torre. Fez isto ao criar múltiplos idiomas entre eles. A comunicação que acontecia sem esforço passou a ser impossível. O jargão ininteligível que ouviram uns dos outros os fez correr — espalharam-se pelo mundo (v.8).

O problema da ambição pode ser complicado. Não é errado desejar o sucesso, mas precisamos lembrar que Deus permite que toda realização ocorra (DEUTERONÔMIO 8:18). Além disso, nossos esforços para alcançar o sucesso devem refletir virtudes piedosas tais como humildade, honestidade e trabalho duro. Estas qualidades podem levar os outros a Jesus independentemente do resultado dos nossos empenhos.

O escritor e pesquisador cristão David Kinnaman colocou a questão desta forma: "Adquirir credibilidade por suas vantagens intrínsecas é vaidade; adquirir credibilidade para participar da obra de Deus de redimir o mundo é uma missão".

—JENNIFER BENSON SCHULDT

22 DE MARÇO

O JOGO DA ESPERA

LEIA

Tiago 5:1-11

Por isso, irmãos, tenham paciência até que o Senhor venha. Vejam como o lavrador espera com paciência que a sua terra dê colheitas preciosas. Ele espera pacientemente pelas chuvas... (v.7).

EXAMINE

Leia Gálatas 5:22 e considere o que Deus realiza em nós quando mostramos paciência.

CONSIDERE

Que situações mais testam sua paciência? De que maneira a paciência de Deus com você o inspira a ser paciente com os outros?

Em 2006, Trevor Thompson entrevistou 1003 adultos e concluiu: ao esperar na fila de um consultório ou loja, a maioria das pessoas perde a calma em 17 minutos, em média. Quando em espera durante um telefonema, a maioria perde a paciência em nove minutos. As mulheres perdem a paciência depois de esperar 18 minutos; os homens, depois de 15 minutos. Quem tem formação superior e renda maior perde a paciência mais rapidamente do que quem possui renda mais baixa e menor escolaridade.

Os cristãos da época de Tiago sofriam abuso por parte dos ricos (ou talvez invejassem suas riquezas), e ele os exortou a não perderem a paciência (TIAGO 5:1-7). Estavam exaustos, mas ele os incentivou a ter coragem e paciência (v.7). Este tipo de paciência seria desenvolvido apenas na prova severa do desconforto, da dor e do sofrimento. Foram chamados para viver em esperança até Jesus voltar e erradicar a injustiça do mundo.

Para ajudá-los a entender o que estava dizendo, Tiago usou uma ilustração agrícola. O lavrador depende de Deus e espera que Ele envie as chuvas a fim de cultivar e colher o fruto precioso. Portanto, esses cristãos, precisavam esperar e confiar que Deus solucionaria o mistério de seu sofrimento. Tiago escreveu: "E nós achamos que eles foram felizes por terem suportado o sofrimento com paciência..." (v.11).

Também somos chamados a ser pacientes. À medida que lemos a Palavra de Deus, que permanecemos em Seu amor, que, intencionalmente, desaceleramos e vivemos a partir da perspectiva eterna (ROMANOS 15:4; 2 TESSALONICENSES 3:5; HEBREUS 10:34-37), podemos crescer nesta virtude. E podemos aprender a reagir de forma cada vez mais semelhante a Jesus (1 PEDRO 2:23).

—MARVIN WILLIAMS

Js 10–12; Lc 1:39-56

23 DE MARÇO

REGRAS E GRAÇA

LEIA

Lucas 15:1-33

O filho mais velho ficou zangado e não quis entrar. Então o pai veio para fora e insistiu com ele para que entrasse (v.28).

EXAMINE

Leia Marcos 2:23-28 e veja como Jesus desafiou a interpretação dos fariseus sobre a norma de guardar o sábado.

CONSIDERE

Sua vida tende a ser dominada pelas regras? Por que é importante seguir as ordenanças de Deus, mas também compreender Sua graça?

Os alunos de uma escola cristã fizeram uma fila para pegar a comida do almoço. Na cabeceira da mesa, havia uma pilha de maçãs. Um professor fez o seguinte bilhete e colocou-o na bandeja de maçãs: "Pegue apenas UMA. Deus está vendo". No fim da mesa, perto de uma bandeja de *cookies* de chocolate, um aluno espertinho colocou o bilhete: "Pegue tudo o que quiser. Deus está de olho nas maçãs".

Esta história engraçada ilustra dois tipos diferentes de pessoas — as que seguem regras e as que as infringem.

Em resposta aos fariseus que reclamavam da socialização de Jesus com os pecadores, Ele compartilhou uma história sobre dois irmãos — um obcecado por manter regras e o outro, que as infringia (Lucas 15:11-31). O irmão mais novo, o "filho pródigo" infrator de regras, atrai toda nossa atenção. Mas consideremos o irmão mais velho, que segue as regras.

Furioso com o fato de o pai estar organizando uma festa de boas-vindas para "esse seu filho" que transgredira todas as leis, ele falou em alta voz: "Faz tantos anos que trabalho como um *escravo* para o senhor [...]. Mesmo assim o senhor nunca me deu nem ao menos um cabrito para eu fazer uma festa com os meus amigos..." (vv.29,30).

O discurso deste filho diz tudo — uma vida controlada por seguir regras o tornara um servo ressentido que estava tão perdido quanto seu irmão.

O pai (que representa Deus), porém, foi tão gracioso com o filho mais velho quanto com o mais novo. Quando o mais velho se recusou a participar da festa, o pai "saiu" para vê-lo. E, em vez de repreendê-lo, ele gentilmente pediu-lhe que participasse da comemoração (vv.28-31).

Você é como o "irmão mais velho"? Participe da festa da graça de Deus. É para você também! —JEFF OLSON

24 DE MARÇO

MAUS HÁBITOS

LEIA

Números 14:11-23

E agora eu te peço, ó Deus, que perdoes o pecado deste povo, de acordo com a tua grande misericórdia, como já tens feito desde o Egito até aqui (v.19).

EXAMINE

Leia Efésios 4:1-16 para ver os bons hábitos que Paulo nos diz para desenvolver.

CONSIDERE

A quem você precisa estender a graça hoje? Por que é importante que lidemos com nossos maus hábitos?

Nossa filha mais nova preferia dormir de bruços e sem travesseiro. Mas, alguns invernos atrás, ela desenvolveu uma sinusite e precisava colocar a cabeça num travesseiro e deitar de lado. Contudo, seis anos dormindo de bruços, sem travesseiro, tornou-se um hábito, e ela ficava deitada de lado por apenas alguns momentos antes de se virar de bruços e dormir.

A mudança de hábitos leva tempo, pois requer a prática de ações intencionais. Em nossa cultura de gratificação imediata, muitas vezes esperamos ver resultados instantâneos. De vez em quando, perdemos a paciência com aqueles que passaram a crer em Jesus, mas ainda lidam com maus hábitos. Nós os apoiamos durante um tempo, mas não demora para começarmos a ter expectativas prematuras e equivocadas em relação a eles.

Os israelitas habitualmente murmuravam contra Deus e lhe desobedeciam tanto que o Senhor quase os destruiu (NÚMEROS 14:11,12). Moisés lembrou ao Senhor que Ele é lento para irar-se, é cheio de misericórdia e perdoa as iniquidades (v.18). Os israelitas se rebelaram contra Deus e Moisés, mas esse líder clamou pela vida deles, e o Senhor os perdoou — embora a geração de coração endurecido jamais fosse ver a Terra Prometida (vv.20-23).

Deus foi gracioso para os israelitas e Ele é gracioso para conosco. O apóstolo Paulo nos lembra de sermos graciosos uns com os outros — compassivos, cheios de misericórdia, bondade, humildade, mansidão e paciência, admitindo as falhas uns dos outros e perdoando como o Senhor nos perdoou (COLOSSENSES 3: 12,13).

Quando nos lembramos de como Deus nos mostra graça, somos capazes de mostrar graça aos outros, amando e perdoando à medida que caminhamos harmonia (vv.14,15).
—RUTH O'REILLY-SMITH

25 DE MARÇO

UM HOMEM INOCENTE

LEIA

Lucas 23:26-49

Quando o oficial do exército romano viu o que havia acontecido, deu glória a Deus, dizendo: — De fato, este homem era inocente! (v.47).

EXAMINE

Leia Marcos 15:39 e considere algumas palavras adicionais do oficial romano.

CONSIDERE

O que mais chama sua atenção no modo como Jesus morreu? Como o sacrifício abnegado do Senhor afeta a maneira como você serve a Ele e aos outros?

No dia 15 de abril de 1865, a família, os médicos e funcionários do governo se reuniram em torno do leito do presidente Abraham Lincoln. Ele estava inconsciente e à beira da morte por causa de um tiro. Depois que deu seu último suspiro, aqueles que estavam de vigília ficaram de pé em silêncio. Choque e tristeza os deixaram sem palavras. Após alguns minutos, dizem que o secretário de guerra quebrou o silêncio e declarou: "Agora ele entra para a História".

O evangelho de Lucas relata que, depois de Jesus ter clamado ao Pai celestial e dado Seu último suspiro, o oficial romano (que supervisionava a execução) ficou tão emocionado com o que viu que declarou: "...De fato, este homem era inocente!" (23:47).

Diferentemente da morte de Lincoln, não foi o fato de Jesus ter morrido que comoveu o oficial. Foi como Ele morreu.

Jesus não pagou Seus executores na mesma moeda. Não devolveu os insultos dos líderes que zombavam dele e dos transeuntes que lhe agitavam o punho (MARCOS 15:29). Não respondeu aos soldados que o ridicularizavam ou disputavam Suas vestes (LUCAS 23:34). Não combateu o mal com o mal. Pelo contrário, silenciosamente suportou esses abusos cruéis. E, quando falou, abençoou e orou por quem o perseguia — "Pai, perdoa esta gente! Eles não sabem o que estão fazendo..." (v.34). Até demonstrou misericórdia com o criminoso arrependido que fora executado ao Seu lado (vv.40-43).

Não é de admirar que o oficial romano fosse movido a dizer o que disse!

A forma como Jesus morreu reflete a maneira como viveu. E Ele nos chama a viver (e possivelmente morrer) do mesmo modo, antecipando e trabalhando pelo dia em que Ele voltará e, de uma vez por todas, corrigirá todas as coisas. —JEFF OLSON

26 DE MARÇO

CARREGANDO SUA CRUZ

LEIA
Lucas 9:23-26
Se alguém quer vir após mim, a si mesmo se negue, dia a dia tome a sua cruz e siga-me (v.23 ARA).

EXAMINE
Leia Lucas 9:57-62; 14:25-27 para ver o que Jesus disse sobre segui-lo.

CONSIDERE
Com que proximidade você está seguindo a Jesus? O que você deve fazer para segui-lo mais de perto?

Minha esposa foi diagnosticada com um câncer de ovário em outubro de 2012. Conversei com um amigo sobre as dificuldades que esta situação havia apresentado para mim. Ele gentilmente me disse que aquela era a cruz que eu tinha de carregar. A expressão "carregar sua cruz" significa, para muitos, viver com alguma enfermidade ou com um filho que tenha alguma deficiência, ou com problemas financeiros, ou com qualquer circunstância difícil da vida. Porém, quando Jesus nos diz para carregarmos nossa cruz, será que Ele está se referindo aos fardos da vida?

Jesus estabeleceu três condições para o discipulado: "Se alguém quer vir após mim, a si mesmo se negue, dia a dia tome a sua cruz e siga-me" (LUCAS 9:23 ARA). O cristão deve abandonar seus caminhos egoístas, dizendo não para a vontade pessoal, para o egocentrismo, para os interesses próprios e para a exaltação pessoal. Negar-se a si mesmo é morrer para si mesmo.

A cruz era um instrumento de morte. Um homem condenado carregando sua cruz rumo à execução perdia interesse pelas coisas deste mundo. "Dia a dia tomar a sua cruz" é morrer para o pecado. É um chamado para repriorizar sua vida.

Também existe um aspecto emocional para a exigência: "Siga-me". Seguir a Jesus significa andar bem perto atrás dele, ir aonde Ele vai, fazer o que Ele faz. Significa fazer da vontade dele a sua vontade, não trilhar o próprio caminho, mas colocar os pés nas pegadas de Jesus. E Suas pegadas o levarão ao Calvário.

Você pode professar ser cristão, mas, se não carrega a sua cruz e não segue a Jesus, não é Seu discípulo (14:27). Uma pessoa que crê em Jesus deve negar-se a si mesmo, morrer para o pecado e seguir o Salvador! —K. T. SIM

Js 22–24; Lc 3

27 DE MARÇO

UMA MANHÃ

LEIA
Atos 3:11-23

Assim vocês mataram o Autor da vida; mas Deus o ressuscitou, e nós somos testemunhas disso (v.15).

EXAMINE
A vida de Jesus foi compreendida adequadamente somente após a Sua ressurreição. Leia Isaías 53 e considere como os discípulos poderiam ter ignorado o que se tornou claro após a ressurreição de Jesus.

CONSIDERE
O que sua futura ressurreição diz sobre o significado da sua vida agora? Como a sua vida mudou por causa da ressurreição de Jesus?

Poucos dias notavelmente mudam o mundo. Na minha vida, eu diria o 11 de setembro, a queda do Muro de Berlim e talvez mais alguns. Mesmo assim, continuamos a viver como vivíamos antes desses eventos.

No entanto, uma manhã mudou tudo — para sempre. Os discípulos eram jovens e talvez ingênuos para acreditar que o Mestre itinerante de Nazaré era o Messias esperado. Eles seguiram seu Senhor enquanto atraía grandes multidões que esperavam por Suas palavras e fascinadas por Seus milagres. Mal conseguiam acreditar que eles, um bando de desajustados e pescadores, tinham sido escolhidos para liderar a revolução.

Então, numa tarde, o sonho morreu. Justamente quando a vitória estava ao seu alcance, o plano todo foi sabotado por alguém do grupo. Jesus parecia ter sido pego desprevenido pela traição de Judas e preso sem reagir. À medida que a multidão o provocava para que Ele provasse ser rei, Jesus clamava angustiado ao Pai de quem sempre afirmara estar ao Seu lado (Mateus 27:46).

Os discípulos estavam arrasados. Como poderiam ter sido tão tolos? Estavam envergonhados e com medo, pois as autoridades os procurariam em seguida. Eles se esconderam por dois dias, inteiramente perdidos sobre o que fazer quando ouviram a notícia extraordinária de que Jesus estava vivo (28:8)!

Ficaram chocados com alegria e aprenderam a usar aquela manhã da ressurreição para reinterpretar a história do mundo. Como Pedro explicou à multidão maravilhada, o sofrimento que Jesus suportara foi exatamente o que tinha sido "anunciado há muito tempo pelos profetas" (Atos 3:18). Jesus tinha resgatado Seu povo e de uma maneira maior do que qualquer um poderia imaginar.

Uma manhã mudou o mundo. Mudou o seu também?

—Mike Wittmer

28 DE MARÇO

RESPOSTAS EXIGENTES

LEIA
Jó 42:1-6

Tu me perguntaste como me atrevi a pôr em dúvida a tua sabedoria, visto que sou tão ignorante. É que falei de coisas que eu não compreendia, coisas que eram maravilhosas demais para mim... (v.3).

EXAMINE
Leia Marcos 14:36 e veja como Jesus reagiu à vontade de Deus Pai para Ele.

CONSIDERE
Você tem exigido algo de Deus? Por que é fundamental que você o sirva independentemente de Ele atender ou não seu pedido?

"Lembra-se do que Charlotte dizia quando não faziam suas vontades?"

Minha esposa Merryn e eu estávamos na igreja depois do culto da manhã. O comentário de Merryn se referia a uma ocasião em que nossa sobrinha, com 2 anos de idade na época, quis brincar com *todos* os seus cobertores de uma vez só, e a resposta que deu à mãe quando soube que não poderia.

"Você quer dizer", repliquei, "quando ela falou: 'Você está acabando comigo'?"

"Sim. De muitas formas, eu dizia a mesma coisa a Deus sobre ter um filho", Merryn falou. "Eu dizia: 'Eu quero um filho. Por que não posso tê-lo? O Senhor está acabando comigo! Pare com isto.'"

Suas palavras eram significativas. Havíamos tentado sem sucesso começar uma família durante uma década, e, alguns meses antes, chegáramos à conclusão de que nunca teríamos um filho. Agora, porém, ela falava com a paz de quem tinha ouvido de Deus, e eu sentia um progresso silencioso.

Chega um momento em que devemos deixar Deus ser Deus, quer Ele nos conceda ou não o que desejamos. Como Jó, podemos sofrer perdas (Jó 1:12–2:10). Como ele, podemos fazer perguntas a Deus sobre o porquê do sofrimento (POR EXEMPLO, 31:35-37). E, como ele, quando Deus quebra Seu silêncio, pode ser que não responda nossas perguntas (Jó 38–39). Será que, como Jó, desistiremos das nossas exigências a Deus e o serviremos de qualquer forma (42:1-6)? Será que poderemos dizer com ele: "[Falei] de coisas que eu não compreendia..." (v.3)?

"Eu não entendo por que Deus não atendeu o nosso pedido de ter um filho", disse Merryn. "Talvez, eu jamais venha a entender. Mas eu o conheço e sei que Ele não faria isto por mal. Então, é hora de esquecer as perguntas." É hora de deixar Deus ser Deus. —SHERIDAN VOYSEY

Jz 4–6; Lc 4:31-44 ◁ A BÍBLIA em UM ANO

29 DE MARÇO

PEDIDO DE AMIGO

LEIA

João 15:9-17

...mas chamo vocês de amigos... (v.15).

EXAMINE

Leia Romanos 5:10 para ver por que é possível a amizade com Deus. Leia Provérbios 27:6 e veja como ele pode se referir à disciplina de Deus em nossa vida.

CONSIDERE

Como a amizade com Deus nos inspira a melhorar nossa amizade com os outros? Por que, como cristãos, devemos nos dispor a aprofundar nossos relacionamentos?

Ty Morin quer fotografar 788 amigos em dois anos. Seu projeto, chamado "Solicitação de amizade: aceito", consiste em fotografar seus amigos do *Facebook* fazendo o que eles amam — qualquer coisa, desde atuar como bombeiro, até levantar peso. Embora muitos de seus amigos vivam em regiões remotas do mundo, ele sente que é importante relacionar-se pessoalmente com cada um deles — gastando pelo menos uma hora tirando fotos. Por meio de seu projeto, Morin quer combater a natureza impessoal e superficial das "amizades" virtuais.

Este projeto me faz lembrar a forma como Jesus alcançou pessoalmente a humanidade. Ele nos favoreceu quando "se tornou um ser humano e morou entre nós" (João 1:14). Conviveu com as pessoas — trocou olhares com algumas, curou outras, fez refeições, pescou, pregou — tudo porque se recusou a ficar isolado do nosso mundo. Ele veio à Terra para que pudéssemos conhecê-lo não apenas como Deus, mas também como um semelhante e amigo.

Jesus disse a Seus discípulos: "...chamo vocês de amigos..." (15:15) e provou essa afirmação ao confiar neles. Este nível de compartilhamento mostrou Seu cuidado e gerou alegria no coração de Seus seguidores (17:13). A profundidade da amizade de Jesus também foi revelada pelo sacrifício. Ele disse: "Ninguém tem mais amor pelos seus amigos do que aquele que dá a sua vida por eles" (15:13) e foi crucificado por nós.

A amizade que Jesus oferece é algo contínuo. Ele nos ama profundamente e nos convida a permanecer em Seu amor (v.9). Cristo quer nos ouvir e nos ajudar em nossas lutas diárias (Mateus 11:28-30). Esta íntima conexão com Ele ministrará à nossa alma quando nos sentirmos desconectados das pessoas do nosso mundo. —*Jennifer Benson Schuldt*

30 DE MARÇO

PARA A LUZ

LEIA

Lucas 18:9-14

Mas o cobrador de impostos ficou de longe e nem levantava o rosto para o céu. Batia no peito e dizia: "Ó Deus, tem pena de mim, pois sou pecador!" (v.13).

EXAMINE

Leia João 8:1-12 e repare no que a luz e a vida de Jesus significaram para uma mulher em desespero.

CONSIDERE

Quais são as partes desordenadas da sua vida que você precisa humildemente trazer à luz de Jesus? Como a luz de Deus o consola e também o condena?

Uma das coisas mais difíceis ao me vestir pela manhã é escolher minhas meias. Elas são azuis ou pretas? Por ser daltônico, essas duas cores parecem iguais para mim na luz turva da manhã! Assim, o que eu costumo fazer é levá-las até a cozinha e compará-las debaixo de alguma lâmpada brilhante, o que me ajuda a ver as verdadeiras cores.

Certa vez, Jesus disse a uma multidão de pessoas no templo judaico que Ele era "a luz do mundo" (João 8:12). E prosseguiu: "...quem me segue nunca andará na escuridão, mas terá a luz da vida".

A metáfora da luz de Jesus me faz pensar em outra história que Ele contou. "Dois homens foram ao Templo para orar. Um era fariseu, e o outro, cobrador de impostos" (Lucas 18:10).

O fariseu era um moralista arrogante que orgulhosamente se gabava de ter-se endireitado. Sua oração era prolixa e autocomplacente: "Ó Deus, eu te agradeço porque não sou avarento, nem desonesto, nem imoral como as outras pessoas. Agradeço-te também porque não sou como este cobrador de impostos" (v.11).

O publicano estava em total desordem — e sabia disso. Sua oração foi curta, pesarosa e desesperada: "[Ó] Deus, tem pena de mim, pois sou pecador!" (v.13). Jesus concluiu que o humilde publicano, não o orgulhoso fariseu, iria embora perdoado. "Eu afirmo a vocês que foi este homem, e não o outro, que voltou para casa em paz com Deus..." (v.14).

Jesus de fato é a verdadeira "luz do mundo". Mas Ele não exige que organizemos a bagunça da nossa vida antes de caminhar em direção à luz que dá vida. Em vez disso, Ele simplesmente nos convida a andar humildemente em direção à Sua luz e começar uma vida sagrada e santificada nele. —*JEFF OLSON*

31 DE MARÇO

CONFISSÃO

LEIA

Levítico 16:7-22

...porá as mãos na cabeça do animal e confessará todas as culpas e faltas e todos os pecados dos israelitas [...] então mandará o bode para o deserto... (v.21).

EXAMINE

Observe o que Jesus fez por você quando realizou o único sacrifício perfeito como punição por seus pecados (Hebreus 10:1-10).

CONSIDERE

Por que é importante que confessemos nossos pecados a Deus e aos outros? O que acontece quando não os confessamos?

Enquanto visitávamos uma amiga em Marselha, na França, paramos numa antiga igreja. Observei os ladrilhos, as magníficas paredes antigas e o aroma dos mofados bancos de madeira. Quase escondido da minha visão, mas encostado numa parede, havia um confessionário. Continha espaço suficiente para apenas uma pessoa. Minha amiga comentou baixinho que o ato de confessar nossos pecados uns aos outros parecia ter desaparecido de muitas igrejas modernas. Isso me desafiou não apenas a confessar meus pecados a Deus, mas também aos outros.

O livro de Levítico dá uma descrição detalhada de como os israelitas poderiam ser reconciliados com Deus pela confissão e pela expiação do pecado mediadas por um sacerdote. Em 16:7-10, lemos sobre o *bode emissário*, uma expressão parecida com bode expiatório, que hoje se refere a alguém que leva a culpa ou é punido no lugar do outro. Durante os dias do antigo Israel, entretanto, o sacerdote escolhia dois bodes — um se tornava uma oferta pelo pecado por derramamento de sangue, e o outro se tornava o bode expiatório. A desobediência e os atos pecaminosos do povo eram colocados sobre esse bode e depois este seria levado para o deserto (vv.5,21,22). Assim, "o povo [ficaria] puro na presença de Deus, o SENHOR" (v.30).

Confessar nossas fraquezas a Deus — que "é misericordioso e compassivo, paciente e transbordante de amor" (SALMO 145:8 NVI) — é fundamental. Mas também somos instruídos a confessar nossos pecados uns aos outros (TIAGO 5:16).

Hoje, quando peco, sou compelida a confessá-lo a Deus e aos irmãos em Cristo em quem confio. Eles me ajudam amorosamente a lidar com o meu pecado, oram por mim e me apontam a Deus e ao Seu perdão. —*RUTH O'REILLY-SMITH*

1.º DE ABRIL

GUERRA

LEIA
Josué 8:1-29

A sabedoria vale mais do que armas de guerra, mas uma decisão errada pode estragar os melhores planos (Eclesiastes 9:18).

EXAMINE
Leia Eclesiastes 3:8 e considere como devemos buscar a sabedoria de Deus nesses tempos.

CONSIDERE
Qual você pensa ser a diferença entre um "soldado" de Deus (Joel 3:11) e alguém que fomenta uma guerra injusta (por palavras ou armas)? Como podemos seguir o exemplo de Jesus na promoção da paz?

O jornalista Jeffrey Gettleman disse: "Há uma razão muito simples para algumas das guerras mais sangrentas e brutais da África parecerem nunca terminar: elas não são realmente guerras. [...] Testemunhei de perto — até perto demais — como o combate se transformava de soldado contra soldado (agora uma raridade na África), para de soldado contra civis".

Embora concorde que a maioria das batalhas modernas da África (incluindo as décadas de ataques do infame Exército da Resistência do Senhor contra civis no norte de Uganda) difere de guerras ideológicas, lutadas por militares — como as duas Guerras Mundiais — a história bíblica revela que os ataques contra civis não são novidade.

Em Josué 8:25,26, por exemplo, aprendemos que, quando ele e os israelitas atacaram Ai (após buscar a Deus), o Senhor garantiu a vitória sobre aquele povo. Não foi uma destruição gratuita: em Sua santidade, Deus não podia permitir que a maldade persistisse nas nações, incluindo Israel (que também enfrentou derrota em batalhas). A guerra foi usada por Deus para punir a maldade das pessoas. Há uma enorme diferença entre homens que cometem atrocidades em massa, e as batalhas que Deus permitiu devido à Sua justiça.

As Escrituras ensinam que um dos motivos por que as guerras ocorrem é por nosso coração não estar comprometido com Deus (2 CRÔNICAS 16:9). "[As] lutas e as brigas [...] vêm dos maus desejos que estão sempre lutando dentro de vocês" (TIAGO 4:1). Deus permitiu que batalhas ocorressem, às vezes, para promover real paz e justiça. Só Ele possui sabedoria e olhos justos para fazê-lo. Esforcemo-nos pela paz — e não por batalhas — em todos os nossos relacionamentos hoje. —ROXANNE ROBBINS

2 DE ABRIL

EM CHÃO FIRME

LEIA
1 Reis 18:19-39

...Até quando vocês vão ficar em dúvida sobre o que vão fazer?... (v.21).

EXAMINE
Leia todo o capítulo 18 de 1 Reis. Como os atos de Elias apoiavam seu apelo ao povo para tomar uma decisão? Como Deus respondeu?

CONSIDERE
Você tem oscilado entre opiniões? Como essa prática o impediu de ter um relacionamento mais forte com Deus e com os outros?

No filme *Alta Fidelidade*, o personagem Rob Gordon lamenta seu histórico de passividade: "Penso que faria mais sentido não me comprometer com coisa alguma, manter minhas opções abertas. E isso é suicídio lento".

Uma inclinação humana prevalente é evitar firmemente fixar-se a qualquer opinião ou crença. É bom perseguir a humildade e estar sempre aberto à correção, mas é uma prática tola e debilitante deixar de se comprometer com verdades que nos indicam direção.

Elias confrontou Israel por sua postura incerta e vacilante. Acabe, rei de Israel, levou o povo à idolatria, eles abandonaram a Deus e a posição que tinham como Seu povo. Assim, Deus reteve as nuvens de chuva e secou a terra. Após três anos sem chuva, Elias decidiu que era tempo de um confronto. Disse a Acabe: "...ordene agora a todo o povo de Israel que vá encontrar-se comigo no monte Carmelo. Mande também os quatrocentos e cinquenta profetas do deus Baal e os quatrocentos profetas do Poste-ídolo que são sustentados pela rainha Jezabel" (1 REIS 18:19).

Quando os profetas de Baal e o povo de Israel estavam de pé no monte Carmelo, Elias os confrontou com a pergunta: "...Até quando coxeareis entre dois pensamentos?..." (v.21 ARC). A palavra "coxeareis" carrega a imagem de um conjunto de muletas. Assim, uma leitura literal desse texto poderia ser: "Até quando vocês vão mancar usando muletas?". Sempre que nos recusamos a nos comprometer com verdades nas quais cremos, ficamos coxos. Não nos posicionamos. Nunca estamos firmes.

Elias concluiu seu desafio, não com um apelo à fé cega, mas a um compromisso com a verdade: "Se o SENHOR é Deus, adorem o SENHOR; mas, se Baal é Deus, adorem Baal!" (v.21).

—WINN COLLIER

3 DE ABRIL

JESUS CHORA

LEIA

Lucas 19:41-44

Quando Jesus chegou perto de Jerusalém e viu a cidade, chorou... (v.41).

EXAMINE

Qual é a sua reação ao apelo de Deus em 2 Coríntios 6:1,2 e Hebreus 3:7-15?

CONSIDERE

De que maneira o fato de Jesus ter chorado afeta a sua visão dele e do Seu amor por você? O que você fará para o honrar e glorificar esta semana?

Com frequência em casamentos, a mãe da noiva pode ser vista chorando em silêncio. Suas lágrimas são uma reação ao fato de sua filha "ser adulta" e às memórias dos anos em que ela a criou.

Os judeus estavam celebrando a vinda do seu rei há muito esperado (Lucas 19:35-38). Jesus, porém, estava chorando publicamente pela segunda vez. No túmulo de Lázaro, Jesus chorou (João 11:35). Aqui, Ele chorava por Jerusalém (Lucas 19:41).

Mas, por quê? Seu povo o havia rejeitado. Eles buscavam liberdade política. Mas Jesus veio para salvá-los dos pecados e lhes oferecer paz com Deus por meio da cruz — não da coroa.

Jesus olhou para o passado. Ele viu o povo matar os profetas que Deus levantara para chamá-los ao arrependimento (Lucas 11:48; 13:34). Jesus olhou para a presente religiosidade e piedade que pouco realizara. A cidade estava cheia de peregrinos devido a uma festa sagrada, mas a adoração era vazia. O Templo se tornara um covil de ladrões (19:46). Jesus olhou para o futuro. Ele viu a morte, a destruição e a devastação que viriam ao povo e à cidade (vv.43,44).

O Senhor os tinha buscado amorosa e persistentemente, mas eles "...não quiseram!" (Lucas 13:34). Jesus chorou porque Seu próprio povo o rejeitara como seu Messias (19:14; João 1:11). Israel havia perdido e esgotado suas oportunidades. Agora era tarde demais (Lucas 19:42) "...porque [Jerusalém] não reconheceu o tempo em que Deus veio para salvá-la" (v.44), somente a terrível perspectiva de julgamento estava à vista. Quarenta anos depois, os romanos vieram e destruíram Jerusalém e o templo.

Jesus chora por você, caso não tenha recebido o Seu presente gratuito da salvação. Mas ainda não é tarde demais!
—*K. T. Sim*

Jz 19–21; Lc 7:31-50 ◁ A BÍBLIA em UM ANO

4 DE ABRIL

CONECTADOS

LEIA

João 15:1-8

Eu sou a videira, e vocês são os ramos. Quem está unido comigo e eu com ele, esse dá muito fruto porque sem mim vocês não podem fazer nada (v.5).

EXAMINE

Leia Eclesiastes 4:9-12 e considere como os relacionamentos piedosos podem nos treinar não só para enfrentar, mas também derrotar os inimigos da nossa fé.

CONSIDERE

Numa escala de 1 a 10, quão engajado você está em sua igreja local? De que maneiras você está buscando ativamente ser discipulado no Corpo de Cristo?

Enquanto minha mãe estava fora da cidade, meus filhos e eu fomos a casa dela para cuidar do jardim. Ao sairmos para o quintal, fomos recepcionados por uma bagunçada horta, pois algumas das gavinhas do feijão-de-corda se destacavam como topetes em uma fileira diversificadamente estruturada. Enquanto trabalhávamos, meu filho explicou a necessidade de prender as gavinhas rebeldes às ripas: deixadas sem apoio, o peso das vagens em crescimento puxaria a planta para o chão, onde ela se tornaria mais vulnerável a pragas e os feijões seriam danificados.

Em João 15:5, Jesus nos diz: "Eu sou a videira, e vocês são os ramos. Quem está unido comigo e eu com ele, esse dá muito fruto porque sem mim vocês não podem fazer nada". Claramente, Ele é a nossa fonte toda-suficiente de vida e qualquer fruto que produzimos vem dele. Ele nos chama a um relacionamento com os outros, pois nos coloca no âmbito do Seu corpo, a Igreja. Não fomos criados para nos desenvolvermos espiritualmente sozinhos. Ele nos fez para sermos ligados a algo além de nós mesmos (v.4).

Nenhum indivíduo deve substituir a nossa dependência da Palavra ou do Espírito Santo, no entanto, Deus coloca pessoas em nossa vida para fornecer uma estrutura de apoio ao nosso crescimento espiritual. Jesus nos mostrou que o verdadeiro discipulado acontece dentro do contexto dos relacionamentos.

Tornar-se humilde o suficiente para aprender com os outros não é fácil, quer a instrução venha de irmãos ao nosso lado ou de líderes acima de nós (FILIPENSES 2:3; 1 TESSALONICENSES 5:11). Mas, quanto mais nos mantivermos conectados a outros crentes em Jesus, maior é a oportunidade que temos de dar muito fruto.

—REGINA FRANKLIN

5 DE ABRIL

PONTO DE PARTIDA

LEIA
Eclesiastes 7:1-4
É melhor ir a uma casa onde há luto do que ir a uma casa onde há festa, pois onde há luto lembramos que um dia também vamos morrer. E os vivos nunca devem esquecer isso (v.2).

EXAMINE
Ore o Salmo 23 ao Senhor. Em que verdade desse salmo você se apoiará hoje?

CONSIDERE
Faça uma lista dos inimigos que Jesus derrotou por você. Como essas vitórias poderiam encorajá-lo nos problemas que você ainda enfrenta?

Durante a universidade, o missionário Adoniram Judson perdeu sua fé quando deu ouvidos a Jacob Eames, um deísta que acreditava que Deus jamais interfere em nossa vida. Durante uma viagem, Judson ficou na hospedaria do vilarejo, no quarto ao lado do seu havia um homem morrendo. Os gemidos do homem mantiveram Judson acordado e ele começou a pensar sobre a morte. Estaria ele pronto para se encontrar com Deus? Na manhã seguinte, Judson soube que o homem morrera. Perguntou ao gerente quem era o homem. "Ah, sim. Um jovem da faculdade de Providence [EUA]. Seu nome era Eames... Jacob Eames".

Judson ficou abalado. Percebeu que o deísmo falhou com Eames, e falharia com ele também no momento de sua morte. O tempo de jogos intelectuais acabara. Ele precisava viver para Aquele que venceu a morte.

Ninguém gosta de pensar na morte, mas, se não falarmos sobre ela, nada teremos a dizer ao falarmos de Jesus. Hebreus 2:14,15 explica que Jesus veio para derrotar a morte. Ele se tornou homem para "...destruir o Diabo, que tem poder sobre a morte. E também para libertar os que foram escravos toda a sua vida por causa do medo da morte".

Se você nunca teve medo de morrer, há pouca chance de você ter entregue a sua vida a Jesus. Por que você o faria? Já que não é incomodado pelo problema que Ele veio resolver. Mas, se você foi incomodado pelo pensamento da morte — percebendo que ela é o intruso demoníaco que veio destruí-lo —, é provável que saiba que a sua esperança se encontra somente em Jesus. Ninguém além dele afirma ter conquistado a morte em seu benefício; "...agradeçamos a Deus, que nos dá a vitória por meio do nosso Senhor Jesus Cristo" (1 Coríntios 15:57). —*Mike Wittmer*

1Sm 1–3; Lc 8:26-56 ◂ A BÍBLIA em UM ANO

6 DE ABRIL

TRABALHO E LAZER

LEIA

Êxodo 20:8-11

Guarde o sábado, que é um dia santo (v.8).

EXAMINE

Leia Colossenses 2:16,17 e observe o que Paulo diz acerca do sábado. O maior descanso do sábado ocorre quando descansamos na obra que Jesus consumou por nós.

CONSIDERE

Há atitudes ou atividades que você precisa mudar para poder honrar melhor a Deus no dia do Senhor? Por que o descanso é tão importante?

Domingo chegou. Vamos à igreja pela manhã e, em seguida, realizar todas as coisas que não conseguimos fazer durante a semana. É assim que você vê o dia do Senhor? Confissão pessoal: frequentemente, essa é a maneira como penso após uma agitada semana de trabalho. Mas, isso é errado?

Dos Dez Mandamentos dados por Deus, somente o quarto mandamento, sobre a observância do sábado, não é repetido no Novo Testamento. Muitos concluíram que, por não estarmos sob as restrições do sábado, também não estamos sob qualquer obrigação de respeitar o dia do Senhor. Não é assim. Nesse mandamento há princípios atemporais relevantes ainda hoje.

O mandamento nos diz que, embora devamos estar envolvidos em trabalho produtivo, também devemos dedicar tempo para descansar (Êxodo 20:9,10). O princípio é simples: trabalhe seis dias e descanse um.

Um comentarista bíblico declara: "O motivo pelo qual os homens não querem parar o que estão fazendo é, na maioria das vezes, por não terem terminado. O quarto mandamento trata desse problema instruindo os israelitas a planejarem a conclusão do trabalho até o fim do sexto dia e cuidarem de terminá-lo."

Além disso, é necessário tempo para ser santo. A pausa do trabalho pelo antigo Israel era para facilitar a adoração. Não devemos simplesmente "tirar um dia de folga" — devemos santificá-lo (v.8). Que atividades são apropriadas no dia do Senhor? Os cristãos chegarão a diferentes conclusões sobre o que isso significa na prática, mas nossa submissão ao senhorio de Jesus Cristo é fundamental (Romanos 14:5-9).

O princípio geral é: o dia do Senhor deve ser separado para adorar a Deus com o Seu povo e para descansar o corpo e a mente. —*Poh Fang Chia*

7 DE ABRIL

LEVANTE-SE E SIGA

LEIA

Deuteronômio 1:1-8

*Quando estávamos ao pé do monte Sinai, o S*ENHOR*, nosso Deus, nos falou assim: "Vocês já ficaram bastante tempo neste lugar. Agora saiam daqui e vão..."* (vv.6,7).

EXAMINE

Leia Atos 8:1-3 e veja como Deus permitia que o Seu povo fosse movido.

CONSIDERE

Além da Sua Palavra, o que mais Deus usa para nos fazer sair de onde estamos e nos fazer andar para onde Ele quer que vamos? De que zona de conforto Deus está tirando você agora?

Em seu livro *Seize the Day* (Aproveite o dia), Danny Cox, ex-piloto de jato que se tornou empresário, explicou por que os pilotos precisavam de um novo sistema de ejeção. No sistema anterior tudo que precisavam fazer era livrar-se do avião e mover-se para a frente do assento. Durante o teste, porém, os pilotos não se soltavam do banco no processo. Os engenheiros encontraram uma solução. Dois segundos após o início da ejeção, um tensor eletrônico forçaria o piloto para a frente do assento — liberando o paraquedas.

Assim como os pilotos precisam ser forçados a sair de seus assentos, Deus teve de mover Moisés e o povo de Israel do Sinai. Depois de quase um ano ao pé da montanha (Êxodo 19:1; Números 10:11,12), é provável que estivessem confortáveis ali. Deus ordenou a Moisés que levantasse acampamento e seguisse em frente (Deuteronômio 1:7). Eles iriam pela via mais curta e mais direta, e o caminho não seria fácil.

Era o tempo de entrar na terra daqueles que eram considerados guerreiros habilidosos e temidos — arriscando a vida de todos ao seguirem a vontade do Senhor. Embora fosse perigoso, era tudo parte do perfeito plano de Deus. Moisés deveria levantar acampamento e seguir em frente, levando o povo de Deus à terra que o Senhor jurou dar "...a Abraão, a Isaque e a Jacó, os antepassados [deles] e aos seus descendentes..." (v.8).

É muito fácil nos agarrarmos a lugares e ficarmos confortáveis onde estamos. É então que Deus precisa nos forçar a sair deles, nos fazer levantar acampamento e nos mover em direção ao futuro que Ele tem para nós. Ele nos chama a deixar o confortável, estar abertos a mudanças, dar passos de fé e confiar nele diante do desconhecido. —*Marvin Williams*

8 DE ABRIL

SONHOS DESPEDAÇADOS

LEIA

Isaías 52:1-12

Jerusalém arrasada, cante de alegria, pois o Senhor tem pena do seu povo... (v.9).

EXAMINE

Leia Salmo 98:1-3 e observe o que ele diz acerca de Deus e do por que devemos depositar a nossa esperança nele.

CONSIDERE

Quais são alguns sonhos destruídos que você precisa levar a Deus? O Senhor lhe deu esperança ao longo dos anos?

Um amigo tinha, há muitos anos, um emprego que amava, mas de repente foi demitido. Em uma nova empresa assumiu outro cargo, não tão gratificante e que não pagava bem. Então, o primeiro empregador lhe pediu para voltar, o que ele fez com alegria. Infelizmente, ele e a maioria dos trabalhadores foram novamente demitidos após sete dias. A outra empresa não o quis de volta e, agora, ele tem um cargo subalterno, mal pago. Seus sonhos de ter uma função de que precisa e ama foram destruídos.

As profecias de Isaías falou ao coração do povo de Deus, cujos sonhos foram abalados após serem forçados ao exílio babilônio. Conhecedores da amarga opressão do Egito no passado e, mais recentemente, da Assíria, eles foram escravizados de novo (Isaías 52:4,5). As esperanças de viver com honra e liberdade foram enterradas no "...pó..." de seu cativeiro (vv.1,2,11).

O Senhor deu esperança ao Seu povo através do Seu profeta. Isaías escreveu sobre "...notícias de paz, boas notícias de salvação! [...] 'O seu Deus é Rei!'" (v.7). A esperança está no Deus que está no controle, mesmo quando a vida parece sem controle. "[O] Senhor os guiará. O Deus de Israel os protegerá por todos os lados" (v.12). A esperança está no Deus que nos protege mesmo quando nos sentimos como que apunhalados pelas costas.

Conversando com meu amigo sofredor e desiludido, não me concentrei em suas circunstâncias, mas no que Deus estava fazendo nele e por meio dele. Quando nos sentimos como que num exílio devido a um relacionamento, trabalho ou situação difícil, é vital termos esperança no caráter de Deus e no Seu "...bom trabalho..." em nossa vida (Filipenses 1:6). Ele pode tornar sonhos despedaçados em algo lindo. —Tom Felten

9 DE ABRIL

EM QUE NOS FOCAMOS

LEIA

Lucas 11:33-36

...tenha cuidado para que a luz que está em você não seja escuridão. Pois, se o seu corpo estiver completamente luminoso, e nenhuma parte estiver escura, então ele ficará todo cheio de luz... (vv.35,36).

EXAMINE

Leia João 15:1-17 para ver o que ele diz acerca de permanecer em Jesus.

CONSIDERE

Onde e qual é o foco da sua vida? Como você pode expressar a luz de Jesus hoje?

Pouco tempo atrás, a lua estava tão brilhante e grande que quase parecia ser possível sair pela janela, pisar em sua superfície e fazer um passeio à meia-noite. É lindo, mas seu brilho perturbou o sono do nosso filhinho. Em noites como essa, é difícil acreditar que a lua é opaca, sem vida e escura. Somente o reflexo do sol nos permite vê-la.

Como a lua, nós também somos sem vida e perdidos na escuridão sem o brilho do nosso Deus Criador em nós. Em Lucas 11:33-36, Jesus nos lembra de que aquilo em que nos concentramos nos faz brilhar intensamente ou nos escurece (vv.34,35). Quando buscamos seguir Jesus, vivemos como luz: "Vocês são a luz para o mundo. Não se pode esconder uma cidade construída sobre um monte" (MATEUS 5:14). Quando percebemos quão perdido e escuro é o mundo, devemos permitir que a luz brilhe em nós, para que quem está perdido na escuridão encontre o caminho para Jesus — um caminho revelado pelo reflexo da Sua glória em nós: "...uma lamparina [...] é colocada no lugar próprio, para que os que entrarem na casa possam enxergar tudo bem" (LUCAS 11:33).

Na atualidade, somos facilmente distraídos e é preciso coragem determinada e intencional para nos afastarmos das coisas deste mundo e avançarmos para a sabedoria da Palavra de Deus e da Sua vontade. Quando mantemos "...nossos olhos fixos em Jesus..." (HEBREUS 12:2), tornamo-nos "...[todos cheios] de luz como acontece quando [somos iluminados] pelo brilho de uma lamparina" (LUCAS 11:36).

Nós vemos a lua porque ela reflete o sol. Do mesmo modo, somos reconhecidos como discípulos de Jesus ao nos focarmos nele e permitirmos que nossa vida o reflita naturalmente. Reflitamos a Sua gloriosa luz hoje! —*RUTH O'REILLY-SMITH*

10 DE ABRIL

VOCÊ ESTÁ EM BOAS MÃOS

LEIA

2 Timóteo 3:14-17
Quanto a você, continue firme nas verdades que aprendeu e em que creu de todo o coração. Você sabe quem foram os seus mestres... (v.14).

EXAMINE

Leia Atos 1:1,2 e considere o que Lucas escreveu acerca do seu relato do evangelho.

CONSIDERE

É importante para você ver a natureza histórica dos escritos de Lucas? Que outros motivos você pode apresentar para confiar na precisão e veracidade da Palavra de Deus?

Em algum momento na década de 1950, o grupo de *marketing* da *Allstate Insurance Company* lutava para chegar a um *slogan* para a primeira grande campanha publicitária nacional da empresa. Com a equipe prestes a parar após um dia de *brainstorming* não produtivo, o executivo de vendas Davis Ellis se lembrou de um comentário tranquilizador que sua esposa lhe fizera meses antes, quando seu filho estava no hospital.

Ela lhe disse: "O hospital disse para não nos preocuparmos. Estamos em boas mãos com o médico." Foi então que nasceu um dos *slogans* mais memoráveis de todos os tempos: "Você está em boas mãos com a *Allstate*".

Se me fosse dada a tarefa de anunciar o livro de Lucas, do Novo Testamento, eu voltaria à frase que inspirou esse famoso *slogan*: "Você está em boas mãos com o médico".

Por quê? Porque ela é verdadeira de diversas maneiras. O próprio autor (Lucas) era médico (COLOSSENSES 4:14). Obviamente, o Dr. Lucas era muito erudito, mas era também um repórter cuidadoso que investigou os fatos sobre Jesus (LUCAS 1:3).

Outra importante razão para confiar no livro de Lucas é que esse médico obteve suas informações de testemunhos em primeira mão. Diferentemente de outros relatos não encontrados na Bíblia (escritos várias décadas após as testemunhas oculares da vida de Jesus haverem morrido), Lucas conheceu pessoalmente várias das principais testemunhas — especificamente, Paulo e Tiago, o meio-irmão de Jesus.

É claro que nós também reconhecemos que, assim como todos os autores da Bíblia, Lucas escreveu sob a inspiração do Espírito Santo (2 TIMÓTEO 3:16).

Então, leitores do livro de Lucas (e de toda a Palavra de Deus!), fiquem certos: Vocês estão em boas mãos. —*JEFF OLSON*

11 DE ABRIL

DEPOIS DO DESERTO

LEIA

Deuteronômio 8:1-10

Lembrem como o nosso Deus guiou vocês pelo deserto esses quarenta anos (v.2).

EXAMINE

Refita sobre a provação de Jesus no deserto — Mateus 3:16–4:17. Você também foi testado no deserto?

CONSIDERE

O que você aprendeu em momentos passados no deserto? Como Deus poderia usá-lo para servir a outros por meio das suas provações?

Se você já sofreu uma decepção ou dor prolongada, sabe que pode sentir-se como se estivesse no "deserto" — um lugar inóspito onde você parece nunca chegar à tão esperada "Terra Prometida".

Essa imagem é extraída da própria jornada do antigo Israel pelo deserto (NÚMEROS 10-36), recapitulada por Moisés em Deuteronômio 8. Por meio dela, descobrimos que no deserto há mais do que sofrimento.

"Lembrem como o nosso Deus guiou vocês pelo deserto...", disse Moisés, "[Deus] os pôs à prova..." (v.2). O deserto é um lugar de revelação, onde o que está em nosso coração é trazido à luz. O seu tempo de provação revelará em seu coração confiança ou deslealdade?

"Durante esses 40 anos as roupas que vocês vestiam não ficaram gastas, e os seus pés não ficaram inchados" (v.4). O deserto era um lugar de provisão, onde Deus proveu os judeus com maná, codornizes, água e roupas que, milagrosamente, permaneceram boas como novas (ÊXODO 16:13-15; DEUTERONÔMIO 29:5; NEEMIAS 9:21).

"[O] SENHOR, nosso Deus, os corrige como um pai corrige o filho", continuou Moisés (DEUTERONÔMIO 8:5). No deserto, Ele continuou a identificar os israelitas como Seus filhos (1:31). É lá que também a nossa verdadeira identidade é confirmada.

"[Deus] os está levando para uma terra boa..." (8:7). O deserto tinha sido um lugar de refino e preparação necessários aos judeus. Eles estavam prestes a entrar numa nova fase da vida — uma nova missão.

Se você estiver no deserto agora, lembre-se de que, aí, Deus testará e revelará o seu coração, irá supri-lo, confirmar a sua identidade em Deus e levá-lo a algo novo.

Após o deserto vem um novo começo. —SHERIDAN VOYSEY

12 DE ABRIL

AMOR QUE MORRE

LEIA

Efésios 5:21-33

...cada marido deve amar a sua esposa como ama a si mesmo, e cada esposa deve respeitar o seu marido (v.33).

EXAMINE

Continue a ler as instruções de Paulo aos envolvidos em relacionamentos diversos (Efésios 6:1-9). Como continua esse chamado ao amor sacrificial?

CONSIDERE

Se você é casado, como a cruz de Jesus o chama a um amor de vida e morte? Se não é, como Deus o está chamando a estender esse amor custoso, sacrificial?

O renomado escritor cristão Dallas Willard escreveu: "O objetivo de Deus na história é a criação de uma comunidade totalmente inclusiva de pessoas amorosas, com Ele mesmo incluído nessa comunidade como principal sustentador e mais glorioso habitante". O casamento é uma maneira como Deus continua a criar essa comunidade.

Paulo começou sua instrução sobre o casamento afirmando uma mutualidade e unidade entre marido e mulher: "Sejam obedientes uns aos outros, pelo respeito que têm por Cristo" (v.21). A postura amorosa do marido para com sua esposa e a postura amorosa da esposa para com seu marido não devem ser, primariamente, atos voltados ao seu parceiro humano, mas atos de adoração a Deus. Paulo está apontando para a realidade de que Deus está no centro do verdadeiro casamento.

Porém, com o Senhor no centro, ele entende que o marido e a mulher se entregam mutuamente de uma maneira singular um ao outro. Mesmo com sua singularidade, o que deveria ser comum entre o marido e a esposa (e, de fato, comum entre todos em todos os relacionamentos no reino de Deus) é o seu formato de cruz. O amor do marido pela esposa e o amor da esposa pelo marido devem refletir o amor de Jesus por nós. Nossa vida deve ser derramada no molde da Sua cruz.

Paulo deixa esse ponto mais explícito em sua instrução aos maridos. "Marido, ame a sua esposa, assim como Cristo amou a Igreja e deu a sua vida por ela" (v.25). O marido deve negar a si mesmo pelo bem de sua esposa, pelo bem do amor. De semelhante modo, as mulheres são chamadas a respeitar seus maridos (v.33). No caminho de Jesus, o amor nunca é um caso leviano ou despreocupado. O amor acabará por nos chamar a morrer.

—WINN COLLIER

13 DE ABRIL

ANDANDO NA CORDA BAMBA

LEIA

Isaías 41:17-24

Quando o meu povo, pobre e necessitado, procurar água [...] eu, o Senhor, os atenderei... (v.17).

EXAMINE

Leia Levítico 19:9,10 para entender como Deus queria que os israelitas ajudassem os necessitados. Leia Tiago 2:14-17 para ver a conexão entre fé e cuidar dos pobres.

CONSIDERE

Como o desemprego pode afetar a vida espiritual e emocional de uma pessoa? Como você pode suprir necessidades físicas, emocionais e espirituais de um desempregado?

Mollee D. Harper não tinha emprego fixo havia mais de dois anos. Ela descreveu assim: "Diariamente, [eu andava na] corda bamba de não saber se poderia virar sem-teto ou sair de repente da situação". Finalmente, os amigos de Mollee deixaram de retornar as ligações dela e pararam de se oferecer para ajudá-la a encontrar emprego. Mas ela já havia cuidado de jardins, lavado pratos e até cuidado de um homem com uma doença altamente contagiosa — apenas para conseguir algum dinheiro.

Embora alguns amigos tratassem Mollee como pária, Deus não nos rejeita ou ignora quando estamos em dificuldade. Em Isaías, lemos: "...eu, o Senhor, os atenderei, eu, o Deus de Israel, não os abandonarei" (41:17). O Senhor está presente — ouvindo as nossas orações, sentindo o que sentimos e nos amando quando ninguém mais parece importar-se.

Deus também vê as necessidades que os outros podem não notar. Ele sabe quando "os aflitos e necessitados buscam águas, e não as há, e a sua língua se seca de sede..." (v.17 ARA). Água, alimentos, roupas, companheirismo — Deus sabe que isso nos é essencial. Frequentemente, Ele usa outros para nos sustentar, pouco a pouco, nos tempos difíceis. Às vezes, Ele transforma períodos difíceis em tempos seguros. Ele pode criar abundância em lugares desertos — "...os desertos virem lagos..." (v.18).

A fé em Deus é uma fundação firme. O amor de Deus pelos necessitados é evidente em todas as Escrituras. Ele quer que experimentemos justiça, esperança e alegria (Salmos 9:18; 82:3; Isaías 30:19). E o Senhor é honrado quando estendemos a mão para ajudar os pobres e desfavorecidos — os que andam na corda bamba (Provérbios 14:31). —Jennifer Benson Schuldt

1Sm 22–24; Lc 12:1-31

14 DE ABRIL

DE ACORDO COM O PLANO

LEIA

**Mateus 26:1-5;
João 12:12-16**

O Senhor acaba com os planos das nações, ele não deixa que eles se realizem. Mas o que o Senhor planeja dura para sempre, as suas decisões permanecem eternamente
(Salmo 33:10,11).

EXAMINE

Leia Salmo 2:1-12 para ver a soberania de Deus sobre toda a humanidade.

CONSIDERE

Você já viu uma evidência do tempo de Deus na sua vida? Como a Sua soberania foi demonstrada?

Era a semana da celebração de Páscoa. Milhares de preregrinos judeus foram ao templo para celebrar a sua libertação da escravidão no Egito (Êxodo 12:1-28). No domingo anterior à Páscoa, ao entrar em Jerusalém, Jesus tinha permitido que as pessoas o honrassem como rei — algo que Ele não lhes permitira antes (João 12:12-16).

Em Seus últimos três anos, Jesus manteve deliberadamente a discrição (João 6:15; 7:10; 11:54). Mas agora, apenas cinco dias antes de Sua morte, Ele chamou intencionalmente a atenção para si. Essa foi a única vez em que permitiu uma manifestação pública a respeito de Sua pessoa, e o fez por dois motivos:

• João diz que Jesus fez aquilo para cumprir uma profecia de 500 anos: o rei escolhido de Deus entraria em Jerusalém "...montado num [...] filho de jumenta" (Zacarias 9:9). Essa foi uma maneira incomum de um rei triunfante entrar numa cidade. Jesus não estava montando um cavalo de guerra. Ele veio em paz e pela paz, demonstrando mansidão e humildade, e estabelecendo a paz entre Deus e nós (v.10; Atos 10:36; Colossenses 1:20,21).

• Jesus também fez aquilo para forçar as autoridades judaicas a agir. Os líderes religiosos já haviam decidido que Jesus deveria morrer (João 11:47-53). Temendo que o povo se amotinasse, eles decidiram "...prender Jesus em segredo e matá-lo", mas somente após a celebração da Páscoa (Mateus 26:3-5). Porém, Deus já havia estabelecido que Seu Filho fosse morto três dias antes da Páscoa (v.2).

Subvertendo as maquinações do homem e orquestrando os eventos segundo Seu próprio decreto e calendário (Lucas 22:22), Deus se certificou de que Jesus morresse no mesmo horário em que era oferecido o sacrifício da tarde. —*K. T. Sim*

15 DE ABRIL

À LUZ DE DEUS

LEIA

2 Reis 4:1-7

Certa [...] viúva [...] disse: O meu marido morreu [...] homem que temia a Deus, o SENHOR. Mas agora um homem a quem ele devia dinheiro veio para levar os meus dois filhos a fim de serem escravos... (v.1).

EXAMINE

Leia os demais versículos de 2 Reis 4:8-44 e observe os temas recorrentes deste capítulo.

CONSIDERE

Como você reagiu, no passado, a uma crise familiar ou pessoal? Que passo de fé você pode dar hoje para mostrar que vê suas dificuldades à luz de Deus?

O pastor G. Campbell Morgan foi citado como tendo dito: "O que fazemos na crise sempre depende do que enxergamos: as dificuldades à luz de Deus ou Deus à sombra das dificuldades". Ao enfrentar qualquer tipo de crise, as pessoas tendem a olhar pela lente do medo e ansiedade.

A viúva de 2 Reis 4 parecia ver suas dificuldades à luz de Deus — não Deus à sombra das suas dificuldades. Embora seu marido tivesse sido membro de um "grupo de profetas", ela enfrentava a perspectiva de seus dois filhos serem forçados à escravidão para pagar a dívida da família (v.1; VER TAMBÉM LEVÍTICO 25:39-41).

Em meio a essa crise, a viúva buscou a fonte correta para obter ajuda. Ela buscou Eliseu, que representava Deus (2 REIS 4:1). Depois, reconheceu as limitações dos seus próprios recursos para resolver a sua crise (v.2). Em terceiro lugar, ela dependeu de outros para obter ajuda (v.3). Ela não deixou o orgulho impedi-la de buscar outros que pudessem ajudar. Finalmente, ela seguiu as instruções específicas de Eliseu, e Deus proveu milagrosamente as necessidades de sua família (vv.4-6). O milagre lhe deu uma mercadoria comercializável para usar para pagar a sua dívida, deixou o suficiente para sustentar a família e lhes permitiu permanecer juntos. Sua resposta à crise provou que ela viu suas dificuldades à luz de Deus.

Enfrentar crises familiares e pessoais pode ser assustador, desgastante e até debilitante. Mas podemos ter certeza de que Deus está perto, vê o que está acontecendo e se interessa por nós. Nossa resposta não é esconder-nos sob ansiedade e medo, mas ver todas as nossas dificuldades à luz do poder, da fidelidade e do amor de Deus. —MARVIN WILLIAMS

16 DE ABRIL

EM AÇÃO

LEIA

Gênesis 37:5-11; 42:1-6

Como governador do Egito, era José quem vendia cereais às pessoas que vinham de outras terras. Quando os irmãos de José chegaram, eles se ajoelharam na frente dele e encostaram o rosto no chão (42:6).

EXAMINE

Leia Provérbios 13:1-12. Todos desejam ver os sonhos realizados. Que conexão poderia haver entre a instrução dos versículos 1-11 e a verdade encontrada no versículo 12?

CONSIDERE

Quando você sentiu que Deus não lhe ajudou a cumprir um de seus sonhos? Como Deus poderia ter agido mesmo nesse aparente fracasso?

Jantamos juntos e, depois, testemunhamos sobre o Deus que nos ama o suficiente para revelar os Seus sonhos ao nosso coração. Ouvimos sobre um condomínio de apartamentos para mães solteiras. Um celeiro para casamentos e um acampamento cristão. Uma nova igreja local. O desejo comum a todos era que o nome de Deus fosse engrandecido em cada um desses saltos de fé.

Incertos sobre crer no Deus que não pode ser visto com olhos físicos, ouvir a voz que não se pode gravar, e segurar a mão que não se pode tocar, podemos fazer da fé uma simples coleção de termos secos ao nos acomodarmos a uma vida previsível. Porém, mais do que algo que sabemos ou falamos, a fé precisa ser expressada.

Observe a galeria da fé em Hebreus 11. Eles construíram, conceberam, ofereceram, prometeram, abençoaram, falaram, recusaram, escolheram, saíram, foram, derrotaram, governaram, receberam, fecharam, saciaram, escaparam, sofreram e morreram. Recusando a segurança, aqueles que de fato creram em Deus agiram de maneiras incríveis — seguindo-o para além do que era seguro e confortável.

Saltar no desconhecido não é fácil. Certos dias, é assustador. As Escrituras não nos dão um motivo exato para a franqueza de José em compartilhar o sonho que Deus lhe dera. Ela só detalha o resultado: rejeição, isolamento e injustiça. Mas, para José — e para nós —, o custo da fé empalidece em comparação ao cumprimento da promessa de Deus (Gênesis 46:5-7; Josué 24:32; Salmo 105:19).

Crer no que Deus falou não garante um caminho fácil, mas nos dá um lugar privilegiado para vê-lo agindo. Porque "...Deus, que começou esse bom trabalho na vida de vocês, vai continuá-lo até que ele esteja completo..." (Filipenses 1:6). —REGINA FRANKLIN

17 DE ABRIL

INTELIGÊNCIA, NÃO SEDUÇÃO

LEIA

1 Timóteo 2:9-10

Quero também que as mulheres sejam sensatas e usem roupas decentes e simples... (v.9).

EXAMINE

Leia 1 Coríntios 8:9-13; 10:23-33 e considere o que é dito acerca da liberdade pessoal e das necessidades espirituais dos outros.

CONSIDERE

Como podemos evitar o erro de nos tornarmos legalistas quanto ao vestuário? Quais são os benefícios de trajar-se com recato?

Anos atrás, uma amiga comentou: "Muita pregação sobre as mulheres se vestirem com recato tem sido destrutiva, pois sutilmente culpa as mulheres pela luxúria dos homens. Os homens devem assumir a responsabilidade por sua luxúria e as mulheres devem ter a liberdade de usar o que querem." Suas palavras me fizeram pensar.

Há alguma validade em sua crítica. Uma mulher não deve ser responsabilizada pela luxúria de um homem. Jesus disse que a pessoa lasciva deve lidar com o seu pecado, e não que a pessoa que atrai a atenção deve comportar-se de modo diferente (Mateus 5:28-30). Davi foi responsável por seu adultério, não Bate-Seba por banhar-se no telhado (2 Samuel 11:1–12:13). Em algumas culturas, as mulheres usam pouca roupa e os trajes de banho revelam boa parte do corpo na praia. Se o homem se controla em tais cenários, por que a mulher é responsável por atrair olhares lascivos no escritório? Quando lhe dizemos para cobrir-se para não seduzir um homem, sutilmente insinuamos que ela é responsável pelo pecado dele. Isso é falso!

Para o cristão, há um valor maior em questão: o amor, não a liberdade pessoal (Mateus 22:39; 1 Coríntios 8:9-13; 10:23-33). Nosso chamado é para nos ajudarmos a crescer à semelhança de Cristo (Hebreus 10:24). Se nossa liberdade de fazer — ou vestir — algo faz alguém tropeçar espiritualmente, não agimos em amor. Nesse caso, nenhum de nós (inclusive os homens) é livre para vestir-se como quer, mas sim de um modo que considere a santidade dos outros.

Assim, vista-se de modo inteligente, criativo, belo! Mas não sedutor. No tempo do apóstolo Paulo, cabelo trançado poderia ser visto como sedutor. Que modas equivalentes podemos evitar hoje? —*Sheridan Voysey*

2Sm 1–2; Lc 14:1-24

18 DE ABRIL

NÃO JOVEM DEMAIS

LEIA

1 Timóteo 4:7-16

Não deixe que ninguém o despreze por você ser jovem. Mas, para os que creem, seja um exemplo na maneira de falar, na maneira de agir, no amor, na fé e na pureza (v.12).

EXAMINE

Leia o que Paulo escreveu a um amigo em Tito 2:7 e considere como você pode ser um exemplo para outros cristãos — particularmente os mais jovens.

CONSIDERE

Como você encorajará hoje alguns cristãos mais jovens que você conhece? Que exemplo você tem estabelecido para outros seguidores de Jesus?

Pesquisas revelaram o que os adolescentes realmente desejam dos adultos. Um estudo do *Search Institute* descobriu o que os adolescentes gostariam que os pais e outros influenciadores mais velhos fizessem: 1. Olhem para nós; 2. Dediquem tempo a falar conosco; 3. Ouçam; 4. Sejam confiáveis; 5. Mostrem apreço pelo que fazemos; 6. Relaxem; 7. Mostrem que estão interessados; 8. Riam conosco (e de si mesmos); 9. Peçam-nos para ajudá-los; 10. Desafiem-nos.

Acredito que o apóstolo Paulo tenha feito muitas dessas coisas ao investir na vida de um jovem chamado Timóteo. E, como diz o número 10 da lista, ele realmente o desafiou, escrevendo: "Não deixe que ninguém o despreze por você ser jovem. Mas, para os que creem, seja um exemplo na maneira de falar, na maneira de agir, no amor, na fé e na pureza" (1 Timóteo 4:12). O que impressiona é que Timóteo estava lidando com o difícil desafio de combater a falsa doutrina na igreja de Éfeso, juntamente com uma amarga perseguição. Contudo, Paulo lhe disse para expressar corajosamente a sua fé — ser um exemplo. E Timóteo não precisou buscar além do grande exemplo dado pelo próprio Paulo (Filipenses 4:9; 2 Timóteo 3:10,11).

Se queremos que os mais jovens andem com confiança em sua fé, precisamos dar-lhes um modelo vivo. Precisamos mostrar-lhes o "...Deus vivo, que é o Salvador de todos..." e "[ter] cuidado com o que [ensinamos]..." (1 Timóteo 4:10,16). Testemunhar Jesus vivo em nós os ajudará a dar os seus próprios passos corajosos de fé.

Faça que os cristãos mais jovens saibam que podem ser um exemplo aos cristãos. E, ao fazê-lo, "...continue fazendo isso, pois assim você salvará tanto você mesmo como..." esses preciosos jovens (v.16). —Tom Felten

19 DE ABRIL

FIRMES

LEIA

2 Coríntios 4:1-18

Porque nós não prestamos atenção nas coisas que se veem, mas nas que não se veem. Pois o que pode ser visto dura apenas um pouco, mas o que não pode ser visto dura para sempre (v.18).

EXAMINE

Leia Mateus 7:13-29 e considere quais são os traços da fé edificada sobre a areia e compare-a àquela construída sobre a rocha.

CONSIDERE

Você foi tentado a buscar atalhos em tempos de dificuldade? O que significa, para você, permanecer firme e ainda ser realista acerca das suas lutas?

Eu amo a excelência e até luto contra o perfeccionismo de vez em quando. Mas, às vezes, considero a velocidade mais útil do que a precisão. Como prova disso, atrás de cada quadro em minhas paredes há vários minúsculos furos. Não admira que o quadro caia do seu lugar. Afinal, não posso esperar muito de uma metodologia que usa uma escova de cabelo em vez de um martelo, e de um bom olho em vez de uma trena. Minhas tentativas apenas pareciam mais rápidas do que a medida necessária.

Não podemos escolher a conveniência nas buscas espirituais e esperar permanecer ancorados na vontade de Deus, especialmente quando enfrentamos dificuldades. Paulo lembrou aos seus leitores de Corinto que "Eles não podem crer, pois o deus deste mundo conservou a mente deles na escuridão..." (2 Coríntios 4:4). E alguns obreiros das trevas criaram confusão para os cristãos — às vezes, até ao ponto de morte (vv.11,12). Há batalhas furiosas no reino espiritual, não menos vigorosas do que se pudéssemos sentir as setas inflamadas atingindo o nosso corpo físico (Efésios 6:12).

Como seres frágeis, somos muitas vezes tomados pelo medo e atormentados por dúvidas. Porém, Deus nos amou o suficiente para lançar luz na nossa escuridão. A admoestação de Paulo a "...[prestar] atenção..." é a escolha entre uma fé superficial e uma decisão sólida de permanecermos firmes (2 Coríntios 4:18).

Inabalada pelas circunstâncias, a verdadeira fé repousa sobre a garantia de Deus agir na humanidade, a convicção de que "...Mesmo que o nosso corpo vá se gastando, o nosso espírito vai se renovando dia a dia" (v.16). Essa é, em essência, a certeza de que Ele está agindo em nós (1 Coríntios 1:8,9). —*Regina Franklin*

20 DE ABRIL

QUANDO O SONO ENGANA

LEIA
Lucas 11:1-13
Porque todos aqueles que pedem recebem... (v.10).

EXAMINE
Leia em Mateus 6:9-13 a versão estendida da Oração do Senhor.

CONSIDERE
Como a Oração do Senhor conduzirá você a orar enquanto atravessa períodos de dificuldade? O que significa, para você, conhecer Deus como seu Pai celestial?

Eu me revirava na cama. Meu coração estava incomodado e minha mente, perturbada. Eu estava deliberando uma decisão que poderia colocar minha vida em um rumo totalmente novo. Nesse momento assustador, vi-me orando: Senhor, ensina-me a orar!

Os discípulos fizeram um pedido semelhante a Jesus (embora por um motivo diferente). A resposta de Jesus está registrada para nós em Lucas 11:2-4.

Nunca deixo de me surpreender por Jesus ter nos ensinado a nos dirigirmos a Deus como Pai. Ele poderia ter escolhido "Senhor" ou "Deus Todo-poderoso", mas não o fez. Isso é importante. O termo "Pai" contém a intimidade e o amor encontrados num relacionamento pessoal com o Criador soberano do Universo.

Sobre essa realidade, Martyn Lloyd-Jones disse: "Se você me pedisse para dizer em uma frase qual eu considero o maior defeito na maioria das vidas cristãs, eu diria que é a nossa incapacidade de conhecer a Deus como nosso Pai, como deveríamos... Ah sim, dizemos; sabemos disso e cremos nisso. Mas, sabemos disso em nossa vida e vivência diárias? É algo de que estamos sempre conscientes? Se apenas entendêssemos isso, poderíamos sorrir diante de toda possibilidade e eventualidade que se nos apresenta".

Jesus nos deu uma ilustração para nos ajudar a conhecer melhor nosso Pai (vv.11-13). Em essência, Ele disse: "O que quer que seja para seu benefício espiritual, o Pai celestial lhes dará". Enquanto continuava a deliberar sobre a minha grande decisão, alegrei-me por poder comungar com meu Pai e buscar Seu coração e sabedoria.

Assim, como Sua filha que deseja amá-lo, oro para que Seu nome seja glorificado, Seu interesse seja promovido e Sua vontade seja feita! —*POH FANG CHIA*

A BÍBLIA em UM ANO › 2Sm 9–11; Lc 15:11-32

21 DE ABRIL

SEJA PACIENTE

LEIA

1 Tessalonicenses 5:12-22

...tenham paciência com todos (v.14).

EXAMINE

Leia Gálatas 5:22 e considere o que Deus está fazendo em nós quando demonstramos paciência.

CONSIDERE

Que situações testam mais a sua paciência? Como a paciência de Deus com você o inspira a ser paciente com os outros?

Se você tivesse a oportunidade de escolher os membros de sua igreja ou pequeno grupo, você escolheria as pessoas que sempre...
- deixam de fazer o que devem fazer?
- dão 10 razões pelas quais as suas ideias não funcionarão?
- constantemente acham difícil fazer a vontade de Deus?

Suponho que você respondeu não a todas essas questões. Como você, eu gostaria de estar entre as pessoas ideais. Mas isso não é realista.

À primeira vista, a igreja de Tessalônica parecia ideal. Seus membros eram um modelo de obra fiel, atos de amor e esperança duradoura (1 Tessalonicenses 1:3). Lemos que a igreja também continha pessoas preguiçosas, tímidas, fracas e cansadas (5:14).

Em essência, Paulo disse aos seus leitores: "Irmãos e irmãs, nós os instamos a se envolverem na vida dessas pessoas 'não ideais'".

"[Aconselhem] com firmeza os preguiçosos...". A palavra traduzida como "aconselhar com firmeza" é uma palavra grega extremamente forte, que significa "colocar na mente". Ela significa incutir bom-senso a outra pessoa durante um confronto — uma situação que a maioria de nós evita a todo custo.

"[Deem] coragem aos tímidos...". A palavra traduzida como "tímidos" significa "de alma pequena". Eles temem o fracasso. Carecem de ousadia. Precisam de alguém que despeje coragem neles.

"[Ajudem] os fracos...". As palavras traduzidas como "ajudar" significam segurar com firmeza, apoiar, edificar.

Certa vez, Linus, das tirinhas Minduim, explicou: "Eu amo a humanidade. O que não suporto são as pessoas!". É fácil sentir-se assim e é por isso que precisamos de uma grande dose de paciência. Que Deus nos ajude enquanto nos esforçamos pacientemente para amar as pessoas. —*POH FANG CHIA*

2Sm 12–13; Lc 16 ◁ A BÍBLIA em UM ANO

22 DE ABRIL

DECISÕES DO CORAÇÃO

LEIA

2 Timóteo 2:1-13

...o soldado, quando está servindo, quer agradar o seu comandante e por isso não se envolve em negócios da vida civil (v.4).

EXAMINE

Leia Filipenses 1:12-14 e veja o resultado da escolha de Paulo de viver para Jesus a despeito da perseguição que enfrentava.

CONSIDERE

Com que decisões do coração você tem lutado? Como as palavras e os atos de Paulo lhe dão esperança ao procurar viver de maneira pura para Jesus?

Uma jovem escreveu: "Apaixonei-me por um incrédulo, mas sei que estou errada. Que devo fazer?". Um de nossos autores postou a pergunta dela e a resposta dele no site de *Our Daily Journey*.

Três meses depois, a jovem comentou a mesma postagem. Disse que, embora parentes e amigos incrédulos não concordassem, ela rompeu com o rapaz devido ao seu amor por Jesus. Ela descreveu a perseguição que sofreu, mas também a alegria por escolher agradar a Deus. Então, escreveu que o rapaz se tornara cristão! Ela encerrou escrevendo: "Cheguemo-nos a Deus com um coração puro, disposto a obedecer".

O apóstolo Paulo escreveu a Timóteo, instruindo-o quanto ao que é preciso para ter um "...coração puro..." e para manter-se puro (1 Timóteo 1:5; 2 Timóteo 2:21). Paulo sabia que as decisões do coração que levavam à pureza diante de Deus eram as mais difíceis. Contudo, ele implorou a Timóteo para perceber que "...o soldado, quando está servindo, quer agradar o seu comandante e por isso não se envolve em negócios da vida civil" (v.4). Em outras palavras, fazer o que é contrário aos mandamentos de Deus (incluindo casar-se com um incrédulo) é desobediência e pecado que entristece a Deus e leva à dor pessoal.

Paulo chamou Timóteo a tomar decisões do coração que poderiam trazer sofrimento, mas também a "...salvação que está em Cristo Jesus e que traz a glória eterna" (v.10). Porque, "se continuarmos a suportar o sofrimento com paciência, também reinaremos com Cristo. Se nós o negarmos, ele também nos negará" (vv.12,13).

A jovem que escreveu ao *Our Daily Journey* tomou a decisão difícil. Como resultado, um rapaz recebeu Jesus como Salvador. Sigamos o exemplo dessa jovem em todas as nossas decisões do coração. —TOM FELTEN

A BÍBLIA em UM ANO ➤ 2Sm 14–15; Lc 17:1-19

23 DE ABRIL

TERMINE BEM

LEIA

Deuteronômio 34:1-12

Nunca mais apareceu em Israel um profeta como Moisés, com quem o Senhor falava face a face (v.10).

EXAMINE

Leia Deuteronômio 30:15-19 e considere o que Moisés instruiu o povo a fazer para aproveitar os seus dias ao máximo.

CONSIDERE

O que você fará para terminar bem a sua vida? Como você pode saber o que Deus quer que você realize nesta etapa da sua vida?

Após a morte de minha avó, meu marido e eu fomos interrogados por nossos gêmeos de cinco anos sobre a morte. Tudo que consegui pensar em dizer foi que ela terminara seu trabalho e, então, faleceu. É uma ideia simples, mas as Escrituras revelam que temos um certo número de dias para terminar o nosso trabalho na Terra (Salmo 39:4; 90:10,12).

Moisés tinha coisas para completar em sua vida. Ele morreu aos 120 anos! No fim, pronunciou uma bênção sobre os israelitas — que o amaldiçoara e murmurara contra ele durante os 40 anos no deserto. Então, subiu uma montanha, viu a Terra Prometida, morreu e foi sepultado pelo Senhor (Deuteronômio 33–34).

Deuteronômio registra os últimos dias de Moisés, um líder extraordinário que experenciou fraquezas e fracassos. Ele cometeu assassinato, fugiu de sua família adotiva, mentiu, perdeu a paciência e, às vezes, exibia falta de fé. Apesar de tudo isso, Moisés terminou bem. "Nunca mais apareceu em Israel um profeta como Moisés, com quem o SENHOR falava face a face" (34:10). Ele morreu com boa saúde (v.7), forte e em paz com seu Criador — a maneira como eu espero morrer ao terminar meu trabalho na Terra.

O pastor Max Lucado sugere que a vida tem menos a ver com terminar tudo e mais a ver com terminar bem as coisas certas. O autor de Hebreus nos encoraja: "…deixemos de lado tudo o que nos atrapalha e o pecado que se agarra firmemente em nós e continuemos a correr, sem desanimar, a corrida marcada para nós" (Hebreus 12:1).

Temos uma corrida para correr com coisas a fazer e — independentemente das nossas falhas — ainda temos a oportunidade de ter paz com Deus e com as pessoas. Nós também podemos terminar bem! —Ruth O'Reilly-Smith

2Sm 16–18; Lc 17:20-37 ‹ A BÍBLIA em UM ANO

24 DE ABRIL

RAÍZES QUE BEBEM DO CÉU

LEIA

Mateus 19:1-6

...ninguém separe o que Deus uniu (v.6).

EXAMINE

Leia Gênesis 2:18-25. Quem é o personagem principal dessa narrativa? De quem são os atos exibidos? Como isso acrescenta a sua visão do casamento?

CONSIDERE

Quais são as implicações, para você, da percepção de que o casamento é, acima de tudo, um projeto de Deus? Como o casamento pode refletir ao mundo o amor e o caráter de Deus?

Um homem bateu à porta de meu escritório e me perguntou se eu oficiaria seu casamento. Pedi-lhe para sentar-se para conversarmos sobre seus planos, momento e vida espiritual. "Eu não tenho certeza se você entende", disse ele; "Eu gostaria que você me casasse hoje, como na próxima hora". A história é complicada, mas sua noiva era de um país diferente e estava vivendo em nosso país com um visto de curta duração. Por inúmeros motivos, ele queria se casar imediatamente, mas não queria que uma autoridade civil realizasse a cerimônia. Ele queria uma igreja e um pastor.

Embora houvesse muitos fatores em jogo na situação daquele homem, ele entendia claramente que o casamento era uma coisa sagrada. Mesmo em sua situação, ele e sua noiva queriam reconhecer Deus em seus votos.

Esse impulso era correto, porque as Escrituras nos dizem que o casamento é uma ação divina. Mateus descreveu como os fariseus lançaram uma armadilha contra Jesus com uma pergunta (19:3) referente às condições adequadas para o divórcio (uma pergunta concebida para forçar Jesus a tomar partido numa disputa religiosa acalorada). Mas Jesus se recusou a responder à pergunta nos termos deles. Em vez disso, Ele reafirmou o ensino bíblico fundamental de que a união de marido e mulher não é uma invenção humana ou dissolução humana (vv.4,5). No casamento, o homem e a mulher "...já não são duas pessoas, mas uma só...", escreveu Mateus, porque "...Deus [os] uniu" (v.6).

O casamento é projeto de Deus. Essa é uma das maneiras de Ele tornar o Seu amor visível no mundo. A cura para relacionamentos conjugais rompidos é obra Sua. O poeta Rilke descreveu os casamentos como "raízes que bebem do céu". Que descrição perfeita! —WINN COLLIER

25 DE ABRIL

SEGURO

LEIA

Efésios 3:12-21

...que assim, junto com todo o povo de Deus, vocês possam compreender o amor de Cristo em toda a sua largura, comprimento, altura e profundidade (v.18).

EXAMINE

Leia Oseias 2:1-23 e considere a conexão entre amor, confiança e obediência.

CONSIDERE

Embora tenha desejado que Deus levasse os seus fardos, como você permaneceu independente dele? Cite alguns desafios à compreensão do Seu amor por você.

Com seu cabelo macio roçando meu queixo, o minúsculo pacote se aconchegou em meu ombro. Embora minha fase de ter bebês já esteja distante, desfruto muito esses momentos ternos com bebês de amigos. Mesmo quando eles estão agitados, aproveito a oportunidade para aninhá-los — especialmente quando posso sentir a tensão deixar seus pequenos corpos enquanto eles relaxam e adormecem. Ao mesmo tempo, esses momentos preciosos me incentivam a abrir mão de tudo que antes parecia suspeito ou exigente.

Essa imagem é um reflexo do carinhoso cuidado de Deus conosco. Salmo 68:19 diz: "Louvado seja o Senhor, que dia a dia leva as nossas cargas...". Davi, o rei guerreiro, capturou essa mesma ideia ao comparar sua submissão ao Senhor à de uma criancinha aconchegada nos braços de sua mãe (SALMO 131:2). Entrega perfeita, plácida. É o tipo de lugar de descanso que todos desejamos, especialmente quando as tempestades da vida parecem fortes (4:8).

Quando ficamos ansiosos sobre o futuro, imaginamos como trocar o Seu jugo pelo nosso (MATEUS 11:29). Saber que Ele está no controle não é o mesmo que viver com Ele no controle. Em 1 João 4:17,18, lemos: "Assim o amor em nós é totalmente verdadeiro..." e "...o amor que é totalmente verdadeiro afasta o medo...". Assim, a oração de Paulo em Efésios 3 se torna um forte chamado a uma vida confiante, na qual o medo não pode prosperar (vv.14-21).

Quanto mais conhecemos Seu amor, mais confiamos nele (1 JOÃO 4:16). Quando entendemos que estamos seguros, "...temos a coragem de nos [apresentar] na presença de Deus..." e viver esperando que Deus faça "...muito mais do que nós pedimos ou até pensamos" (EFÉSIOS 3:12,20). —*REGINA FRANKLIN*

2Sm 21–22; Lc 18:24-43 ‹ A BÍBLIA em UM ANO

26 DE ABRIL

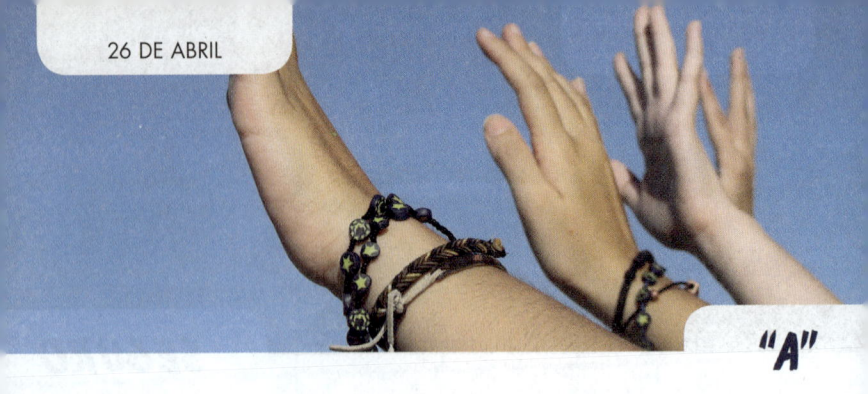

"A"

LEIA
Atos 13:13-43
Deus fez agora para nós o que havia prometido aos nossos antepassados: ele ressuscitou Jesus... (v.33).

EXAMINE
Leia Romanos 6:1-14 para aprender sobre a diferença que a ressurreição de Jesus deve fazer em nossa vida.

CONSIDERE
O que você fez hoje que não faria sentido se Jesus não tivesse ressurgido dos mortos? O que você fará para demonstrar que crê na ressurreição?

Um panda entrou num café e pediu um sanduíche. Após comer, sacou uma arma e atirou no garçom. Então, jogou na mesa um manual sobre animais selvagens mal pontuado. "Procurem-me", rosnou ele ao sair. O garçom ferido procurou no livro "panda". Ali dizia: "Panda: mamífero grande, preto e branco, semelhante a urso, nativo da China. Come, brotos e folhas." [N.T.: Em inglês, *Eats, shoots and leaves* significa *Come brotos e folhas*; porém, devido à presença da vírgula, passa a significar Come, atira e sai.] Essa história ilustra as consequências de uma vírgula mal colocada.

Pequenas coisas podem fazer grande diferença. Veja o artigo definido "a". Nesta Páscoa, muitas pessoas farão referências a ressurreição como um conceito, uma promessa de que a vida melhorará se esperarmos até a primavera. Elas estão certas em esperar o romper de um novo dia, mas apenas devido à ressurreição de Jesus (Atos 2:29-31). O túmulo vazio é um fato inegável, não um chavão do pensamento positivo.

A ressurreição de Cristo nos motiva a viver bem, porque cuida das coisas grandes. Ela resolve o *nosso problema do pecado*. Paulo declarou que "...é por meio de Jesus que a mensagem do perdão de pecados é anunciada [...] quem crê é libertado de todos os pecados..." (Atos 13:38,39). Ela resolve o *nosso problema da morte*. Paulo afirma que "...aquele que ressuscitou Jesus Cristo dará também vida ao corpo mortal de vocês..." (Romanos 8:11).

A ressurreição transforma os cristãos em santos que viverão para sempre, o que nos encoraja a "[continuar] ocupados no trabalho do Senhor, pois vocês sabem que todo o seu esforço nesse trabalho sempre traz proveito" (1 Coríntios 15:58). Inspire-se! Creia na ressurreição. —*Mike Wittmer*

27 DE ABRIL

PERGUNTE A DEUS ANTES

LEIA

Josué 9:1-27

Os homens de Israel aceitaram a comida deles, porém não pediram conselho a Deus, o SENHOR. Josué fez um acordo de paz com os gibeonitas [...] E os líderes do povo de Israel juraram que cumpririam a sua palavra (vv.14,15).

EXAMINE

Leia 1 Samuel 23:1-12 e veja como a constante consulta de Davi ao Senhor o levou a bênção.

CONSIDERE

Cite algumas coisas de sua vida em que você precisa da orientação e direção de Deus. De que maneira, nos próximos dias, você buscará a vontade do Senhor de modo prático?

Em meu trabalho no rádio, estou sempre em busca de novos talentos e, muitas vezes, tolamente decidi trabalhar com pessoas por sua experiência ou personalidade épica. Meus enganos anteriores me ensinaram a parar e ouvir àquela "voz mansa e delicada". Agora, consulto o Senhor antes de simplesmente me deixar levar pelo carisma e as palavras envolventes de uma pessoa.

Deus prometeu a terra de Canaã aos israelitas e lhes ordenou que exterminassem as nações que se puseram contra Ele (DEUTERONÔMIO 20:15-18). Os gibeonitas sabiam disso e, temendo por suas vidas, elaboraram um plano astuto. Disseram a Josué e aos homens de Israel que tinham vindo de uma terra distante e, então, pediram um tratado de paz (JOSUÉ 9:6-13). Como parte de sua artimanha, os gibeonitas usavam roupas velhas e sandálias remendadas. Eles trouxeram consigo pão mofado e odres rachados, e contaram uma história impressionante sobre a longa distância que percorreram (vv.3-5).

Os gibeonitas foram bem-sucedidos. Os israelitas examinaram sua comida, mas não consultaram o Senhor (v.14) e foram enganados de modo a assinar um acordo de paz com seus vizinhos (v.15). Os gibeonitas não foram destruídos (vv.19,20), mas por sua mentira se tornaram escravos dos israelitas (vv.26,27).

A confiança cega dos líderes de Israel lhes custou parte da terra de Canaã. Eles nunca desfrutaram da plenitude da Terra Prometida porque não consultaram primeiramente o Senhor. Seja qual for seu papel ou circunstância, você necessita da sabedoria do Único que conhece a verdadeira intenção de cada coração. Dedique tempo a perguntar ao Senhor e Ele o guiará e endireitará as suas veredas (PROVÉRBIOS 3:5,6). —*RUTH O'REILLY-SMITH*

28 DE ABRIL

FÉ E DILIGÊNCIA

LEIA

Eclesiastes 11:1-6

Semeie de manhã e também de tarde porque você não sabe se todas as sementes crescerão bem, nem se uma crescerá melhor do que a outra (v.6).

EXAMINE

Leia Salmo 23 e reflita sobre como a sabedoria dele pode ajudar você a avançar em fé e diligência.

CONSIDERE

Que projeto, sonho, ideia ou iniciativa você tem adiado? Quando planeja começar? Qual é o primeiro passo que você precisa dar?

Você já sofreu de paralisia por análise? Recém-formados ingressando no mercado de trabalho costumam experimentar os seus sintomas. Eles esperam que Deus lhes diga exatamente em que deverão trabalhar, e lhes mostre, sem qualquer sombra de dúvida, qual a melhor opção. Por isso, alguns hesitam em enviar currículos para uma empresa sequer.

Frequentemente, ao tomar grandes decisões na vida, pesamos e repesamos as opções, implicações e possibilidades diante de nós. Temos tanto medo de errar, que somos paralisados por nossa indecisão.

Salomão nos oferece alguns conselhos úteis. Em Eclesiastes 11:4, ele observou que, se um agricultor espera o momento mais oportuno para plantar (quando não há vento para remover a semente) e colhe somente quando não há chuva para arruinar uma safra madura, gastará grande parte de sua vida apenas esperando.

Muitas coisas na vida são misteriosas, como o "caminho do vento" e como o bebê é formado no ventre da mãe (v.5). Mas Deus conhece e controla tudo isso. Por isso, após orar e avaliar as opções com base em princípios bíblicos e consultar conselheiros piedosos, podemos dar um corajoso passo fé — sem nos preocuparmos com as incertezas. Elisabeth Elliot escreveu: "Deus é Deus. Por ser Deus, Ele é digno de minha confiança e obediência. Só encontrarei descanso em Sua santa vontade, que está indizivelmente além das minhas maiores noções do que Ele deseja fazer".

Enquanto nos preparamos para dar um passo de fé, também aplicamos a razão (v.6). Não transforme tudo em uma decisão mística sobre o que você "sente" que Deus quer que você faça. Seja sensato! Aplique sabedoria, ore a respeito e, depois, vá audaciosamente aonde Deus levá-lo! —POH FANG CHIA

A BÍBLIA em UM ANO ▸ 1Rs 3–5; Lc 20:1-26

29 DE ABRIL

O SENHOR DÁ O MEU RITMO

LEIA
Salmo 23:1-6

Ele me faz descansar em pastos verdes e me leva a águas tranquilas (v.2).

EXAMINE
Leia 2 Pedro 1:2 e considere o que ele diz acerca do que Deus traz à sua vida.

CONSIDERE
Você é propenso a avançar com seus próprios planos em vez de descansar em Deus? Como podemos expressar a paz de Deus quando a vida parece tão agitada?

O ano de 2013 mal havia começado quando senti a necessidade de férias. Uma reforma da casa, um lançamento de livro, uma viagem à Etiópia e duas viagens para palestrar na Austrália deixaram o ano com pouco tempo livre. Em meio à correria, certa noite peguei um livro e encontrei essa paráfrase do Salmo 23 escrita pelo poeta japonês Toki Miyashina:

O Senhor me dá o ritmo, não me apressarei. Ele me faz parar e descansar em intervalos tranquilos. Ele me dá imagens de quietude que restauram a minha serenidade. Ele me leva por caminhos de eficiência por meio de serenidade da mente e a Sua orientação é paz. Apesar de ter muitas coisas para realizar neste dia, não me preocuparei, pois Sua presença está aqui. Sua eternidade e Sua total importância me manterão em equilíbrio. Ele prepara refrigério e renovação em meio à minha atividade, ungindo minha cabeça com óleo de tranquilidade. Meu cálice de alegre energia transborda. Certamente, harmonia e eficácia devem ser os frutos das minhas horas, porque andarei no lugar do meu Senhor e habitarei em Sua casa para sempre.

Como visitei o Japão e vi multidões apressadas e paisagens dominadas por shopping centers, essa é uma paráfrase maravilhosa do Salmo 23 para uma sociedade que pouco sabe sobre pastores e prados. Mas é mais do que isso. Como o salmo original, o poema é um lembrete para pessoas como eu — facilmente enredadas pela inquietação e pressa — de que Deus não é inquieto e Sua orientação é sem pressa.

Preciso parar e meditar nisso algum tempo.

O Senhor me *dá* o ritmo, não me apressarei. Apesar de ter muitas coisas para realizar neste dia, não me preocuparei, pois Sua presença está aqui (vv.4,6). —SHERIDAN VOYSEY

30 DE ABRIL

O TEMPO CERTO

LEIA

Cântico dos cânticos 8:1-14

Prometam, mulheres de Jerusalém, que vocês não vão perturbar o nosso amor (v.4).

EXAMINE

Leia 1 Tessalonicenses 4:8 e veja como Deus vê o sexo antes do casamento. Leia em Efésios 5:3-9 uma instrução adicional de Paulo sobre a pureza sexual.

CONSIDERE

Por que Deus deseja que você seja sexualmente puro antes do casamento? Cite algumas maneiras de você fortalecer a sua resolução de não cometer pecado sexual.

Anos atrás, oficiei o casamento de um jovem casal. Após a cerimônia, enquanto os noivos saíram para fotos antes da recepção, minha esposa e eu fomos convidados à casa da noiva. De repente, a mãe da noiva apareceu com lágrimas nos olhos. Ela levantou o anel de pureza da filha e, com a voz embargada, disse: "Ela deixou isto no balcão da cozinha". A decisão da jovem de usar um anel de pureza havia sido um sinal exterior do compromisso de permanecer sexualmente pura até o casamento. Agora, o anel não era mais necessário.

Na poesia de Cântico dos cânticos encontramos a virtude piedosa de manter a virgindade antes do casamento. No capítulo final, a "jovem" declarou seu desejo do abraço de seu marido (vv.1-3), virou-se para suas amigas e disse: "Prometam [...] que vocês não vão perturbar o nosso amor" (v.4). Essa foi a terceira vez em que ela apresentou esse princípio de pureza (2:7; 3:5). Mas não havia terminado, porque em 8:8,9 ela descreveu a necessidade de defender a virgindade de uma jovem: "Se ela for uma muralha, nós a defenderemos..." (v.9).

Cântico dos cânticos não é moralista. De fato, celebra claramente a alegria e o êxtase da intimidade sexual. Mas a alegria do sexo é vista no contexto de um casal que estão profundamente comprometidos (4:9; 8:6,13,14).

Paulo nos deu uma instrução divina a respeito de permanecer puros antes do casamento. Ele escreveu: "O que Deus quer de vocês é isto: que sejam completamente dedicados a ele e que fiquem livres da imoralidade" e vivam "...com todo o respeito e não com paixões sexuais baixas" (1 TESSALONICENSES 4:3-5).

Sim, há um momento certo para dizer "sim" à intimidade sexual. É depois de dizer "sim" no altar. —TOM FELTEN

1.º DE MAIO

ENCORAJADO

LEIA

Atos 4:32-36

Com grande poder os apóstolos davam testemunho da ressurreição do Senhor Jesus, e Deus derramava muitas bênçãos sobre todos (v.33).

EXAMINE

Leia 1 Tessalonicenses 5:10-18 e considere por que a mensagem encorajadora de Deus deve estar presente nos membros de Sua Igreja a fim de ministrar bem a todo o povo.

CONSIDERE

Você tem sido fonte de encorajamento para outras pessoas? De maneira prática, como você pode encorajar alguém esta semana?

Quando eu era jovem, um dos meus dias favoritos era o dia 1º de maio. Minhas amigas e eu enchíamos cestinhas de doces e as deixávamos na porta de conhecidos. Tocávamos a campainha e saíamos correndo. Se as deixávamos para alguém que gostávamos, corríamos mais devagar, porque ser pego significava ganhar um beijo no rosto. Este é o modo como as crianças celebram o 1º de maio no meu país, os Estados Unidos. Mas esses dias de inocência são coisa do passado.

Conflitos sociais. Colapso financeiro. Injustiça política. Quando vemos as manchetes, temos razões para o desânimo. Embora não haja novos males sob o sol (ECLESIASTES 1:9), os seres humanos continuam a enfrentar tempos difíceis, conforme Jesus predisse (MATEUS 24:6-10).

A igreja primitiva é o exemplo de como o poder de Jesus se torna real até durante desafios e desespero. Como os cristãos daquela época criam na ressurreição de Cristo, Sua Palavra permanecia viva no coração de cada um, e eles se tornavam agentes da mudança. Pregavam, oravam e doavam (ATOS 4:24,29-37). Em suma, eram embaixadores de Jesus e de Suas boas-novas ao falar às pessoas (6:10).

Hoje, podemos oferecer aos outros uma mensagem de esperança além da capacidade humana (ISAÍAS 35:1-5). Assim como fez na igreja primitiva, o Espírito Santo age por nosso intermédio para revelar o coração de Deus. Mais do que declarações positivas ou atos aleatórios de bondade, ser um encorajador apresenta a oportunidade de mudar o mundo que nos cerca para Cristo.

Compartilhamos a palavra de esperança porque Jesus nos mostrou como fazê-lo (JOÃO 3:16; 1 JOÃO 4:19-21). Não importam os noticiários, porque as boas-novas de Jesus levam verdadeiro encorajamento a todos. —REGINA FRANKLIN

2 DE MAIO

SENHOR DAS TEMPESTADES

LEIA

Marcos 4:35-41

Então ele se levantou, falou duro com o vento e disse ao lago: — Silêncio! Fique quieto! O vento parou, e tudo ficou calmo (v.39).

EXAMINE

Leia o Salmo 93:4 e considere o que a passagem revela sobre Deus e Seu poder sobre as tempestades da vida.

CONSIDERE

Que tempestades estão lhe causando medo e ansiedade? Que verdades sobre Jesus você precisa lembrar para que consiga confiar nele mais plenamente?

Quando o furacão Katrina atingiu os Estados Unidos, o reverendo Jones — um pastor aposentado — e a esposa saíram de casa e foram para um abrigo. A filha do casal implorou que eles ficassem com ela, mas eles não tinham dinheiro para viajar, pois os bancos haviam fechado.

Quando a tempestade passou, eles voltaram para casa para pegar alguns pertences, mas conseguiram salvar apenas algumas fotos que boiavam na água. Assim que o pastor Jones tirou a foto de seu pai da moldura, um maço de dinheiro que fora escondido décadas antes caiu. Era o suficiente para que viajassem até a casa da filha. Com isso, reaprenderam que poderiam sempre confiar em Jesus em meio as tempestades da vida.

Uma noite, Jesus instruiu Seus discípulos a atravessar o mar da Galileia (Marcos 4:35). Uma tempestade violenta e súbita surgiu (v.37). Embora os discípulos tivessem consciência de que as tempestades pudessem irromper, eles se molharam tanto com o suor do medo quanto com a água da chuva e das ondas agitadas pelo forte vento. Acordaram Jesus, acusando-o de estar sendo um Mestre negligente e indiferente (v.38). Jesus levantou-se e falou com autoridade divina: "Silêncio! Fique quieto!" (v.39). Com essas poucas palavras, Ele calou a tempestade e o pavor dos discípulos. Provou que era o Senhor das tempestades. Os discípulos aprenderam a ter mais fé (vv.40,41).

Toda pessoa que crê em Jesus experimentará tempestades violentas — perseguição, crise financeira, enfermidade, decepção e solidão. Mas não precisamos temer que essas ondas nos atinjam, porque Jesus é o Senhor das tempestades. Coloquemos nossa confiança naquele que oferece paz em meio as tormentas. —*Marvin Williams*

3 DE MAIO

O SUFICIENTE PARA DIVIDIR

LEIA

Deuteronômio 15:4-11

Não dê com tristeza no coração, mas seja generoso com ele; assim o Senhor, nosso Deus, abençoará tudo o que você planejar e tudo o que fizer (v.10).

EXAMINE

Leia e aplique Provérbios 22:9 à sua vida e ao serviço aos outros por Jesus.

CONSIDERE

Por que você não consegue ajudar generosamente os pobres e necessitados que tem encontrado? Como pode dividir com mais prontidão o que Deus lhe dá?

Houve um tempo em que meu filho Wasswa e eu tínhamos 12 convidados em nossa mesa de jantar em Uganda todas as noites. Isso durou três anos. Antes disso, essas crianças passavam dias inteiros sem alimento. Começaram a vir à nossa casa quando ouviram falar que as alimentaríamos. Muitas delas caminhavam quase 8 quilômetros para chegar à nossa casa, assim, eu as levava de volta toda noite.

Nossas refeições eram repletas de riso quando os pequenos tentavam comer espaguete e outros alimentos pela primeira vez. Meu coração transbordava de alegria, e eu me sentia abençoada ao observá-las, antes esqueléticas e sem forças, adquirindo energia e começando a correr e brincar. Wasswa e eu descobrimos que, quanto mais dividíamos, mais Deus nos provia para que retribuíssemos (DEUTERONÔMIO 15:8,10).

Muitas vezes, negligenciamos ajudar os outros por achar que não temos o suficiente. Pense no que aconteceu quando os discípulos encararam a possibilidade de alimentar uma multidão enorme: "De tardinha, os discípulos chegaram perto de Jesus e disseram: — Já é tarde, e este lugar é deserto. Mande essa gente embora, a fim de que vão aos povoados e comprem alguma coisa para comer. Mas Jesus respondeu: — Eles não precisam ir embora. Deem vocês mesmos comida a eles. Eles disseram: — Só temos aqui cinco pães e dois peixes" (MATEUS 14:15-17).

Apesar das dúvidas, Jesus proveu comida suficiente para alimentar a multidão e ainda sobrar. Ele multiplicou as provisões para suprir a necessidade.

Jesus nos chama para, com Ele, satisfazermos a fome de Seus amados (SALMO 17:14). Hoje, peça-lhe que abra seus olhos para a necessidade daqueles que o rodeiam (DEUTERONÔMIO 15:11; PROVÉRBIOS 28:27). —ROXANNE ROBBINS

4 DE MAIO

FINAIS FELIZES

LEIA

1 Coríntios 15:12-58

Mas a verdade é que Cristo foi ressuscitado, e isso é a garantia de que os que estão mortos também serão ressuscitados (v.20).

EXAMINE

Leia Filipenses 1:21 e considere o ponto de vista de Paulo sobre a vida e o futuro dele em Cristo.

CONSIDERE

O que a ressurreição de Jesus significa para você? Como o final feliz que Jesus possibilitou afeta a maneira como você pensa e vive?

O filme *Apollo 13*, de 1995, contém duas famosas transmissões de rádio.

A primeira: *Houston, temos um problema.* E depois: *Alô, Houston... Aqui é a Odyssey. É bom vê-la de novo.*

Juntas, estas duas mensagens formam os suportes para o drama real da luta da Nasa para trazer três astronautas de volta à Terra em segurança. Uma explosão avariou a nave espacial em parte do caminho da missão à Lua em abril de 1970.

Os minutos entre as duas transmissões de rádio foram dramáticos, já que o mundo todo se reuniu ansiosamente em frente à televisão e, coletivamente, segurava o fôlego para ver se a tripulação sobreviveria à reentrada na atmosfera da Terra. Vivas e lágrimas de alegria e alívio explodiram no globo quando os astronautas finalmente voltaram para casa ilesos.

Nem toda história tem um final feliz e emocionante como essa. Mas a Bíblia revela que aqueles que creem em Jesus terão seu final feliz! A vida, como a conhecemos, pode ser uma provação e inevitavelmente nos fará sofrer. A morte e o declínio levarão a nossa saúde e nossos entes queridos. Mas a morte sacrificial e a ressurreição dramática de Jesus Cristo garantem os finais mais felizes.

Este é o "felizes para sempre" sobre o qual Paulo escreveu ao oferecer esperança e conforto aos necessitados (1 Tessalonicenses 4:13-18). Citando o profeta Isaías do Antigo Testamento, Paulo declarou com confiança a futura ressurreição dos mortos ao escrever: "...A morte está destruída! A vitória é completa!" (1 Coríntios 15:54).

Às vezes, podemos parecer perdidos, especialmente quando a morte leva as pessoas que amamos. Mas a verdade da cruz e o sepulcro vazio nos encorajam com a esperança de que um final feliz é certo. —*Jeff Olson*

5 DE MAIO

PREVENÇÃO E CURA

LEIA

Marcos 9:43-48

Se um dos seus olhos faz com que você peque, arranque-o!... (v.47).

EXAMINE

Leia 1 Coríntios 6:18 e observe o que Paulo recomenda em relação aos seus esforços para resistir ao pecado sexual.

CONSIDERE

De que pecado você precisa fugir? De que maneira o Espírito Santo pode ajudá-lo em sua luta?

Um dentista cristão dos Estados Unidos tinha uma assistente atraente. Temendo ser tentado a ter um caso com ela, ele a demitiu. Mais tarde, o tribunal decidiu que ele tinha o direito legal de demiti-la para proteger seu casamento. Todos nos comovemos com a situação da moça. A opinião pública se dividiu a respeito do que o dentista fizera. Muitos o criticaram por puni-la, de forma injusta e egoísta, por causa da própria lascívia. Outros o elogiaram por reconhecer a própria fraqueza e adotar uma atitude para evitar pecar.

A prevenção é melhor do que a cura. Jesus concordaria prontamente. Não podemos acolher a tentação. Devemos nos afastar dela. Jesus ordena uma solução muito radical: "Se uma das suas mãos faz com que você peque, corte-a fora! [...] Se um dos seus olhos faz com que você peque, arranque-o! Pois é melhor você entrar no Reino de Deus com um olho só que ter os dois e ser jogado no inferno" (MARCOS 9:43-47).

Nestas palavras, Jesus usou uma hipérbole para alertar que o pecado é uma força muito destrutiva. É algo que deve ser exterminado *imediata* e *decisivamente* (COLOSSENSES 3:5). Em nossa luta contra o pecado, devemos ser radicalmente disciplinados. Medidas incompletas não funcionarão (1 CORÍNTIOS 9:27).

Destruir nossos olhos não removerá o pecado, pois ele vem de dentro do coração (MARCOS 7:20-23). Apenas o sangue expiatório de Jesus pode removê-lo e transformar a nossa natureza (HEBREUS 9:14). Precisamos de um transplante cardíaco espiritual (DEUTERONÔMIO 30:6; EZEQUIEL 36:26,27; COLOSSENSES 2:11-14). Precisamos de uma obra de santificação e transformação que apenas o Espírito Santo pode realizar (ROMANOS 2:28,29). —*K. T. SIM*

6 DE MAIO

EILEEN E ESTER

LEIA

Ester 4:1-17

...quem sabe? Talvez você tenha sido feita rainha justamente para ajudar numa situação como esta! (v.14).

EXAMINE

Leia Salmo 59:6-10 para ver como Deus vai adiante de nós quando enfrentamos tempos difíceis.

CONSIDERE

Ester arriscou a vida para defender seu povo. O que (se é que existe algo) poderia merecer que você arriscasse a própria vida? Como você pode ajudar os necessitados em seu círculo de influência?

Eileen, de 9 anos, aproximou-se de um grupo de meninos que batiam num aluno autista, deitado no chão em posição fetal, no pátio da escola. Ela pediu que os valentões parassem de machucar o colega. Os meninos pararam, mas empurraram Eileen para o chão, a ofenderam e pisotearam antes de fugir. Mais tarde, o centro de autismo local honrou a menina, afirmando: "Ela defendeu este garoto por causa de sua coragem".

A coragem de Eileen me faz lembrar a bravura de Ester: uma rainha judia cujo povo enfrentava o perigo da destruição (ESTER 3:8-11). Seu primo, Mordecai, a encorajou a falar com o rei para impedir a perseguição, dizendo-lhe: "[Talvez] você tenha sido feita rainha justamente para ajudar numa situação como esta!" (4:14).

Havia apenas um problema. A entrada na corte do rei era proibida para qualquer um que não fosse chamado. Um visitante que entrasse sem ser convidado seria "...morto, a não ser que o rei [estendesse] o seu cetro de ouro para essa pessoa" (v.11). O rei não chamava Ester já fazia um mês; assim, aproximar-se dele era passível de morte. Mesmo assim, Ester arriscou tudo por seu povo, dizendo: "[Se] eu tiver de morrer por causa disso, eu morrerei" (v.16).

Seu ato de bravura aconteceu após uma preparação espiritual. Ela pediu que Mordecai e seu povo jejuassem por três dias, e se comprometeu a fazer o mesmo com suas servas (v.16).

Quando Deus nos chama para defender os desamparados ou a falar em favor de Sua bondade, podemos preparar o nosso coração para a ocasião, humilhando-nos, orando e buscando a face do Senhor (2 CRÔNICAS 7:14). Ele é a fonte da verdadeira força que nos prepara para tarefas específicas (SALMO 59:17).

—JENNIFER BENSON SCHULDT

A BÍBLIA em UM ANO ▸ 1Rs 21–22; Lc 23:26-56

7 DE MAIO

LIVRE PARA VIVER A VERDADE

LEIA

Gálatas 5:13-26

Porém vocês, irmãos, foram chamados para serem livres... (v.13).

EXAMINE

Leia Efésios 2:4-10 e considere o que a passagem revela sobre a graça de Deus e a nossa salvação.

CONSIDERE

Em que aspectos você precisa que o Espírito Santo o liberte da escravidão dos antigos costumes da carne? Por que é importante que Ele ofereça tanto liberdade quanto convicção do pecado?

Quando meu filho Wyatt tinha 10 anos, passamos de carro por uma conhecida rede de *fast food*. "Papai", Wyatt falou, "eu não gosto quando os comerciais fazem essas lanchonetes parecer tão alegres e felizes. Aí, nós vamos até lá, e eles estão tristes e sujos". Depois, ele disse: "E os banheiros são nojentos".

Wyatt descobriu que nem tudo é como parece. O que nos dizem pode não ser realmente a verdade. Na maior parte da carta de Paulo à igreja da Galácia, ele encoraja os cristãos a aceitar o fato de que o poder e a vida de Jesus — garantidos na cruz e selados por Sua ressurreição — são dons da graça, não vêm por nosso merecimento ou obras. Devemos saber disto: *não criamos a nossa justiça*. Somos justificados porque Jesus Cristo decidiu nos amar. Somos amados, livres. Ponto final.

A verdadeira liberdade, porém, não significa jogar para o alto todas as responsabilidades e não precisar mais considerar o levar uma vida que demonstre a presença de Deus. A liberdade vem como dom, mas podemos escolher tolamente abrir mão dela. Então, podemos ser escravizados a caprichos e paixões, vícios e egoísmo. Podemos até destruir realmente uns aos outros se não preservarmos nossa liberdade e o amor pelos outros (GÁLATAS 5:15).

Precisamos da sabedoria e da obra do Espírito Santo para preservar nossa liberdade. Devemos dizer "não!" para a velha vida. Devemos nos comprometer a amar uns aos outros. Devemos corajosamente abraçar a verdade de que "[as] pessoas que pertencem a Cristo Jesus crucificaram a natureza humana delas..." (v.24).

A pergunta não é se Jesus verdadeiramente nos libertou ou não, mas a seguinte: Desperdiçaremos a liberdade que nos foi dada tão abundantemente? —WINN COLLIER

2Rs 1–3; Lc 24:1-35 ◂ A BÍBLIA em UM ANO

8 DE MAIO

LOUVOR REDIRECIONADO

LEIA

Juízes 8:22-27

Gideão respondeu: — Eu não serei governador de vocês, e o meu filho também não. O Senhor Deus é quem será o governador de vocês (v.23).

EXAMINE

Leia Mateus 6:1-18, passagem na qual o Senhor nos dá claras instruções sobre doação, serviço e oração semelhantes aos de Cristo.

CONSIDERE

Quando o louvor redirecionado é uma forma de falsa humildade? Por que é importante que busquemos apenas a aprovação de Deus?

Com frequência, comemoramos uma vitória amontoando elogios e prêmios sobre os vencedores. Certa vez, a estação de rádio cristã onde eu trabalho recebeu um prêmio por excelência em mídia e ganhamos um troféu como lembrete de nossos consideráveis esforços ao longo do ano.

Gideão voltou da batalha depois de triunfar sobre os midianitas. Os israelitas correram para honrá-lo, gritando: "[Seja] nosso governador. E, depois de você, o seu filho e o seu neto. Gideão respondeu: — Eu não serei governador de vocês, e o meu filho também não. O Senhor Deus é quem será o governador de vocês" (Juízes 8:22,23).

Gideão é um grande exemplo, pois desviou de si o louvor da nação para a verdadeira fonte de sua vitória: Deus. O pedido seguinte de Gideão, porém, levou sua família e toda a nação de Israel à queda final: "— Mas vou fazer um pedido: cada um me dê um dos brincos que tirou dos vencidos. [...] Os homens de Gideão responderam: — Nós os daremos com prazer a você. [...] Com o ouro Gideão fez um ídolo e o colocou em Ofra, a sua cidade. Então todos os israelitas abandonaram a Deus e iam lá para adorar o ídolo. E isso foi uma armadilha para Gideão e a sua gente" (vv.24-27). O "troféu" foi feito para a nação de Israel como um símbolo do livramento e da provisão de Deus, mas se tornou um objeto de adoração e uma armadilha destrutiva.

A esposa de um pastor conhecido recusou o convite para receber um prêmio pelas realizações ao longo da vida. Aos 75 anos, ela desejava buscar a aprovação de Deus, não a do homem. Como essa senhora, sejamos cuidadosos na maneira de dar e receber honra. Como seguidores de Jesus, precisamos buscar somente o louvor de Deus (João 12:43). —*Ruth O'Reilly-Smith*

9 DE MAIO

ANJOS CUIDAM DE MIM

LEIA

Gênesis 28:10-22

Então Jacó sonhou. Ele viu uma escada que ia da terra até o céu, e os anjos de Deus subiam e desciam por ela (v.12).

EXAMINE

Leia 2 Reis 6:8-23 para ter uma ideia do mundo espiritual que o cerca.

CONSIDERE

O que o fato de que anjos cuidam de você o inspira a fazer hoje? Por que você acredita que Deus criou os anjos?

Jacó fugia do irmão. Assustado e sozinho, ele se afastou o máximo que pôde e, depois, tomou uma das pedras para fazer de travesseiro. Sonhando que Deus estava no topo da escada, Jacó o ouviu prometer: "Eu estarei com você e o protegerei em todos os lugares aonde você for..." (Gênesis 28:15). Ele viu anjos subindo e descendo a escada — saindo para patrulhar o mundo e voltando para relatar o que tinham feito (Jó 1:6, 2:1; Hebreus 1:14).

Essa visão inspirou Jacó em sua jornada difícil; e a presença de seres espirituais também nos encoraja. As Escrituras não nos dizem muito sobre os anjos — eles aparecem às margens, não no centro da história —, mas isso revela algumas maneiras como servem a Deus e a nós:

• *Eles revelam a vontade de Deus.* Os anjos transmitiram a Palavra de Deus a José, Maria e aos pastores (Mateus 1:20-23; Lucas 1:26-38; 2:8-15).

• *Eles lutam contra Satanás em nosso favor.* Miguel enfrentou o "anjo protetor do Reino da Pérsia" e lutou contra Satanás pelo corpo de Moisés (Daniel 10:12-14; Judas 1:9).

• *Eles executam o juízo sobre os inimigos de Deus.* Os anjos destruíram Sodoma e Gomorra, os primogênitos no Egito e, um dia, destruirão aqueles que tiverem a marca da besta (Gênesis 19:1-13; Êxodo 12:23; Apocalipse 14–16).

• *Eles nos protegem* (Salmo 34:7). Isto é particularmente encorajador. João Calvino escreveu que todos os anjos são responsáveis por guardar cada um de nós. E "se o fato de todas as hostes celestiais montarem guarda pela sua segurança não satisfizer o homem, não vejo como ele possa ser beneficiado ao saber que um anjo lhe foi dado como guardião especial".

Os anjos estão cuidando de você! —*Mike Wittmer*

10 DE MAIO

ESQUECENDO DEUS

LEIA

João 5:39-47

Vocês estudam as Escrituras Sagradas porque pensam que vão encontrar nelas a vida eterna. E são elas mesmas que dão testemunho a meu favor (v.39).

EXAMINE

Leia Lucas 24:27 e considere o que a passagem diz sobre os escritos de Moisés e de todos os livros do Antigo Testamento.

CONSIDERE

O que você procura quando lê e estuda a Palavra de Deus? Como você pode evitar cometer o erro que eu cometi?

Anos atrás, tive uma epifania referente à minha fé. Depois de uma década de ministério, percebi que não conhecia a Deus muito bem. Sim, eu sabia que existia um Deus, e que Ele era bom e santo. Sabia que Jesus tinha morrido pelos meus pecados. Mas será que realmente conhecia bem o *caráter* de Deus? Sua personalidade? Não profundamente.

O motivo? Precisamente, minha abordagem bíblica.

No início do meu ministério, eu lia a Bíblia por causa de suas dicas de liderança. Quando jovem, eu não entendia o pastorado e precisava desesperadamente de direção sobre como liderar. Mais tarde, assim que comecei a pregar mais, lia a Bíblia buscando dicas de viver cristão para que pudesse falar sobre como viver piedosamente e orar bem. Não havia nada essencialmente errado nisto com exceção de uma coisa: em minha busca pragmática de sabedoria bíblica, captei algumas dicas, mas perdi Deus de vista.

Os fariseus da época de Jesus tinham um problema similar. Liam passagens como Deuteronômio 4:1 — implorando que vivessem pelos princípios de Deus — e as consideravam passos práticos sobre como ganhar a vida eterna. Mas tais princípios se tornaram mais importantes do que o próprio Deus. Ainda que estudassem as Escrituras, não tinham o amor de Deus no coração (João 5:39,42). Estavam tão absorvidos por seguir a Lei, que apontava para Deus, que não o reconheceram (vv.39,45,46). O problema deles não era pouco estudo bíblico. Estava faltando o Deus revelado nas Escrituras.

O mesmo pode ocorrer hoje. Podemos usar a Bíblia como manual de autoajuda em vez de guia para conhecer ao Senhor. Encontrar dicas sábias na Palavra de Deus pode ser útil, mas significa muito pouco sem Ele. —SHERIDAN VOYSEY

11 DE MAIO

QUE NOME!

LEIA

Juízes 9:1-6

Quem está unido com Cristo é uma nova pessoa; acabou-se o que era velho, e já chegou o que é novo (2 Coríntios 5:17).

EXAMINE

Leia Provérbios 22:1 e considere o que é preciso para ter um bom nome.

CONSIDERE

Você identifica como a sua criação moldou alguns de seus comportamentos atuais? De que qualidades de caráter de Cristo você precisa "se revestir" e de que modos pecaminosos você precisa "se despir"?

Permita eu me apresentar a você. Meu nome é Chia Poh Fang. Este é meu nome no meu dialeto. E eu sou da linhagem Hakka. Assim, em chinês, meu nome é Xie Bao Fang. "Xie" é meu sobrenome e conota gratidão. "Bao" significa proteção. E "Fang" significa fragrância. Assim, meu nome significa "obrigado por proteger a fragrância".

Nomes são interessantes. Na verdade, diz-se que o nome dos filhos pode revelar algo sobre seus pais — sua etnia, sua posição social e até sua posição política.

Abimeleque significa "meu pai é rei". O que isso diz sobre o pai de Abimeleque? Não é muito difícil de adivinhar! O pai dele, Gideão, tinha um problema de ego. Quando os israelitas pediram que Gideão reinasse sobre eles, ele recusou — mas continuou a viver como rei (Juízes 8:22-30). Abimeleque não seria um governante gentil como o pai. Ele conspirou para reinar sobre seu povo e matou 70 de seus meios-irmãos para garantir que isso aconteceria (9:1-5).

Poderiam ser dadas muitas explicações para a ganância desse homem. Sua educação seria uma delas. Na verdade, muitos de nós imitamos o que nos foi ensinado e exemplificado por nossos pais. Porém, embora o contexto familiar possa moldar nossa personalidade e gerar complexos, não temos de permanecer assim. Porque "quem está unido com Cristo é uma nova pessoa; acabou-se o que era velho, e já chegou o que é novo" (2 CORÍNTIOS 5:17).

O Espírito de vida hoje vive em nós, dando-nos novas perspectivas e a capacidade de praticar novos comportamentos. Como cristãos, hoje temos novos traços familiares a seguir e retratar.

Você já recebeu Cristo como Senhor e Salvador? Em caso afirmativo, você pertence a Ele, e 2 Coríntios 5:17 é uma realidade em sua vida! —POH FANG CHIA

2Rs 13–14; Jo 2 ◁ A BÍBLIA em UM ANO

12 DE MAIO

RESTAURA-NOS

LEIA

Lamentações 5:1-22

Faze com que voltemos a ti, ó Senhor, sim, faze-nos voltar! Faze com que a nossa vida seja outra vez como era antes (v.21).

EXAMINE

Leia 2 Crônicas 7:14 e considere o que é preciso antes que Deus realize a Sua obra restauradora.

CONSIDERE

Que atitudes ou comportamentos pecaminosos você precisa levar ao Senhor? Por que Ele é o Único que verdadeiramente pode restaurar a sua vida?

Sem constrangimento, ele me contou sobre sua vida de traficante e usuário de drogas. Mostrei-lhe que me importava, descrevendo a vida plena que pode ser encontrada em Jesus. Ele descreveu a morte e a destruição que experimentara. Meu instinto foi tentar resgatá-lo, ajudá-lo a encontrar restauração em Deus. Mas, após alguns minutos, ele se despediu e partiu. Ao contemplá-lo confundindo-se com as sombras das ruas, lamentei.

Jeremias estava lamentando a destruição de sua nação, Judá, e de sua cidade, Jerusalém. A maioria do povo fora destruída ou levada para o exílio na Babilônia. Com os olhos cheios de lágrimas e o coração pesado, ele clamou: "Ó Senhor Deus, lembra do que nos aconteceu; olha para nós e vê a nossa desgraça" (Lamentações 5:1). Ele reconheceu os pecados que geraram tal destruição (v.7). Então, admitiu que nenhum poder humano poderia livrá-los (v.8). O povo de Judá desesperadamente precisava do poder restaurador e salvador de Deus.

Enquanto avaliava a condição de seu povo, Jeremias afirmou: "A alegria fugiu do nosso coração..." (v.15). Por quê? Por causa das coisas brutais que aconteceram (vv.8-18). Mas, em vez de abrigar a autocomiseração ou o desespero, o profeta ergueu os olhos para o céu e proclamou: "Mas tu, ó Senhor, reinas para sempre, tu dominas as gentes de todos os tempos" (v.19). Ele orou: "Faze com que voltemos a ti, ó Senhor, sim, faze-nos voltar! Faze com que a nossa vida seja outra vez como era antes" (v.21).

A alegria e a restauração podem ser encontradas em Jesus. Você tem uma escolha hoje. Não se confunda com as sombras, mas humilhe-se na presença de Deus. Busque Seu amor e Seu poder de cura, pois só Ele pode nos restaurar. —*Tom Felten*

13 DE MAIO

VIVO

LEIA
2 Coríntios 5:1-21

Estamos muito animados e gostaríamos de deixar de viver neste corpo para irmos viver com o Senhor (v.8).

EXAMINE
Leia Salmo 41:1 e considere o que a passagem diz sobre Deus e Sua obra em nossa vida.

CONSIDERE
Como a realidade da morte pode nos motivar a ver as coisas do ponto de vista de Deus? Como podemos comunicar a verdade das Escrituras sem que pareça banal para alguém que esteja enfrentando a morte?

A respiração pesada, a pele amarelada... ela era só uma sombra da mulher vivaz cujo riso ressoava pela casa nas reuniões familiares. Aqueles que a amam vêm e vão, para uma última visita, um último abraço.

A morte não é fácil; nem para quem está morrendo, nem para os que ficam ao lado da cama. Aqueles que estão morrendo são seres espirituais lutando para se livrar de um corpo que geme num mundo arruinado pelo pecado (ROMANOS 8:20-23).

Lutamos por mais tempo quando a vida de alguém que amamos está em jogo. Mesmo que o relacionamento tenha sido difícil, hesitamos em abandoná-lo, lembrando *o que foi* ou esperando *o que possa vir a ser*.

Todos encararemos a morte e, com ela, o julgamento de Deus (2 CORÍNTIOS 5:10). Para o cristão, a morte não é um castigo. Ao contrário, ela nos leva para a presença daquele por quem fomos criados. Para os salvos em Jesus, os fatos desconhecidos da morte não causam medo. Isto se aplica a nós, pessoalmente, e também quando testemunhamos alguém que amamos dando seu último suspiro (1 TESSALONICENSES 4:13, 5:10). Fomos feitos para a vida, não para a morte (2 CORÍNTIOS 5:4).

Embora possamos questionar o tempo de Deus, Suas decisões ou Seus métodos, não fugimos apavorados nem cerramos o punho para Ele quando somos obrigados a atravessar o vale da sombra da morte. O chamado do céu é a mensagem que inspira esperança da vida em Cristo, quer na vida, quer na morte. A força se torna real quando, mesmo no sofrimento, escolhemos adorar com as nossas palavras, atitudes e com a própria vida. Podemos triunfar sobre as trevas e o desespero quando agarramos a realidade de que não vivemos mais sozinhos. Vivemos em Jesus (vv.7-9). —REGINA FRANKLIN

14 DE MAIO

PALAVRAS COM AMIGOS

LEIA

1 Samuel 18:1-4

Jônatas fez um juramento de amizade com Davi, porquanto tornara-se seu melhor amigo (v.3 KJA).

EXAMINE

Leia Rute 1-16,17 para ver outro relacionamento baseado em profundo compromisso e amor.

CONSIDERE

Que palavras você e seus amigos mais próximos estão usando para edificar seus relacionamentos? Que novas palavras Deus tem colocado no seu coração para você continuar a fortalecer seu relacionamento com Ele?

Criado em 2009, o *Words with Friends* (Palavras com amigos) tornou-se um dos jogos *online* mais populares da *Apple*. Os jogadores se revezam para jogar com palavras de uma maneira que se assemelha a palavras-cruzadas e os oponentes podem trocar mensagens. Não é apenas agradável e competitivo, mas também ajuda a edificar amizades.

Por toda a Escritura, vemos o povo de Deus participando do ministério de "palavras com amigos" (GÊNESIS 38:12; COLOSSENSES 4:14; 3 JOÃO 1:1). Jônatas e Davi são um grande exemplo do que os verdadeiros amigos dizem um ao outro.

Depois que Davi matou Golias e alcançou uma posição de destaque no exército do rei Saul, este sentiu inveja e quis destruir o jovem guerreiro. Porém, o filho de Saul, Jônatas, desenvolvera amizade profunda com Davi. Não era uma amizade superficial edificada em palavras vazias — era um relacionamento de compromisso profundo. Neste relacionamento, uma das palavras mais fortes que Jônatas e Davi usavam era *amor*. Dizia-se que Jônatas "o amava como à sua própria alma" (1 SAMUEL 18:3 ARA). Davi disse que o amor de Jônatas era excepcional e sua amizade por ele era "mais preciosa do que o amor das mulheres!" (2 SAMUEL 1:26 KJA).

As palavras e ações de Jônatas alimentavam uma amizade tão profunda que ele voluntariamente deu a Davi seu lugar de herdeiro ao trono de Israel — entregando-lhe sua capa, armadura e espada (1 SAMUEL 18:4; 23:17).

Vivemos numa cultura em que as amizades são edificadas sobre palavras superficiais e condicionais. Como seguidores de Jesus, que edifiquemos nossos relacionamentos sobre palavras que tenham valor relacional profundo e elevado: *amor, compromisso, empatia, tempo e integridade.* —MARVIN WILLIAMS

15 DE MAIO

UM PAI GENTIL

LEIA

Deuteronômio 32:1-3

Que o meu ensino seja como a chuva que cai mansamente sobre a terra; que as minhas palavras sejam como o orvalho que se espalha sobre as plantas (v.2).

EXAMINE

Leia Jeremias 10:24 e considere o que a passagem diz sobre a bondade de Deus e Sua disposição de estendê-la a nós.

CONSIDERE

Se há alguém com quem você foi grosseiro, peça que o Senhor lhe dê um espírito de bondade com relação a essa pessoa e busque a reconciliação. Como a bondade de Deus o encoraja hoje?

Durante uma fase difícil em que eu questionava a bondade e o cuidado de Deus, muitos cristãos estiveram ao meu lado. Permitiram que eu fosse verdadeira com as minhas lutas, mas se recusaram a permitir que me apoiasse neles. Eles me direcionaram às Escrituras, oraram por mim e ajudaram a suprir minhas necessidades. A compaixão deles me ajudou a experimentar o amor gentil de Cristo (Deuteronômio 32:2). Em vez de me julgar pela fé fraca, meus confidentes provaram que o "amigo ama em todos os momentos; é um irmão na adversidade" (Provérbios 17:17 NVI).

Deus também trouxe estranhos à minha vida, os quais ajudaram a curar meu espírito. Lembro de uma situação específica, quando Deus falou comigo por meio de um irmão em Cristo que eu não conhecia. Ele se apresentou a mim durante o intervalo de uma conferência cristã e falou que era o vice-presidente de um grande ministério que ajudava crianças e famílias em todo o mundo. Uma vez que ambos trabalhávamos para ajudar pessoas de países em desenvolvimento, tínhamos muito a conversar. Eu desejei o conselho deste homem com relação a programas que eu esperava fundar em Uganda.

No fim da conversa, ele perguntou se poderia orar por mim. Sem nada saber sobre a fase difícil que eu estava atravessando, ele orou para que eu "experimentasse a bondade de Deus".

Repetidamente, Deus me encorajou por meio de Seus filhos e me lembrou de que, na verdade, Ele é bondoso e humilde, e nele encontraremos descanso para a nossa alma (Mateus 11:29).

"As palavras bondosas nos dão vida nova..." (Provérbios 15:4). Hoje, agradeça a Deus pelas pessoas que têm proclamado "o nome do Senhor" e Seu amor a você (Deuteronômio 32:3).

—Roxanne Robbins

16 DE MAIO

AZIA

LEIA

Lucas 24:13-34

Então eles disseram um para o outro: — Não parecia que o nosso coração queimava dentro do peito quando ele nos falava na estrada e nos explicava as Escrituras Sagradas? (v.32).

EXAMINE

Leia 1 Coríntios 11:26 e veja como partilhar a Ceia do Senhor é uma maneira de proclamar a história da morte de Jesus — o cumprimento da Páscoa final.

CONSIDERE

O que fará você tornar-se mais apaixonado por compartilhar Jesus com os outros? Seu coração arde quando você pensa em seu Senhor?

A queimação ataca quando o ácido do estômago volta para o esôfago, causando uma sensação de queimação no peito. Um caso não tratado de azia arruinará seu dia.

Poucos dias depois da crucificação de Jesus, dois de Seus seguidores experimentaram um tipo diferente de "queimação". Ao viajar para fora de Jerusalém, estavam lutando para entender o que acabara de acontecer com seu "profeta [...] poderoso em atos e palavras" (Lucas 24:13,14,19).

De repente, o Jesus ressurreto apareceu e perguntou o que eles estavam discutindo. Mas eles não o reconheceram! (vv.15-17). Enquanto caminhavam, Jesus começou a "ligar os pontos" para eles. Começando pelos escritos de Moisés, Ele explicou "todas as passagens das Escrituras Sagradas que falavam dele" (vv.25-27). Quando chegaram à cidade de Emaús, pediram que Jesus passasse a noite ali. Quando se sentaram para comer, Jesus deu graças pelo pão, partiu-o e lhes deu — "Aí os olhos deles foram abertos, e eles reconheceram Jesus. Mas ele desapareceu" (v.31).

Impressionados e maravilhados, eles começaram a contar como *o coração deles ardia* enquanto Jesus explicava as Escrituras. Finalmente, haviam compreendido que Ele era o cumprimento da história de Israel (vv.28-32).

O encontro dessa dupla com Jesus reflete o momento em que os olhos dos dois primeiros humanos "se abriram" (Gênesis 3:7), mas com uma diferença evidente: enquanto o primeiro casal ocultou o que viu (vv.7-10), estes dois mal conseguiram esperar para falar sobre o que tinham visto (Lucas 24:33,34).

Jesus, dá-nos novos olhos para ver como a Tua história, completa a história que o Antigo Testamento transmite. E que o nosso coração arda dentro de nós ao contá-la. —Jeff Olson

17 DE MAIO

IMPOTENTE E TOLO

LEIA

1 Coríntios 1:18-25

Mas para aqueles que Deus tem chamado, tanto judeus como não judeus, Cristo é o poder de Deus e a sabedoria de Deus (v.24).

EXAMINE

Leia 1 Coríntios 2:1-8 e veja onde Paulo diz que se encontra a verdadeira sabedoria.

CONSIDERE

De que maneira os sábios e poderosos deste mundo o impressionam ou intimidam? Onde você tem encontrado verdadeiro poder e sabedoria?

Se um amigo lhe perguntasse: "Onde posso experimentar o poder e a sabedoria de Deus?", você o levaria a uma universidade?

Aonde Paulo nos levaria em nossa busca? Para os principais reservatórios internacionais de pensamento? Para universidades renomadas? Não, Paulo nos faria visitar um campo de execução — uma cruz num monte chamado Lugar da Caveira (MATEUS 27:33). Para o apóstolo, a cruz de Jesus é "poder de Deus e sabedoria de Deus" (1 CORÍNTIOS 1:24).

O apóstolo Paulo notou que os judeus da época pediam "sinais" (v.22; MATEUS 12:38; 16:1; LUCAS 11:16; JOÃO 2:18). Deus havia operado grandes sinais e maravilhas em certas épocas da história — as dez pragas, a travessia do mar Vermelho, a conquista de Jericó, a transformação da água em vinho, a ressurreição de Lázaro. Mas, no que se refere ao único sinal válido de Seu poder, Deus mostrou-lhes o Cristo crucificado (MATEUS 12:39,40). A mensagem da cruz é "poder de Deus" (1 CORÍNTIOS 1:18; ROMANOS 1:16,17).

Paulo também escreveu que os gentios "buscam sabedoria" (1 CORÍNTIOS 1:22; ATOS 17:21). A mente humana tem a capacidade de se apegar às questões complexas do Universo. Mas ela nunca compreenderá o Deus crucificado. É "loucura" (1 CORÍNTIOS 1:23). *Se Deus morresse, Ele não poderia ser Deus. Assim, pensam.*

A busca por sabedoria é antiga: "Mas onde pode ser achada a sabedoria?..." (JÓ 28:12). E a resposta é tão antiga quanto a pergunta: "Para ser sábio, é preciso temer o Senhor..." (v.28). Ou como Jesus falou: "...dia a dia tome a sua cruz e siga-me" (LUCAS 9:23 ARA). —*K. T. SIM*

18 DE MAIO

SEM TIRAR VANTAGEM

LEIA
2 Coríntios 2:5-13
Quando vocês perdoam alguém, eu também perdoo. [...] a fim de que Satanás não se aproveite de nós... (vv.10,11).

EXAMINE
Leia Colossenses 3:12-15 para ver a responsabilidade envolvida em ser o povo santo que Deus ama.

CONSIDERE
De que maneira a vida espiritual de uma pessoa pode ser afetada pela recusa em perdoar alguém? Como a armadura de Deus nos ajuda a nos defender das maquinações de Satanás (Efésios 6:13-18).

O filósofo francês Voltaire achou que poderia ganhar na loteria em 1729. Com o amigo estatístico, ele calculou que a bolada seria muito maior do que o preço dos bilhetes. Juntaram seu dinheiro ao dinheiro de outros amigos, compraram o máximo de bilhetes possível, ganharam e dividiram o prêmio. Tirar vantagem do governo parisiense rendeu — Voltaire recebeu mais de um milhão de francos. Mas algumas pessoas acham que ele não jogou limpo.

Satanás não joga limpo também. Por isso Paulo advertiu os cristãos de Corinto a não permitir que o mal tirasse vantagem deles na questão do perdão (2 CORÍNTIOS 2:11). Nesta epístola, Paulo referiu-se a uma situação na qual um membro da igreja havia cometido um pecado sério. Os outros membros da igreja confrontaram seu delito (v.6), e mais tarde o homem se arrependeu.

Para resolver completamente o assunto, Paulo encorajou os coríntios a perdoar, consolar e reafirmar seu amor pelo homem. Fracassar em fazer isto poderia levá-lo a ficar "tão triste, que [acabaria] caindo no desespero" (v.7). O homem que havia pecado se beneficiaria do perdão, mas os outros cristãos também se beneficiariam. O apóstolo falou que o perdão impediria Satanás de alcançar vantagem sobre eles.

Paulo escreveu: "...pois conhecemos bem os planos [de Satanás]" (v.11). Mas será que ignoramos este aqui? Talvez, tenhamos retido o perdão, porque ouvimos mentiras como estas: *Minhas emoções não me deixarão perdoar. Vou ignorar a ofensa e evitar a pessoa.*

O verdadeiro perdão impede que Satanás divida os cristãos e destrua nossos relacionamentos diante do mundo. *Podemos perdoar uns aos outros "como Deus, por meio de Cristo," nos perdoou* (EFÉSIOS 4:32). —*JENNIFER BENSON SCHULDT*

19 DE MAIO

ESCURO E SILENCIOSO

LEIA

1 Reis 19:1-15

...depois do fogo veio um sussurro calmo e suave (v.12).

EXAMINE

Leia Jó 42:1-5 e repare em como Jó descreve sua interação com Deus.

CONSIDERE

Como você tem se deparado com as ações ousadas de Deus ou demonstrações de poder? Onde tem encontrado o silêncio de Deus?

Gordon Hempton é um dos poucos ecologistas acústicos do mundo. Ele viaja pelo globo registrando o que chama de "os últimos lugares silenciosos" —, lugares completamente intocados pelo som humano moderno. Hempton registra locais remotos do outro lado do planeta, bem como o som da correnteza passando por um pedaço de abeto flutuante. Ele descreve o silêncio não como falta de ruído (não existe isso, porque a própria Terra emite sons), mas como a presença (a capacidade de estar completamente atento ao espaço em que você está).

O profeta Elias teve um encontro inesperado com Deus pelo silêncio. Depois que Deus respondeu as orações de Elias numa demonstração no monte Carmelo, fazendo chover fogo do céu e impressionando os falsos profetas de Baal, a rainha Jezabel irou-se e planejou matar o profeta. Cansado e desencorajado, Elias fugiu para o deserto, estatelou-se debaixo de uma árvore e implorou que Deus o matasse.

Mas Deus não o atendeu. Um anjo o levou ao topo do monte Sinai, onde Ele o instruiu: "Saia e vá ficar diante de mim no alto do monte..." (1 Reis 19:11). No topo da montanha, Elias esperou. O Senhor mandou um "vento muito forte, que rachou os morros e quebrou as rochas em pedaços". Em seguida, ocorreram um terremoto e um fogo (v.12). Estas demonstrações estavam de acordo com a maneira como Deus tinha se manifestado no monte Carmelo e como Ele aparecera para Moisés no Sinai. Desta vez, porém, Deus não estava no vento, nem no terremoto, nem no fogo. Em vez disso, Ele veio a Elias num "sussurro calmo e suave" (v.12).

Deus não vem apenas na tranquilidade e no silêncio; Ele vem como quer! Nosso chamado é vigiar e esperar — atentos à Sua voz. —*Winn Collier*

1Cr 7–9; Jo 6:22-44 ◁ A BÍBLIA em UM ANO

APRENDENDO UNS COM OS OUTROS

LEIA

Rute 1:1-22

Que ele seja um consolo para o seu coração e lhe dê segurança na velhice! A sua nora, a mãe do menino, a ama; e ela vale para você mais do que sete filhos (4:15).

EXAMINE

Leia Eclesiastes 4:9-12, veja o valor do companheirismo e de caminhar com alguém.

CONSIDERE

O que você fará para encorajar e restaurar a esperança de alguém hoje? O que você tem aprendido com os outros que pode passar adiante?

Nossa filha Katelyn gosta de jogar Paciência, mas não tem paciência de perseverar em pontos difíceis do jogo. Em vez de tentar resolver a situação quando se vê "sem saída", ela simplesmente começa um novo jogo. Eu a desafiei a não desistir, mas buscar o próximo movimento possível.

Em meu breve momento de conselho maternal, aprendi na hora certa duas lições para a vida: (1) em vez de desistir quando a vida não sai do meu jeito, eu preciso de tempo para observar o que eu *faço* e buscar readquirir força; (2) quando guio os outros em sabedoria, também sou encorajada e renovada.

O livro de Rute é a história de duas mulheres capazes de ensinar e encorajar uma à outra. As esperanças desvanecidas de Noemi foram renovadas pela vitalidade de sua nora Rute. Em seguida, a jovem foi instruída com sabedoria pela mulher mais velha (Rute 3:1-6).

Depois de perder o marido e os dois filhos, a despojada Noemi deixou Moabe e voltou para a cidade natal de Belém (1:19-22). Antes de ir embora, porém, ela implorou que as duas noras ficassem em Moabe. Orfa voltou para casa, mas Rute se recusou a partir e apegou-se a Noemi, prometendo segui-la e adotar seus costumes (vv.16,17).

Noemi preparou Rute e ajudou-a a compreender a cultura de seu povo. Assim, Rute ganhou o favor de Boaz — um parente rico que mais tarde se tornou seu marido (2:3). Rute teve um filho com ele, restaurando a esperança de Noemi e participando da linhagem de Jesus (Rute 3–4).

Lembre-se de que somos mais ricos quando andamos juntos — os jovens abraçando a sabedoria dos mais velhos, e os mais velhos usufruindo a esperança e a energia dos jovens. É plano de Deus que aprendamos uns com os outros. —Ruth O'Reilly-Smith

21 DE MAIO

LIBERDADE SEXUAL

LEIA

Levítico 18:1-30

Não sigam os costumes do povo do Egito, onde vocês moravam, nem os costumes do povo de Canaã, a terra para onde eu os estou levando. Não vivam de acordo com as leis desses povos (v.3).

EXAMINE

Leia 1 Coríntios 6:12-20 para ver como Deus corrige a visão do sexo neste mundo.

CONSIDERE

Como a noção do mundo de liberdade sexual leva à escravidão? Como o ensinamento das Escrituras sobre limites sexuais produz a verdadeira liberdade?

Quase metade das crianças nascidas nos Estados Unidos, são filhos de mães solteiras. Mais de um milhão são abortados por ano. Adolescentes podem comprar "pílulas do dia seguinte" nas farmácias. O tribunal americano determinou que homens podem se casar com homens, e que mulheres podem se casar com mulheres, e quem disser o contrário estará cometendo injúria. Poucas pessoas acham que devem esperar para ter relações sexuais, e muitos que se casam terminam se divorciando.

Esta é uma situação deprimente, mas não é nova. Deus disse para os israelitas não imitarem o que tinham visto no Egito ou o que encontrariam em Canaã, onde os homens faziam sexo com a mãe, as irmãs, avós, cunhadas, com outros homens e até com animais (LEVÍTICO 18:6-23). As pessoas tinham se corrompido e Deus deu a terra aos israelitas (vv.24,25).

Não podemos impedir que a cultura seja sexualmente promíscua, porque o mundo vai fazer o que é do mundo. Mas Deus nos chama a ser diferentes. Veja como:

1. *O sexo é presente de Deus.* O sexo foi ideia dele, e Ele quer que o desfrutemos. Podemos confiar que Seus limites para o sexo são para o nosso bem (GÊNESIS 2:20-25; 1 CORÍNTIOS 7:1-5).

2. *Desfrute o sexo dentro do casamento.* O verdadeiro amor é reflexo do nosso Deus trino. Como o Pai está no Filho e o Filho, no Pai, assim imitamos esse amor num verdadeiro relacionamento amoroso com outra pessoa (JOÃO 17:21-23). O sexo é uma maneira de expressar amor profundo pelo cônjuge.

Adquirimos uma compreensão maior deste amor quando nos entregamos ao outro. E não ousaremos fazê-lo a menos que estejamos ligados pelo casamento diante de Deus. A verdadeira liberdade sexual requer compromisso. —MIKE WITTMER

22 DE MAIO

A TRINDADE

LEIA

1 Pedro 1:1,2

Vocês foram escolhidos de acordo com o propósito de Deus, o Pai. E pelo Espírito de Deus vocês foram feitos um povo dedicado a ele a fim de obedecerem a Jesus Cristo e ficarem purificados pelo seu sangue... (v.2).

EXAMINE

Leia Efésios 1:3-14 para ver o que o Deus trino fez para salvá-lo.

CONSIDERE

Reflita sobre o que o Deus trino está fazendo em sua vida. Como você agradecerá a Deus pela obra que Ele tem feito em sua vida?

Cristãos do mundo todo reconhecem a santíssima Trindade — nosso Deus trino consiste de três pessoas: Pai, Filho e Espírito Santo. São três, mas apenas um Deus. A palavra Trindade não se encontra na Bíblia, mas o Novo Testamento revela um Deus trino (MATEUS 3:16,17; 28:19; JOÃO 14:16; 1 CORÍNTIOS 6:11, 12:3-6; 2 CORÍNTIOS 13:14; GÁLATAS 3:14; HEBREUS 10:29; 1 PEDRO 1:2).

Embora o apóstolo Pedro não tenha usado a palavra Trindade, ele certamente escreveu sobre o Deus "três em um". Pedro descreveu o que cada Pessoa da Trindade fez para nos salvar (v.2):

Deus Pai o conhecia e o escolheu há muito tempo. Você pertence a Deus, não por acaso ou por mérito humano, mas pela soberania e pela escolha incondicional dele. Deveria surpreendê-lo o fato de que o Senhor o tenha amado e propositalmente o escolhido para ser Seu filho muito antes de você nascer e do mundo ser criado (SALMO 139:13-16; EFÉSIOS 1:4,5).

Seu Espírito o criou em santidade. Pedro diz que o Espírito Santo está moldando, modelando e amadurecendo você (2 TESSALONICENSES 2:13). Ele o está fazendo santo e o transformando cada vez mais à imagem de Jesus (ROMANOS 8:29).

Você foi purificado pelo sangue de Jesus Cristo. Pedro afirmou a base da nossa salvação. É possível que nos tornemos filhos de Deus e cresçamos em santidade por causa do que Jesus fez na cruz. Ao derramar Seu sangue, Ele tornou possível que Deus perdoasse os nossos pecados (HEBREUS 9:22).

Todos podemos ser gratos pelo fato de que as pessoas da divindade estão intrínseca e intimamente envolvidas conosco: fomos escolhidos, consagrados e purificados! —K. T. SIM

23 DE MAIO

AS TRÊS PALAVRAS

LEIA

Tito 1:4-9

Deve estar disposto a hospedar pessoas na sua casa e deve amar o bem. Deve ser prudente, justo, dedicado a Deus e disciplinado (v.8).

EXAMINE

Leia 1 Coríntios 15:33 e repare no que Paulo disse que acontece quando chegamos perto demais de pessoas que não têm bom caráter.

CONSIDERE

Que deficiências no seu caráter você precisa trabalhar em oração? Por que é fundamental que as pessoas mais próximas de você possuam bom caráter?

Uma vez, ouvi a palestra de um homem cujo o estilo de vida na juventude era imoral, mas que acabou aceitando Jesus como seu Salvador. Hoje, ele supervisiona um ministério de sucesso. Em sua palestra, ele descrevia "as três palavras" que englobam os relacionamentos íntimos.

Disse que muitas pessoas buscam somente as duas primeiras: *química* e *compatibilidade*. Elas não esperam para ter certeza de que a pessoa com quem estão envolvidas romanticamente tenha a terceira palavra: *caráter*. Inúmeros relacionamentos naufragam pela falta da terceira palavra.

Paulo pediu a Tito para abordar o caráter dos novos cristãos da ilha de Creta. A cultura de lá estava corrompida. Começando pelos líderes da igreja, descreveu o que era necessário para uma vida e caráter piedosos. Estas qualidades incluíam ter uma vida "que ninguém possa culpar de nada; deve ter somente uma esposa [...]. Não deve ser "orgulhoso nem ter mau gênio, não deve ser chegado ao vinho, nem violento, nem ganancioso" (Tito 1:6,7). Aquele que pastoreia também deve ser "amigo do bem", "sóbrio, justo, piedoso", ter "domínio de si" e capaz de "exortar pelo reto ensino" (vv.8,9 ARA).

No segundo capítulo, Paulo descreveu as qualidades de caráter que deveriam ser evidentes em todos os membros da igreja — deveriam ser "moderados, sérios, prudentes e firmes na fé, no amor e na perseverança" e viver de forma "prudente, correta e dedicada a Deus".

O caráter piedoso vem à medida que crescemos em nosso relacionamento com Deus. Antes de embarcar num relacionamento romântico, espere para conhecer a pessoa por quem está atraído e ter certeza de que possua o mais importante: o *caráter* que flui do verdadeiro relacionamento com Cristo! — TOM FELTEN

1Cr 19–21; Jo 8:1-27

24 DE MAIO

TEMPLO OU ÍDOLO?

LEIA

Ezequiel 16:1-34

Você é uma prostituta diferente. Ninguém a obrigou a se tornar prostituta. Você não recebe nada, mas paga! Sim! Você é diferente! (v.34).

EXAMINE

Leia 1 João 2:15-17 e considere quaisquer áreas em que você tenha adotado o padrão do mundo ao invés do padrão de Deus.

CONSIDERE

De que maneira o seu entendimento de recato modifica a maneira como você se apresenta ou vê os outros? Como você pode viver a sexualidade dada por Deus de um modo mais santo?

Depois de visitar dois parques de diversão, percebi que nossa noção distorcida de sexualidade é mais visível em lugares públicos. As pessoas estão apaixonadas pela própria nudez. Vivo numa região conhecida pelos verões intensos, mas o que as pessoas escolhem usar tem muito mais a ver com o que ditam as normas culturais do que com o clima.

Desde a pele exposta até a sensualidade não velada, a moda moderna deixa pouco espaço para a imaginação. Como mãe de uma filha adolescente e de um filho pré-adolescente, fico frustrada com a tentativa do mundo de precipitar nossos filhos para a ladeira escorregadia da transigência. Acredito que valha a pena lutar pelo recato.

Cativados pela cultura que os cercava, os israelitas se venderam à escravidão. Talvez considerassem o chamado para seguir a Deus ultrapassado, ou o chamado à santidade antiquado. Qualquer que fosse o motivo, o amor por outros padrões, que não os do Senhor, foi o que os levou à destruição.

Na igreja, criticamos o tráfico humano e a pornografia, e estamos certos, mas às vezes ignoramos nosso caso de amor com a cultura e com nosso próprio corpo. Esquecendo nosso passado de ruína, podemos nos vender barato demais (Ezequiel 16:5; Efésios 2:1-3). Pagando qualquer preço para nos adequar, podemos tentar adotar o padrão de aceitação do mundo, como uma prostituta que paga pela própria escravidão (Ezequiel 16:33,34). Aceitamos ceder por causa de alguém que, em algum lugar do mundo da publicidade, apresentou a ideia de que isso nos faria bem.

Somos um templo ou um ídolo? (Romanos 1:25; 1 Coríntios 6:19,20). A escolha é nossa. Não podemos servir aos padrões do mundo *e* manter a santidade (2 Coríntios 6:16,17). —*Regina Franklin*

AS PALAVRAS QUE ORAMOS

25 DE MAIO

LEIA

Mateus 6:5-13

Humilhem-se diante do Senhor, e ele os colocará numa posição de honra (Tiago 4:10).

EXAMINE

Leia Eclesiastes 5:2 e considere o que diz a passagem sobre Deus e as palavras que devemos lhe dizer em oração.

CONSIDERE

Em que aspectos a sua vida de oração precisa mudar? O que é mais importante nas palavras que dizemos em oração?

Na minha infância, meus pais oravam antes de todas as refeições. Meus irmãos e eu abaixávamos a cabeça enquanto ouvíamos papai ou mamãe orar.

Lembro-me de gostar das orações de papai. Elas geralmente eram curtas e diretas. Mas a história era diferente quando a mamãe orava. Ela não apenas aproveitava a oportunidade para agradecer ao nosso Pai celestial por suprir nossas necessidades, mas também orava por cada um de nós, pelas tias, tios, primos e assim por diante. E não se esquecia de orar por todas as famílias missionárias apoiadas pela igreja local.

Por ser ainda um garotinho, eu não era suficientemente maduro para gostar do peso profundo das orações da minha mãe. Vim a perceber, entretanto, que orações mais longas não são necessariamente as melhores (Mateus 6:5).

Em algumas poucas palavras, Jesus uma vez mostrou como orar com significado para que o reino de Deus domine a Terra e o céu, por nossas necessidades diárias, pelo perdão e pela libertação da influência do mal (vv.10-13).

Claro que certas ocasiões podem ser perfeitas para orações mais longas. Na véspera da crucificação, os relatos do evangelho registram que Jesus estava orando demoradamente em agonia no Jardim do Getsêmani: "Cheio de uma grande aflição, Jesus orava com mais força ainda. O seu suor era como gotas de sangue caindo no chão" (Lucas 22:44). Mas é interessante notar que as palavras capturadas desse momento santo são poucas. Ele disse: "[Meu Pai], se é possível, afasta de mim este cálice de sofrimento! Porém que não seja feito o que eu quero, mas o que tu queres" (Mateus 26:39).

No que se refere à oração, não confunda quantidade com qualidade. —*JEFF OLSON*

26 DE MAIO

CATÁSTROFE GRADUAL

LEIA

Gênesis 37:1-20

Jacó já era velho quando José nasceu e por isso ele o amava mais do que a todos os seus outros filhos... (v.3).

EXAMINE

Leia Provérbios 17:9 para ver como manter os relacionamentos em boa forma.

CONSIDERE

Que passo você poderia dar para ajudar um relacionamento a florescer? Como seu relacionamento com Deus se beneficia com a confissão regular de pecados?

Um casal se preocupou quando apareceram rachaduras nas paredes de sua casa. Em duas semanas, as fendas aumentaram até que a garagem foi se separando da casa. O resto da propriedade se deslocou e, por fim, afundou 3 metros abaixo do nível da rua. Depois, oito vizinhos enfrentaram a mesma catástrofe, interligada a um escoamento subterrâneo de um sistema de água local.

Quando os relacionamentos desmoronam, muitas vezes isso se deve a uma lenta progressão de problemas. Por exemplo, os irmãos de José não o venderam como escravo sem mais nem menos — eles o fizeram por causa da rivalidade entre eles (GÊNESIS 37:1-20).

Os problemas podem ter começado por causa da tagarelice de José. Quando adolescente, ele trabalhava com os irmãos e relatava as más ações deles ao pai (v.2). Jacó amava mais José do que os outros filhos e lhe deu uma túnica multicolorida para provar isso, o que acendeu o rancor dos irmãos (vv.3,4).

José piorou ainda mais o relacionamento com os irmãos quando revelou os sonhos que tivera e nos quais lhes era superior (v.8). A inveja dos irmãos aumentou, e eles conspiraram para matá-lo. Porém, em vez disso, terminaram vendendo-o como escravo (vv.18,26-28). Esta traição aconteceu no fim de um longo processo de ofensas.

Quando vemos padrões similares em nossos próprios relacionamentos, é importante que reparemos as rachaduras que ameaçam nossos elos mais próximos. A Palavra de Deus nos orienta a resolvermos os problemas à medida que se apresentam. Efésios 4:26 diz: "...não fiquem o dia inteiro com raiva". Pedir desculpas e liberar o perdão hoje pode salvá-lo de uma reforma maior nos anos que virão (MATEUS 5:23-25). —JENNIFER BENSON SCHULDT

27 DE MAIO

CORAÇÃO AMÁVEL

LEIA
Tiago 3:13-18
Mas a sabedoria que vem do alto é [...] amável... (v.17 NVI).

EXAMINE
Leia Gálatas 6:1 e considere o que Paulo diz sobre a maneira de ajudar um irmão ou irmã na fé que esteja em dificuldade.

CONSIDERE
Em que situações você acha mais difícil ser amável? Como a amabilidade reflete a maneira como Deus age em sua vida?

Alguns anos atrás, fui obrigado a parar completamente o carro numa estrada movimentada. O homem que estava à minha frente freou repentinamente, interrompendo o fluxo do tráfego. Ele desceu do carro, passou na frente do veículo desligado e parou para pegar algo. Quando ele passou diante do meu carro, que estava parado, pude ver que ele delicadamente levava uma tartaruguinha a um lugar na base de alguns arbustos longe dos perigos da rodovia.

Para Tiago, a *sabedoria* se refere a uma vida em harmonia com Deus e com as coisas que são verdadeiras: "Existe entre vocês alguém que seja sábio e inteligente?..." (TIAGO 3:13). Em outras palavras, será que desejamos viver em sabedoria, fiéis aos caminhos de Deus? Então, é assim que deve ser esse tipo de vida: "...prove isso pelo seu bom comportamento e pelas suas ações... A sabedoria que vem do céu é [...] pacífica, bondosa e amigável" (vv.13,17). O que acho mais poderoso nessa passagem, entretanto, é a insistência de Tiago ao afirmar que a vida sábia, centrada em Deus, é "amável" (NVI).

Quando os cristãos se comunicam, às vezes há uma amabilidade preciosa. Podemos vencer uma discussão ou provar um ponto de vista teológico, mas agimos de acordo com o coração amável de Deus? Somos chamados a ter uma vida de amabilidade.

John Yoder expressou assim a questão: "A igreja busca ajudar a formar pessoas que se arrisquem a ser pacíficas num mundo violento, bondosas num mundo competitivo, fiéis numa era de cinismo, amáveis em meio aos que admiram os brigões, que se arrisquem a amar quando talvez não sejam retribuídas, porque temos a confiança de que, em Cristo, nascemos de novo para uma nova realidade". —WINN COLLIER

2Cr 1–3; Jo 10:1-23 ‹ A BÍBLIA em UM ANO

VERGONHA E HERANÇA

LEIA
João 2:1-11
[Todos] costumam servir primeiro o vinho bom e, depois que os convidados já beberam muito, servem o vinho comum. Mas você guardou até agora o melhor vinho (v.10).

EXAMINE
Leia João 8:1-11 e veja como Jesus removeu a vergonha e restaurou a dignidade de uma mulher.

CONSIDERE
A vergonha está mantendo você à sombra? O que você precisa fazer para encontrar dignidade e esperança renovada em Jesus?

Em 2013, a Igreja Católica da Venezuela relatou que faltou vinho para celebrar a missa por causa de uma escassez nacional. Isto me fez lembrar de outra carência de vinho que ocorreu em Caná da Galileia, onde Jesus foi a um casamento.

O suprimento de vinho se esgotou durante as festividades, e a mãe de Jesus disse para os servos fazerem o que Ele ordenasse (João 2:5). Jesus lhes disse que enchessem seis talhas de água e as levassem ao mestre-sala (vv.7,8). Quando o homem provou a água que havia sido transformada em vinho, ficou surpreso — era o melhor vinho que provara durante a noite toda. Isso era inédito, porque o noivo geralmente servia primeiro o melhor vinho e, depois, o vinho mais barato (v.10).

Ficar sem vinho numa celebração de casamento era considerado um escândalo e causaria vergonha ao casal recém-casado e a toda a família. Os comes e bebes eram símbolo de uma herança segura, e a falta de algum deles na cerimônia indicava maldição iminente para o futuro dos noivos. Ao transformar água em vinho, Jesus removeu a vergonha e abençoou o futuro do casal.

A vergonha é debilitante. Ela nos priva de dignidade e nos mantém encolhidos. Mas Jesus nos tira das sombras para a luz. Ele remove nossa vergonha e garante uma herança eterna — assegurando nosso futuro. Deus promete: "Em lugar da vossa vergonha, tereis dupla honra; em lugar da afronta, exultareis na vossa herança; por isso, na vossa terra possuireis o dobro e tereis perpétua alegria" (ISAÍAS 61:7 ARA).

Quando chegarmos ao fim das nossas reservas e sentirmos que não temos mais nada a oferecer, Jesus transformará nossa vergonha na proclamação de Sua provisão de milagre.

—RUTH O'REILLY-SMITH

29 DE MAIO

O CASAMENTO MUDA VOCÊ

LEIA

1 Reis 11:1-13

[E], quando ele já estava velho, fizeram com que o seu coração se voltasse para deuses estrangeiros. Ele não foi fiel ao Senhor, seu Deus, como Davi, o seu pai, havia sido (v.4).

EXAMINE

Leia 1 Coríntios 7:12-24 para descobrir o que Deus deseja que você faça se está casado com um incrédulo.

CONSIDERE

Pense em seu cônjuge ou num amigo próximo. Vocês têm se tornado parecidos? Por que somos tão afetados pelas pessoas muito próximas a nós?

Quando estamos apaixonados, negligenciamos os defeitos da pessoa amada. Isto é ruim quando o defeito é mais sério — como ser grosseiro ou não temer a Deus. Você pode suportar as falhas do seu futuro cônjuge por achar que, quando se casarem, ele mudará. Mas não conte com isso! Muitas vezes, as irritações pioram depois do casamento, porque nosso cônjuge não está mais tentando nos impressionar.

Não devemos esperar mudar o cônjuge, mas podemos esperar que o casamento nos mude. Quando a vida de duas pessoas se torna uma só, um passa a fazer parte da família do outro, assim desenvolvemos interesse pelos passatempos do outro, criamos nossas próprias piadinhas e lidamos juntos com as finanças e com as atividades da igreja. Dê uma boa olhada no caráter, nos valores e hábitos do seu futuro cônjuge. Se você optar por se casar, em poucos anos poderá estar parecido com ele!

O rei Salomão aprendeu isto do jeito mais difícil. Ele conhecia a ordenança de Deus para não se casar com mulheres estrangeiras (ÊXODO 34:16; 1 REIS 11:2) e alertou os filhos a tomar cuidado com as mulheres imorais (PROVÉRBIOS 5:1-23; 7:1-27). Seu conselho também se aplica a filhas que se casam com homens indecentes. Ainda assim, este homem abençoado com grande sabedoria (1 REIS 3:12), que escreveu: "[Tema] a Deus e obedeça aos seus mandamentos…" (ECLESIASTES 12:13), seguiu as esposas na adoração aos deuses Astarote e Milcom (1 REIS 11:5).

Se isso aconteceu com Salomão, o homem mais sábio que já existiu, pode acontecer com você. Talvez, você jamais mude a pessoa com quem se casar, mas o casamento inevitavelmente mudará você. Case-se com o tipo de pessoa que você quer ser.

—MIKE WITTMER

30 DE MAIO

NOSSO TRIUNFO

LEIA

2 Coríntios 2:14-17

Graças, porém, a Deus, que, em Cristo, sempre nos conduz em triunfo e, por meio de nós, manifesta em todo lugar a fragrância do seu conhecimento (v.14 ARA).

EXAMINE

Leia 1 Coríntios 15:58 e considere o que Paulo escreveu sobre nosso trabalho por Jesus não ser em vão.

CONSIDERE

Pelo que você agradece a Deus em seu ministério? Por que é difícil evitar o desânimo quando se trabalha com as pessoas?

Eu tinha começado o ano com muito entusiasmo. Depois de traçar uma estratégia para voltar ao ministério de jovens da minha igreja por amor a Deus e pelas pessoas, conversei sobre isso com alguns colegas, e colocamos "as mãos na massa"! Mas, seis meses depois, fiz uma avaliação de toda a situação, e descobrimos que o progresso foi minúsculo. O desânimo me cobriu como uma nuvem negra.

Ao escrever 2 Coríntios, Paulo possivelmente estava passando pela maré mais baixa de seu ministério. A igreja de Corinto, que ele tanto amava, estava um caos. Falsos mestres estavam denigrindo seu caráter. Seu nome estava sendo difamado. Não havia nada que o fizesse sentir-se vencedor, e ele tinha todos os motivos para estar desanimado.

Mesmo assim, lemos estas palavras: "Graças, porém, a Deus, que, em Cristo, sempre nos conduz em triunfo..." (2 CORÍNTIOS 2:14 ARA).

Paulo se considerava parte do exército vitorioso de Cristo. Ele reconhecia que, independentemente do quanto o ministério pudesse se mostrar decepcionante e desanimador, Deus estava no controle de cada detalhe e por fim triunfaria!

O apóstolo acrescentou: "...*por meio de nós*, manifesta...". Sim, mesmo durante esses momentos em que não sentimos estar causando impacto, Deus está nos usando. Alguém disse: "No céu, haverá muitas surpresas. Haverá pessoas de quem você nem se recorda o agradecendo por sua influência em sua vida".

Quando nos sentirmos desanimados, ergamos nosso espírito agradecendo a Deus e lembrando que Ele nos escolheu para marchar triunfantes ao Seu lado. Nós *venceremos*, porque Cristo sempre vence! —POH FANG CHIA

A BÍBLIA em UM ANO › 2Cr 10–12; Jo 11:30-57

31 DE MAIO

NO FIM...

LEIA

Jeremias 33:1-26

...Deem graças ao Senhor Todo-Poderoso porque ele é bom, e o seu amor dura para sempre... (v.11).

EXAMINE

Considere as palavras do Salmo 30:5 e o que elas revelam sobre Deus e seu futuro com Ele.

CONSIDERE

De que maneira o exemplo do que o povo de Judá experimentou lhe dá esperança? O que você precisa confessar a Deus? Que consolo você busca nele?

"No bairro de *East End*, encontrei fé e esperança nos cantos mais escuros. Encontrei carinho, pobreza e riso em meio à imundície. Encontrei um propósito e um caminho e trabalhei com paixão pelo melhor motivo de todos — eu o fiz por amor." Esta citação, extraída de um episódio da série de TV *Call the Midwife*, captura não apenas a vida na década de 1950 num bairro pobre de Londres, mas também reflete como deveríamos viver nossa fé em Jesus.

O reino de Judá estava enfrentando trevas, destruição e imundície. As pessoas recebiam mensagens que Deus lhes dava por intermédio de Jeremias — tanto advertências quanto palavras de esperança. Deus proclamou: "[Eu] abandonei esta cidade por causa das maldades do seu povo" (JEREMIAS 33:5). A natureza apóstata da nação exigia disciplina severa e a purificação por parte do Deus Santo.

Mas o Senhor, em Sua misericórdia, prometeu que haveria cura e paz no futuro (v.6). Ele prometeu que haveria de novo cantos e alegria (vv.10,11). E prometeu que, na hora certa, faria "surgir um verdadeiro descendente de Davi" (v.15), trazendo salvação para a terra. Esse homem era Jesus Cristo, que nos trouxe a nova aliança da graça e do perdão (vv.20-22; 31:31-34).

Não importam os desafios que você esteja enfrentando — gerados por suas escolhas pecaminosas ou pelos caminhos caídos do homem. Lembre-se de que "seu amor dura para sempre" (33:11). Ele promete que jamais nos abandonará e que, um dia, vai restaurar o que foi destruído. Mas você deve se voltar para Ele.

Hoje, você pode viver o amor que vai além de tudo o que está enfrentando. Faça tudo pelo Deus de amor que — no fim — fará novas todas as coisas (APOCALIPSE 21:5). —*TOM FELTEN*

1.º DE JUNHO

ESPERANÇA ADIADA

LEIA

Provérbios 13:12-19

A esperança adiada faz o coração ficar doente, mas o desejo realizado enche o coração de vida (v.12).

EXAMINE

Leia Gálatas 6:2 e considere o que a passagem diz sobre levar esperança e vida a outras pessoas.

CONSIDERE

Você conhece alguém que tenha um coração ferido? De que maneira você poderia ajudar essa pessoa a conquistar um "prêmio de consolação"?

Qualquer casal que esteja tentando ter filhos sabe que a cada 28 dias você procura sinais de sucesso. Para muitos, esta expectativa envolve decepções até a concepção. Para outros, este ciclo de esperanças frustradas pode durar anos. Provérbios 13:12 descreve bem tal experiência: "A esperança adiada faz o coração ficar doente".

Essa foi a nossa experiência. Depois de uma década tentando sem sucesso, minha esposa Merryn e eu colocamos um ponto final em nosso sonho de constituir uma família. O coração dela estava ferido — sua vida marcada por lágrimas e seu relacionamento com Deus, estraçalhado.

Semanas antes da decisão final, nos sentamos para conversar sobre o futuro.

"Qual será um bom prêmio de consolação para você, se não tivermos um filho?", perguntei-lhe. "Eu gostaria de recomeçar no exterior", ela respondeu. "Como assim no exterior?" "Se não tivermos um bebê, poderíamos nos mudar para a Europa?"

O sonho de ser mãe lhe tinha sido negado, mas havia um sonho que *poderia* ser realizado. Isso custaria caro — interromper minha carreira —, mas, como Provérbios 13 continua: "...o desejo realizado enche o coração de vida" (v.12). Minha esposa precisava de uma nova vida.

Não sabíamos na época, mas, apenas quatro meses depois, Merryn e eu estaríamos num avião voando para a Inglaterra, onde ela começaria o emprego dos sonhos na Universidade Oxford. Nenhum emprego poderia substituir um filho, mas a realização de um sonho secundário trouxe nova vida e ajudou a curá-la.

Provérbios 13:12 é sabedoria cotidiana. "A esperança adiada faz o coração ficar doente, mas o desejo realizado enche o coração de vida." Você pode ajudar a realizar o sonho de alguém? —*Sheridan Voysey*

2 DE JUNHO

LEVANTAMENTO DE PESO

LEIA
Filemom 4-10

Seu amor me tem dado grande alegria e consolação, porque você, irmão, tem reanimado o coração dos santos (v.7 NVI).

EXAMINE
De que maneira você tem experimentado a verdade de Romanos 11:22?

CONSIDERE
O que a sua bondade revela aos outros sobre Deus? Em que aspectos você mostrará bondade de coração hoje?

Um senhor idoso me viu com dificuldades para levar uma caixa pesada até o correio. Nem sua idade, nem sua dificuldade de mobilidade, nem o tempo quente o impediu de correr para me ajudar.

Agradeci-lhe e louvei a Deus por ter me enviado algum tipo de assistência. A bondade alegra o coração. Isto foi proclamado por Paulo em sua carta ao colaborador Filemom. Ele escreveu: "Seu amor me tem dado grande alegria e consolação, porque você, irmão, tem reanimado o coração dos santos" (FILEMOM 7 NVI). Assim como Filemom, conforme tivermos "conhecimento de todo o bem que temos em Cristo" (v.6 NVI), seremos estimulados a colocar em ação a generosidade que deve marcar nossa fé.

Nossa bondade glorifica a Deus e pode nos abençoar. Por outro lado, a crueldade nos destrói! (PROVÉRBIOS 11:17). Palavras dolorosas, egoísmo e reações de ira destroem os relacionamentos e separam as pessoas.

Quando ajo com grosseria, muitas vezes ponho a culpa nas circunstâncias ou nas pessoas pelo meu comportamento. Deus continua a revelar, entretanto, que sou responsável por minhas próprias reações. E, ainda que sejamos ofendidos, Ele deseja que todos os Seus filhos façam como o Senhor nos ordenou: "Sejam honestos e corretos e tratem uns aos outros com bondade e compaixão" (ZACARIAS 7:9).

Deus deseja que Seus filhos demonstrem cada vez mais bondade, generosidade e atenção. "Não abandone a lealdade e a fidelidade; guarde-as sempre bem gravadas no coração" (PROVÉRBIOS 3:3).

Nosso Deus, rico em "bondade, tolerância, e paciência" anseia que reajamos à Sua benevolência nos afastando dos nossos pecados e compartilhando Sua bondade com os outros (ROMANOS 2:4; 12:8). —ROXANNE ROBBINS

2Cr 17–18; Jo 13:1-20 ◂ A BÍBLIA em UM ANO

3 DE JUNHO

NADA NA ÁGUA

LEIA

Salmo 46:1-11

Deus é o nosso refúgio e a nossa força, socorro que não falta em tempos de aflição. Por isso, não teremos medo, ainda que a terra seja abalada, e as montanhas caiam nas profundezas do oceano (vv.1,2).

EXAMINE

Leia Salmo 27:1-14 e veja por que Davi não temeu, mas expressou completa confiança em Deus.

CONSIDERE

O que faz você temer? Quando você experimentou Deus como seu refúgio e Aquele que o fortalece? Por que você pode confiar nele hoje?

Micah Zenko escreveu um artigo para tentar tranquilizar o medo das pessoas de ataques de tubarão, na edição de 2012 da revista americana *Foreign Policy* (Política Externa). Zenko concluiu que, por causa do filme *Tubarão*, milhões de norte-americanos entram em pânico desnecessariamente quando ouvem falar que um desses animais pode estar próximo à área onde nadam.

Porém, de acordo com a pesquisa de Zenko, menos de um americano morre por ano por ataques de tubarão. O artigo também continha uma lista de coisas mais prováveis de causar a morte. O autor conclui com um lembrete de que não há necessidade de se afastar do oceano: "Saia do sofá e pare de assistir a especiais de tubarão. Melhor ainda: vá nadar".

O Salmo 46 foi escrito para celebrar o poder de Deus, tranquilizar os medos das pessoas e encorajar a confiança no Senhor. Começa com a declaração de que Deus é um refúgio para o Seu povo — um abrigo contra o perigo — cujo poder lhes dá força (v.1). O salmo proclama a segurança do povo de Deus ainda que a terra trema, os montes sejam abalados e as profundezas do mar se agitem e espumem (v.2).

E porque Deus é a segurança e a estabilidade de Seu povo, eles não devem temer ainda que o caos ameace engolfá-los (v.6). Não importa o que aconteça, aqueles que confiam no Senhor estão seguros (v.7).

Assim como *Tubarão* estimulou o medo desses animais, os desafios da vida podem criar medo em nosso coração. Mas adoramos e servimos a um Deus que coloca ordem no caos. Ele diz: "Parem de lutar e fiquem sabendo que eu sou Deus" (v.10).

Às vezes, é nas situações difíceis da vida que encontramos fé mais profunda e experimentamos a presença de Deus.

—MARVIN WILLIAMS

4 DE JUNHO

UMA CANÇÃO DE AMOR

LEIA

Isaías 5:1-7

Vou cantar agora para o meu amigo uma canção a respeito da sua plantação de uvas. O meu amigo fez essa plantação num lugar onde a terra era boa (v.1).

EXAMINE

Leia Oseias 14:2; Hebreus 13:15,16; Gálatas 5:22,23; Colossenses 1:10 para ver o tipo de bons frutos que podemos oferecer a Deus.

CONSIDERE

Jesus disse que "pelo fruto se conhece a árvore" (Mateus 12:33). Que bons frutos você está produzindo que dizem às pessoas que você é cristão? Como você expressará seu amor por Jesus hoje?

A letra de um dos meus louvores prediletos exalta a ideia de louvar a Jesus com tudo o que sou. Quando a canto, meu foco é somente meu Salvador, que sacrificou a própria vida para que eu pudesse receber a verdadeira vida. Quando canto o lindo refrão, ele me ajuda a expressar meu amor profundo por Jesus.

Isaías escreveu a letra de uma canção de amor sobre Deus: "Vou cantar agora para o meu amigo uma canção a respeito da sua plantação de uvas. O meu amigo fez essa plantação num lugar onde a terra era boa" (Isaías 5:1). O profeta falou sobre o grande amor de Deus e o que Ele fizera por Seu povo. Deus é o proprietário, o projetista, o escavador, o construtor, o lavrador, o provedor e o protetor de Sua vinha (vv.1,2).

Tendo feito todo o necessário para que a vinha crescesse bem, o proprietário esperava uma colheita abundante. Porém, em vez de uvas doces, "deu uvas azedas" (v.2).

Em seguida, Deus conteve Sua proteção, e a vinha foi pisada e destruída por animais selvagens (v.5). Sem Sua provisão de chuva, a vinha morreu: "...darei ordem às nuvens para que não deixem cair chuva na minha plantação" (v.6). Isto revela que a vinha pertencia ao Senhor. Ele poderia fazer com ela o que quisesse.

Deus está procurando bons frutos em nossa vida. Que tipo de fruto você está produzindo? Qual é o estado da sua vinha?

Sem dúvida, Jesus o ama. Mas você o ama profundamente? Podemos cantar uma canção de amor com o coração frio. Você ama Jesus com a mesma intensidade com a qual Ele o ama? Com Isaías, que possamos declarar com confiança: "Agora, vou cantar para o meu amigo" (v.1). E que possamos fazê-lo com uma paixão que reflita o amor que Ele nos revelou! —*K. T. Sim*

5 DE JUNHO

O MELHOR NEGÓCIO

LEIA

Lucas 18:18-27

*Jesus respondeu:
— O que é impossível para os seres humanos é possível para Deus* (v.27).

EXAMINE

Leia Mateus 6:19-21 e considere o que Jesus diz sobre a natureza do verdadeiro tesouro.

CONSIDERE

Identifique as áreas em que você tem dependido de si mesmo ou de outras pessoas (não de Deus) para obter provisão (financeira ou outra). Como seria confiar somente em Deus para tudo o que você precisa?

Quando eu era criança, minha mãe e eu muitas vezes íamos ao supermercado juntas. Enquanto ela me ensinava a comparar preços para achar o melhor negócio, ela andava por cada corredor com uma lista de itens numa mão e uma calculadora na outra. Hoje, quando meu marido e eu saímos para o desconhecido como fundadores de igrejas, enfrento o medo palpável das incertezas — algumas das quais são financeiras. Pois não importa o quanto eu domine a calculadora, não posso controlar o futuro.

O rico líder religioso mencionado em Lucas 18 levava a sério sua busca da lei de Deus desde tenra idade (v.21). Diferentemente do povo farisaico que perturbava Jesus com perguntas manipuladoras e comentários sarcásticos (Lucas 11:53,54), este homem foi a Jesus à procura de respostas. Ele até perguntou: "— Bom Mestre, o que devo fazer para conseguir a vida eterna?", pergunta que indica a crença em algo além deste mundo.

Amar a Jesus é uma ideia atraente. Damos valor ao sentido de pertencer, compreender os benefícios da fidelidade e achar empolgante fazer parte de um reino que se mova em poder. Mas existe uma diferença entre querer amar a Jesus e de fato segui-lo.

No final, o jovem foi embora insatisfeito com a resposta que Jesus lhe deu: confiar no Senhor acima de tudo. Ele não poderia abraçar a intimidade com Jesus e sua dependência das coisas materiais ao mesmo tempo (Mateus 6:24).

Mais do que uma advertência aos perigos das riquezas, a história do jovem assinala esta verdade: quando caminhamos com Jesus, o melhor negócio é depender mais de Deus, em vez daquilo que podemos segurar nas mãos (Lucas 18:22,23).

—REGINA FRANKLIN

6 DE JUNHO

CONTADORES DE HISTÓRIAS

LEIA

1 Coríntios 15:1-7
Eu passei para vocês o ensinamento que recebi... (v.3).

EXAMINE

Leia o relato de Paulo sobre a morte e a ressurreição de Jesus em 1 Coríntios 15 e considere que este é o registro escrito mais antigo desse acontecimento.

CONSIDERE

A quem você pode mostrar o amor de Jesus hoje? O que você pode dizer sobre o que o Senhor fez por essa pessoa?

A cada dois anos, no País de Gales, centenas de pessoas se reúnem para um festival internacional de histórias chamado *Além da Fronteira*. O festival é um esforço para comemorar a rica herança da tradição oral.

A tradição oral é a transmissão de histórias — especificamente relatos históricos e culturais — por palavras ditas. Uma vez, esta foi a maneira básica de preservar a história e passá-la adiante de geração para geração.

A tradição oral desempenhou um papel essencial na proclamação acurada das boas-novas de Jesus. Perto do fim da primeira epístola de Paulo à igreja de Corinto, o apóstolo relembrou seus leitores das boas-novas que ele lhes pregara alguns anos antes (ATOS 18:1-18; 1 CORÍNTIOS 15:1). Usando verbosidade que refletia a prática regular da tradição oral ("antes de tudo"), Paulo descreveu o conteúdo das palavras que dissera (vv.1-4).

Muitos historiadores estão convencidos de que o resumo oral dos relatos dos evangelhos que Paulo cita nos versículos 3 e 4 é um antigo credo cristão de algum tipo que estava sendo proclamado oralmente na igreja da época. Isto é importante, já que os modernos céticos do Novo Testamento defendem que a história de Jesus era um conto inventado por Seus seguidores desesperados — algo que cresceu até se tornar uma lenda durante um longo período de tempo. Mas a referência de Paulo ao relato que lhe fora transmitido é outra peça de forte evidência de que os detalhes amplamente circulavam entre os cristãos primitivos.

Quer oral, quer escrita, a história de vida de Jesus é verossímil. É outra razão pela qual podemos ser confiantes proclamadores das boas-novas hoje! —*JEFF OLSON*

7 DE JUNHO

CERRANDO OS PUNHOS

LEIA

1 Samuel 17:31-51

...Ele é vitorioso na batalha... (v.47).

EXAMINE

Leia Salmo 91:4-6 para ver a imagem da proteção compassiva e poderosa de Deus.

CONSIDERE

Por que às vezes duvidamos da presença e do poder de Deus durante circunstâncias difíceis? Como as situações atemorizantes aprimoram nossa caminhada com Deus?

Quando nos mudamos para perto da cidade onde moro hoje, dirigir por caminhos desconhecidos me fazia sentir desconfortável. O tráfego aumentava meus batimentos cardíacos. Carros e caminhões passavam por mim, levando-me a sentir que eu precisava acelerar. Enquanto segurava o volante, eu cerrava os punhos até as dobras dos meus dedos ficarem brancas.

Podemos ter a mesma reação de "cerrar os punhos" em situações estressantes. Muitas vezes, cerramos os dentes e dependemos da nossa própria determinação para realizar uma tarefa.

Davi reagiu de outra maneira ao encontro com Golias. Ele confiava em Deus e disse ao rei Saul: "O Senhor Deus me salvou dos leões e dos ursos e me salvará também desse filisteu..." (1 Samuel 17:37). Davi se recusou a vestir a armadura que Saul lhe oferecera e levou apenas cinco pedrinhas e uma funda para a batalha (v.40). Ele ignorou a tagarelice de Golias e disse ao gigante: "Hoje mesmo o Senhor Deus entregará você nas minhas mãos […] Ele é vitorioso na batalha..." (vv.46,47).

Quando a batalha começou, Davi não se acovardou, mas agarrou sua arma com os punhos cerrados — "...dispondo-se o filisteu a encontrar-se com Davi, este se apressou..." (v.48 ARA). Sua coragem vinha de sentir a presença e o poder de Deus. No fim, Deus o usou para derrotar Golias. A vitória ofereceu uma mensagem crucial aos israelitas: "Saberá toda esta multidão que o Senhor salva..." (v.47 ARA).

Hoje temos a garantia de que somos povo de Deus, e Ele cuidará de nós em qualquer batalha (Romanos 8:37-39). Em vez de abordar situações intimidantes com medo, podemos marchar para enfrentá-las com confiança, sabendo que Deus está ao nosso lado (Salmo 118:6). —*Jennifer Benson Schuldt*

8 DE JUNHO

IMUTÁVEL

LEIA

Hebreus 13:1-16

Jesus Cristo é o mesmo ontem, hoje e sempre (v.8).

EXAMINE

Leia Salmo 102:25-27 e reflita sobre o que diz a passagem sobre Deus e Seus caminhos.

CONSIDERE

Como o fato de que Deus nunca muda o encoraja hoje? Como os caminhos imutáveis de Deus o ajudam a crescer e a fortalecer seus relacionamentos?

Ela lhe disse: "Não quero tentar consertar nosso casamento. Acabou". O que começara com expectativas tão altas e amor evidente agora era algo frio, sem vida. Meu amigo desejava ver renovação e restauração em seu relacionamento, mas sua esposa deixou claro que os dois tinham mudado, e que o casamento logo terminaria.

Relacionamentos humanos muitas vezes são instáveis e sem perseverança. Mas o autor de Hebreus nos diz: "Jesus Cristo é o mesmo ontem, hoje e sempre" (HEBREUS 13:8). Além disso, o autor nos lembra de que o compromisso que Deus tem conosco também é imutável: "...Eu nunca os deixarei e jamais os abandonarei" (v.5; DEUTERONÔMIO 31:6,8).

Quando as mudanças na vida causam dor, *Deus não muda*. Quando os relacionamentos dão errado, *Ele permanece conosco*. Estas verdades oferecem esperança e paz quando sentimos que a vida está fugindo ao controle. Em vez de permanecermos paralisados pelo medo, podemos reivindicar esta realidade tranquilizadora: "...O Senhor é quem me ajuda, e eu não tenho medo. Que mal pode alguém me fazer?" (v.6; SALMO 118:6).

Você tem um relacionamento que infelizmente está chegando ao fim? Está passando pelo desafio de um laço familiar com problemas? Sente-se envergonhado e rejeitado? Se você tem sofrido mudanças por causa do seu amor por Jesus e seu desejo de agradá-lo, você está "sofrendo sua desonra" (HEBREUS 13:13). Suas decisões e caminhos estão ligados Àquele que não é instável, que nunca muda e que sempre está ao seu lado.

Você pode não conseguir enaltecer sua situação, mas levante a cabeça e ofereça "...louvor a Deus. Esse louvor é o sacrifício que apresentamos..." (v.15). Seus caminhos imutáveis merecem todo o nosso louvor! —TOM FELTEN

9 DE JUNHO

NOVOS NOMES, NOVA NATUREZA

LEIA

Atos 2:37-41

*Pedro respondeu:
— Arrependam-se, e cada um de vocês seja batizado em nome de Jesus Cristo para que os seus pecados sejam perdoados, e vocês receberão de Deus o Espírito Santo* (v.38).

EXAMINE

Leia mais sobre o batismo em Atos 16:31-33 e Gálatas 3:27.

CONSIDERE

O que significa morrer diariamente para a nossa natureza pecaminosa? Por que é importante ser batizado?

Em 2012, Pretória, a capital da África do Sul, mudou o nome de muitas ruas, inicialmente causando confusão para aqueles que iam de casa para o trabalho e uma dor de cabeça para os guardas de trânsito. Depois que os nomes foram alterados, o formato dos boletins de trânsito, nas estações de rádio, incluía os novos nomes das ruas seguidos da palavra "antiga rua" e o velho nome.

Em 2013, o Hillsong United renomeou a banda. Os locutores de rádio de todo o mundo inicialmente se referiam ao grupo de adoração como "United — antigo Hillsong United".

Estas mudanças de nome me fizeram pensar sobre o batismo nas águas — um poderoso símbolo da mudança que ocorre quando entregamos nossa vida a Jesus. Nele, sou cheio de fé, o *ex-medroso*; sou livre, o *ex-escravo*; tenho paz; sou um *ex-ansioso*. Depois que Pedro provou que Jesus era o verdadeiro Messias, os judeus se convenceram e lhe perguntaram o que deveriam fazer (Atos 2:14-37). Pedro lhes disse que deveriam se arrepender, voltar-se a Deus e ser batizados. Então, seriam perdoados e receberiam o dom do Espírito Santo (2:38).

Quando os cristãos são imersos nas águas e emergem, lembramo-nos de que a velha natureza está morta e enterrada, nunca mais deve ser usada, e eles agora têm uma nova natureza em Cristo (Romanos 6:3-6; Colossenses 2:12). O batismo nas águas é uma declaração pública de que estávamos mortos e perdidos em nossos pecados, mas revivemos em Cristo pela fé (Efésios 2:1-6; Colossenses 2:13-15).

Os novos nomes das ruas de Pretória não vão voltar ao que eram antes. E quando somos batizados, declaramos que nunca voltaremos à nossa velha natureza morta. Somos novas criaturas (2 Coríntios 5:17). —*Ruth O'Reilly-Smith*

10 DE JUNHO

UM TEMPO DE...

LEIA

Eclesiastes 3:1-13

Tudo neste mundo tem o seu tempo... (v.1).

EXAMINE

Leia Eclesiastes 11:9–12:5 e reflita sobre como as coisas mudam. Que mudanças são difíceis para você? Qual delas você aceita facilmente?

CONSIDERE

Quando você considera o futuro, que emoções você experimenta? Como você se sente ao saber que "tudo fez Deus formoso no seu devido tempo"?

Quando William Straw, dono de mercearia, morreu em 1932, a família dele, de Worksop, na Inglaterra, ficou arrasada. Em meio à dor, decidiram deixar a casa de tijolinhos vermelhos exatamente do jeito como estava no dia de sua morte. Com os anos, os dois filhos de Straw passaram a morar ali, mantendo a casa em perfeitas condições — deixando os casacos e os chapéus do pai na porta da frente, seu sabonete na banheira e as latas fechadas de sardinha e feijão na dispensa. Em 1991, o último filho morreu, deixando a casa para a *National Trust*. A instituição hoje permite que visitantes vejam a casa de William Straw como um modelo da vida inglesa de 80 anos atrás.

O máximo que conseguimos é preservar imagens e lembranças do passado, pois não temos como impedir que o tempo passe. Eclesiastes nos mostra que existem muitas épocas na vida: "...tempo de plantar e tempo de arrancar; [...] tempo de chorar e tempo de dançar" (ECLESIASTES 3:2,4). Devemos usar o tempo com sabedoria e discernir como melhor passar nossos dias, mas não podemos controlar para onde o tempo nos conduzirá.

Talvez, queiramos agarrar os momentos de alegria ou prosperidade, mas de fato haverá também tempos de tristeza e de necessidade. Em nossa cultura, queremos desesperadamente manter a juventude. Entretanto, a idade avança e o "...tempo de morrer..." (v.2) alcança a todos.

O autor de Eclesiastes nos lembra de que não precisamos lutar para controlar nossa vida ou temer o número de dias que nos foi dado. Porque "Tudo fez Deus formoso no seu devido tempo..." (v.11 ARA). Quando Deus é o Senhor dos nossos dias, podemos receber cada momento como um presente dado por Ele e vivê-los em plenitude. —*WINN COLLIER*

2Cr 34–36; Jo 19:1-22 ‹ A BÍBLIA em UM ANO

11 DE JUNHO

TEMPO E ETERNIDADE

LEIA

João 12:20-26

Quem ama a sua vida não terá a vida verdadeira; mas quem não se apega à sua vida, neste mundo, ganhará para sempre a vida verdadeira (v.25).

EXAMINE

Considere a perspectiva eterna de Paulo encontrada em 2 Coríntios 4:16,17.

CONSIDERE

O que você pode e o que não pode esperar nesta vida? De que maneira você pode viver tendo em vista a vida eterna?

Eu sempre quis aprender a tocar violoncelo, mas nunca tive tempo para fazer aulas. Uma vez que o tempo é curto, eu prefiro usá-lo para fazer as coisas que eu não farei no céu — coisas como ajudar um cristão a crescer na fé ou estender a mão a alguém que não crê em Jesus. Digo para mim mesma: *No céu, teremos a eternidade toda para dominar esse instrumento!*

Talvez, você também tenha deixado de lado algumas buscas pessoais a fim de ajudar os outros. E, embora você saiba que é algo bom a se fazer, em algum cantinho da sua mente você ainda se pergunta, às vezes: *Será que estou me enganando?*

É compreensível que possamos ter esse tipo de pensamento. Afinal de contas, o tempo é como um rio cruel e transbordante que leva a nossa vida. Sentimos a pressão para usar a maior parte do tempo que recebemos antes de sermos levados.

Um pouco antes de Jesus ir à cruz, Ele disse as seguintes palavras pungentes: "Quem ama a sua vida não terá a vida verdadeira; mas quem não se apega à sua vida, neste mundo, ganhará para sempre a vida verdadeira" (João 12:25).

Jesus estava dizendo para não aproveitarmos as coisas que Deus nos dá nesta vida? Não! Ele estava nos dizendo para que as apreciemos tendo em vista a vida eterna. Não viva para o presente. Não se apegue ao conforto, aos prazeres, ao poder, ao emprego ou às riquezas. Deus deve sempre ser nossa principal prioridade. Como Jesus falou: "Quem quiser me servir siga-me…" (v.26).

À luz da eternidade, sabemos que algumas coisas podem esperar, enquanto outras não. A prioridade de Jesus era clara. Ele aproveitava o dia para reconciliar o homem com Deus e fazer discípulos. E você? —*Poh Fang Chia*

12 DE JUNHO

MONSTRO DO CAOS

LEIA

Jó 38:1-41

Marquei os seus limites e fechei com trancas as suas portas. E eu lhe disse: "Você chegará até este ponto e daqui não passará. As suas altas ondas pararão aqui" (vv.10,11).

EXAMINE

Leia Gênesis 1:1-10 e considere o que esta passagem ensina sobre a relação de Deus com o caos representado pelo mar.

CONSIDERE

A quem você gostaria de falar sobre o poder de Deus sobre o oceano de caos? Como você tem experimentado o poder de Deus sobre o caos?

Civilizações antigas sentiam pavor do oceano. Para elas, o mar era um lugar tempestuoso e imprevisível onde as ondas engoliam marinheiros corajosos. Assim, não é de se surpreender que todas as religiões do Antigo Oriente Médio contivessem relatos sobre como seus deuses derrotavam o mar de caos perverso e seu mostro de sete cabeças — frequentemente retratado por um dragão ou uma serpente. Quer fosse o Marduk, da Mesopotâmia, assassinando Tiamat, a deusa do mar, quer fosse o Baal cananeu cortando as cabeças do monstro do caos oceânico, os antigos provaram seu ponto de vista ao dizer que o deus deles tinha triunfado sobre o mal.

As Escrituras usam o mar e o monstro do caos para provar um ponto de vista ainda melhor sobre Deus. Jeová demonstrou que apenas Ele era Deus ao "secar o mar" para que Seu povo pudesse fugir do Egito (ISAÍAS 51:10). E Raabe confessou aos espias: "...todos nós estamos morrendo de medo. Soubemos que o Senhor secou o mar Vermelho diante de vocês quando saíram do Egito..." (JOSUÉ 2:9,10).

Deus lembrou Jó de que Ele estabelecera limites ao mar, e que Ele domina o monstro do mar, o Leviatã (Jó 38:8-11; 41:1-34). Asafe mais tarde escreveu sobre Deus: "Com o teu grande poder, dividiste o Mar e esmagaste as cabeças dos monstros marinhos" (SALMO 74:13). O poder de Deus é maior do que qualquer inimigo que venhamos a enfrentar na Terra — até mesmo do inimigo da nossa alma.

Jesus promete voltar e matar "...o dragão, a antiga serpente, que é o diabo..." e criar uma nova terra sem mar (APOCALIPSE 20:2; 21:1 ARA).

Não sei qual oceano de caos tem envolvido seus joelhos, mas entregue seu caos a Deus. Ele pode domá-lo. —*Mike Wittmer*

13 DE JUNHO

IMPERFEITAMENTE ACEITÁVEL

LEIA

2 Samuel 3:12-16

Davi respondeu: — Muito bem. Eu farei um acordo com você, porém com uma condição: quando vier falar comigo, você vai me trazer Mical, filha de Saul (v.13).

EXAMINE

Leia Salmos 32, 51 e 102 para ver o outro lado da vida imperfeita e pecaminosa de Davi.

CONSIDERE

Você acha que Deus espera que você seja perfeito? O que separou o Davi pecador e imperfeito de alguém como Saul?

Davi estivera em guerra com o rei Saul (2 Samuel 3:1). Depois da morte de Saul, seu comandante Abner decidiu trocar de lado e apoiar Davi (vv.8-10). Abner falou: "Quem vai governar esta terra? Faça um acordo comigo, e eu o ajudarei..." (v.12). Davi concordou, mas com uma condição: "...você vai me trazer Mical, filha de Saul" (v.13).

Saul tinha dado Mical por esposa a Davi, mas depois a entregara a outro homem, Palti, quando Davi fugiu (1 Samuel 18:27; 25:44).

Talvez, não houvesse romance. Mical era valiosa para Davi por outros motivos. Alguns estudiosos citam que uma reconciliação com ela o colocaria como filho legítimo de Saul perante a lei e fortaleceria sua reivindicação ao trono. A despeito dos desejos de Mical e dos sentimentos de Palti, Davi reivindicou seu tesouro político. Palti chorou por Mical já que ela foi levada por Davi (2 Samuel 3:16).

Muitas vezes, pensamos em Davi como um homem segundo o coração de Deus, alguém amável com os mais fracos (1 Samuel 13:14; 2 Samuel 9) e alguém que poupou a vida do inimigo quando poderia tê-la tirado (1 Samuel 24). Mas, como diz Eugene Peterson, aqui Davi pode ter sido "um homem que sacrificou sua humanidade no altar do poder".

Então, que conceito formaremos sobre a vida desse rei? "A história de Davi não é uma história do que Deus quer que sejamos", diz Peterson, "mas uma história de Deus trabalhando com o material bruto da nossa vida". A vida de Davi é um lembrete de que Deus toma pessoas pecadoras e imperfeitas e as usa.

Sentindo-se muito pecador para ser aceito por Deus? Sentindo-se imperfeito demais? A graça de Deus o tomará como você é: imperfeitamente aceitável. —SHERIDAN VOYSEY

14 DE JUNHO

O CORAÇÃO DE UM SURFISTA

LEIA

Romanos 5:5-11

Tu disseste: "Venha me adorar." Eu respondo: "Eu irei te adorar, ó Senhor Deus" (Salmo 27:8).

EXAMINE

Leia Salmo 42:8 e considere o que Deus oferece àqueles que o amam.

CONSIDERE

Como Deus tem mudado o seu coração? O que você precisa levar a Ele em arrependimento hoje?

O filme *A Arca de Noah: o Documentário de Noah Snyder* conta a história de Snyder e de sua jornada única desde a infância até estabelecer uma carreira profissional de surfista. Quando assisti ao filme, fui tocado pelo surfe fora de série e pelas verdades profundas dessa história. Foi inspirador ver Noah e vários de seus amigos de infância amadurecer, passando de meros caçadores de adrenalina até jovens com um propósito, responsabilidade e relacionamento com Deus.

"O Senhor consertou meu coração", proclamou um dos amigos de Noah, me fazendo pensar sobre a transformação que ocorre quando recebemos Jesus como nosso Salvador. A promessa de Deus a toda a humanidade é que Ele nunca "o desprezará" (Salmo 51:17). Quer estejamos pegando uma onda, ou numa prisão — "Se confessarmos os nossos pecados, ele é fiel e justo para nos perdoar os pecados e nos purificar de toda injustiça" (1 João 1:9 ARA).

Observemos três versículos encontrados em Romanos 5:5-11 para melhor compreender o desígnio de Deus de nos dar um novo coração:

"...quando não tínhamos força espiritual, Cristo morreu pelos maus, no tempo escolhido por Deus" (v.6).

"Mas Deus nos mostrou o quanto nos ama: Cristo morreu por nós quando ainda vivíamos no pecado" (v.8).

Pelo sangue de Jesus, podemos ser salvos e, "...nos alegramos por causa daquilo que Deus fez por meio do nosso Senhor Jesus Cristo, que agora nos tornou amigos de Deus" (v.11).

Quando levamos nosso coração destruído e insatisfeito a Deus em arrependimento e fé, podemos conhecer a alegria que se encontra na comunhão com Ele (1 João 1:3,4). A esperança encontrada em Jesus não decepciona (Romanos 5:5).

—Roxanne Robbins

15 DE JUNHO

FUNDAMENTO FIRME

LEIA
Mateus 7:24-29
Quem ouve esses meus ensinamentos e vive de acordo com eles é como um homem sábio que construiu a sua casa na rocha (v.24).

EXAMINE
Leia Lucas 10:38-42 e observe por que Jesus elogiou Maria.

CONSIDERE
O que você pode fazer para ter certeza de que está ouvindo e aplicando a Palavra de Deus? Como ela o afeta quando você a estuda com regularidade?

Da janela do meu escritório em Singapura, observei um terreno sendo escavado para dar lugar a um novo edifício. Porém, por muitos meses, a construção não parecia progredir a despeito da agitação e das atividades.

Aparentemente, os engenheiros não estavam muito felizes com a fundação. Então, empregaram várias técnicas durante um longo período de tempo para garantir que estivesse firme. E, pasmem, assim que a fundação foi estabelecida, a construção avançou "a todo vapor". Em duas semanas, dois andares já estavam prontos.

Jesus usou a parábola dos construtores tolo e sábio para concluir Seu Sermão da Montanha. Ele fala sobre a importância do fundamento da nossa *vida* — algo que lamentavelmente está, muitas vezes, fora do alcance da visão e da mente.

Então, como podemos ser semelhantes ao homem sábio que edificou sua casa sobre a rocha? Jesus nos dá dois princípios imprescindíveis: ouvir Seus ensinamentos e praticá-los (Mateus 7:24).

Quais são algumas das maneiras como podemos ouvir a Palavra? Eis algumas sugestões: frequente cultos na igreja, participe de um grupo pequeno, ouça pregações no carro, leia e estude a Bíblia pessoalmente. Em seguida, precisamos fazer o que ela diz. Isto significa reagir ao que ouvimos ao permitir que a Palavra de Deus transforme nosso pensamento e nosso comportamento.

A vida sempre exigirá nosso tempo e nossa energia, exigências que clamam por nossa atenção imediata. O reservar um tempo para ouvir a Palavra de Deus e o fazer o que ela diz, por comparação, não gritam tão alto por atenção quando negligenciados.

Reserve um tempo para ouvir e obedecer à Palavra de Deus, porque o sábio edifica a vida sobre a verdade bíblica.

—POH FANG CHIA

A BÍBLIA em UM ANO ▸ Ne 1–3; At 2:1-21

16 DE JUNHO

ÁGUAS TURBULENTAS

LEIA

Mateus 8:18-22

Jesus respondeu: — As raposas têm as suas covas, e os pássaros, os seus ninhos. Mas o Filho do Homem não tem onde descansar (v.20).

EXAMINE

Leia Lucas 14:25-33 e considere o que Jesus disse que será exigido de Seus verdadeiros discípulos.

CONSIDERE

Quando você é tentado a prosseguir em águas estagnadas da vida? O que você pode fazer hoje nas águas turbulentas do viver para Jesus?

Palmer Chinchen, autor de *True Religion* (Verdadeira Religião), fala sobre quando ele e os irmãos fizeram *rafting* nas corredeiras do rio Zambezi. Ao se prepararem para descer a montanha-russa de águas, o guia lhes disse: "Quando — não *se* — o bote virar, permaneçam nas águas agitadas. Vocês serão tentados a nadar em direção às águas paradas perto das margens. Não façam isso, porque os crocodilos os esperam nas águas estagnadas. Eles são grandes e famintos. Quando o bote virar, fiquem nas águas turbulentas".

Na vida cotidiana, a estagnação pode matar seu espírito. Quando Jesus chamava o povo para segui-lo, Ele queria discípulos que resistissem ao desejo e à tentação de nadar e viver nas "águas paradas".

Jesus destacou Suas expectativas para o discipulado: *sacrifício e total fidelidade* (MATEUS 8:18-20). Ele queria que os pretensos seguidores soubessem que ser discípulo não seria algo confortável e fácil (v.20). Se eles seguissem a Jesus, deveriam saber que isso os levaria as águas turbulentas. O mestre religioso nestes versículos precisava saber que, se ele quisesse ser discípulo de Jesus, comprometeria a si mesmo a experimentar o sofrimento e até a morte. Jesus estava lhe dizendo que permanecesse nas águas agitadas do discipulado e que saísse das águas estagnadas do comodismo, porque as águas paradas o levariam à morte espiritual e à derrota (v.22).

Jesus ainda procura seguidores que se comprometam a nadar e a viver nas águas agitadas do discipulado sacrificial. Ele não precisa de nós nos bancos da igreja; Ele quer que rememos em direção às águas turbulentas — derramando nossa vida pelas pessoas. Como será para você segui-lo assim? —MARVIN WILLIAMS

Ne 4–6; At 2:22-47 ‹ A BÍBLIA em UM ANO

17 DE JUNHO

AMADOS

LEIA

1 João 4:7-21

E o amor é isto: não fomos nós que amamos a Deus, mas foi ele que nos amou e mandou o seu Filho para que, por meio dele, os nossos pecados fossem perdoados (v.10).

EXAMINE

Leia 1 João 3:1-16 e considere como saber que somos amados por Deus pode afetar nossas escolhas e nossos relacionamentos.

CONSIDERE

Por que você às vezes sente que não é digno desse amor? Como nossa sensação de rejeição pode dar espaço à idolatria em nossa vida?

Ao lado do corpo do irmão mais velho, a dor dele era visível. Somado ao peso da morte, estava o fato de que o relacionamento deles fora a coisa mais próxima que conhecera entre pai e filho. Seu irmão sempre lhe dizia: "Eu o amo" quando se separavam. Mas as diferenças da vida e de opiniões entre eles, e a ausência de aproximação verdadeira deixavam este homem imaginando se o seu amor era real.

Amado. Encontramos esta palavra no início de 1 João 4:7. É traduzida da palavra grega *agapetos*, que significa "amado, estimado, querido, favorito, digno de amor". Mais do que a aceitação passiva de alguém, o termo é repleto de ação e comprometimento.

No batismo de Jesus e, depois, em Sua transfiguração, os evangelhos registram a declaração de Deus sobre Jesus como Seu Filho *amado* (MATEUS 3:17; 12:18; 17:5). Mais tarde, Paulo usou este termo para descrever o resgate da humanidade realizado por Deus no "Amado" (EFÉSIOS 1:6). Neste sentido, a palavra "amado" indica Seu grande amor por nós.

Mas estamos convencidos?

A dor em nossa vida às vezes nos faz sentir rejeitados por Deus. Quando ouvimos esta falsa mensagem, começamos a nos voltar para deuses inferiores em busca de conforto — como a comida, a televisão, o sexo ou a carreira. Escondemo-nos dos relacionamentos, nos perdemos em atividades ou tentamos provar que somos dignos de amor.

Ainda assim, Deus continua derramando Sua graça sobre nós. Seu chamado já ecoou: "...Aqueles que não eram meu povo eu chamarei de 'meu Povo'. A nação que eu não amava chamarei de 'minha Amada'" (ROMANOS 9:25; VEJA TAMBÉM OSEIAS 2:23). Ele é o Pai fiel cujo amor é mais do que abundante. É mais do que suficiente. —REGINA FRANKLIN

18 DE JUNHO

AQUELE QUE VÊ

LEIA

Gênesis 16:1-16

Então, ela invocou o nome do Senhor, que lhe falava: Tu és Deus que vê; pois disse ela: Não olhei eu neste lugar para aquele que me vê? (v.13).

EXAMINE

Leia Êxodo 3:7-10 e observe como Deus estava preocupado e consciente da situação do Seu povo no Egito.

CONSIDERE

Como é a sensação de saber que Deus o vê e se importa com você? Que dores e questionamentos você apresentará a Ele hoje?

Tropecei recentemente num tópico on-line intitulado "Estou enlouquecidamente cansado de sofrer". Fazia parte de um site que convida as pessoas a compartilhar experiências difíceis da vida tais como a luta contra o câncer ou uma crise no casamento.

Agar poderia ter contado sua história nele (GÊNESIS 16:1-6). Como escrava egípcia, ela teve uma vida difícil. Era propriedade de outras pessoas, que poderiam fazer com ela o que quisessem. A vida dela se tornara muito mais difícil quando sua senhora, Sarai, casou-a com o marido *dela* (Abrão). Sarai esperava ter filhos por meio de Agar, de acordo com os costumes legais da época (vv.1-3).

Quando Agar engravidou, ela optou por desprezar Sarai. Como resultado, Sarai maltratou a jovem grávida. De fato, Sarai tornou-se tão rígida e opressora que Agar fugiu — provavelmente de volta ao Egito (vv.4-6).

Imagine pular da frigideira para o fogo! Agar estava grávida e sozinha no deserto. Era improvável que ela sobrevivesse à viagem de volta à sua terra natal. E, ainda que conseguisse, não haveria muita esperança para uma mulher em sua condição.

O anjo do Senhor encontrou Agar no deserto e lhe disse que voltasse a Sarai. Ele também a consolou com a promessa de que Deus lhe daria mais descendentes do que ela poderia contar (vv.9,10).

Agar tomou posse das palavras do anjo e se dirigiu a Deus como "aquele que me vê" (v.13). Antes da visitação do ser angelical, Agar pensava que ninguém visse seu problema. Mas ela veio a entender que Deus estava consciente de tudo e que se importava com ela.

Aquele que vê também está consciente de você e das suas necessidades e se importa profundamente com você. —*JEFF OLSON*

19 DE JUNHO

TOQUE OS CÍMBALOS!

LEIA

Salmo 150:1-6

Louvai-o com címbalos sonoros; louvai-o com címbalos retumbantes (v.5 ARA).

EXAMINE

Leia Esdras 3:10 e observe como os címbalos foram usados em relação à construção do templo. Leia Salmo 99:1-5 para abastecer seu louvor e adoração a Deus.

CONSIDERE

O que pode impedir que você entre na presença de Deus com vívida alegria? Por quais tipos de coisas você está apaixonado, em que elas se comparam a Deus?

Num vídeo educacional, Neil Percy, percussionista da Orquestra Sinfônica de Londres, demonstra a técnica adequada para segurar os címbalos a fim de produzir o som mais alto possível. Começa segurando os címbalos verticalmente abaixo da cintura. Ele os bate juntos enquanto os move em direção ao céu. Depois, termina com as duas mãos estendidas sobre a cabeça, com os címbalos reverberando vibrantemente no ar acima dele. As maiores batidas nos címbalos, ele diz, podem ser usadas numa sinfonia "no auge de um *crescendo* ou na combinação de um grande fluxo de notas".

Címbalos retumbantes também aparecem no que poderia ser chamado de o "grand finale" do livro de Salmos. No último salmo, o autor nos encoraja a louvar a Deus "com címbalos sonoros; louvai-o com címbalos retumbantes" (SALMO 150:5 ARA). Embora o autor mencione outros instrumentos, os címbalos têm sua relevância já que são mencionados duas vezes num único versículo!

Este salmo nos encoraja a nos entusiasmarmos com Deus e adorá-lo com zelo e vigor — só Ele merece isso! Devemos louvá-lo "...pelas coisas maravilhosas que tem feito. Louvem a sua imensa grandeza" (v.2).

Assim como é impossível retumbar um par de címbalos ao acaso, a verdadeira adoração a Deus não pode ser casual. Quer nosso louvor aconteça em forma de música, quer ocorra no âmago de nosso ser, render completamente nosso coração a Deus não deve ser uma experiência monótona. Existem momentos em que precisamos nos aquietar e refletir sobre a Sua grandeza (SALMO 46:10), porém Ele merece, em todo tempo, o verdadeiro relacionamento com a nossa alma e a plena alegria da expressão do nosso amor por Ele! —JENNIFER BENSON SCHULDT

20 DE JUNHO

DIAMANTE BRUTO

LEIA

Filemon 10-20

Pois agora ele não é mais um escravo, [...] é um querido irmão em Cristo. De fato, para mim ele é muito querido. E para você agora ele é mais querido ainda, não só como escravo, mas também como irmão no Senhor (v.16).

EXAMINE

Leia Filipenses 2:15 para ver como aqueles que receberam Jesus como Senhor podem brilhar para Ele.

CONSIDERE

Por que às vezes evitamos cristãos jovens ou imaturos que ainda não têm uma fé sólida? Como você pode ajudar outros a crescerem na fé para a glória de Deus?

Em 2013, a visita de Michael Dettlaff ao Parque Estadual Crater of Diamonds, em Arkansas, EUA, mostrou-se ser uma *joia* de viagem! O garoto de 12 anos deixou o lugar com uma pedra verdadeiramente preciosa. O parque é um local onde os visitantes podem cavar e ficar com as pedras que encontram. O achado de Michael foi um diamante de 5,16 quilates para o deleite de toda a sua família. Ele chamou a joia, avaliada em 15 mil dólares, de "Glória de Deus".

O apóstolo Paulo apelou ao seu amigo Filemon que aceitasse um cristão, ainda um diamante bruto, chamado Onésimo — "...por causa do Senhor..." (vv.1,20). Onésimo era um escravo que tinha roubado seu senhor, Filemon. Paulo se tornara o "pai na fé" desse jovem quando estiveram juntos na prisão (v.10). O apóstolo o vira se render a Cristo e afastar-se das trevas de seus atos anteriores.

Ao explicar a Filemon e a outros cristãos a razão pela qual deveriam acolher Onésimo, Paulo escreveu: "...ele não é mais um escravo, porém muito mais do que isso: é um querido irmão em Cristo..." (v.16). A obra redentora de Deus havia purificado, lapidado e polido o ex-escravo — transformando-o em alguém que refletia a luz radiante de Deus. Aos olhos de Paulo, Onésimo era verdadeiramente uma "...nova criatura; as coisas antigas já passaram; eis que se fizeram novas" (2 Coríntios 5:17 ARA).

Quem são os diamantes brutos em sua vida? Pode ser fácil abrir mão de pessoas com um passado manchado ou caminhos difíceis. Mas Deus nos chama a olhar além da superfície para a beleza que pode estar escondida no interior — Sua presença restauradora e purificadora. Comece a cavar — a glória de Deus está esperando para ser revelada! —Tom Felten

Et 1–2; At 5:1-21 ‹ A BÍBLIA em UM ANO

21 DE JUNHO

LEMBRETES

LEIA

1 Samuel 7:1-17

Aí Samuel pegou uma pedra, pôs entre Mispa e Sem e disse: — Até aqui o Senhor Deus nos ajudou. Por isso deu a ela o nome de Ebenézer (v.12).

EXAMINE

Leia Salmo 96:1-4 e considere a bondade e a fidelidade de Deus.

CONSIDERE

Que lembretes palpáveis você tem do favor ou da provisão de Deus em sua vida? Por que é fundamental que continuamente reflitamos sobre a fidelidade de Deus?

Como locutora de uma rádio cristã às vezes pergunto aos compositores e músicos sobre o processo de criação da música deles. Esses adoradores frequentemente se referem a um acontecimento específico que se tornou a inspiração de determinada canção. Então, quando ouço a trilha, eu me lembro da história por detrás da letra. Assim como estas canções contêm lembretes da jornada de um indivíduo, o mesmo acontece com poemas, blogs, pinturas e atualizações de mídias sociais. Tudo isso são maneiras pelas quais — nós e outras pessoas — podemos lembrar da provisão, da libertação e da presença de Deus.

Os israelitas eram, muitas vezes, orientados a construir lembretes tangíveis da fidelidade do Senhor. Eles erigiam pedras, pilares ou altares depois de uma vitória sobre um inimigo ou como um lembrete da provisão de Deus (Josué 4:5-7; 1 Samuel 7:17). No sul de Gilgal, os israelitas foram derrotados duas vezes pelos filisteus, e a Arca da Aliança roubada (4:1-11; 5:1). Quando finalmente derrotaram os filisteus, Samuel dispôs uma pedra como lembrete da ajuda do Senhor e a chamou de Ebenézer, que literalmente significa "pedra de ajuda". Samuel disse: "...Até aqui o Senhor Deus nos ajudou..." (1 Samuel 7:12).

Quando passamos por provações e aflições (João 16:33), frequentemente esquecemos da fidelidade de Deus, de como Ele nos deu vitória anteriormente em desafios similares. Jesus não muda! (Hebreus 13:8). Logo, podemos confiar de que Ele se mostrará fiel independentemente das dificuldades que enfrentarmos hoje.

Seus "Ebenézer" o lembrarão do que Deus tem feito e também serão uma poderosa testemunha aos outros da contínua fidelidade do Senhor. —*Ruth O'Reilly-Smith*

22 DE JUNHO

PARA FORA DO ABISMO

LEIA

Lucas 22:31-34,54-61

Mas eu tenho orado por você, Simão, para que não lhe falte fé. E, quando você voltar para mim, anime os seus irmãos (v.32).

EXAMINE

Use o Salmo 51 como um guia para o arrependimento e para reconciliação com Deus.

CONSIDERE

De que maneira a história de Pedro o incentiva a se purificar diante de Deus? O que acontece com a nossa vergonha quando realmente nos arrependemos dos nossos pecados e clamamos pelo perdão de Deus?

Por que eu neguei repetidas vezes que o conhecia? Como eu poderia ter traído Sua confiança?

Estas e outras perguntas provavelmente encheram a mente perturbada de Simão Pedro enquanto, envergonhado, se afastava do pátio da corte. Ele acabara de negar seu Mestre e Senhor três vezes.

Em certos momentos de nossa vida, todos nós somos capazes de nos identificar com a maneira como Pedro se sentiu naquele dia. Fizemos algo que não deveríamos ter feito ou dissemos algo que não deveríamos ter dito às pessoas que amamos. Vimos a dor nos olhos delas e nos esquivamos, completamente decepcionados conosco mesmos. Além de pedir desculpas, não soubemos como reparar o dano causado.

Assim, como podemos sair do abismo da vergonha e decepção pessoal?

Primeiro, podemos agradecer a Deus pelo que Jesus falou a Pedro no cenáculo: "...eu tenho orado por você, Simão, para que não lhe falte fé. E, quando você voltar para mim, anime os seus irmãos" (LUCAS 22:32).

Deus não se surpreende com o nosso fracasso. Na realidade, Ele intercede por nós. Deseja reconciliação e restauração. Não precisamos fugir quando sentimos que o decepcionamos. Em vez disso, podemos admitir nossos erros e nos voltarmos para Ele. O Senhor nos espera de braços abertos! É maravilhoso ser perdoado. E podemos ser perdoados por causa do que Jesus fez por nós. Ele foi à cruz e recebeu o castigo em nosso lugar.

Com o perdão de Deus em vista, não fuja envergonhado da pessoa que você feriu. Admita seu pecado. Busque reconciliação.

Acima de tudo, lembre-se: "O amor do *Senhor* Deus não se acaba, e a sua bondade não tem fim. Esse amor e essa bondade são novos todas as manhãs..." (LAMENTAÇÕES 3:22,23). —POH FANG CHIA

23 DE JUNHO

SUPERIOR EM MEIO À CONFUSÃO

LEIA

Gênesis 29:16–30:24

Então Raquel disse: — Aqui está a minha escrava Bila; tenha relações com ela. Quando ela tiver um filho, será como se fosse meu. Desse modo eu serei mãe por meio dela (30:3).

EXAMINE

Leia Gênesis 50:1-21 para descobrir como Deus produziu o bem numa situação ruim.

CONSIDERE

Que pecado faz você se sentir mais culpado? O que você acha que Deus quer que você saiba sobre este pecado e sua culpa?

A família de Deus em Gênesis era um tanto descompensada. Veja a família de Abraão. Ele dormiu com sua escrava e mais tarde concordou com a esposa em expulsar a mulher e o filho dele, assim os enviou para o deserto (GÊNESIS 21:14).

A família de Isaque. Ela foi dividida quando cada um dos pais elegeu um filho predileto. Então, um filho tramou matar o outro por roubo (27:41).

A família de Jacó. Este homem dormiu com as duas esposas e as escravas delas, cada qual tentando gerar filhos para ele. Mais tarde, irados, os filhos mais velhos venderam o irmão José como escravo e deixaram Jacó acreditar que um "animal selvagem" tinha o matado (37:33).

Não temos como inventar desculpas para o que essas pessoas fizeram, mas é reconfortante saber que Deus era superior a toda essa bagunça. Seu plano soberano não foi ameaçado pelos pecados cometidos por elas.

Todos nós temos coisas pelas quais nos arrepender. Alguns de nós realmente prejudicaram a própria vida. Ansiamos por recomeçar! Independentemente do que você tenha feito, lembre-se de duas coisas:

- Você não prejudicou mais sua vida do que estas famílias.
- Deus permanecia no controle dessas famílias, e Ele não é ameaçado pelo seu pecado.

Quando o rei Davi pecou ao fazer a contagem do povo, a praga subsequente cessou quando ele erigiu "um altar para Deus" na eira de Araúna (2 SAMUEL 24:18). Foi naquela terra que Salomão, filho de Davi com Bate-Seba, mais tarde construiu o templo (2 CRÔNICAS 3:1). Como certo pregador disse: "Só Deus pode pegar dois pecados enormes de um homem e fazer deles um templo".

Não se desespere com seu pecado. Deus é excelente em limpar bagunças. —MIKE WITTMER

24 DE JUNHO

EM QUEM POSSO CONFIAR?

LEIA
Isaías 2:18-22
Não confiem mais nos seres humanos, pois são mortais!... (v.22).

EXAMINE
Leia Isaías 26:1-4 e reflita sobre por que você pode confiar completamente em Deus.

CONSIDERE
Pense num momento em que você tenha colocado sua confiança em alguém que não a merecia. O que aconteceu? Por que é fundamental que você confie apenas em Deus?

Em 1942, mais de 250 mil judeus foram transportados pelos nazistas de Warsaw ao campo de concentração de Treblinka, na Polônia. A maioria foi assassinada. Porém, uma assistente social, Irena Sendler, agiu como enfermeira para entrar em Warsaw e resgatar as crianças. Clandestinamente, ela retirou de lá mais de 2 mil crianças. Na esperança de reuni-las as suas famílias, quando a guerra terminasse, ela escondeu o nome das crianças em dois jarros enterrados sob uma macieira.

Podemos apenas imaginar o terror que os pais sentiram ao entregar os filhos a uma estranha. "Você me garante que eles vão viver?", uma mãe angustiada perguntou. "Não", Irena respondeu, "mas, se ficarem aqui, garanto que morrerão". E ainda complementou: "Você não deveria confiar em mim. Mas o que mais você pode fazer?".

Esta história enfatiza a coragem de Irena, mas também esclarece o terrível dilema que os pais enfrentaram. Todos nós fazemos esta pergunta diante das dificuldades: *Em quem posso confiar?*

A Bíblia nos diz, diversas vezes, que podemos confiar nossa vida e nosso futuro a Deus. Todos os ídolos deste mundo "desaparecerão" (ISAÍAS 2:18). Os seres humanos, ainda que com a melhor das intenções, "são mortais" (v.22), por isso podemos oferecer apenas nosso esforço falho e limitado. Irena, mesmo com uma imensa coragem, sabia o que não poderia prometer. Ela fez o melhor que pôde para salvar as crianças, mesmo arriscando a própria vida. Mas era possível que isso não fosse suficiente.

Deus, aquele que quando aparecer "...os moradores da terra ficarão apavorados..." (v.19), é o Único que mantém o mundo todo em Suas mãos. Ele é o único em quem podemos confiar o tempo todo. —WINN COLLIER

Jó 1–2; At 7:22-43 ◁ **A BÍBLIA em UM ANO**

25 DE JUNHO

POR QUE ELE NÃO NOS PROTEGEU?

LEIA

João 11:47-53

Então, daquele dia em diante, os líderes judeus fizeram planos para matar Jesus (v.53).

EXAMINE

Leia 2 Coríntios 11:24-29 para lembrar-se das dificuldades que Paulo enfrentou ao seguir a vontade de Deus.

CONSIDERE

Do que podemos esperar que Deus nos proteja? O que podemos fazer quando nos sentimos traídos por Ele?

"Nossa vida começou a desmoronar quando minha filha tirou a própria vida", uma mulher me contou numa conferência. "E, depois, nossa segunda filha caiu em depressão e começou a se ferir. Vários meses depois, descobrimos que enquanto meu marido e eu éramos missionários na Indonésia, dois dos nossos três filhos sofreram abuso sexual. Tínhamos entregado nossa vida à obra de Deus... Por que Ele não nos protegeu?". Eu ouvi histórias similares naquela conferência — pessoas que se sentiam traídas por Deus.

Obviamente, há bênçãos inerentes por se seguir a Deus, incluindo proteção contra o mal (SALMOS 91:9-12; 121:5-8). Mas evocar tais promessas como se fossem amuletos, esperando uma vida sem infortúnios, é se enganar. Jesus disse que teríamos aflições neste mundo (JOÃO 16:33). *Ele* teve.

Quando criança, a vida de Jesus foi ameaçada (MATEUS 2:13). Quando adulto, Ele foi perseguido pelas autoridades (LUCAS 13:31). Uma multidão tentou lançá-lo de um penhasco (4:29), e Seu tesoureiro usurpou Seu dinheiro (JOÃO 12:4-6). Os líderes religiosos tramaram para tirar-lhe a vida (11:47-53) — o que por fim foi bem-sucedido.

Jesus deu Seu tudo para seguir o Pai. Ele esteve na perfeita vontade de Deus. O resultado? Aflições. Até aqueles alcançados por Seu ministério estiveram em risco (12:10,11).

"Jesus nos deu apenas duas promessas: estar conosco até a consumação do século e enxugar dos olhos toda lágrima" (MATEUS 28:20; APOCALIPSE 21:4), disse-me um homem ao compartilhar sua própria dor. Depois de ouvir o relato dessas pessoas, aprendi uma coisa: Deus não nos protege de todo mal, mas sempre será vitorioso. Depois da morte de Jesus na cruz, veio a ressurreição. —SHERIDAN VOYSEY

26 DE JUNHO

ORAÇÃO POR REAVIVAMENTO

LEIA

Atos 4:23-31

Quando terminaram de fazer essa oração, o lugar onde estavam reunidos tremeu. Então todos ficaram cheios do Espírito Santo e começaram a anunciar corajosamente a palavra de Deus (v.31).

EXAMINE

Leia Salmo 80:1-19 e compare a oração de Asafe com a oração dos cristãos primitivos. Quais são algumas similaridades e diferenças entre elas?

CONSIDERE

O que você pode fazer para encorajar o reavivamento em sua vida e em sua igreja? Qual é a sua reação ao considerar o amor de Deus por você?

Blasio Kugosi estava cansado. Este professor de Ruanda estava cansado de simplesmente se sentar num silêncio desencorajador por causa da falta de fervor espiritual em sua própria vida e na igreja. Assim, em 1935, Kugosi jejuou e orou por uma semana. Durante esse tempo, Deus o transformou.

Ele começou a pregar ousadamente o evangelho na escola onde lecionava, e um reavivamento irrompeu em Ruanda. Alguns dias depois, Deus o usou para incitar um reavivamento similar em Uganda. Mas subitamente Blasio morreu. Seu ministério durou apenas algumas semanas. Seu impacto? Décadas!

A igreja primitiva fez uma das orações mais impactante do Novo Testamento. Eles começaram reconhecendo Deus como o soberano Criador (Atos 4:24); seguindo com o tema da revelação de Deus por meio de Sua Palavra conforme escrito por Davi (vv.25,26); e terminaram com a declaração de que Jesus era o Messias (vv.27,28). No passado, Deus tinha falado por meio dos profetas, mas agora falava por intermédio de Seu Filho (Hebreus 1:1-3). Assim como falou por meio de Davi e Jesus, os cristãos desejavam que Deus os capacitasse com ousadia ainda maior. A oração deles não foi por alívio. O foco era fé total e dependência no poder soberano de Deus.

Como Deus reagiu? A sala tremeu, e Ele os encheu de novo com o Espírito Santo — enviando-os para proclamar a Palavra de Deus com ousadia (Atos 4:31).

Fazer uma oração como esta ainda se aplica aos cristãos de hoje. Que nos ajuntemos e façamos orações poderosas. E reconheçamos que o Criador, que enviou Seu Filho à Terra para morrer e ressuscitar, nos dará a ousadia e a coragem de que precisamos para promover a edificação de Seu reino.

—Marvin Williams

27 DE JUNHO

FRUTO PODRE

LEIA

Amós 8:1-7

O Senhor já nos mostrou o que é bom, ele já disse o que exige de nós. O que ele quer é que façamos o que é direito, que amemos uns aos outros com dedicação e que vivamos em humilde obediência ao nosso Deus (Miqueias 6:8).

EXAMINE

Leia Deuteronômio 15:7-11 para entender como Deus deseja que Seu povo ajude os pobres e necessitados na comunidade.

CONSIDERE

Há um "cesto de frutas maduras" na sua vida? O que você vai fazer para levá-lo em arrependimento a Deus?

Num supermercado local, há um setor de "ofertas--relâmpago" onde são oferecidas frutas com grande desconto. Se não forem vendidas rapidamente, as frutas maduras ficarão murchas, moles e infectadas por fungos.

Na época de Amós, Israel era militarmente forte e economicamente rico. Mas a prosperidade aumentou a lacuna entre os ricos e os pobres. Na realidade, ser próspero dava aos ricos ainda mais oportunidades de explorar os necessitados. Os comerciantes maximizavam os lucros por meios desonestos, trapaceando na quantidade e na qualidade dos produtos e usando preço fixo para explorar as pessoas. Para pagar pelos grãos, os pobres se vendiam como escravos, apenas para ser mais explorados e receber pagamento inadequado — o suficiente para comprar apenas um par de sandálias! (Amós 8:4-6).

A cesta de frutos maduros representava a maldade de Israel (v.1). Incluía ganância, desonestidade, injustiça social e exploração dos fracos. Irado com Seu povo, Deus alertou: "...Chegou o fim para o povo de Israel [...] Nunca esquecerei aquilo que o meu povo tem feito" (vv.2,7). Que assustador! Deus falou que Seu povo prestaria contas por sua maldade — algo de que Ele se lembrava claramente.

Deus falou sobre uma punição terrível. Os assírios os matariam, destruiriam suas cidades e exilariam os sobreviventes. Haveria muita morte, devastação e destruição. Em vez de júbilo, haveria lamento (v.3).

O antigo Israel havia se recusado a fazer o que Deus lhe dissera para fazer; por isso, Deus o punira. Hoje, temos a oportunidade de fazer "o que é direito" e praticar o ensinamento de Miqueias 6:8. Nosso grande Deus ama a misericórdia e nos ordena a sermos misericordiosos! —*K. T. Sim*

28 DE JUNHO

ESTENDENDO A GRAÇA

LEIA

Colossenses 3:1-17

Vocês são o povo de Deus. Ele os amou e os escolheu para serem dele. Portanto, vistam-se de misericórdia, de bondade, de humildade, de delicadeza e de paciência (v.12).

EXAMINE

Leia 1 Samuel 25:1-39 e considere a diferença entre a reação de Abigail e a de Nabal às necessidades de outros e o resultado de suas respectivas escolhas.

CONSIDERE

Em que situação você acha mais difícil amar os outros acima de si mesmo? Como estender graça aos outros reflete o coração de Deus?

Quando eu era criança, minha família se frustrava por eu tomar tudo como posse minha. Se faltava algo, a resposta era: "Dê uma olhada no quarto da Gina", pois com certeza eu tinha pegado o objeto. Hoje, numa espécie de compensação, minha escova de cabelos aparece no quarto da minha filha, minha tesoura pode ser encontrada na caixa de artes do meu filho, e meu carregador do celular está sempre com o meu marido.

Cultivamos a verdade da regra de ouro de "fazer aos outros aquilo que queremos que nos façam". Essa sabedoria nos ajuda a lidar com coisas feitas pelos outros que nos irritam, nos frustram e nos magoam. Mas, em nossa própria vida, sua aplicação, muitas vezes, se depara com nossos desejos egoístas. Encaremos os fatos: é difícil pensar primeiro nos outros. Contudo, considerar as necessidades dos outros e colocá-las acima das nossas não é uma sugestão bíblica; é uma ordenança demonstrada pelo próprio Jesus (2 Coríntios 8:9).

Lucas 10:27 revela a resposta de um jovem à pergunta de Jesus sobre o maior dos mandamentos: "...Ame o Senhor, seu Deus, com todo o coração, com toda a alma, com todas as forças e com toda a mente. E ame o seu próximo como você ama a você mesmo". Jesus afirmou a resposta do jovem ao dizer: "...Faça isso e você viverá" (v.28).

Como povo de Deus, não podemos viver no egoísmo (Colossenses 3:1; Filipenses 2:3,4). Somos chamados a abrir mão de algo a fim de que mais alguém veja Jesus em nós (Colossenses 3:1,2). Crescemos espiritualmente quando zelosamente buscamos amor e paz ao querer o melhor para os outros. Assim, tornamo-nos a cidade sobre o monte, a luz que não pode ser escondida (Mateus 5:14-16). —REGINA FRANKLIN

Jó 11–13; At 9:1-21 ‹ A BÍBLIA em UM ANO

29 DE JUNHO

ATITUDE OPOSTA

LEIA

2 Samuel 9:1-13

E o rei lhe perguntou: — Ainda existe alguém da família de Saul para quem eu possa fazer alguma coisa boa, como prometi a Deus?... (v.3)

EXAMINE

Leia Romanos 12:17-21 e considere o que a passagem diz sobre vencer o mal com o bem.

CONSIDERE

Quem tem sido grosseiro com você ou o tratado mal? Opte por agir de maneira oposta a dessa pessoa — amá-la e intencionalmente demonstrar bondade.

Alguns anos atrás, eu trabalhei como professora substituta em Birmingham, na Inglaterra. Inicialmente, aceitei a ajuda de uma auxiliar, mas quando ela começou a assumir o controle da turma, fui tentada a ceder com ressentimento e insegurança. Em vez disso, decidi agir de maneira oposta ao que sentia, expressando meu genuíno apreço por ela, orando e desafiando-a em amor. Quando chegou o tempo de eu deixar aquele cargo, ela me deu um presente e um cartão de agradecimento. Demonstrar uma atitude oposta desarmou uma auxiliar que poderia ter se sentido ameaçada e desconsiderada.

Davi agiu com um espírito assim em relação ao rei Saul, que pretendia matá-lo (1 Samuel 18:10,11; 19:1,9-11). Ele poupou a vida de Saul em duas ocasiões (24:4; 26:8) e, mesmo depois da morte de Saul, Davi (que era então rei) deliberadamente procurou alguém da família de Saul a fim de demonstrar bondade (2 Samuel 9:1). Um servo encontrou, para o rei, o filho de Jônatas, Mefibosete. O homem era aleijado de ambos os pés por causa de um acidente que ocorrera quando ele era criança (4:4). Davi prometeu cuidar dele e de sua família até o fim de seus dias (9:10).

O Senhor ama e nos recompensa quando demonstramos bondade àqueles que nos maltrataram (Provérbios 25:21,22). Davi é descrito como um homem segundo o coração de Deus (1 Samuel 13:14; Atos 13:22), e sua determinação de consistentemente honrar seu inimigo e o ungido do Senhor (o rei Saul) nos dá um vislumbre do tipo de coração que Deus ama.

Assim como a bondade do Senhor nos ajuda a nos afastar de uma vida de pecado (Romanos 2:4), nossa bondade para com aqueles que nos ofenderam pode levá-los a Deus. —*Ruth O'Reilly-Smith*

30 DE JUNHO

ELE OUVE NOSSO CLAMOR

LEIA
Salmo 142:1-7

Levo a ele todas as minhas queixas e lhe conto todos os meus problemas (v.2).

EXAMINE
Leia Salmo 23:1-6 e permita que as palavras desta familiar canção o lembrem da paz e da presença de Deus.

CONSIDERE
Que tribulações e problemas você tem enfrentado? Por que é importante que você os leve a Deus hoje — buscando Seu conselho e Seu consolo?

Você já sentiu como se ninguém estivesse perto para ajudá-lo num momento de tribulação?

Talvez, as palavras do rei Davi reflitam o que sentiu: "Olho para os lados e não vejo ninguém que me ajude. Não há ninguém para me proteger, não há ninguém que cuide de mim" (Salmo 142:4).

Davi escreveu o Salmo 142 quando estava escondido numa caverna. Esta é a maneira como um comentarista bíblico descreveu o estado emocional de Davi e como ele lidou com sua angústia: "A água amarga subiu até a borda; o que deveria ser feito? Ele deveria derramar a amargura e a tristeza, não poderia guardá-las, a fim de que as deixasse escorrer e então seu coração pudesse ser esvaziado da mistura fermentante. Porém, ele tomou cuidado com o lugar *onde* derramaria sua queixa... Ele revelou suas dores para quem poderia aplacá-las".

O livro de Salmos é repleto de lamentos e de emoções. Através dos séculos, esta preciosa coletânea de poesia tem levado paz e esperança a milhares de cristãos em momentos de aflição e sofrimento. Podemos experimentar o mesmo! Pois, mesmo na caverna do desespero, quando nos sentimos perdidos e solitários, nunca estamos sós. Deus está conosco (Salmo 139:7). Como o Salmo 142 revela, podemos levar nossas queixas ao Senhor. Ele é o nosso melhor confidente. Seu amor perfeito, Sua sabedoria e Seu poder suprirão nossas necessidades.

Por causa dessa verdade, Davi pôde dizer ao Senhor: "...tu és o meu protetor, és tudo o que desejo nesta vida" (v.5).

Não importam as circunstâncias difíceis que nos cercam ou o desespero dentro de nós, Deus se importa profundamente conosco (1 Pedro 5:7). Ele ouve nosso clamor e nos atrai à Sua presença mesmo na escuridão. —*Poh Fang Chia*

Jó 17–19; At 10:1-23

ENFOQUE

CONVERSEI RECENTEMENTE COM UM AMIGO ALEMÃO E ELE ME PERGUNTOU: COMO SABEMOS QUE JESUS E DEUS EXISTEM, COMO OBTEMOS ESSA INFORMAÇÃO E DE QUEM A RECEBEMOS? JÁ QUE A BÍBLIA FOI ESCRITA POR PROFETAS, COMO ELES TINHAM ESSA INFORMAÇÃO SOBRE DEUS E JESUS?

—Kofi

Podemos ter a certeza de que Deus existe porque o próprio Deus nos disse. Ele se revelou ao mundo.

Primeiramente, Deus se revelou através do Universo que Ele criou. Nosso complexo Universo e os meandros da nossa Terra nos dizem que Deus existe. Davi, um dos escritores de hinos na Bíblia, fala sobre isso: "O céu anuncia a glória de Deus e nos mostra aquilo que as suas mãos fizeram. Cada dia fala dessa glória ao dia seguinte, e cada noite repete isso à outra noite" (SALMO 19:1,2). O apóstolo Paulo, outro escritor da Bíblia, diz que o mundo físico em que vivemos nos fala que existe um Deus e que podemos conhecê-lo: "...foi o próprio Deus que lhes mostrou isso. Desde que Deus criou o mundo, as suas qualidades invisíveis, isto é, o seu poder eterno e a sua natureza divina, têm sido vistas claramente. Os seres humanos podem ver tudo isso nas coisas que Deus tem feito e, portanto, eles não têm desculpa nenhuma" (ROMANOS 1:19,20).

Em segundo lugar, sabemos que Deus existe porque Ele nos falou de si mesmo. Ele revelou na Bíblia quem é, como Ele é e o que deseja que façamos. Ao falar da origem e autoridade da Bíblia, Paulo afirma que: "...toda a Escritura Sagrada é inspirada por Deus e é útil para ensinar a verdade, condenar o erro, corrigir as faltas e ensinar a maneira certa de viver" (2 TIMÓTEO 3:16), o que literalmente significa que as Escrituras são inspiradas por Deus, ou as palavras que saem "da boca de Deus" (MATEUS 4:4). Os 40 autores humanos da Bíblia claramente reconhecem que o que escreveram eram as "instruções do Senhor" (ÊXODO 24:3,4; 34:27; JEREMIAS 30:1,2; OSEIAS 1:1; JOEL 1:1; AGEU 1:1-3; HEBREUS 1:1). Eles traduziam em palavras o que Deus lhes revelava (2 PEDRO 1:21). A Bíblia é a Palavra de Deus, o Senhor falando conosco.

Terceiro, sabemos que Deus existe porque Ele se revelou a nós na pessoa de Jesus Cristo. João, escritor do evangelho que leva o seu nome, afirma que o próprio Deus: "...se tornou um ser humano e morou entre nós..." (JOÃO 1:14). Jesus, "...que é Deus [...] foi quem nos mostrou quem é Deus" (v.18). Cristo disse aos Seus discípulos: "Quem me vê vê também [Deus]" (14:9).

Deus existe. E Ele nos falou sobre si mesmo porque deseja que o conheçamos pessoalmente. Ele é Emanuel, que significa "Deus conosco" (MATEUS 1:23).

—K. T. SIM

Se você quiser saber mais sobre a Bíblia e sua autoridade de Palavra de Deus, acesse: **http://cdn.rbcintl.org/cdn/pdf/br_D4668_10RTB-BIB_PT.pdf**

ENFOQUE

O QUE VOCÊ PODE FAZER QUANDO PERDE TODA A ESPERANÇA?

—Joseph

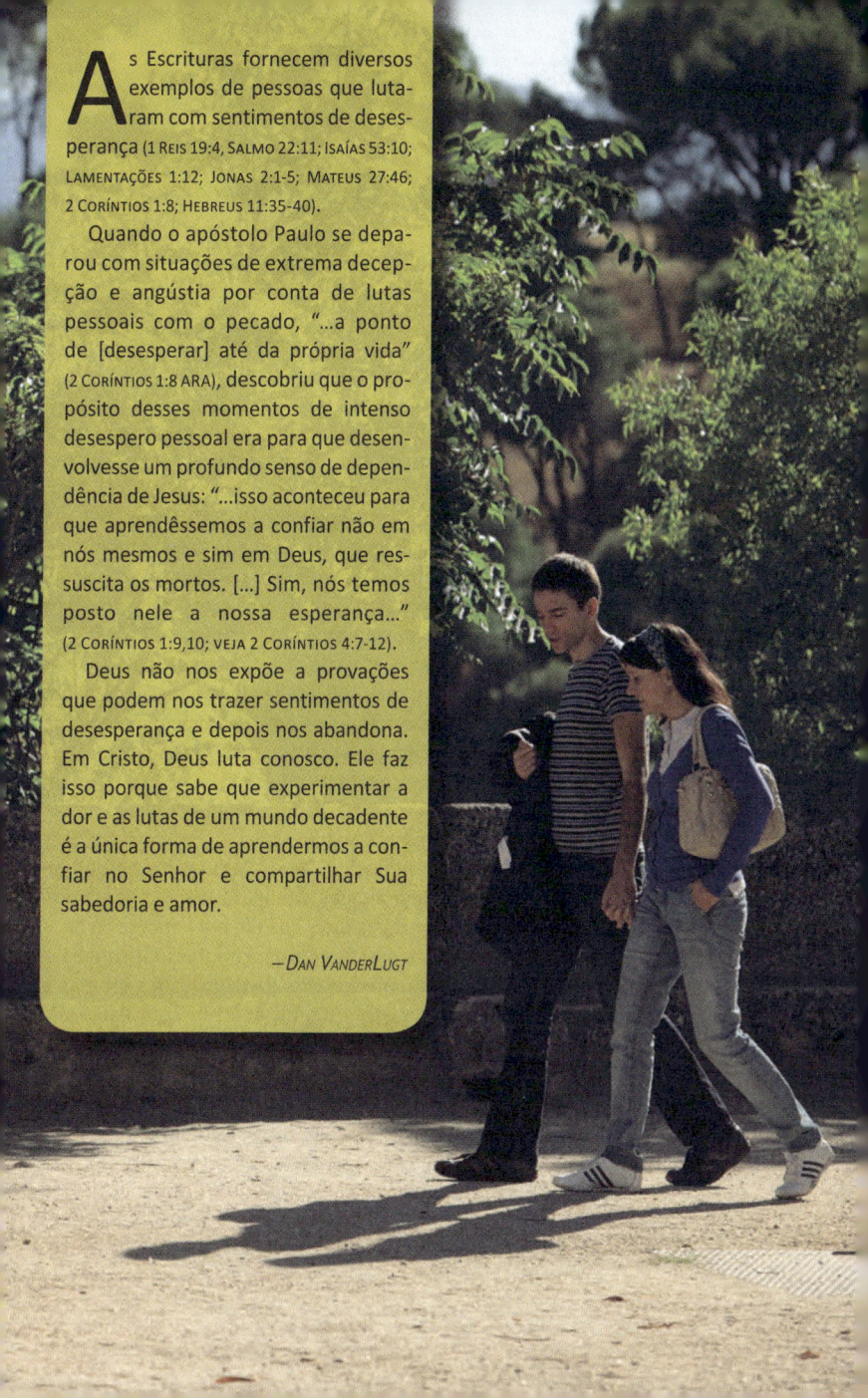

As Escrituras fornecem diversos exemplos de pessoas que lutaram com sentimentos de desesperança (1 Reis 19:4, Salmo 22:11; Isaías 53:10; Lamentações 1:12; Jonas 2:1-5; Mateus 27:46; 2 Coríntios 1:8; Hebreus 11:35-40).

Quando o apóstolo Paulo se deparou com situações de extrema decepção e angústia por conta de lutas pessoais com o pecado, "...a ponto de [desesperar] até da própria vida" (2 Coríntios 1:8 ARA), descobriu que o propósito desses momentos de intenso desespero pessoal era para que desenvolvesse um profundo senso de dependência de Jesus: "...isso aconteceu para que aprendêssemos a confiar não em nós mesmos e sim em Deus, que ressuscita os mortos. [...] Sim, nós temos posto nele a nossa esperança..." (2 Coríntios 1:9,10; veja 2 Coríntios 4:7-12).

Deus não nos expõe a provações que podem nos trazer sentimentos de desesperança e depois nos abandona. Em Cristo, Deus luta conosco. Ele faz isso porque sabe que experimentar a dor e as lutas de um mundo decadente é a única forma de aprendermos a confiar no Senhor e compartilhar Sua sabedoria e amor.

—Dan VanderLugt

1.º DE JULHO

IMPRESSÕES

LEIA

Atos 28:1-10

...mudaram de ideia e começaram a dizer que [Paulo] era um deus (v.6).

EXAMINE

Leia Josué 22:9-34 e considere o que quase aconteceu quando algumas das tribos de Israel se precipitaram em tirar uma conclusão errada.

CONSIDERE

Quanto você se importa com as opiniões dos outros a seu respeito? De que maneira você pode ser mais piedoso e cuidadoso em suas opiniões em relação aos outros?

Uma manhã obscura num porto. A névoa cinza pálida encobre os barcos, mas o nascer do sol cor de pêssego aquece a cena. Claude Monet capturou essa cena em sua obra-prima *Impressão, Nascer do Sol*. Criada em 1872, ela não foi bem recebida. O crítico francês Louis Leroy a tachou de pouco mais do que um esboço que mal podia ser considerado obra acabada. Hoje, os historiadores creditam à cena do porto de Monet o início do movimento impressionista.

As opiniões mudam — às vezes, drasticamente. Paulo vivenciou isso quando ele e seus colegas de viagem encalharam em Malta (Atos 28:1). Os moradores os acolheram acendendo uma fogueira. Paulo apanhou lenha para ajudar, mas, ao colocar os galhos no fogo, uma serpente picou sua mão. Os ilhéus viram isso como vingança divina por algum crime terrível que imaginaram que Paulo havia cometido. Eles "...comentaram: Este homem deve ser um assassino..." (v.4). Mas mudaram de opinião quando Paulo não morreu vítima do veneno da víbora. Eles, então, "...começaram a dizer que ele era um deus" (v.6).

Frequentemente, as pessoas formam impressões com base em informações incompletas. Tiramos conclusões erradas e nossos julgamentos mudam. Como ocorreu com Paulo em Malta, nossas opiniões são inconstantes e fugazes. Jesus foi aclamado rei no Domingo de Ramos e, depois, crucificado como um criminoso na sexta-feira (Mateus 21:9; 27:22). Diferentemente da sabedoria de Deus, nossas opiniões oscilantes não merecem confiança.

Em vez de tirar conclusões precipitadas (1 Coríntios 4:3-5), é muito mais sensato levar a Deus, em oração, nossas primeiras impressões. Só Ele tem a verdadeira visão de cada coração e circunstância. —*Jennifer Benson Schuldt*

2 DE JULHO

FÉ DILUÍDA

LEIA

Mateus 5:13-16

Vocês são o sal para a humanidade; mas, se o sal perde o gosto, deixa de ser sal e não serve para mais nada. É jogado fora e pisado pelas pessoas que passam (v.13).

EXAMINE

Veja em João 15:18-25 como Jesus descreve nosso relacionamento com o mundo.

CONSIDERE

Como a sua fé fez você atravessar uma intensa provação? Quais são algumas maneiras específicas de sua fé estar em perigo de ser diluída?

Penso em sal no contexto do consumo, como quando meu médico "me cutuca" para eu parar de usar tanto sal. Mas o sal não é apenas algo que polvilhamos em batatas fritas. No contexto antigo, ele também preservava alimentos, era usado em ofertas e esfregado em bebês recém-nascidos como um ato de purificação (Levítico 2:13; Ezequiel 16:4). Com isso em mente, o sal é um símbolo do nosso singular caráter como seguidores de Jesus — separados, abençoados, úteis e santos.

O sal é também um composto resistente, difícil de destruir. Ele tem um alto ponto de fusão e, quando esmagado, se transforma em grãos cada vez menores. Mas há uma maneira fácil de livrar-se dele — basta acrescentar água! É possível dissolvê-lo em quantidades cada vez maiores de líquido até o sal ficar tão diluído — sua concentração tão baixa — que seus efeitos sejam insignificantes.

Isso me lembra do que pode acontecer quando nossa fé se torna diluída. Muitas vezes, a fé permanecerá intacta em face de um terrível sofrimento, pois — como o sal — ela é projetada para ser forte, estável e duradoura. Mas, também como a substância branca, a maneira mais fácil de eliminar a fé é diluí-la. Nós a diluímos com prioridades e preocupações mundanas. Nada sério ou criminoso, apenas um pouco do mundo e seus valores absorvidos em pequenas quantidades. Com o tempo, nossa fé — antes forte e potente — pode se tornar indetectável. Ela pode ser diluída até desaparecer. E é por isso que Paulo e João insistem em que nossa fé e nossa vida não devem ser diluídas pelo mundo e seus valores (Romanos 12:2; 1 João 2:15).

A fé pode suportar provações da pior espécie. Mas, se ela for diluída, de que servirá? —*Peter Chin*

3 DE JULHO

MORTO VOLTANDO À VIDA

LEIA

Ezequiel 47:1-12

Em todo lugar por onde esse rio passar, haverá todo tipo de animais e de peixes. O rio fará com que as águas do mar Morto fiquem boas e ele trará vida por onde passar (v.9).

EXAMINE

Leia Apocalipse 22:1-7 e considere o que está reservado para quem crê em Jesus.

CONSIDERE

Que outras imagens de restauração a Bíblia nos fornece? O que você anseia ver no novo céu e na nova terra de Deus?

O mar Morto, em Israel, é um lugar "único" para um mergulho. Os turistas que entram em suas águas percebem imediatamente que não são necessárias boias. Sim, não é preciso fazer esforço para boiar no mar Morto. Devido à sua concentração de sal excepcionalmente alta, as pessoas simplesmente flutuam na sua superfície como maçãs em um barril com água.

O mar Morto é também o ponto mais baixo em terra continental. O rio Jordão deságua nele, mas nada flui para fora dele. E, devido a sua mistura tóxica de minerais, nada vive nele. É desnecessário dizer que a pesca ali é ruim! Mas, algum dia, o mar Morto sofrerá uma mudança radical.

O último livro da Bíblia relata que, quando Jesus voltar, Deus enviará "...a Cidade Santa, a nova Jerusalém..." do céu para a terra (APOCALIPSE 21:2). O profeta Ezequiel, do Antigo Testamento, recebeu uma visão da região do templo na nova Jerusalém. Ele viu um rio fluindo do templo em direção ao mar Morto. Disseram a Ezequiel que a água do rio "...faz com que a água salgada do mar vire água doce [...] haverá todo tipo de animais e de peixes. O rio fará com que as águas do mar Morto fiquem boas e ele trará vida por onde passar. [...] haverá pescadores na praia do mar [...] Haverá ali muito peixe e muitas espécies de peixes, como no mar Mediterrâneo" (EZEQUIEL 47:8-10).

A visão de Ezequiel é um retrato da grande restauração pela qual ansiamos — o tempo em que até mesmo a mais morta das águas voltará à vida.

Na nova Jerusalém, procure-me pescando às margens do "mar Vivo" (não mais Morto), acampando com minha família e amigos. Segundo o relato de Ezequiel, a pesca deverá melhorar drasticamente. —JEFF OLSON

4 DE JULHO

AME COMO VOCÊ SE AMA

LEIA
Lucas 10:25-37

...ame o seu próximo como você ama a você mesmo (v.27).

EXAMINE
Leia 1 João 3:16-18 e considere o que ele diz acerca da aparência do verdadeiro amor.

CONSIDERE
Quais são algumas maneiras práticas de você demonstrar compaixão pelos outros? O que significa amá-los como você ama a si mesmo?

Após um tiroteio em massa no qual uma dúzia de vítimas foi assassinada, uma escritora lamentou que o terrível evento não recebeu cobertura da mídia e atenção nacional. "Que número de mortos seria necessário para fazer a nação pausar?", escreveu em seu blog. Embora algumas pessoas tenham se eximido de refletir sobre o crime sem sentido e os afetados por ele, muitos indivíduos, organizações e igrejas demonstraram compaixão pelos atingidos pela tragédia. Isso inclui minha amiga Heidi, que — com outros membros de sua igreja local — escolheu lembrar das vítimas de maneira tangível.

A igreja organizou uma vigília de oração pelos homens, mulheres e crianças que haviam perdido entes queridos no terrível ataque. Em essência, eles estavam dizendo: "Vocês são nossos próximos. Lamentamos a sua dor. Sofremos com vocês e pedimos a Deus para lhes dar conforto e paz que excede o entendimento neste momento de dor". Eles fizeram como Lucas 10:27 instrui: "...ame o seu próximo como você ama a você mesmo".

Todos nós podemos ser "Bons Samaritanos" em nossas imediações cuidando de pessoas afetadas por crimes, acidentes ou desastres. Isso inclui fazer curativos, transportar os feridos e ajudar a atender às necessidades físicas fornecendo alimentos e abrigo (vv.33-35). Mas, quer vivamos ou não perto deles, todos podemos parar e orar quando ficamos sabendo das dificuldades dos outros.

Jesus diz que demonstramos amor quando somos misericordiosos para com os afetados por adversidades. Como o bom samaritano que parou para ajudar um estranho espancado e caído na estrada, que possamos demonstrar amorosa compaixão pelo nosso próximo necessitado (vv.36,37). —*ROXANNE ROBBINS*

Jó 28–29; At 13:1-25

5 DE JULHO

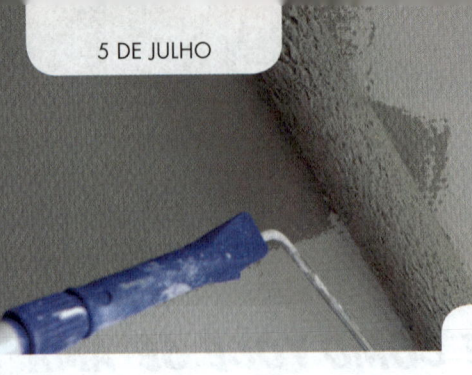

COMEÇO LIMPO

LEIA

Oseias 2:11-23

...Vou seduzir a minha amada e levá-la de novo para o deserto, onde lhe falarei do meu amor (v.14).

EXAMINE

Leia em Salmo 51:1-10 uma oração que reflete o arrependimento verdadeiro diante de Deus.

CONSIDERE

Que ídolos ou "amantes" (Oseias 2:13) você vem seguindo em vez de Deus? Como o seu relacionamento com Ele pode ser renovado e restaurado hoje?

Durante muitos anos, minha mulher e eu fugimos de fazer alguma reforma significativa em nossa casa. No entanto, o carpete de mais de 35 anos e as portas do armário da cozinha que estavam caindo aos pedaços nos alcançaram. Então, fizemos uma *operação começo limpo*! Tiramos o velho e colocamos o novo, com isso o andar principal de nossa casa recebeu uma reforma drástica. E depois do processo de restauração concluído, é incrível ver e sentir a diferença!

Quando Deus escolheu Oseias como profeta para Israel, o Reino do Norte, Seu povo precisava desesperadamente de um novo começo. Muito semelhantemente ao que a esposa de Oseias havia sido com o profeta (OSEIAS 1:2), o povo de Deus havia sido adúltero a Ele — misturando a adoração de Deus à de Baal (2:11-13). Então, Deus usou palavras como "destruirei" e "castigarei" para fazer Seu povo saber que sua situação se devia à sua desobediência (vv.12,13).

Deus disse que eles o abandonaram (v.13). E sua desobediência trouxe a disciplina divina por meio de destruição nas mãos dos assírios.

Às vezes, podemos nos afastar do Senhor e de Seus caminhos — encontrar novos "amantes" no que este mundo tem a oferecer (v.13). Quando isso acontecer, a disciplina amorosa de Deus virá (HEBREUS 12:6), "...para o nosso próprio bem, para que participemos da sua santidade" (v.10).

Então, se nos voltarmos a Ele, Ele voltará a nos envolver em Seu "...amor e carinho" (OSEIAS 2:19). Pois não é Seu prazer punir-nos, mas ver-nos libertos da escravidão do pecado e ouvir de nossos lábios: "...Tu és o meu Deus" (v.23). Ele diz: "...serei um marido fiel. Então você se dedicará a mim, o SENHOR" (v.20).

Deus pode nos dar um começo limpo! —TOM FELTEN

6 DE JULHO

PLANTADO

LEIA
1 Coríntios 13:1-13

...agora existem estas três coisas: a fé, a esperança e o amor. Porém a maior delas é o amor (v.13).

EXAMINE
Leia 2 Timóteo 3:1-17 e examine os comportamentos específicos que distinguem os líderes que devemos seguir e os que devemos evitar.

CONSIDERE
Quando você discorda de algo que está acontecendo em sua igreja, como lida com isso? De que maneira Deus o está desafiando nas perspectivas sobre sua igreja?

Era uma bela manhã para plantar. Meu marido e eu recolhemos folhas mortas e cavamos alguns buracos. Havíamos escolhido plantas adequadas aos diversos ambientes de crescimento de nosso jardim. Após o trabalho extenuante, foi gratificante observar os seus frutos — um belo arranjo de arbustos, flores e árvores.

No tocante à igreja, somos facilmente tentados a comparar aquela que frequentamos a outras que vimos na rua, visitamos durante uma palestra ou ouvimos falar no rádio. Cada igreja tem seus problemas e sua liderança precisa buscar a vontade de Deus quanto a novas oportunidades de crescimento, especialmente ao manter um pulso firme sobre a saúde espiritual do corpo. Mas as práticas e a cultura da igreja não são "tamanho único".

Desanimo-me quando um queixume ruidoso e sem amor (1 Coríntios 13:1) existe em uma comunidade eclesiástica porque as coisas não ocorrem como determinado indivíduo ou grupo desejava. Deixamos de lembrar que o Deus onisciente a quem servimos conhece cada cabelo de nossa cabeça (Lucas 12:7), todos os nossos pensamentos (Salmo 139:2) e necessidades espirituais (42:1-4). Ele também sabe tudo sobre a igreja que frequentamos.

A igreja foi designada por Deus, assim ela precisa ser liderada pelo Espírito e não pelo homem (Tiago 3:13-18). Se os mestres persistem em erro doutrinário, ou se a liderança se recusa a abordar o pecado, o Senhor pode estar o levando a adorar em outro lugar. Caso contrário, contente-se quando o Mestre Jardineiro o colocar no ambiente em que Ele sabe que você florescerá melhor.

Ao expressar a sua fé em sua igreja, que todas as suas palavras sejam faladas em amor (1 Coríntios 13:13). —*Regina Franklin*

7 DE JULHO

FAMÍLIAS E PÊNDULOS

LEIA

Gênesis 25:19-34

Isaque amava mais Esaú porque gostava de comer da carne dos animais que ele caçava. Rebeca, por sua vez, preferia Jacó (v.28).

EXAMINE

Aprenda em Êxodo 2:1-25 como os valores que Moisés aprendeu com sua família o sustentaram, mesmo ao crescer no palácio de Faraó.

CONSIDERE

Que valores você recebeu de seus pais? Quais de seus valores diferem intencionalmente dos deles? Como o excesso de correção pode ser um problema?

Meu amigo estava lutando para valorizar sua igreja local. Ele fora criado em um lar que enfatizava um relacionamento pessoal com Deus, mas não ligava muito para a religião organizada. Quando seus pais eram mais jovens, sua igreja havia parado de pregar o evangelho; por isso, suspeitavam de todas as igrejas. Eles passaram seu ceticismo ao seu filho. Agora, espero que ele não deixe a adoração coletiva substituir seu próprio tempo de oração e leitura da Palavra de Deus.

Movimentos pendulares são difíceis de evitar. Pessoas que seguem as regras — como os judeus em Romanos 2:17-29 — podem reagir com tanta ansiedade ao evangelho da graça que se tornam os pecadores de Romanos 6:1: "Será que devemos continuar vivendo no pecado para que a graça de Deus aumente ainda mais?". Por outro lado, alguns que conhecem a liberdade da graça podem ansiar pela falsa segurança da lei e começar a lutar "…pelas suas próprias forças" (GÁLATAS 3:3).

Todos nós nascemos em um arco do movimento pendular, criados para reagir a forças que sequer sabemos existir. Jacó favorecia José sobre seus irmãos, assim como a mãe de Jacó o favorecia e seu pai a seu irmão Esaú (GÊNESIS 25:28). Jacó enganou outros, como seu pai e seu avô fizeram (12:10-20; 20:1-18; 26:7-11). Nossas famílias nos influenciam, embora tentemos negá-lo.

Você consegue articular os valores que seus pais passaram a você — não apenas os valores que lhe *ensinaram*, mas os valores que você *absorveu*? Algum deles era reacionário — uma mãe perdulária reagindo ao pai de punhos de ferro ou um pai autoritário reagindo a seu pai passivo? Você não consegue parar o pêndulo até saber que ele está balançando. —*MIKE WITTMER*

8 DE JULHO

PERSEVERE ATÉ A ALEGRIA CHEGAR

LEIA

Tiago 1:1-8

...quando a sua fé vence essas provações, ela produz perseverança (v.3).

EXAMINE

Leia Romanos 5:1-5. Como Paulo descreve os tempos em que enfrentamos provações e sofrimentos? Como ele descreve o fruto dessas experiências?

CONSIDERE

Em que a sua resistência ou fé está sendo provada agora? Peça a Deus para fortalecer sua visão — e fé — na certeza de que Ele lhe trará uma alegria verdadeira.

Quando as pessoas entram em coma, uma das preocupações é impedir seus músculos de degenerarem. A atrofia começa rapidamente quando não há movimento. Por outro lado, a maioria dos treinadores físicos lhe dirá que o músculo cresce após sofrer estresse. O exercício extenuante faz pequenos rasgos no tecido muscular. Ao cicatrizar, o músculo fica mais forte ou maior do que era antes do sofrimento. Alguma dor é necessária para os nossos corpos manterem o vigor.

Tiago falou da necessidade de suportarmos sofrimento e dor para nos tornarmos "...maduros e corretos..." (1:4). Deus quer que nos tornemos íntegros ("corretos"), curados de nossas tristezas e nossa fragilidade. Para chegar lá, porém, enfrentaremos dificuldades. O caminho para a cura exige paciência e graça.

Por isso Tiago escreveu: "Meus irmãos, sintam-se felizes quando passarem por todo tipo de aflições" (v.2). Não devemos confundir isso com uma rejeição banal dos lugares escuros de nossa vida — como se não devêssemos sentir desespero ou tristeza. Tiago não despreza o mal feito a nós ou esquece a tristeza que nos prende. Em vez disso, suas palavras confiantes declaram que o mal e a tristeza, mesmo com seu poder perverso, não vencem no final.

Ele pôde fazer essa ousada declaração porque sabia que "...quando a [nossa] fé vence essas provações, ela produz perseverança" (v.3). Cada um de nós precisa enfrentar questões fundamentais: *Quem realmente somos? Em que verdadeiramente cremos? Pelo que viveremos? Como amaremos?*

Em tempos de luta, podemos experimentar a graça de Deus fortalecendo nossa fé. Isso pavimenta o caminho para a alegria ao percebemos que fomos libertados dos terrores deste mundo. —WINN COLLIER

Jó 36–37; At 15:22-41 ◄ A BÍBLIA em UM ANO

9 DE JULHO

MÁ REPUTAÇÃO

LEIA

Romanos 12:9-21

Amem uns aos outros com o amor de irmãos em Cristo e se esforcem para tratar uns aos outros com respeito (v.10).

EXAMINE

Leia João 13:35 e considere o que ocorre quando os seguidores de Jesus se amam mutuamente. Leia Efésios 4:32 para entender o que nos ajudará a desenvolver relacionamentos saudáveis na igreja.

CONSIDERE

Quem foi excluído de sua vida por você estar se apegando a uma tradição ou visão discutível da igreja? Como exibir o amor de Deus a todos os cristãos?

Durante séculos, a igreja teve a reputação de amargas disputas e desacordos perversos. Houve denominações opostas e pessoas de uma mesma denominação afirmando conhecer a verdadeira interpretação da Escritura e sua aplicação à vida diária. Atualmente, muitos líderes cristãos pedem menos divisão e maior humildade ao praticarmos nossa fé juntos.

A carta de Paulo aos cristãos de Roma foi escrita num momento de crescente dissensão entre cristãos gentios e judeus. Por isso, estabelece os princípios fundamentais da fé cristã, incentivando todos os crentes a ignorarem as divergências mesquinhas e se abraçarem em amor (ROMANOS 12:9,10; 13:8).

Como cristãos, somos lembrados de que nossas tradições e práticas não nos tornam melhores ou piores do que os outros. Em vez disso, todos lutamos com o pecado e necessitamos desesperadamente da graça de Deus (ROMANOS 3:9; 6:20-23).

Esforçar-se para obedecer a leis ou fazer boas obras não consegue restaurar nossa comunhão rompida com o nosso Criador (3:27,28). "Deus aceita as pessoas por meio da fé que elas têm em Jesus Cristo..." (v.22); e, quando fazemos isso, cumprimos a lei (v.31). Quando vivemos no poder do Espírito Santo, podemos seguir a Deus e Sua Palavra — incluindo o fazer o bem aos outros.

Em Gálatas 6:9-13, Paulo nos incentiva a fazer o bem a todos — especialmente os da família da fé. Também nos exorta a genuinamente amar e honrar uns aos outros. Finalmente, somos chamados a ajudar quando o povo de Deus está necessitado, e a viver em harmonia e paz com nossos irmãos e irmãs em Jesus (ROMANOS 12:9-18). Desse modo, por nosso amor podemos superar a má reputação e demonstrar que somos cristãos.

—*RUTH O'REILLY-SMITH*

10 DE JULHO

ELE CONHECE VOCÊ

LEIA

Salmo 139:1-16

Sabes tudo o que eu faço e, de longe, conheces todos os meus pensamentos (v.2).

EXAMINE

Leia em
2 Crônicas 16:9;
Jeremias 23:23,24;
Mateus 10:30;
Hebreus 6:10
lembretes da proximidade e do conhecimento que Deus tem a seu respeito.

CONSIDERE

Como é saber que você é tão bem conhecido e ainda amado? Deus o conhece intimamente. Quão bem você conhece a Ele?

Ele *conhece você*. Ele conhece todo microcosmo de sua existência — toda célula, átomo, molécula, interesse, fraqueza, realização, esperança, sonho e tristeza.

Ele sabe todo movimento que você fará hoje (Salmo 139:2,3) — toda ação, passo e pausa para descanso; todo piscar, olhar e respiração. Ele sabe quando eu pararei de escrever este parágrafo e quando você parará de lê-lo.

Deus conhece todo pensamento que você terá hoje: alegria, questionamento e preocupação (v.2). Ele sabe a próxima palavra que você dirá antes de ela sair dos seus lábios (v.4).

Ele o conhece; tem familiaridade com você (v.3); conhece a sua personalidade por inteiro. Conhece os seus gatilhos emocionais, padrões de comportamento, maus hábitos e zonas de conforto. Sabe o que você faz bem e mal, toda tentação e vitória. Quando você está confuso, Ele pode desvendar o intrincado funcionamento do seu coração.

Não há monte tão grande, lugar distante ou escuridão espessa que esconda você dele (vv.7-12). Por que você se esconderia? A solidão não é apenas a sensação de estar sozinho, mas de estar rodeado por muitos e não ser conhecido por ninguém. Mas Ele o conhece.

Ele estava lá quando você foi formado no ventre (vv.13-15). Ele se lembra das manchetes do dia do seu nascimento e conhece os eventos que ocorrerão no seu último dia na Terra (v.16); sabe o que o seu futuro lhe reserva e os caminhos que tomará para chegar lá.

Em um mundo de conexões globais, mas intimidade em permanente declínio, de cidades florescentes com cidadãos cada vez mais alienados, de bilhões de indivíduos que secretamente se perguntam se alguém se importa, eis uma verdade que cura e liberta: Deus o conhece. —*Sheridan Voysey*

Jó 41–42; At 16:22-40 ❬ A BÍBLIA em UM ANO

11 DE JULHO

O EQUILÍBRIO VITAL

LEIA
2 João 1:1-6

Do presbítero para a querida Senhora e os seus filhos, a quem amo de verdade... (v.1).

EXAMINE
Leia Romanos 13:8-10 e 1 Coríntios 13:4-8. O que o amor deve e não deve fazer?

CONSIDERE
Qual versículo de 2 João você aplicaria a um de seus relacionamentos difíceis? Como esse relacionamento poderia mudar ao você andar em verdade e amor?

Sua voz tremia enquanto ela me contava sobre o problema que estava tendo com a filha. Preocupada por ela estar andando com más companhias, a mãe confiscou o celular da filha e agora a acompanha a todos os lugares. O relacionamento delas foi de mal a pior. O que essa mãe deve fazer?

Conversando com a filha, descobri que ela ama muito sua mãe, mas se sente sufocada sob um punho de ferro de amor. Ela deseja se libertar. O que essa filha deve fazer?

Em 2 João, lemos sobre andar em amor e verdade. Esse equilíbrio vital é importante em todos os relacionamentos interpessoais. João disse aos seus leitores que há coisas que o amor *inclui* e coisas que ele *exclui*.

Como diferenciar? Aí que entra a verdade. Devido à nossa queda no pecado, nosso amor é limitado e, frequentemente, distorcido. Precisamos da verdade de Deus para nos instruir no que fazer e em como fazê-lo. Também precisamos de amor para nos ajudar a colocar essas verdades em ação!

Para nos ajudar a ver o amor como mais do que um sentimentalismo piegas, João o define: "Esse amor quer dizer isto: viver uma vida de obediência aos mandamentos de Deus. [...] o mandamento é este: continuem a amar uns aos outros" (v.6). Em outras palavras, nós amamos melhor uns aos outros quando obedecemos à Sua Palavra.

A mãe e a filha a quem tenho ajudado precisam conhecer o amor de Deus e a Sua verdade. João nos lembra de que "...o nosso Pai, e [...] Cristo, o seu Filho, estejam conosco em verdade e amor" (v.3). Isso não é encorajador? Quando aprendemos a caminhar com Jesus, a Palavra de Deus molda nosso pensamento e afeta nossas emoções. Que ela possa nos guiar para amarmos bem em todos os nossos relacionamentos!

—POH FANG CHIA

12 DE JULHO

BUSCA E SALVAMENTO

LEIA

Salmo 107:1-43

Que aqueles que ele libertou repitam isso em louvor ao Senhor! Ele os livrou das mãos dos seus inimigos (v.2).

EXAMINE

Leia Lucas 15:1-32 para aprender acerca de mais três histórias de busca e salvamento.

CONSIDERE

Qual é a sua história de busca e salvamento? Como você pode se preparar para compartilhá-la com outras pessoas?

Search and Rescue Stories (Histórias de busca e salvamento) é um site que contém relatos de pessoas que participaram de missões de busca e salvamento, ou de vítimas dramaticamente resgatadas de situações de perigo e risco de morte. Ali, você lerá histórias assustadoras e comoventes dos socorristas e dos resgatados.

O Salmo 107 é um cântico de ação de graças (vv.1,22) que conta como quatro grupos de pessoas foram ajudados em sua angústia (vv.4,10,17,23). Eles estavam enfrentando adversidade, risco, desespero e perigo, decorrentes de seu próprio descuido (v.4), loucura (v.11), pecaminosidade (v.17) e imprudência (v.23). "[Na] sua angústia, gritaram por socorro..." e receberam ajuda divina: "...Deus os livrou das suas aflições" (vv.6,13,19,28).

Deus não apenas os salvou. Ele fez muito mais. "Ele os levou [...] em segurança..." (vv.7,30). Ele "[dá] água aos que têm sede e coisas boas aos que estão com fome" (v.9). "Ele os tirou da escuridão..." (v.14). Ele "...derruba portões de bronze..." (v.16). "Com a sua palavra, ele os curou..." (v.20). "Ele acalmava a tempestade, e a ondas ficavam quietas" (v.29). Persistentemente chamando os fiéis a "[agradecer] ao Senhor o seu amor e as coisas maravilhosas que ele fez..." (vv.8,15,21,31), o salmista convida: "Aqueles que são sábios pensem nessas coisas e meditem no amor de Deus, o Senhor" (v.43).

Todos nós nos desviamos, nos perdemos (v.4), fomos presos por nosso pecado (v.10), ficamos em perigo de morte (v.18), impotentes e sem esperança (vv.26,27) — mas também fomos salvos! "Que aqueles que ele libertou repitam isso em louvor ao Senhor! Ele os livrou das mãos dos seus inimigos" (v.2). Você tem uma história a contar. —K. T. Sim

13 DE JULHO

USE MEU APOSENTO

LEIA

2 Reis 4:8-17

Vamos construir um quarto pequeno [para Eliseu e] pôr ali uma cama, uma mesa, uma cadeira e uma lamparina. E assim, quando ele vier nos visitar, poderá ficar lá (v.10).

EXAMINE

Leia 2 Reis 4:15-37 para ver como Deus abençoou a mulher sunamita por sua bondade. Verifique em Hebreus 13:2 um motivo singular relativo à hospitalidade.

CONSIDERE

Qual é a relação entre nossa ocupação e nossa disposição para demonstrar hospitalidade? De que modo a demonstração de hospitalidade glorifica a Deus?

Quando concordei em ajudar a iniciar um clube do livro em minha igreja, fiquei empolgada em escolher os títulos e discutir as obras literárias. Hesitei, porém, quando tive de decidir onde realizar as reuniões (as bancadas de minha casa estão desarrumadas e meus eletrodomésticos nem sempre brilham). Felizmente, certa manhã de domingo, uma mulher de minha igreja se ofereceu para abrigar as reuniões em sua casa. Senti um genuíno espírito de hospitalidade e, grata, aceitei sua proposta.

Eliseu aceitou a hospitalidade de uma mulher que morava na cidade de Suném. Embora a Bíblia não informe seu nome, diz que ela estava disposta a compartilhar sua riqueza. "Ela o convidou para uma refeição..." (2 Reis 4:8). Sua casa acabou se tornando um refúgio onde Eliseu parava sempre que estava na cidade.

Certo dia, a mulher sugeriu ao marido: "Vamos construir um quarto pequeno [para Eliseu e] pôr ali uma cama, uma mesa, uma cadeira e uma lamparina. E assim, quando ele vier nos visitar, poderá ficar lá" (v.10).

Não havia segundas intenções nessa hospitalidade. E quando, por meio de seu servo Geazi, Eliseu perguntou se poderia elogiá-la ao rei ou a um oficial do exército, ela se recusou (v.13). Isso demonstrou sua consideração e cuidado sinceros por Eliseu.

A verdadeira hospitalidade surge de uma atitude de aceitação aberta em relação aos outros. Podemos começar deixando as pessoas se aproximarem por meio de conversas. Eventualmente, poderemos ter uma oportunidade de "[hospedar] uns aos outros, sem reclamar" (1 Pedro 4:9). Essa é uma maneira de honrarmos o nosso hospitaleiro Deus — Aquele que nos abrirá Sua casa por toda a eternidade (João 14:2,3). —*Jennifer Benson Schuldt*

14 DE JULHO

O PRIMEIRO DOM DO ESPÍRITO

LEIA

Atos 2:1-12

Todos ficaram cheios do Espírito Santo e começaram a falar em outras línguas, de acordo com o poder que o Espírito dava a cada pessoa (v.4).

EXAMINE

Leia Atos 8:26-40 e 16:11-15, e observe os diversos tipos de pessoas alcançados pela igreja primitiva.

CONSIDERE

De que maneiras Deus o capacitou a alcançar pessoas de culturas e origens variadas? Como o Espírito Santo o encoraja a se aproximar delas?

A maioria das vezes, nos concentramos nos aspectos mais controversos de Atos 2. Questionamos se o Espírito Santo continua a agir do mesmo modo hoje ou se os milagres encontrados na passagem cessarem; e imaginamos se esses dons são necessários para a salvação.

Mas há algo importante que ignoramos: os discípulos ali reunidos tinham uma origem religiosa e étnica homogênea (v.7). No dia de Pentecostes, de repente eles falaram na miríade de línguas do mundo conhecido (vv.4,8-11). De todos os dons que o Espírito poderia ter concedido, o primeiro foi a capacidade de comunicação transcultural com as pessoas. A esses primeiros cristãos foi dada a oportunidade de alcançar quem era diferente deles.

Isso não deve ser surpresa, pois a Bíblia revela os preparativos perfeitos de Deus para esse evento milagroso. Vemos Jesus, ministrando a siro-fenícios (MARCOS 7:24-30), samaritanos (JOÃO 4:1-26,39-42) e romanos (LUCAS 7:1-10) — escandalizando os líderes religiosos daquele tempo. Mais tarde, em Apocalipse 7:9,10, João escreveu sobre um tempo futuro no qual pessoas de toda tribo, nação, povo e língua ficarão diante do trono de Cristo unidas em adoração. É o desejo e plano de Deus o evangelho transcender todas as fronteiras.

Frequentemente me pergunto: *Meu coração reflete o coração de Jesus? Estou alcançando aqueles que são diferentes de mim, pregando em palavras e demonstrando em atos que a graça de Deus transcende todas as fronteiras culturais e raciais?* Muitas vezes me decepciono com minha resposta. Ainda assim, a passagem de Atos 2 me inspira, lembrando-me de que Deus equipou poderosamente todos os cristãos para cumprir Seu plano transcultural! —PETER CHIN

15 DE JULHO

UNIDADE

LEIA

Efésios 4:1-6

Sejam sempre humildes, bem-educados e pacientes, suportando uns aos outros com amor (v.2).

EXAMINE

Leia Efésios 4:32 e reflita sobre o exemplo que Jesus nos deu de amar genuinamente aos outros.

CONSIDERE

Você já buscou unidade com cristãos com visões diferentes de assuntos controversos (vestuário, música, traduções da Bíblia)? Como alcançar a unidade?

Você já quis dar uma espiada na correspondência de outra pessoa? Talvez um envelope que continha os resultados dos exames recentes de um membro da família. Ou talvez uma carta enviada a seus pais por um parente distante. Quando você segurou o envelope em suas mãos, a tentação de abri-lo pode ter sido enorme.

No país onde moro, uma pessoa pode ir para a prisão por violação de correspondência alheia. Mas, de certo modo, isso é o que fazemos sempre que abrimos uma das epístolas do Novo Testamento.

Essas cartas encontradas na Bíblia foram escritas a cristãos individuais e a igrejas jovens, que haviam sido estabelecidas em todo o Império Romano no início do cristianismo. O apóstolo Paulo escreveu treze das cartas, cada qual abordando uma situação ou um problema específico.

No decorrer de sua carta à igreja de Éfeso, Paulo suplicou aos seus leitores: "Façam tudo para conservar [...] a união que o Espírito dá" (EFÉSIOS 4:3). Por que ele queria que eles fossem um? Porque eles compartilhavam muitos *uns* — um só corpo, um só Espírito, uma só esperança, um só Senhor, uma só fé, um só batismo e somente um Deus e Pai (vv.4-6).

A *unidade* deve ser o batimento cardíaco do povo de Deus. E Paulo escreveu que as atitudes humildes, bem-educadas, pacientes e pacíficas são o que ajudará um coração unificado a bater forte (vv.2,3).

Quando os cristãos enfrentam conflitos e desacordos (isso acontecerá), orgulho, aspereza, impaciência e intolerância não nos manterão juntos. Essas coisas só nos separarão. Em vez disso, precisamos nos recordar da carta aos Efésios, que nos lembra: "Sejam sempre humildes, bem-educados e pacientes, suportando uns aos outros com amor" (v.2). —*Jeff Olson*

A BÍBLIA em UM ANO ➤ Sl 13–15; At 19:21-41

16 DE JULHO

REPRESENTANDO

LEIA
Daniel 2:1-23

Essas provações são para mostrar que a fé que vocês têm é verdadeira...
(1 Pedro 1:7).

EXAMINE
Leia Marcos 2:9-12 e observe a genuína autoridade demonstrada por Jesus ao realizar um ato surpreendente e edificador da fé.

CONSIDERE
Com o que se parece a fé genuína em Jesus? Como você pode caminhar em direção ao crescimento da sua fé esta semana?

Alguns anos atrás, na China, uma adolescente entrou numa "saia justa" ao fingir ser comissária de bordo. A jovem de 13 anos comprou um uniforme que lembrava os das comissárias e juntou a ele credenciais falsas. Depois, acampou fora do terminal do aeroporto local, na tentativa de chegar até um avião. Quando policiais a retiraram, ela implorava: "Eu sou verdadeiramente apaixonada pelo céu. Deixem-me ir ao aeroporto".

Alguns sábios, adivinhos, feiticeiros e astrólogos se viram em apuros quando o rei Nabucodonosor se enfureceu (Daniel 2:2,12). Sua alteza ficou muito agitada quando estes não conseguiram lhe dizer o que só Deus poderia saber (vv.10,11). Eles tentaram fazer o papel de profetas de Deus, mas não puderam. Eram simplesmente incapazes de dizer ao rei o que ele havia sonhado e o significado do sonho. Por isso, o rei decidiu exterminá-los.

Foi aí que entrou Daniel.

Esse servo de Deus, um dos israelitas exilados na Babilônia, tinha conquistado a confiança do rei. E, como profeta do Senhor, Daniel conhecia o Rei dos reis! Ele não precisava representar, pois sua fé em Deus era genuína. Rapidamente, ele foi a Nabucodonosor, pedindo um tempo para buscar no próprio Deus o significado do sonho do rei (vv.16,18).

Ao fazê-lo, salvou a pele de todos os falsos sábios que o rei havia decidido executar, mas também salvou a si mesmo. O mais importante, porém, foi que mais tarde ele revelou a sabedoria e o poder de Deus ao contar ao rei o exato significado do sonho (vv.28-45).

A fé genuína é revelada quando enfrentamos desafios na vida (1 Pedro 1:7). As provações recentes revelaram a sua fé ou o fato de você estar apenas representando? —*Tom Felten*

17 DE JULHO

SEGURO

LEIA
Salmo 33:1-22

Nós pomos a nossa esperança em Deus, o Senhor; ele é a nossa ajuda e o nosso escudo (v.20).

EXAMINE
Leia 2 Crônicas 20:1-18 para ver como a nossa escolha por louvar ao Senhor em tudo pode modificar o resultado da batalha.

CONSIDERE
De que maneira pequenas lutas constroem uma fortaleza de desânimo? Por que é importante enfrentar lutas com o conhecimento de estar seguro no cuidado de Deus?

Sobrecarregada pelo trabalho e cansada de um fim de semana envolvida com o ministério, não consegui conter as lágrimas ao chegar e encontrar um vazamento no teto da cozinha de nossa nova casa. Não era um problema insuperável, mas senti-me vulnerável. Havíamos enfrentado recentemente não só os desafios de mudar para uma nova cidade, mas também uma considerável agitação de nossos vizinhos devido um estudo bíblico em nossa casa. Então, enquanto observava cada gota pingando no piso de cerâmica, eu ansiava por *algo* que fosse fácil.

Às vezes, precisamos apenas ser lembrados de que Deus nos protege. Salmo 33:20 diz: "Nós pomos a nossa esperança em Deus, o Senhor; ele é a nossa ajuda e o nosso escudo". E o versículo 18 declara que Ele "...protege aqueles que o temem, [...] que confiam no seu amor."

O salmista usou a poderosa descrição de Deus ser o nosso escudo para descrever a plenitude da Sua proteção. Movido por amor, Ele cuida fielmente de nós (v.18). Podemos enfrentar o inimigo na confiança de que Deus está conosco e que somente Ele pode nos socorrer (v.19).

Poderíamos argumentar que as circunstâncias certas, as escolhas dos outros ou os recursos apropriados nos protegeriam da dificuldade. Mas tornar nossa vitória dependente dessas coisas é colocar nossa esperança no cavalo de batalha e na armadura (vv.16,17) — provisões vazias, na melhor hipótese. Em vez disso, nós confiamos nele: "O nosso coração se alegra [...] confiamos [no Senhor] porque ele é santo. Ó Senhor Deus, que o teu amor nos acompanhe..." (vv.21,22). Nosso Libertador não apenas luta por nós; Ele nos mantém próximos e estamos seguros em Seus braços (Deuteronômio 33:12). —*Regina Franklin*

18 DE JULHO

PASSE O BACON

LEIA

Atos 10:1-48

Pedro respondeu: De jeito nenhum, Senhor! Eu nunca comi nenhuma coisa que a lei considera suja ou impura! (v.14).

EXAMINE

Leia em 1 Coríntios 6:12-20 como podemos permanecer santos ao interagirmos com nossos amigos incrédulos.

CONSIDERE

Que salvaguardas você usa para permanecer santo? Como eles poderiam se transformar em obstáculos desnecessários ao compartilhar Jesus com os outros?

Esperando pelo almoço, Pedro teve a visão de um lençol que descia do céu cheio de animais impuros. Isso deve tê-lo assustado: *Por que um bom judeu como ele estava tendo um sonho imundo como aquele?* O que ouviu a seguir o chocou: "…Pedro, levante-se! Mate e coma! […] De jeito nenhum, Senhor! Eu nunca comi nenhuma coisa que a lei considera suja ou impura" (Atos 10:13,14).

Isso ocorreu três vezes, um padrão familiar a Pedro. Ele negou Jesus três vezes (João 18:15-27). E o Senhor lhe perguntou três vezes: "…Você me ama?…" (21:15-17). Agora, em Atos, ele defende três vezes sua tradição judaica.

As leis judaicas relacionadas à comida são incompreensíveis aos gentios, pois "coisas impuras", como carne de porco, podem ser consumidas pelo não-judeu. É difícil imaginar um mundo sem bacon, maionese, pirulitos e sorvete!

Esse é o ponto. Sabendo que os gentios de Canaã comiam porcos, Deus disse ao Seu povo para afastarem-se. Isso os impedia de comerem com seus vizinhos, socializarem-se e adotarem seus modos pagãos. Uma dieta *kasher* foi a limitação de Deus para pureza.

Agora, o Senhor comunicava a Pedro que Ele estava enviando Seu povo ao mundo para conviver com os não-salvos, "…em Jerusalém, em toda a Judeia e Samaria e até nos lugares mais distantes da terra" (Atos 1:8). Como disse Pedro a Cornélio, um gentio, "…Deus me mostrou que eu não devo chamar ninguém de impuro ou de sujo" (10:28).

A igreja que começou em Atos 2, expandiu-se e incluiu os gentios em Atos 10, cruzou as fronteiras geográfica, étnica e socioeconômica. Somos livres para comer com quase todos (HÁ EXCEÇÃO EM 1 CORÍNTIOS 5:9-11), mas precisamos atentar para quem está nos influenciando. —*MIKE WITTMER*

19 DE JULHO

PODEROSO FEIXE DE LUZ

LEIA

Isaías 9:1-7

O povo que andava na escuridão viu uma forte luz... (v.2).

EXAMINE

Leia Salmo 27:1-14. Como Deus é descrito no primeiro versículo? A seguir, como o autor apresenta os efeitos de Deus brilhar em nosso mundo?

CONSIDERE

Em seu mundo, onde você precisa de um poderoso feixe de luz hoje? Como a luz de Deus afasta as trevas do mundo?

Quando a Polônia foi invadida pelos nazistas, o padre Maximiliano Kolbe transformou seu convento num secreto centro de refugiados. Antes das tropas da SS descobrirem o local de Kolbe, mais de 2 mil judeus tinham sido escondidos lá. A SS enviou Kolbe para Auschwitz, prisioneiro nº 16670. Embora espancado, forçado ao trabalho árduo e raramente alimentado, a brandura de Kolbe não diminuiu.

Após três presos escaparem do campo, o comandante de Auschwitz selecionou dez outros para serem trancados numa casamata e morrerem de fome. Ao ser escolhido, Franciszek Gajowniczek soluçou: "Minha esposa! Minhas crianças! O que eles farão?". Kolbe deu um passo à frente e pediu para tomar o lugar de Gajowniczek. Na casamata, Kolbe orava, lia salmos e cantava hinos. Após duas semanas, ele era o único ainda vivo. Querendo esvaziar a casamata, um guarda aplicou em Kolbe uma injeção letal.

Um sobrevivente de Auschwitz, Jerzy Bielecki, descreveu a morte de Kolbe como "um abalo cheio de esperança, trazendo nova vida e força... Foi como um poderoso feixe de luz na escuridão do campo".

Provavelmente, Maximiliano Kolbe seria o primeiro a dizer que qualquer luz que ele ofereceu era meramente um reflexo do esplendor de Deus. Os relatos sobre a vida de Kolbe deixam claro que ele não se via como um herói, mas como alguém que desejava testemunhar do amor e da luz de Deus em Jesus Cristo. Como o profeta Isaías, a vida de Kolbe proclamou essa mensagem: "O povo que andava na escuridão viu uma forte luz..." (Isaías 9:2). Essa luz vinha do Messias, Jesus Cristo.

Em Jesus, Deus despedaça os lugares escuros e sem esperança do nosso mundo. De fato, um poderoso feixe de luz raiou!

—Winn Collier

20 DE JULHO

COMUNICAÇÃO CLARA

LEIA

Efésios 4:11-16

Pelo contrário, falando a verdade com espírito de amor, cresçamos em tudo até alcançarmos a altura espiritual de Cristo, que é a cabeça (v.15).

EXAMINE

Leia 1 Tessalonicenses 5:11 e considere como as suas palavras podem ser usadas para realizar o que Paulo nos está instruindo a fazer.

CONSIDERE

Com quem você precisa comunicar-se? Por que é essencial falarmos a verdade e fazê-lo em amor?

Muitas batalhas na vida nascem de falsas suposições por falta de comunicação. Por exemplo, compartilhamos uma parede com nossos vizinhos. Quando eles se mudaram, anos atrás, começaram a remodelar a casa. O jardim, a garagem, os banheiros, os quartos; nada escapou de um martelo, uma furadeira ou um pincel.

Certo dia, eu estava em casa fazendo uma importante prova on-line e precisava de silêncio para me concentrar e responder a todas as perguntas dentro das duas horas determinadas. Eu deveria ter informado meus vizinhos sobre a prova, mas fiquei adiando.

No dia da prova, preparei-me, conectei-me e, após 5 minutos, ouvi o som de um martelo batendo em alguma coisa. Os vizinhos programaram a instalação dos carpetes para aquela manhã e ela não poderia ser adiada. Eles trabalharam durante as duas horas seguintes. Não consegui me concentrar com o barulho, e com isso não respondi a todas as perguntas dentro do tempo determinado.

Não falarei sobre os resultados daquela prova, mas aprendi uma lição importante: *Não presuma qualquer coisa sem haver estabelecido uma comunicação clara e honesta.*

Nosso relacionamento com outros cristãos exige que falemos a verdade em amor: "A palavra certa na hora certa é como um desenho de ouro feito em cima de prata" (PROVÉRBIOS 25:11).

À medida que crescemos na compreensão das verdades da Palavra de Deus, amadurecemos em nosso relacionamento com Ele e com outros cristãos. Então, podemos melhor "[falar] a verdade com espírito de amor, [crescendo] em tudo até alcançarmos a altura espiritual de Cristo..." (EFÉSIOS 4:15). Nossa fé e unidade crescerão quando fluir nossa comunicação edificante baseada na verdade. —RUTH O'REILLY-SMITH

21 DE JULHO

NO CAFÉ

LEIA

João 4:3-26

...a pessoa que beber da água que eu lhe der nunca mais terá sede. Porque a água que eu lhe der se tornará nela uma fonte de água que dará vida eterna (v.14).

EXAMINE

Leia João 10:10 e considere o que Jesus oferece a todos os sedentos de vida verdadeira.

CONSIDERE

Imagine se Jesus encontrasse a "mulher do poço" em sua cidade hoje. Como seria a interação? Onde mais as pessoas buscam um salvador além de Jesus?

Crystal olha fixamente para fora pela janela do café, imaginando se algum dia a vida melhorará. Cinco homens, dois filhos, tudo isso aos 29 anos. E imagina se o sexto homem mudará as coisas.

Jesus entra pela porta do café e senta-se à mesa de Crystal. "Eu poderia tomar um café", diz Ele com um sorriso. "Desculpe-me, eu o conheço?", diz Crystal. "Não muito bem", diz Jesus. Crystal se levanta para sair. "Por favor, fique. *Eu* lhe pago um café.", diz Ele. "Não, obrigado", responde ela ao sentar-se. Ela nada tem a fazer. Eles ficam em silêncio durante alguns minutos.

"Talvez eu tome outro café", diz Crystal. "Precisa de mais cafeína para ajudá-la a passar o dia. Mas o pique sempre desvanece, não é?", diz Jesus. "Então, é isso o que você faz — sentar e conversar com mulheres em cafés?", questiona Crystal. "Só as solitárias", responde Jesus. "O que lhe faz pensar que sou solitária?", diz ela. "Fale-me sobre seu marido." "Não tenho marido."

"É isso mesmo! Cinco homens, dois filhos, tudo isso aos 29 anos.", diz Jesus. "Como você sabe o meu nome? E como você sabe sobre a minha vida?", diz ela atônita. "Crystal, eu estou lhe oferecendo algo maior do que o estímulo de cafeína ou do que os afetos do sexto homem em sua vida." "O quê?", diz ela. "Eu estou lhe oferecendo perdão." "Eu sequer o conheço. Por que preciso do Seu perdão? Como posso ferir alguém que nunca conheci?", diz Crystal. "É isso mesmo, Crystal. Você nunca me conheceu, Aquele que conhece seus pensamentos, observa seus atos, viu cada decisão tola, egoísta e equivocada que você já tomou."

"*Quem* é você?", pergunta ela em voz baixa. "Crystal, Eu sou *Aquele* que você está realmente procurando." —SHERIDAN VOYSEY

22 DE JULHO

PAPAI, MAMÃE E EU

LEIA

Efésios 6:1-4

Honra teu pai e tua mãe... (Êxodo 20:12 ARA).

EXAMINE

Leia a história de Saul e Jônatas em 1 Samuel 20:30-42; 31:1-6. Observe como Jônatas tentou honrar a vontade de Deus e a de seu pai.

CONSIDERE

De que maneira você pode honrar a Deus honrando seus pais? Como nosso amor por Deus pode nos ajudar a amar nossos pais de uma maneira honrosa?

Aceitei a Cristo como meu Salvador aos 15 anos. Quando meu pai descobriu, ele ficou consternado, pois suas crenças eram diferentes. Ele não conseguiu dormir durante várias noites. Sentia ter falhado como pai porque não conseguia manter sua família unida. Sua filha havia abandonado a tradição da família e optado por seguir um "deus ocidental".

Eu amo meu pai, mas quanto a religião eu sabia que não poderia segui-lo. Em vez disso, tornei-me a primeira cristã da família.

Então, o que significa obedecer ao mandamento de Deus de honrar nosso pai e mãe (ÊXODO 20:12)? *Honra* é uma palavra pesada — *literalmente*. A palavra hebraica é *kaved*, que significa "pesado". Então, honrar os pais é dar o devido respeito (peso) à posição deles. Isso inclui falar-lhes respeitosamente e falar com bondade acerca deles. Esse é o quinto mandamento que Deus deu ao Seu povo em Êxodo 20, após quatro mandamentos relacionados com amar a Ele em primeiro lugar.

Paul coloca dessa maneira: "Filhos, o dever cristão de vocês é obedecer ao seu pai e à sua mãe..." (EFÉSIOS 6:1).

Quando Francis Schaeffer seguiu o que ele acreditava ser a vontade de Deus indo para a faculdade teológica, disse aos pais desapontados: "Eu os amo e sinto muito por deixá-los tristes, mas estou convencido de que isso é o que Deus quer que eu faça, e vou fazê-lo". Sua obediência a Deus foi, no fim, o meio de levar primeiramente seu pai e mais tarde sua mãe à fé em Jesus Cristo. Mesmo contrariando a vontade de seus pais, Schaeffer mostrou-lhes respeito e bondade.

Ao considerar o quinto mandamento (ÊXODO 20:12), lembre-se de que ele é pesado — mas também que Deus deve ser amado primeiramente e acima de tudo. —POH FANG CHIA

23 DE JULHO

FÉ NA CHEGADA

LEIA

Lucas 21:8-28

...eu lhes darei palavras e sabedoria... (v.15).

EXAMINE

Veja em Mateus 24:36 por que é inútil tentar predizer a data da volta de Jesus. Leia em 1 Coríntios 15:52 o que acontecerá aos cristãos quando Jesus voltar.

CONSIDERE

Qual é a sua atitude quanto à segunda vinda de Jesus? Se você soubesse a data e hora da Sua volta, viveria de forma diferente? Como?

Ela queimou sua casa e vive distanciada na África. Seu nome é Jja Ja Nakibuuka. A hanseníase tomou seus dedos das mãos e dos pés. Ela nada tem; então, às vezes as crianças lhe oferecem alimentos e pequenos presentes. Quando cumprimenta as crianças e suas mães, Jja Ja Nakibuuka sempre diz a mesma coisa: "Deus é bom e Ele está voltando".

A Bíblia nos encoraja a esperar pelo momento em que Jesus voltará à Terra (1 Pedro 1:13) e também nos alerta sobre o tempo que precede a Sua volta. Naqueles dias, alguns cristãos serão julgados por funcionários de governos. Alguns enfrentarão ódio, traição, prisão e até morte (Lucas 21:12-17). A turbulência na vida das pessoas será intensa.

A despeito dessa perturbação, Deus sustentará aqueles que creem nele. Jesus disse: "...eu lhes darei palavras e sabedoria..." nos momentos certos (v.15). Nós seremos capazes de confiar completamente nele e Ele nunca nos falhará (1 Pedro 4:19). Não nos preocuparemos ou temeremos, pois sabemos que Jesus resgatará os que permanecerem fiéis até o fim (Lucas 21:28).

Permanecendo fiéis a Deus e nos mantendo firmes, experimentaremos a Sua salvação (v.19). A despeito de perseguição, os cristãos prosperarão espiritualmente e ajudarão outros a também fazê-lo. O poder salvador de Deus ainda estará ativo no mundo e Ele nos capacitará a realizar "...as boas obras que ele já havia preparado para nós" (Efésios 2:10).

Você se sente preocupado com os futuros acontecimentos mundiais? Se assim for, lembre-se de que "...a fé que vocês têm [...] precisa ser provada para que continue firme. E assim [receberemos] honra, no dia em que Jesus Cristo for revelado" (1 Pedro 1:7). —*Jennifer Benson Schuldt*

24 DE JULHO

COMEDOR DE PECADOS

LEIA

Tiago 5:16-20

...quem fizer um pecador voltar do seu mau caminho salvará da morte esse pecador e fará com que muitos pecados sejam perdoados (v.20).

EXAMINE

Leia o que Paulo escreveu em Gálatas 6:1 e considere como você poderá pôr sua orientação em prática.

CONSIDERE

Quais são os perigos de ajudar as pessoas a lidarem com seus pecados? Por que Deus nos chama a confessarmos nossos pecados uns aos outros?

Muitos anos atrás, o "comer pecados" era praticado em partes do Reino Unido e dos EUA. Um comedor de pecados era, geralmente, uma pessoa pobre e faminta que era levada à casa de um morto, onde lhe davam um pouco de pão e uma bebida. Após satisfazer-se, ela orava ritualmente sobre o falecido. Supostamente, essa prática absolvia a pessoa morta — e, às vezes, uma família inteira — do pecado. Depois, o comedor de pecados era evitado pela comunidade local até ser novamente necessário. Por que ele era evitado? Ele tinha "comido" (tomado sobre si) os pecados dos mortos.

Obviamente, a ideia de comer pecados era uma prática bizarra e antibíblica. Embora seja verdade que todos são pecadores e carecem da glória de Deus (ROMANOS 3:23), somente Jesus, por Sua morte sacrificial, pode lidar com nosso pecado (1 PEDRO 3:18).

Ao nos esforçarmos por viver para Cristo, recordemos as palavras de Tiago: "...confessem os seus pecados uns aos outros [...] para que vocês sejam curados" (TIAGO 5:16). Essa cura não é tanto física, mas para o bem-estar espiritual (v.15; 1 JOÃO 1:9).

Depois, o apóstolo nos chama a alcançar aqueles que professaram a fé em Jesus (alguns cristãos autênticos, alguns não), mas que agora estão "[desviados] da verdade..." (TIAGO 5:19). Não podemos "comer" o pecado deles, mas podemos levá-los a se voltarem às verdades encontradas na Palavra de Deus. Se eles se converterem, receberão o perdão de seus pecados e alguns evitarão a morte espiritual do incrédulo (v.20).

Judas escreveu: "Tenham misericórdia dos que têm dúvidas; salvem outros, tirando-os do fogo..." (vv.22,23). Importe-se o suficiente para confrontar o pecado. Não é necessário comê-los. —TOM FELTEN

Sl 35–36; At 25 ‹ A BÍBLIA em UM ANO

25 DE JULHO

O LEITO ROCHOSO

LEIA

Êxodo 17:1-7

Eu estarei diante de você em cima de uma rocha, ali no monte Sinai. Bata na rocha, e dela sairá água para o povo beber... (v.6).

EXAMINE

Leia Salmo 62:1-12 e considere o que ele diz a respeito de Deus e Sua obra em nossa vida.

CONSIDERE

Cite algumas maneiras práticas de expressar a vida que fluiu da Rocha. Como podemos saber quando estamos buscando uma fonte que não é a Água Viva?

Nossa mudança para o interior foi, de muitas maneiras, uma aventura. As estrelas são surpreendentes no céu aberto, insetos e aranhas existem em abundância e a água de um poço tem ótimo sabor. Certo dia, um amigo de meu filho veio da cidade em visita e explicamos a ele como funciona o nosso poço. Meu marido e eu fizemos uma pausa ao considerarmos como ele simbolizava uma verdade espiritual. Os trabalhadores perfuraram o solo profundamente através do leito rochoso e não pararam até alcançar a água.

Êxodo 17 revela que a provisão de Deus não está vinculada a circunstâncias naturais. Ele é o Deus do sobrenatural (v.6). Quando Moisés bateu na rocha, seguindo as instruções de Deus, a água que sustenta a vida jorrou. Mas essa história miraculosa é não somente um testemunho da fidelidade de Deus ao Seu povo no deserto, como também um prenúncio do poder da cruz. Como Paulo escreveu, a água da rocha era um símbolo da água viva que flui de Cristo: "Todos comeram da mesma comida espiritual e beberam da mesma bebida espiritual. Pois bebiam daquela rocha espiritual que ia com eles; e a rocha era Cristo" (1 CORÍNTIOS 10:3,4).

Os salmos falam continuamente de Deus como sendo a nossa Rocha (SALMOS 61:2; 95:1). Verdadeiramente, Ele é a fonte de nossa força e o nosso firme fundamento. Mas Ele também é o provedor da nossa salvação, baseada em Jesus e possibilitada por Sua morte na cruz. Ele trouxe a água viva de uma nova vida espiritual para nós, substituindo o ressecamento da nossa morte espiritual.

Moisés golpeou a rocha e o povo pôde beber (ÊXODO 17:6). Jesus foi golpeado para que você e eu pudéssemos ser capazes de beber profundamente da Sua graça. —REGINA FRANKLIN

26 DE JULHO

SERVOS EGOÍSTAS

LEIA

Atos 4:1-21

Eles diziam: O que vamos fazer com estes homens?... (v.16).

EXAMINE

Leia Atos 19:23-41 para aprender o que acontece quando colocamos nossos próprios empregos acima das pessoas que professamos servir.

CONSIDERE

Quais são os sinais de que pusemos nosso serviço acima das pessoas que estamos tentando ajudar? Por que é tão difícil se afastar e permitir que outros liderem?

Os faroleiros haviam sobrevivido a condições árduas e solitárias com um escasso salário, suportado o alto som dos apitos em meio ao nevoeiro e remado seu bote salva-vidas em mar bravio para resgatar marinheiros. Contudo, resistiram à iniciativa de instalar uma nova lente que dobraria a quantidade de luz que sua estação lançaria. Por quê? Eles tinham feito um acordo financeiro com o fabricante da lente antiga e não queriam perder o dinheiro — mesmo que a nova salvasse vidas.

Os faroleiros parecem semelhantes aos líderes religiosos que se opuseram a Pedro e João. Essas autoridades embarcaram em carreiras para ajudar pessoas. Mas também ganhavam um bom salário por seus serviços — uma renda que perderiam se o judaísmo fosse substituído pelo evangelho.

Então, eles se acharam no direito de desafiar a cura de um paralítico. Surpreso, Pedro disse: "Os senhores estão nos perguntando hoje sobre o bem que foi feito a este homem..." (Atos 4:9). Assim, os líderes chegaram a um acordo: "...todos os moradores de Jerusalém sabem que [Pedro e João] fizeram um grande milagre, e nós não podemos negar isso. Mas, para não deixar que a notícia se espalhe ainda mais entre o povo, vamos ameaçá-los, a fim de que nunca mais falem com ninguém a respeito de Jesus" (Atos 4:16,17).

O dilema dos líderes acaba atingindo todos os que se dedicam a ajudar. Ele atinge instituições de caridade, que gastam cada vez mais dinheiro perpetuando a própria existência; missionários, que extrapolam ficando tempo demais no campo.

Eis algumas perguntas para quem sente a necessidade de ser necessário: Meu serviço está ajudando ou atrapalhando? Se necessário, me afastarei pelo bem dos outros? —MIKE WITTMER

SI 40–42; At 27:1-26 ‹ A BÍBLIA em UM ANO

27 DE JULHO

RÁPIDO... E LENTO

LEIA

Tiago 1:19-27

...cada um esteja pronto para ouvir, mas demore para falar e ficar com raiva (v.19).

EXAMINE

Leia 1 Coríntios 13. Quais são as características do amor genuíno? Como eles correspondem à admoestação de Tiago a sermos rápidos para ouvir, mas lentos em falar e irar-nos?

CONSIDERE

Em que relacionamentos você precisa ser mais rápido em ouvir e mais lento em falar? Em que você percebe Deus convidá-lo para trocar a ira pelo amor?

Se você se envolve com qualquer tipo de mídia social (*Facebook*, *Twitter*, blogs etc.), provavelmente já leu algo que fez seu sangue ferver. Não tenho certeza de que tenhamos descoberto como conversar harmoniosamente sobre temas divergentes no mundo virtual. Será isso possível?

Aos que creem em Jesus, Tiago fornece uma ética adequada: "...esteja pronto para ouvir, mas demore para falar e ficar com raiva" (Tiago 1:19). Quanto das discussões na internet não terminariam se nossa sociedade vivesse segundo essas palavras?

Tiago não promove sua orientação como algo simplesmente necessário ao comportamento civilizado. Ele não se limita a uma listagem de boas maneiras. Em vez disso, Tiago insiste em que quem crê em Jesus precisa viver contrariamente às inclinações naturais: "Porque a raiva humana não produz o que Deus aprova" (v.20). Não importa o quanto nosso inflamado discurso pareça refletir a verdade de Deus, ele não reflete o modo como o Senhor transforma os corações. A verdade de Jesus não é uma lista de ideais abstratos, mas uma vida direcionada pelo Espírito Santo. Praticamos o caminho de Jesus e encarnamos nossa fé.

Deus não abandona o controle com raiva do mundo que Ele ama. Em vez disso, o amor de Deus é "...paciente e bondoso [...] não é [...] egoísta" (1 Coríntios 13:4,5).

Como transmitimos a verdade é tão importante quanto se a possuímos ou não. Segundo Tiago, os dois não podem ser separados. Se devemos anunciar a mensagem de Jesus, precisamos permitir que essa verdade penetre nosso próprio coração e mente. Que ela nos transforme no tipo de pessoa que podemos ser — em meio a lágrimas, esperança, alegria e muito amor — a boa notícia de Deus para o mundo. —Winn Collier

A BÍBLIA em UM ANO > Sl 43–45; At 27:27-44

28 DE JULHO

OUÇA A PALAVRA DE DEUS

LEIA

2 Reis 22:1–23:25

Quando ouviu o que o Livro da Lei dizia, o rei rasgou as suas roupas em sinal de tristeza (22:11).

EXAMINE

Leia Romanos 10:17 e veja como a sua fé é edificada quando você internaliza a Palavra de Deus.

CONSIDERE

Edifique sua fé confessando e orando em voz alta promessas e princípios da Bíblia para a sua vida e circunstâncias. Como você reagirá ao que Deus ensina em Sua Palavra?

Como radialista cristã, encorajo os ouvintes apresentando verdades da Palavra de Deus. Nesse processo, também sou encorajada e edificada em minha fé. Certa vez, o radialista, autor e palestrante Berni Dymet tuitou ter gravado várias mensagens de rádio e também como era ministrado enquanto lia a Palavra de Deus em voz alta. Ouvir a Palavra de Deus é um poderoso antídoto para as lutas reais da vida cotidiana.

Josias tinha 8 anos quando começou a reinar em Jerusalém (2 Reis 22:1). Ele provinha de uma linhagem de reis que frequentemente haviam se afastado de Deus e Seus mandamentos, incluindo seu próprio pai. Após muitos anos, o sumo sacerdote Hilquias encontrou perdido no Templo o Livro da Lei. Ele tirou a poeira e o leu para um servo do rei que, por sua vez, o leu para o rei Josias. Ao ouvir as palavras do Livro da Lei, o rei rasgou suas vestes e renovou sua aliança com Deus (v.11; 23:3).

Quando o povo de Judá ouviu o rei ler as palavras do Livro da Aliança e o viu renovar o seu voto ao Senhor, eles também se comprometeram a seguir o Senhor e a guardar Seus mandamentos (v.3). Pela primeira vez em muitos anos, o rei Josias ordenou ao povo a celebração da Páscoa (vv.21-23); ele derrubou e destruiu os falsos ídolos, santuários e todas as outras coisas detestáveis em toda a nação (v.24).

De fato, a transformação do coração do rei Josias foi tão dramática, que nem antes nem depois dele houve um rei que se converteu ao Senhor como ele (v.25). Mas tudo começou com ouvir a Palavra de Deus e responder a ela. —Ruth O'Reilly-Smith

29 DE JULHO

CALANDO A MADRE ESTÉRIL

LEIA

Provérbios 30:15,16

...Há quatro coisas que nunca estão satisfeitas: o mundo dos mortos; a mulher sem filhos; a terra seca que precisa sempre de chuva; e o fogo de um incêndio (vv.15,16 ARA).

EXAMINE

Leia 2 Coríntios 1:6 e considere o que ele diz sobre a importância de confortar e encorajar outros cristãos.

CONSIDERE

O que aconteceu quando você teve de deixar um sonho morrer? Como você viu Deus usar a dor para o bem de outras pessoas?

Prezado Sheridan,

Eu sei que você e sua esposa nunca conseguiram ter filhos. Meu marido e eu também não, e tentamos quase tudo para consegui-lo. A coisa mais difícil é que a dor e o anseio nunca parecem ter fim. Identifico-me com o que Provérbios 30 diz: A "a mulher sem filhos" nunca está satisfeita. Eu sei que você e Merryn conseguiram seguir em frente com suas vidas. O que quero saber é: A dor e o anseio desaparecem ou apenas diminuem ao longo do tempo? Atenciosamente, Becky.

Prezada Becky,

Merryn e eu compartilhamos sua tristeza. O anseio apontado por Provérbios 30 é muito real. Se você acabar não tendo filhos, isso provavelmente sempre a machucará um pouco. Mas descobrimos que o "intervalo entre as lágrimas" fica maior com o passar do tempo — e a dor diminui. Para que isso aconteça, porém, você precisa se lamentar bastante. Merryn e eu só conseguimos avançar após traçarmos um limite e pormos um fim no sonho de ter filhos. Após 10 anos, já era tempo.

Talvez, Deus ainda não lhe disse para abrir mão de seu sonho, mas, se Ele o fez, saiba disso: Existe vida sem filhos. Sua vida não terminará. Doerá durante algum tempo, mas depois, começará a melhorar. Então, você descobrirá que Deus poderá usar sua dor de maneiras surpreendentes: dando-lhe graça especial em sua fraqueza (2 Coríntios 12:8,9) e usando você para confortar a outros que sofrem (1:3-7). Jesus tocou profundamente a vida das pessoas por meio de Sua dor mais profunda (Lucas 23:33,34,39-43,47; João 19:26,27).

A mulher sem filhos jamais estará satisfeita, mas Deus sempre traz coisas boas do nada.

Estarei orando para que Deus direcione o próximo passo a ser dado. Com amor, Sheridan. —SHERIDAN VOYSEY

30 DE JULHO

QUANDO OS MAUS VENCEM

LEIA

Salmo 37:1-40

Não se irrite por causa dos que vencem na vida, nem tenha inveja dos que conseguem realizar os seus planos de maldade. Tenha paciência, pois o Senhor Deus cuidará disso (v.7).

EXAMINE

Leia o Salmo 36 e observe como ele se encaixa com a mensagem do Salmo 37.

CONSIDERE

Que bem você deve continuar a fazer em suas atuais provações (Salmo 37:3,27)? Por que Deus permite que, às vezes, os maus vençam?

Como você se sente quando segue as regras, mas os trapaceiros vencem? Não é desagradável? Porém, na vida, às vezes, os maus vencem e os bons sofrem.

Davi conhecia muito bem essa realidade. Em duas ocasiões ele fez a coisa certa poupando a vida de Saul, só para ver o rei voltar ao seu confortável palácio enquanto ele tinha apenas uma caverna para chamar de lar.

Você se identifica com isso? Talvez você tenha um colega que nunca termina qualquer trabalho, mas é bom em representar na frente do chefe. Essa pessoa pode até ter recebido uma promoção e você não. Então, o que fazemos quando os maus vencem e os bons sofrem?

No salmo 37, Davi nos diz três vezes para *não nos aborrecermos* (SALMO 37:1,7,8). A palavra hebraica para aborrecer significa "queimar". Em outras palavras: "Não se deixe queimar lentamente quando vir os maus se safando com seus esquemas". Em vez disso, confie em Deus e continue a fazer o bem (v.3). Confie em que Ele agirá em Seu tempo e modo (vv.5,7). Deus ama a justiça e, algum dia, corrigirá todos os erros (v.28).

"Você já percebeu, no livro de Apocalipse, como Deus permite que a ímpia Babilônia continue na sensualidade e riqueza até a última hora? Então, certo dia, certa hora, vem o julgamento sobre ela (APOCALIPSE 18:8,10,17,19). Até a décima primeira hora, parece que a maldade triunfa. Não se deixe enganar! Naquela hora final, Deus agirá em benefício dos seus santos (vv.20,24)", escreve um comentarista bíblico.

Deus, hoje, "socorre, ajuda e salva" continuamente (SALMO 37:39,40). Observe o tempo presente desses verbos. Eles apontam para a verdade de que Deus está conosco em nossas provações — mesmo quando os maus vencem. —POH FANG CHIA

31 DE JULHO

IMACULADOS

LEIA

1 Tessalonicenses 2:1-10

Nós não somos como muitas pessoas que entregam a mensagem de Deus como se estivessem fazendo um negócio qualquer. [...] anunciamos a sua mensagem com sinceridade na presença dele, como mensageiros de Cristo (2 Coríntios 2:17).

EXAMINE

Leia em 2 Coríntios 4:1,2; Efésios 5:3-5; 1 Pedro 5:2 os padrões de integridade para os líderes cristãos.

CONSIDERE

Como você pode encorajar os líderes — e outros — de sua igreja a buscarem uma vida imaculada? Como Deus tem usado você como um líder para a Sua glória?

Pastor culpado de usurpar dinheiro de mulher idosa... Presbítero condenado por fraude contábil... Pastor de mega--igreja acusado de apropriação financeira indevida.

Manchetes como essas falam de um pecado insidioso que assola a igreja desde o seu início (Atos 5:1-5; Romanos 16:17,18; 1 Timóteo 6:3-5).

Como ministro do evangelho, Paulo teve o cuidado de garantir que sua conduta e motivações fossem totalmente honestas. Ele enfatizava a necessidade de transparência, sinceridade, honestidade e integridade em sua vida e ministério. Cuidando para não o acusarem de ser uma fraude que lucrava com a igreja, Paulo certificou-se de que sua mensagem não fosse faltosa, seus motivos não fossem impuros e seus métodos não fossem impróprios. Como ele fez isso?

Primeiramente, prestou contas a outros cristãos. Ele escreveu: "Aquilo que anunciamos a vocês não se baseia em erros ou em má intenção..." (1 Tessalonicenses 2:3). Além disso, Paulo teria de prestar contas a Deus, que lhe confiara pregar a boa--nova. Seu propósito era "...agradar [...] a Deus" (v.4). Não há como fingir, porque Deus "...põe à prova as nossas intenções" (v.4). Paulo podia afirmar: "...não usamos palavras bonitas para enganar vocês, nem procuramos tapear vocês para conseguir dinheiro. Deus é testemunha disso" (v.5). Em outro lugar, ele escreveu: "...foi Deus quem nos enviou, e por isso anunciamos a sua mensagem com sinceridade na presença dele, como mensageiros de Cristo" (2 Coríntios 2:17).

Assim como Paulo, que possamos ser capazes de dizer: "Vocês são nossas testemunhas e Deus também de que o nosso comportamento entre vocês que creram foi limpo, correto e sem nenhuma falha" (1 Tessalonicenses 2:10). —*K. T. Sim*

A BÍBLIA em UM ANO ➤ Sl 54–56; Rm 3

1.º DE AGOSTO

FAMÍLIA DIVERSIFICADA

LEIA

Atos 2:37-47

E todos continuavam firmes, seguindo os ensinamentos dos apóstolos, vivendo em amor cristão, partindo o pão juntos e fazendo orações (v.42).

EXAMINE

Leia Atos 8:26-40 e 10:1-48 para entender até que ponto se estende a diversidade da igreja.

CONSIDERE

Como Deus o chama a ajudar crentes em Cristo que são diferentes de você? Como você pode motivar a igreja a alcançar *todas* as pessoas?

Eis uma pergunta que escuto com frequência sobre a diversidade: "Deus nos chama a alcançar aqueles que são diferentes de nós, mas até que ponto devemos ir?". É suficiente servir e ministrar a pessoas diferentes, ou somos chamado a fazer algo mais?

Atos 2 é um guia maravilhoso. À primeira vista, parecem existir duas narrativas separadas e distintas no capítulo. Mas quando as vemos juntas, temos uma visão melhor sobre o que aconteceu no Pentecostes. Em primeiro lugar, o Espírito Santo desceu sobre os apóstolos e possibilitou que falassem nos idiomas de povos de diversas nações que estavam em Jerusalém (vv.3-6). As pessoas ficaram maravilhadas ao escutar os cristãos falando em suas línguas e ao ouvir o que Pedro pregava (vv.14-40). Por isso, três mil "...acreditaram na mensagem de Pedro e foram batizados [e] se juntaram ao grupo dos seguidores de Jesus" (v.41). O que aconteceu revela o amor de Deus pelos povos de todas as nações e idiomas.

Mas esse não é o final da história, pois os novos cristãos não seguiram seus caminhos apenas. Eles se tornaram parte da igreja e começaram a fazer tudo juntos: adorando, partilhando o pão e seus bens uns com os outros (vv.42-47). Essa é a história completa do Pentecostes: não apenas a de que três mil pessoas diferentes foram batizadas, mas que foram batizadas na *igreja*, que se tornaram irmãos e irmãs na diversificada família de Deus.

Para mim, é um desafio perceber que o amor de Deus pela diversidade não significa apenas ajudar ou servir àqueles que são diferentes. Significa ter um relacionamento verdadeiro com os outros, compartilhar nossa vida e ver os cristãos diferentes de mim como membros do Corpo de Cristo. —PETER CHIN

Sl 57–59; Rm 4 ◀ A BÍBLIA em UM ANO

2 DE AGOSTO

CAFETERIA

LEIA

João 1:1-14

A Palavra estava no mundo, e por meio dela Deus fez o mundo, mas o mundo não a conheceu (v.10).

EXAMINE

Compare como Jesus lidou com os líderes religiosos instruídos em João 3 e com a mulher em João 4.

CONSIDERE

Você frequenta uma igreja? De que tipo? O que ela faz para as pessoas sentirem-se bem-vidas? O que você pode fazer para ajudar os outros a se sentirem acolhidos?

Certo pastor acreditava que a formalidade de sua congregação desencorajava a comunidade local a cruzar as portas do templo. Então começou a dar pequenos passos em direção a mudanças.

Num domingo pela manhã, substituiu o púlpito por uma pequena mesinha de centro. Com uma xícara de café na mão, ele subiu ao púlpito e sentou-se à mesa para começar o sermão. E não usou o terno e gravata de costume.

"Cristianismo não é nos limparmos para vir até Deus," disse. "É virmos a Deus assim como estamos em agradecimento pelo que Ele fez por nós. É sermos nós mesmos perante um Deus santo. *Isso* chamará a atenção das pessoas."

João, o amigo mais próximo de Jesus, escreveu: "A Palavra [Jesus] se tornou um ser humano e morou entre nós" (João 1:14). Mas como era a Sua humanidade?

Quando se tratava de relacionamentos, Jesus era radicalmente inclusivo. Em João 2, o vemos se divertindo numa festa de casamento e transformando água em vinho (vv.1-12). Mais tarde, Ele expulsou os mercadores do templo e desafiou a hierarquia religiosa (vv.13-22). No capítulo 3, lemos que Ele se encontrou com uma elite de líderes religiosos e redefiniu a realidade através dele (v.3). Em João 4, conversou com uma mulher que tinha má reputação vinda de uma linhagem "errada" (v.9), sem medo do que os outros pensariam. Ele podia estar os provocando, intencionalmente (v.27).

A vida cristã não é apenas ir à igreja. É ter uma vida autêntica diante de amigos e conhecidos. Assim como Jesus não se mostrou superior quando viveu no mundo, nunca devemos nos distanciar dos outros. Em todos os lugares por onde Jesus passou, estabeleceu relacionamentos. Isso é a verdadeira igreja! —TIM GUSTAFSON

3 DE AGOSTO

CAXEMIRA DESEJADA

LEIA

2 Reis 5:9-27

Eliseu respondeu: "Juro pelo S<small>ENHOR</small>, o Deus vivo [...] que não aceitarei nenhum presente" (v.16).

EXAMINE

Leia Filipenses 2:13 para ver que tipo de desejo Deus coloca no coração daqueles que o conhecem. Veja Colossenses 3:5 para aprender como Deus vê a cobiça.

CONSIDERE

Qual a diferença entre aceitar um presente ou ajuda de alguém, e ceder à cobiça? Como o encontrar satisfação espiritual em Jesus ajuda a quem luta contra a cobiça?

Quando estava ajudando a organizar as doações de roupas para um evento da igreja, parei para tocar um suéter cinza de caxemira macia. Percebi que cabia em mim e considerei a possibilidade de tê-lo: de graça! Os voluntários tinham permissão de escolher primeiro entre as doações. Caxemira é um tecido caro e, embora eu tivesse suéteres suficientes, este me atraía. Depois de um conflito interno, ofereci-o a uma colega de trabalho que o aceitou alegremente.

Nem sempre consigo conter a cobiça e cedo com frequência. Geazi, o servo de Eliseu, cedeu depois que o profeta curou Naamã da lepra. Naamã queria pagar pela restauração de sua saúde, mas o profeta disse: "Juro pelo S<small>ENHOR</small>, o Deus vivo [...] que não aceitarei nenhum presente" (2 R<small>EIS</small> 5:16).

Entretanto, Geazi pensou: "...vou correr atrás dele [Naamã] e receber alguma coisa" (v.20). Ele abordou o general e pediu roupas e dinheiro para dar a visitantes que tinham acabado de chegar a casa de Eliseu. Naamã ficou satisfeito em dar as roupas, acrescentando quantia dobrada de prata.

Quando foi confrontado por Eliseu, Geazi negou a transgressão (v.25). O profeta sabia, e disse: "...Esta não era ocasião para você aceitar dinheiro e roupas" (v.26). Então Geazi foi atacado de lepra — doença física que refletiu sua fraqueza espiritual.

A cobiça é um apetite incontrolável por ter mais. Pode começar preenchendo um desejo legítimo, e se transformar numa ânsia habitual. Imagine o que aconteceria se nossos anseios mais profundos fossem redirecionados para Deus? Poderíamos declarar: "Como suspira a corça pelas correntes das águas, assim, por ti, ó Deus, suspira a minha alma" (S<small>ALMO</small> 42:1 ARA).

—J<small>ENNIFER</small> B<small>ENSON</small> S<small>CHULDT</small>

4 DE AGOSTO

NOITES INSONES

LEIA

Gênesis 32:22-32

Então Jacó disse: "Eu vi Deus face a face, mas ainda estou vivo. Por isso ele pôs naquele lugar o nome de Peniel" (v.30).

EXAMINE

Leia Salmo 4:8 e Provérbios 3:24, e reflita sobre o que eles dizem a respeito do sono.

CONSIDERE

Você lembra de uma noite insone lutando com Deus? Ela levou a uma benção em sua vida ou uma bênção para outros? O que fará esta semana para dormir melhor?

Sono. Um dos prazeres mais menosprezados da vida. Não há nada como uma boa noite de descanso, ou um cochilo num dia chuvoso. Minha cama parece um refúgio: um pequeno santuário longe das preocupações.

Entretanto, certas noites, é difícil achar o sono. Preocupações e ansiedades podem nos fazer revirar na cama, na quietude da escuridão.

A Bíblia traz dois relatos dramáticos de noites insones que podem nos orientar para as ocasiões insones. No primeiro, Jacó, neto de Abraão, voltava para casa pela primeira vez em 20 anos, depois de ter enganado o irmão gêmeo, Esaú, com relação à herança do pai (Gênesis 27:1-36; 32:1-12). Sozinho e com medo da reação de Esaú, Jacó se viu numa luta com Deus a noite inteira (32:22-30).

Séculos mais tarde, Jesus experimentou Sua própria noite insone. Quando anoiteceu sobre Jerusalém, Ele foi orar sozinho num bosque fora da cidade. Diferentemente de Seus discípulos que não conseguiram ficar acordados, Jesus lutou e se rendeu à realidade de que uma multidão sedenta de sangue estava vindo, e de que não haveria sono para Ele naquela noite (Marcos 14:32-36).

Em ambas as noites, Jacó e Jesus lutaram com Deus por causa de suas preocupações. Jacó suplicava uma bênção pessoal (Gênesis 32:26-30). Jesus pedia a Seu Pai para impedir o cálice de sofrimento, necessário para cumprir a promessa de Deus de abençoar todas as nações através de Israel (12:2,3; Marcos 14:36). Mas Ele se rendeu à perfeita vontade do Pai.

As preocupações da vida estão mantendo você acordado? Não é errado pedir para ter sono. Mas algumas vezes, uma noite insone é um convite de Deus para lutar com Ele, para que nossa necessidade possa encontrar a Sua graça. —*Jeff Olson*

5 DE AGOSTO

AVENTURAS

LEIA

Êxodo 3:1–4:10

"Vá, pois, agora; eu o envio ao faraó para tirar do Egito o meu povo, os israelitas". Moisés, porém, respondeu a Deus... (vv.10,11 NVI).

EXAMINE

Em Jonas 1, o Senhor chamou Jonas a fazer uma aventura. Qual foi e como ele reagiu?

CONSIDERE

Para qual aventura espiritual você acha que Deus o está chamando? Qual tem sido sua resposta? Se está numa aventura com Deus, como tem sentido Sua presença e Seu poder?

No início do clássico livro *O Hobbit* (Martins Fontes, 2013), Bilbo Bolseiro desfrutava uma vida confortável e previsível em sua casa, no Condado... até que o misterioso Gandalf chega para uma visita surpresa, e diz: "Procuro alguém para viver comigo uma aventura que estou planejando, mas é muito difícil encontrar quem queira". E Bilbo responde: "Por estas bandas... acho que sim! Somos um povo tranquilo que não nos interessamos por aventuras. São coisas desagradáveis, perturbadoras e desconfortáveis! E fazem você se atrasar para o jantar! Não queremos aventuras aqui, obrigado".

Moisés, no fundo, disse: "Não quero aventuras. Hoje não, Senhor". Deus tinha escutado o clamor aflito de Seu povo e preparou a libertação deles (ÊXODO 3:7-9). Ele incumbiu Moisés de conduzir os israelitas na aventura de sair do Egito e seguir até a terra de Canaã (v.10). Entretanto, assim como Bilbo Bolseiro, Moisés contestou essa aventura, e disse: "Quem sou eu para ir falar com o rei do Egito...?" (v.11). A segunda contestação de Moisés foi que seria difícil convencer os israelitas de que o Senhor o tinha enviado (v.13). E seu terceiro argumento foi: "Mas os israelitas não vão acreditar em mim..." (4:1). E seu argumento final? "...eu nunca tive facilidade para falar..." (v.10). E Deus respondeu a cada argumento com a garantia de Seu nome divino, Sua presença e poder.

Deus ainda nos chama para aventuras! Ele quer nos usar para libertar pessoas presas sob o peso do pecado. Às vezes, podemos ser sufocados pelo temor da rejeição ou paralisados por sentimentos de inadequação. Mas podemos nos sentir confiantes porque Deus nos prometeu Sua presença e poder divinos. —MARVIN WILLIAMS

6 DE AGOSTO

PESSOAS FERIDAS FEREM

LEIA

Provérbios 17:9-19

Se vocês amam somente aqueles que os amam, o que é que estão fazendo de mais? (Lucas 6:32).

EXAMINE

Leia Mateus 6:12 e reflita sobre como você pode aplicar essa orientação num relacionamento difícil em sua vida. Como o exemplo de Jesus o ajudou a evitar agredir aqueles que o magoaram?

CONSIDERE

Preencha os espaços: "Porque, se vocês _____ as pessoas que ofenderem vocês, o Pai [...] também _____ vocês" (Mateus 6:14).

Eu estava cuidando de dois garotos de 5 anos enquanto as mães faziam compras. Eles se divertiam brincando, até que um jogou a bola que, sem querer, bateu no nariz do outro. O menino machucado brigou com o amigo: "Você nunca mais vai vir na minha casa!" "É verdade," perguntei, "que você não quer que seu amigo venha aqui nunca mais?" "Não," ele respondeu. "Mas quando alguém me machuca, eu falo coisas ruins."

Então me perguntou: "Você pode me mostrar como não dizer essas coisas quando alguém me machuca?".

Frente à percepção dolorosa de que eu não sou qualificada para ensinar essa lição, fiquei admirada com a consciência e arrependimento daquele garotinho, uma vez que, com frequência, me sinto propensa a reagir da mesma forma: quando alguém me machuca, uso palavras para magoar.

Em referência à raiva de Balaão com relação ao jumento (certo, era um animal, não uma pessoa, mas o conceito é o mesmo) como relatado em Números 22:27-29, a nota de uma Bíblia de estudo diz: "Bater nos outros pode ser um sinal de que algo está errado conosco. Não permita que seu orgulho ferido o leve a magoar os outros."

Provérbios 17:9 fala sobre a reação saudável àqueles que nos magoam: "Quem perdoa uma ofensa mostra que tem amor, mas quem fica lembrando o assunto estraga a amizade". Quando aplicamos essa verdade, temos uma tendência menor de reagir a palavras ou ações dolorosas de forma negligente e danosa.

Ainda mais direto, Salomão escreveu: "Quem paga o bem com o mal não afastará o mal da sua casa" (v.13).

Sou grata a um menino de 5 anos que me lembrou que ao perdoar, ao invés de revidar com palavras duras, glorificamos a Deus e restauramos relacionamentos. —ROXANNE ROBBINS

7 DE AGOSTO

QUEM PECOU?

LEIA
João 9:1-7

Os seus discípulos perguntaram: "Mestre, por que este homem nasceu cego? Foi por causa dos pecados dele ou por causa dos pecados dos pais dele?" (v.2).

EXAMINE
Leia 2 Coríntios 12:8,9 e reflita sobre o que Paulo aprendeu ao vivenciar uma doença persistente que o fazia sofrer.

CONSIDERE
Quando a calamidade chega, você automaticamente supõe que é por causa do pecado de alguém? O que acontece quando espiritualizamos demais a dor?

Uma mulher disse ao meu amigo: "Deus me mostrou por que seu câncer de pele não foi curado." *Mesmo?*, ele pensou. Ele já havia sofrido muito durante duas cirurgias, inúteis, para retirar o câncer do rosto. "Deus me mostrou que é por um desses três motivos," ela continuou. *Um de três? Nem Deus tem certeza?* "Ou é uma maldição de gerações, passada por seus pais..." *É culpa dos meus pais?* "Ou um pecado secreto em sua vida..." *Qual?* (Meu amigo pode ser atrevido). "Ou sua falta de fé na cura."

Apesar de bem-intencionada, aquela mulher não percebeu o quanto se parecia com os judeus do tempo de Jesus. Para eles, não havia sofrimento sem pecado. Alguns achavam que a criança poderia pecar no útero, e esse castigo poderia vir por causa dos pecados de um dos pais. Embora reconhecesse que o pecado pode trazer doenças (LUCAS 5:18-26), Jesus descartou essa explicação para o sofrimento. Falando sobre a queda de uma torre em Siloé, Ele deixou claro que as 18 vítimas não eram mais pecadoras do que qualquer um (13:4,5). Quando perguntado se um homem que nasceu cego sofria por seus próprios pecados ou pelos de seus pais, Jesus disse que não era nenhuma das opções (JOÃO 9:1-13). Em vez disso, a cegueira do homem demonstraria o poder de Deus (vv.3,6,7).

"Você acha que há uma quarta possibilidade para o meu câncer?", meu amigo perguntou. "Qual?", a mulher quis saber. "Que quando era jovem eu não usei boné quando pegava sol?"

Neste mundo torres caem, pessoas nascem cegas e o sol é mais quente do que nossa pele suporta. Depois de ouvir a sabedoria que meu amigo adquiriu com o sofrimento, vi o poder de Deus agindo em sua fraqueza. —SHERIDAN VOYSEY

8 DE AGOSTO

TEMOR REVERENTE

LEIA

1 Pedro 1:13-25

Portanto, durante o resto da vida de vocês aqui na terra tenham respeito a Ele (v.17).

EXAMINE

Leia Levítico 11:44,45; 19:2; 20:7 e reflita sobre como o povo buscava santidade no Antigo Testamento. Como Jesus transformou essa busca?

CONSIDERE

Você vive em temor reverente a Deus? O que marca a vida de quem tem uma vida verdadeiramente santa em Jesus?

O mar estava agitado. Ondas enormes faziam o grande barco inclinar de um lado ao outro. De pé, olhando pela janela, eu estava assustado com o poder e fúria da tempestade. A chuva batendo no deck de metal coincidia com o bater do meu coração.

Estar no mar durante uma tempestade equivale a um curso intensivo sobre as forças da natureza. Infinitamente maior e mais poderoso, Deus provoca um medo inspirador: um "temor reverente" ou "respeito" (1 Pedro 1:17). Pedro usou essa expressão (algumas traduções "temor" e outras "respeito") ao chamar seus leitores a buscar uma vida santa.

O autor de Hebreus disse que devemos adorar a Deus "...com respeito e temor. Porque, na verdade, o nosso Deus é um fogo destruidor" (12:28,29). A alva santidade de Deus se levanta em contraste direto com a escuridão de nosso pecado. Quando o encontramos, nosso coração e consciência são trespassados por Sua perfeição e justiça.

Pedro escreveu: "Sejam santos em tudo o que fizerem, assim como Deus, que os chamou, é santo. Porque as Escrituras Sagradas dizem: 'Sejam santos porque eu sou santo'" (1 Pedro 1:15,16). O apóstolo mostra um contraste útil. Ele diz que nossa vida era "dominada por aqueles desejos" (v.14), e marcada pelo pecado, desobediência a Deus e nossos caminhos profanos. Mas agora o "...precioso sangue de Cristo, que era como um cordeiro sem defeito nem mancha" nos purificou "pela obediência à verdade" e por crermos nele (vv.19,22). Uma vida santa reflete a glória de Deus e a ausência de desejos pecaminosos.

Será que tememos a Deus? Ficamos maravilhados em Sua presença? O temor reverente pode nos ajudar na busca de sermos santos como Ele é santo. —Tom Felten

A BÍBLIA em UM ANO ▸ Sl 74–76; Rm 9:16-33

9 DE AGOSTO

NÃO É MEU

LEIA

Provérbios 3:1-26

Lembre de Deus em tudo o que fizer, e Ele lhe mostrará o caminho certo (v.6).

EXAMINE

Leia Deuteronômio 6:6-9 e reflita sobre como você pode aplicar essas palavras para compartilhar a sabedoria de Deus com as crianças.

CONSIDERE

Por que os pais se preocupam ou têm medo facilmente? A forma como Deus ama e cuida tem um impacto na forma como você cuida das crianças em sua vida?

Eu e meu marido acreditamos que as pessoas que mais influenciam a vida das crianças são os seus pais. Porém, às vezes, nos perguntamos se nossas decisões como pais estão tendo o impacto que desejamos. Nossos filhos agora são adolescentes, e as amizades não se limitam apenas a brincar e aprender a compartilhar. Por não estarem sempre à vista, nossos filhos têm mais experiências pessoais do que quando eram mais novos. Atualmente, ao invés de buscar lições para colocar em seus corações e mentes (PROVÉRBIOS 3:1), me vejo procurando um lugar para me ajoelhar e orar por eles.

Todo pai encara o medo de fracassar e, no caso dos pais cristãos, esses temores são aumentados ao reconhecermos nossa influência no desenvolvimento espiritual de nossos filhos (SALMO 78:1-7). Ficamos ansiosos para que suas escolhas se baseiem na verdade que tentamos incutir neles. No entanto, a religiosidade de nossos filhos não é determinada por estarmos por perto ou não. Mas há Aquele que está sempre vigiando, e que está sempre trabalhando além do que podemos ver (SALMO 33:18; PROVÉRBIOS 3:12,26).

Fincados na autoridade nos dada por Deus podemos pedir a sabedoria do Senhor para nossos filhos (vv.5-7,13-18). Desde a obediência ao Senhor, até nossos relacionamentos com os outros e nossas decisões futuras, Sua Palavra é ao mesmo tempo relevante e poderosa (vv.4,7). Se queremos que nossos filhos conheçam Suas verdades e coloquem a Deus em primeiro lugar em suas vidas, precisamos aprender a nos lembrar "de Deus em tudo o que fizer[mos]" (v.6). A nossa maior influência espiritual sobre nossos filhos está na forma como vivemos nossa fé perante eles. —REGINA FRANKLIN

10 DE AGOSTO

ATIRAR UMA PEDRA

LEIA

João 8:1-11

Quem de vocês estiver sem pecado, que seja o primeiro a atirar uma pedra nesta mulher! (v.7).

EXAMINE

Leia Deuteronômio 10:1-22 para aprender como a lei revela o amor de Deus por nós.

CONSIDERE

Como o perdão de Jesus pode ter desencorajado a mulher a continuar a pecar? Como o "Eu também não condeno você," levou a "Vá e não peque mais"?

Os mestres da Lei entram no templo e interrompem o ensinamento de Jesus, exibindo uma mulher para a multidão. Dizem: "...esta mulher foi apanhada no ato do adultério. De acordo com a Lei que Moisés nos deu, as mulheres adúlteras devem ser mortas a pedradas. O que diz sobre isso?" (João 8:4,5).

Jesus sabia que se tomasse o lado da Lei, diriam que não estaria sendo amoroso; e se tomasse o partido do amor, diriam que estava negando a Lei. Aqueles mestres tinham perdido o contato com o amor, pois tratavam a mulher apenas como um objeto. Se estavam tão preocupados com o pecado do adultério, onde estava o homem que também era culpado?

Os promotores encaravam o mesmo dilema que apresentavam a Jesus. Como responderiam se a mesma pergunta lhes fosse feita? "Como eles continuaram a fazer a mesma pergunta, Jesus endireitou o corpo e disse a eles: 'Quem de vocês estiver sem pecado, que seja o primeiro a atirar uma pedra'" (v.7).

Jesus referendou a lei — vá em frente e jogue a pedra — e, simultaneamente, cobriu a mulher com amor e expôs a hipocrisia deles — quem estiver sem pecado, que seja o primeiro a atirá-la. Os acusadores saíram furtivamente. "...Ficaram só Jesus e a mulher..." (v.9). Jesus a viu como uma pessoa, não como um objeto numa batalha contra religiosos. Quando ela percebeu que não restava ninguém para condená-la, Jesus disse: "...eu também não condeno você. Vá e não peque mais" (v.11).

O perfeito Filho de Deus era o único que tinha o direito de jogar uma pedra, mas Ele escolheu deixar a rocha da justiça de Deus cair sobre si. Ele foi "...moído pelas nossas iniquidades" (ISAÍAS 53:5 ARA) para que pudéssemos ir e não pecar mais.

—MIKE WITTMER

11 DE AGOSTO

PAZ NUM MUNDO DEVASTADO

LEIA

Isaías 32:14-20

A justiça trará paz e tranquilidade, trará segurança que durará para sempre (v.17).

EXAMINE

Leia a parte anterior de Isaías 32. O que você percebe nessas palavras terríveis e perturbadoras? Onde encontra semelhanças em seu mundo?

CONSIDERE

Onde seu mundo está devastado e necessitando da paz e da justiça de Deus? Liste alguns lugares e ore pela ação de Deus, se for da Sua vontade.

Em meio a histórias terríveis de tiroteios em escolas, a notícia do heroísmo de Antoinette Tuff, em agosto de 2013, foi uma bela exceção. Antoinette, da equipe de um colégio americano, enfrentou Michael Hill, de 20 anos, quando ele entrou na escola levando armas, entre elas fuzil de assalto. "Eu simplesmente comecei a conversar com ele," ela disse, "contei o que estava acontecendo comigo e disse que tudo ficaria bem." Surpreendentemente, Hill baixou as armas e se rendeu. Relatos da coragem de Antoinette correram o mundo, mas ela rejeitou os elogios. "Entreguei tudo a Deus. Não sou uma heroína. Estava apavorada."

Antoinette Tuff demonstrou a força e a misericórdia de Deus no que parecia ser um momento violento. Ela não correu. Ela enfrentou seu medo com a ajuda de Deus.

O profeta Isaías prometeu a Israel, uma nação assolada pela violência e ruína, que Deus estaria com eles. "No país, haverá justiça por toda parte [...]. A justiça trará paz e tranquilidade, trará segurança que durará para sempre" (ISAÍAS 32:16,17). Quando Deus age em justiça, a paz prevalece. "O meu povo viverá em lugares seguros; todos estarão em paz" (v.18).

As palavras de Isaías não prometem que nunca experimentaremos o mal, mas que, no final, a justiça e o conforto (outro significado para "paz") de Deus serão a última palavra. Em Jesus, Deus entrou no meio de toda a nossa violência, no centro de tudo o que tenta nos arruinar. Deus não deixará o pecado devastar nosso mundo descontrolado. Ele nos ama e agiu em nosso favor para nos curar. Por esse motivo, Isaías pode declarar com confiança que o Senhor abençoará grandemente o Seu povo (v.20). —WINN COLLIER

Sl 81–83; Rm 11:19-36

12 DE AGOSTO

LINHAGEM CELESTE

LEIA

2 Crônicas 34:1-8

Josias fez o que agrada a Deus, o Senhor; seguiu o exemplo do seu antepassado, o rei Davi, e não se desviou nem para um lado nem para o outro (v.2).

EXAMINE

Leia 2 Crônicas 17:1-6. Veja como o rei Josafá era dedicado ao serviço de Deus e a seguir os caminhos do rei Davi, ao invés dos de seu pai biológico, o rei Asa.

CONSIDERE

O que fazer para concentrar-se em sua nova identidade em Jesus e superar os maus exemplos da paternidade? Como ajudar a trazer luz e vida a gerações futuras de sua família?

A mãe de Simon tinha 18 anos quando se apaixonou por um homem que a cobriu com o afeto que ela não tinha em casa. Entretanto, viveram um relacionamento breve, e ele logo voltou para sua esposa e família quando descobriu que ela estava grávida.

Simon cresceu sem conhecer o pai. No entanto, ao ir à igreja com seu tio, entregou sua vida a Cristo e, pela primeira vez, experimentou o amor de Deus, o Pai. Hoje em dia, Simon é casado, tem dois filhos e, com a ajuda de mentores cristãos, está crescendo diariamente em sua caminhada com Jesus.

Uma mãe negligente, a falta de um pai ou o abuso de um responsável, não precisam definir você ou seu futuro. Em Cristo, você tem esperança e futuro. Em 2 Crônicas 34:1,2 lemos que o rei Josias fez o que era correto aos olhos do Senhor e seguiu os caminhos de seu ancestral Davi. O pai de Josias era Amom, que tinha pecado aos olhos de Deus (33:22,23).

Isso mostra que nosso futuro não precisa ser determinado por familiares ou figuras de autoridade que nos trataram de forma errada. Em Cristo, nos tornamos uma nova criatura: a vida antiga se vai (2 Coríntios 5:17). Josias escolheu não seguir os caminhos errados de seu pai. Ao invés disso, reivindicou sua linhagem do rei Davi, um homem segundo o coração de Deus (1 Samuel 13:14; 2 Samuel 7:13-16). Josias seguiu em obediência ao único e verdadeiro Deus durante todos os seus dias (2 Crônicas 34:33).

Em Cristo, somos filhos de Deus e podemos reivindicar uma herança e linhagem celestiais (Gálatas 3:26; Efésios 1:18; 1 Pedro 1:4). Estamos ancorados por nossa fé em um Pai perfeito: uma linhagem divina (Hebreus 6:19)! —*Ruth O'Reilly Smith*

13 DE AGOSTO

NOMEADO

LEIA

Lucas 16:19-31

Não tenha medo, pois Eu o salvarei; Eu o chamei pelo seu nome, e você é Meu. (Isaías 43:1)

EXAMINE

O que a Bíblia fala sobre conhecer o nome de Jesus (Atos 4:12; Romanos 10:9-13)? Por que é importante que Jesus saiba o seu nome (João 10:3,14,17)?

CONSIDERE

Como você pode ter certeza de que Deus sabe do seu nome? O que é preciso para ter o nome no Livro da Vida?

Após contar uma história bíblica, o professor perguntou aos seus alunos da Escola Bíblica: "Qual o nome do mendigo?". Tommy, de 6 anos, gritou com segurança: "Lázaro!". Então o professor fez outra pergunta: "Qual o nome do outro homem?". Outro aluno gritou: "Homem rico!".

Nada de valor é dito sobre o legado do homem rico. A única coisa que ele deixou foi *todo* o seu dinheiro! Certamente há algo de trágico sobre alguém cuja vida inteira é resumida em apenas uma palavra: "rico" (LUCAS 16:19).

No outro extremo, estava o mendigo, desnutrido e totalmente desamparado; seus únicos companheiros eram os cães selvagens (v.21). E provavelmente, ele logo seria a comida dos cães! Ele era a personificação da pobreza, carência e abandono.

Mas havia uma coisa que esse mendigo tinha e que faltava ao homem rico: um *nome!* (v.20). É interessante que o único personagem com nome em todas as parábolas de Jesus, seja Lázaro.

Receber um nome é ter significância. Você é importante para alguém! Por outro lado, o homem rico era apenas mais um zilionário sem rosto e anônimo. Essa era a tragédia dele. Jesus não o conhecia como amigo!

O mendigo era conhecido de Alguém. E Jesus lhe deu o nome de Lázaro para nos mostrar quem era aquele Alguém, uma vez que *Lázaro* significa *aquele a quem Deus ajuda*. Deus conhecia aquele homem. Ele conhece os Seus (2 TIMÓTEO 2:19). Para Lázaro, Deus disse: "...Não tenha medo, pois eu o salvarei; eu o chamei pelo seu nome, e você é meu" (ISAÍAS 43:1).

Deus conhecia Lázaro. O nome dele está no Livro da Vida. O homem rico era anônimo. "Quem não tinha o seu nome escrito no Livro da Vida foi jogado no lago de fogo" (APOCALIPSE 20:15).

—K. T. SIM

14 DE AGOSTO

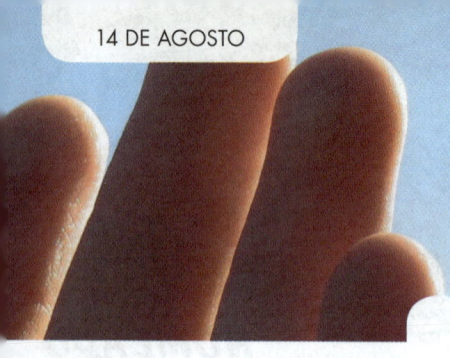

COMO SER FORTE

LEIA

2 Timóteo 2:1-13

E você, meu filho, seja forte por meio da graça que é nossa por estarmos unidos com Cristo Jesus (v.1).

EXAMINE

Use o Salmo 46:1-11 como uma oração para ajudá-lo a depender de Deus, que é a sua força.

CONSIDERE

Faça uma busca na Bíblia online usando a expressão "em Cristo." Leia as promessas que são suas em Cristo. Quais têm mais significado para você? Por quê?

Negócios inacabados. Muita coisa para fazer.
Pessoas com problemas que precisam ver você.
Ligações, interrupções, nada é feito.
É desse modo que se serve ao Filho de Deus?
Onde está o tempo com Sua Palavra?
Onde está o tempo para Sua voz para ser ouvida?
E onde está o tempo para desfrutar a beleza da vida?
Tudo ocupado apenas pela obrigação.

Essas palavras são de um poema de George R. Foster. E talvez seja assim que às vezes você se sinta servindo a Deus na igreja, no trabalho, na escola ou em casa. Timóteo sentia-se tímido e fraco no serviço do Senhor quando o apóstolo Paulo escreveu, encorajando-o: "E você, meu filho, seja forte por meio da graça que é nossa por estarmos unidos com Cristo Jesus" (2 TIMÓTEO 2:1).

"Com Cristo!" era a expressão que Paulo usava com frequência em suas cartas. Ela se refere à verdade de que quando cremos em Jesus como nosso Salvador, Deus nos vê identificados com Ele. E todas as riquezas de Cristo são nossas, porque estamos "unidos com Cristo" (EFÉSIOS 1:3).

Hudson Taylor, fundador da Missão Interior da China, entendia o significado de estar com Cristo. Ele escreveu: "Não importa onde e como Ele me coloca; é Ele quem deve decidir, não eu. Nas posições mais fáceis, Ele precisa me dar Sua graça, e nas mais difíceis, Sua graça é suficiente. Então, se Deus me coloca em grande perplexidade, não deve me dar muita orientação? Em grande dificuldade, muita graça? Em circunstâncias de grande pressão e provação, muita força? Quanto ao trabalho, o meu nunca foi tão pleno, tão responsável e tão difícil, mas o peso e a tensão se foram. Seus recursos são meus, pois Ele é meu."

A graça de Deus é suficiente para você! (2 CORÍNTIOS 12:9).

—POH FANG CHIA

15 DE AGOSTO

Google Brasil

significado

Pesquisa Google | Estou com sorte

BUSCA DE SIGNIFICADO

LEIA

Gênesis 29:31-35

*Engravidou ainda outra vez e, quando deu à luz mais outro filho, disse: "Desta vez louvarei o S*ENHOR*". Assim deu-lhe o nome de Judá. Então parou de ter filhos* (v.35 NVI).

EXAMINE

Leia 1 Pedro 2:9,10 e Romanos 8:15-17 para ver exemplos de significado que encontramos em Jesus.

CONSIDERE

Você já foi tentado a achar significado longe de Jesus? O que você fará para buscar sua participação na grande história de Deus?

Devo admitir que pesquisei meu nome no *Google*. Eu sei, eu sei... é imaturo e narcisista. Acho que eu, e outros, fazemos isso porque queremos uma prova de que temos importância de alguma forma.

No livro de Gênesis, Lia provavelmente se sentia assim. Para começar, seu marido precisou ser enganado para casar-se com ela. Na verdade, ele queria se casar com Raquel, a irmã mais nova e mais bonita. Desesperada por conseguir o amor e a atenção do marido (Gênesis 29:32), ela o encheu de filhos, cujos nomes refletem sua dolorosa busca por significado. Por exemplo, seu terceiro filho recebeu o nome de Levi, que significa: "Agora o meu marido *ficará mais unido comigo*, pois já lhe dei três filhos" (v.34). Não há evidências de que Jacó algum dia realmente teve carinho por sua primeira esposa.

Finalmente Lia reconheceu isso e deu ao quarto filho o nome de Judá, que quer dizer: "Desta vez louvarei a Deus, o Senhor..." (v.35). Pouco sabia Lia que grandes coisas resultariam da vida de Judá. Nos anos e séculos que se seguiram, sua linhagem teria o rei Davi, José (o pai de Jesus) e, por fim, o próprio Jesus. Sim, Judá teve um papel de destaque no plano divino de salvação.

No momento em que Lia parou de tentar encontrar sua significância em seu marido, e, a buscou em Deus, ela se tornou parte da história mais significativa de todos os tempos: o evangelho!

A história de Lia é de grande motivação para mim. Tenho usado muitos meios tolos e destrutivos em busca de importância. Mas o maior valor que encontrarei na vida não é do mundo e suas promessas e valores vazios. É encontrada apenas em Deus: estar ligado à Sua história e propósitos eternos. —*Peter Chin*

Sl 91–93; Rm 15:1-13 ◂ A BÍBLIA em UM ANO

16 DE AGOSTO

DE OLHO NOS VAGALUMES

LEIA

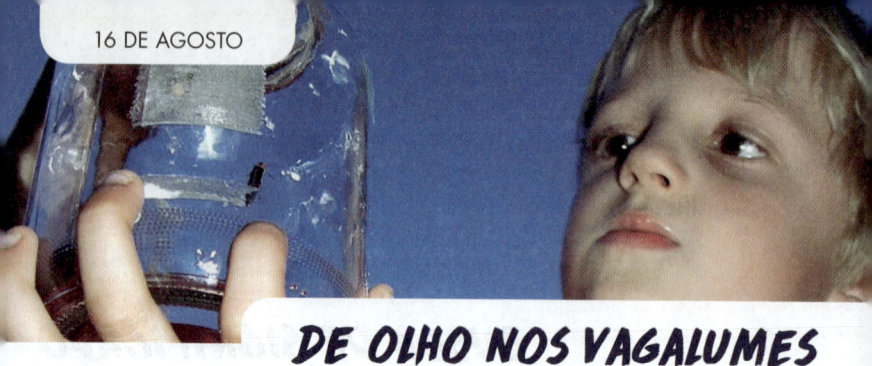

Mateus 18:1-6

...se vocês não mudarem de vida e não ficarem iguais às crianças, nunca entrarão no Reino do Céu (v.3).

EXAMINE

Leia Provérbios 30:24-31 para ver como Agur observava a natureza e se maravilhava com ela.

CONSIDERE

O que faz você estar ocupado demais para desfrutar a criação de Deus? Como encontrará tempo esta semana para ouvir o Senhor tranquilamente?

Com apenas 5 e 7 anos respectivamente, Liam e Elias esperavam ansiosamente a noite e a queima de fogos. Pulando com a expectativa, eles lidavam com sua impaciência se maravilhando com os shows pirotécnicos paralelos de uma outra comemoração. Rojões, estrelinhas, velas romanas e fogos iluminavam o anoitecer.

Mas, enquanto a fresca tarde caía encerrando o longo dia de verão, uma distração mais tranquila chamou a atenção deles: centenas de vagalumes surgiram pontuando a noite. E logo nossos dois pequenos amantes da natureza estavam correndo pela grama, perseguindo alegremente os iluminados insetos de Deus.

Quando, finalmente, a queima de fogos começou, Liam e Elias voltaram seu olhar para o céu. Entretanto, não demorou muito, perderam o interesse pela demonstração explosiva lá em cima, e voltaram novamente para a luz natural piscando ao seu alcance. A natureza tinha superado a luz da civilização.

Ah, os olhos de uma criança! Com frequência veem coisas que perdemos.

"O mundo é demais conosco," escreveu Wordsworth. "Pouco do que vemos na Natureza nos pertence; pois desviamos o nosso coração dela." A premissa do poeta soa verdadeira: ignoramos a criação de Deus à custa do empobrecimento de nossa alma.

Quando Jesus queria dar uma visão espiritual aos Seus seguidores, Ele se voltava para uma criança. Seus discípulos fizeram uma pergunta infantil: "...Quem é o mais importante no Reino do Céu?" (MATEUS 18:1). Jesus os dirigiu à fé infantil: "Se vocês [...] não ficarem iguais às crianças, nunca entrarão no Reino do Céu" (v.3).

Que tenhamos olhos não apenas para a natureza de Deus, mas também para o Deus da natureza. —TIM GUSTAFSON

17 DE AGOSTO

PERMANECENDO FIEL

LEIA

Jeremias 15:10-21
O povo voltará para você, mas você não deve voltar para eles (v.19).

EXAMINE

Leia 1 Coríntios 15:33 para ter informações importantes sobre amizades. Dê uma olhada em 3 João 9-12 para conhecer exemplos de influências boas e ruins dentro da igreja.

CONSIDERE

T. S. Eliot disse: "As pessoas exercem uma seleção inconsciente ao serem influenciadas". O que (ou quem) influenciou sua vida? Como você influencia outros?

Um jovem vacilava entre dois mundos. Envolver-se com as gangues de seu bairro, ou andar com Cristo? Embora o pai lutasse com o vício, e a mãe sofresse de esquizofrenia, sua avó orava por ele e o encorajava a seguir a Jesus. O artista cristão de *hip-hop* Flame admite que houve um momento em sua vida em que ele tentou se encaixar nos dois mundos. Mas hoje ele tem um diploma em aconselhamento bíblico e estuda no seminário. E seus álbuns mais vendidos trazem o ritmo das ruas e mensagens cristãs.

Como o profeta Jeremias, Flame precisou decidir como interagir com o mundo ao seu redor e permanecer fiel à sua fé. Durante uma conversa de coração aberto com Deus, Jeremias expressou sua frustração em não se encaixar com seus semelhantes, e disse: "Todos me amaldiçoam" (15:10), e "Não tenho gasto o meu tempo rindo [...] junto com outras pessoas. Por causa do trabalho pesado que me deste, fiquei sozinho" (v.17).

Jeremias tinha que anunciar as mensagens de Deus para os israelitas confrontando-os com seus pecados e mostrando-lhes as consequências. Embora as pessoas tapassem os ouvidos e deixassem o profeta no ostracismo, Deus o relembrava: "O povo voltará para você, mas você não deve voltar para eles" (v.19).

Quando Deus nos chama para si, Ele está nos recrutando para sermos faróis em lugares sombrios (MATEUS 5:14-16). Mesmo assim, viver para o Senhor pode ser desafiador quando nossa carne sente a atração da sedução terrena. Podemos encontrar o equilíbrio certo entre a santidade de Deus e o mundo ao nosso redor somente quando temos o Senhor como nossa maior influência. —JENNIFER BENSON SCHULDT

18 DE AGOSTO

AS REGRAS DA TRISTEZA

LEIA

Eclesiastes 3:1-8

Há tempo de ficar triste e tempo de se alegrar; tempo de chorar e tempo de dançar. (v.4)

EXAMINE

Leia 2 Coríntios 1:3,4 e reflita sobre o que ele diz sobre o consolo de Deus em meio à perda de um ente querido ou outros desafios da vida.

CONSIDERE

Por que é importante nos sentirmos tristes? Como Deus pode usar a dor para nos levar para mais perto dele?

Alguns anos atrás, segurei a mão de meu pai enquanto ele dava seu último suspiro. Desde então, tenho aprendido e reaprendido algumas coisas sobre a tristeza.

Estou aprendendo que não há problema em sentir-se triste. Salomão destacou que há um tempo para tudo, incluindo um tempo "de ficar triste" e "tempo de chorar" (Eclesiastes 3:4).

Aprendi que a primeira regra da tristeza é que não há regras. O luto não é elegante, nem organizado. Não há um caminho claro ou um calendário a seguir. Aspectos distintos do luto (a separação dolorosa, incredulidade, raiva, culpa, desamparo etc.) aparecem e desaparecem em nosso coração sem qualquer padrão definido. E não há como saber quantas vezes vivenciaremos algum sentimento em particular ou o chamado estado de luto.

Estou aprendendo que não é porque você sentiu ou lutou com algo uma vez, que estará livre de passar por isso novamente. A maioria das pessoas experimenta sentimentos e questionamentos recorrentes durante o luto; e às vezes, como se fosse a primeira vez. Como C. S. Lewis observou após perder sua esposa: "Na tristeza nada 'permanece'. A pessoa avança uma etapa, mas esta é sempre recorrente. Vai e volta. Tudo se repete".

Por mais louco que isso me faça sentir, estou aprendendo que preciso chorar. Jesus disse que há consolo para os que choram (Mateus 5:4). Estou aprendendo que me *amparar* na dor da perda, me leva a me *apoiar* em Deus e nos outros em busca de consolo.

Por fim, vejo que Paulo estava certo quando escreveu que os cristãos choram com esperança. Pois é a esperança de rever nossos entes queridos, quando Jesus voltar, que nos ajuda suportar uma perda amarga (1 Tessalonicenses 4:13-17). —JEFF OLSON

19 DE AGOSTO

ONDE ESTÁ DEUS?

LEIA

Joel 2:17-27

...eu estou com vocês; saberão que Eu, o Senhor, sou o seu Deus... (v.27)

EXAMINE

Leia Salmo 89:8 e reflita sobre o que ele diz a respeito de Deus e porque você pode contar com Ele.

CONSIDERE

O que fez você se perguntar "Onde está Deus"? Como Ele provou que é fiel com você?

Descobri um site que mostrava num mapa, todos os desastres naturais que aconteceram naquele ano. Ícones revelavam deslizamentos de terra, terremotos, incêndios florestais, tornados, inundações, erupções vulcânicas, vendavais e outros. Foi assustador ver a quantidade de desastres naturais ao redor do globo!

Quando voltamos nossos olhos para o livro do profeta Joel, encontramos um desastre natural que afetou o povo de Judá. Gafanhotos cobriram a terra "devorando", "destruindo", "pulando" e "invadindo" — "um exército enorme e poderoso" (1:4-6). A comida desapareceu e o povo sentiu mais do que a angústia da fome; sentiu a ameaçadora angústia do desespero (vv.11,16).

O profeta escreveu que a crise levou estrangeiros a zombar da situação de Judá dizendo: "'Onde está o Deus de vocês?" (2:17). Em outras palavras, o povo de Deus perguntou: "Onde está Deus? Por que isso aconteceu conosco?"

Quando encaramos provações e grandes desafios como desastres naturais que testam nossa fé, também podemos ser tentados a duvidar de Deus. Mas Joel revela algumas coisas sobre o Senhor que nos trazem conforto em meio a crises: primeiro, *Deus supre nossas necessidades*. Ele prometeu enviar o que fosse preciso para "satisfazer as necessidades" de Judá, e também satisfará as nossas (v.19; Filipenses 4:19). Em segundo lugar, *Deus permanece fiel*. Podemos nos alegrar nele e em Seu fiel cuidado por nós (Joel 2:23). Em terceiro, *Deus está conosco*. Ele disse a Joel que estava com Seu povo e que era o "Senhor, o seu Deus" (v.27). Da mesma forma, Ele nunca falhará ou nos abandonará (Hebreus 13:5).

Quando os "gafanhotos" da vida ameaçarem oprimir você, lembre-se: *Deus está aqui*. —Tom Felten

20 DE AGOSTO

TESTADO

LEIA

Lucas 22:15-34

Mas eu tenho orado por você, Simão, para que não lhe falte fé. E, quando você voltar para mim, anime os seus irmãos (v.32).

EXAMINE

Leia Mateus 4:1-11 e reflita sobre a natureza das tentações de Satanás e o que Jesus usou para superá-las.

CONSIDERE

Como as lutas podem nos tornar mais submissos a Deus ao invés de amargos? Que caminhos Deus lhe dá para encorajar outros ao compartilhar sua história?

Quando criança, eu gostava de ajudar minha mãe na cozinha. Em especial na hora de fazer bolos para as festas. Um utensílio que me fascinava era a peneira. Minha mãe a guardava num grande saco plástico que a mantinha limpa e recolhia qualquer vestígio de farinha de usos anteriores. Com as batidinhas leves, eu observava o monte de farinha se esforçar para passar pelos buraquinhos, se transformando num produto macio e leve.

Lucas 22 registra um dos últimos encontros de Jesus com Seus discípulos antes da crucificação. Jesus já tinha se referido à necessidade de Pedro de confiar na vontade de Deus acima da sua própria (Mateus 16:23), pois Ele sabia que esse discípulo continuava a confiar em suas próprias habilidades.

Os discípulos não apenas tinham que aceitar que Jesus tivesse a disposição de servir, mas também deviam desenvolver a sua própria (Lucas 22:26,27). Essa não era uma tarefa fácil, em especial para alguém tão inflamado quanto Pedro. Na fase de definição de lealdade, os discípulos começaram o perigoso jogo da comparação (vv.23,24). *Quem seria capaz de escolher a autoproteção em vez do chamado de Cristo?*

Você e eu poderíamos.

Para nosso próprio bem, Deus apenas permitiria uma peneira espiritual, se ela fosse para transformação. Entretanto, sempre temos a escolha de como reagir ao processo. Seremos como pesados gomos de conhecimento espiritual com tendência ao orgulho, ou seremos peneirados na comovente e humilde mensagem de Sua verdade?

O teste virá e nosso inimigo é real. Mas como Pedro aprendeu, superamos nossos desafios espirituais quando permitimos que Deus nos teste e desafie, nos transformando em algo que Ele realmente possa usar. —REGINA FRANKLIN

21 DE AGOSTO

NÃO JULGUE?

LEIA

Mateus 7:1-12

Não julguem os outros para vocês não serem julgados por Deus (v.1).

EXAMINE

Leia 1 Coríntios 5:1-12 para saber como julgar o pecado é um ato de amor.

CONSIDERE

Como você sabe que o seu "julgamento" é "falar a verdade em amor"? Como suas palavras amorosas, porém convictas, levam os outros à graça e ao perdão de Deus?

"Não julguem" deve ser o versículo mais popular do mundo, e todos parecem conhecer e, com frequência, aplicá-lo mal. Um ex-político continuou a enviar fotos inapropriadas para estranhos, mesmo depois de se desculpar e renunciar. Com raiva, disse a um eleitor que ele não tinha o direito de julgá-lo. Ao ser perguntado sobre padres homossexuais, o Papa Francisco falou: "Quem sou eu para julgar?". Creio que ele queria dizer que não era sua função julgar o coração das pessoas, mas muitos interpretaram como um endosso àquele estilo de vida.

O que Jesus quis dizer com: "Não julguem os outros?"

Ele não disse que não devemos julgar *ações*. O mantra "não julguem" é o último refúgio dos que foram pegos em flagrante. Sabendo que erraram, dizem isso tentando fazer os outros se sentirem piores.

Entretanto, ao invés de vendar os olhos para o pecado, Jesus nos manda falar "em particular" com quem errou e "mostrar o seu erro" (MATEUS 18:15). Paulo escreve: "...se alguém for apanhado em alguma falta, vocês que são espirituais devem ajudar essa pessoa a se corrigir. Mas façam isso com humildade e [...] cuidado..." (GÁLATAS 6:1). "Humildade e cuidado" é a chave.

Jesus também quis dizer que não devemos julgar *pessoas*. Não devemos nos achar melhores; mas tendo "...cuidado para [...] não ser tentados também" (GÁLATAS 6:1), deixamos o destino delas com Deus. Alegra-nos que o Senhor seja o juiz, pois quem gostaria dessa responsabilidade? Somos responsáveis apenas por amar as pessoas, o que às vezes significa indicar o que fizeram de errado.

Em vez de julgar, podemos seguir o exemplo de Jesus e amar as pessoas, julgando humilde e amorosamente as ações.

—MIKE WITTMER

22 DE AGOSTO

A LONGA ESPERA

LEIA

Tiago 5:7-11

E nós achamos que eles foram felizes por terem suportado o sofrimento com paciência (v.11).

EXAMINE

Leia 2 Coríntios 6:3-6. Perceba a difícil realidade da vida de Paulo. O que ele estava enfrentando? Observe onde o texto inclui a palavra "paciência".

CONSIDERE

O que você considera mais difícil tolerar? Como Deus pode estar convidando você a praticar a tolerância e paciência nesse lugar difícil?

Quando reinava a violência em sua aldeia no Vietnã, uma explosão matou a esposa e dois dos filhos de Ho Van Thanh. Sentindo medo e desespero, Thanh pegou seu filho pequeno, Ho Van Lang, e entrou na floresta. Durante quatro décadas, pai e filho viveram longe da civilização, talhando uma vida rudimentar na terra. Em 2013, aldeões que exploravam um perímetro de 40 km de suas casas, se depararam com os dois. Thanh, agora com 80 anos, estava muito doente, e os aldeões o ajudaram.

Pense, durante todos aqueles anos, Thanh e seu filho tiveram que suportar uma vida difícil, tentando escapar do horror que tinham deixado para trás.

Tiago tinha muito a dizer sobre paciência e tolerância baseadas na *esperança*, não no medo. Em apenas cinco versículos (Tiago 5:7-11) ele usa as palavras "paciência," "esperar" e "suportar" diversas vezes. Implora aos seus leitores que "tenham paciência até que o Senhor venha" (v.7). E observa que um agricultor aduba o solo e planta a semente, e então precisa esperar que a chuva e o sol façam seu trabalho. Então, o povo de Deus precisa esperar e confiar em Deus: nós também precisamos "ter paciência" (v.8).

O conceito de perseverança não é animador. Perseverar ou suportar significa continuar. É se manter fiel ao compromisso e não desistir. Suportar, no vocabulário de Tiago, é se entregar à paciência. Quando suportamos, seguimos o exemplo dos profetas do Antigo Testamento que esperaram (e morreram esperando) pelo Messias prometido. Seguimos o exemplo de Jó que sofreu muito enquanto esperava pela ação de Deus (vv.10,11).

Como podemos suportar até mesmo os trechos longos e difíceis? Suportamos porque sabemos que Deus *agirá*. —WINN COLLIER

23 DE AGOSTO

O CONTO DOS TRÊS HOMENS

LEIA

3 João 1:1-15

Querido amigo, imite o que é bom e não o que é mau (v.11).

EXAMINE

Leia Efésios 5:2; 1 Timóteo 4:12 e Tito 2:7 para ver que tipo de exemplo Deus quer que sejamos.

CONSIDERE

Pelo que sua vida será conhecida? O que precisa mudar para que sua personalidade e trabalho se tornem mais parecidas com Cristo?

Era uma vez três homens que serviam na mesma comunidade: Gaio, Diótrefes e Demétrio.

Gaio era o "Sr. Bonzinho." Mas isso não quer dizer que fosse ingênuo. Ele identificava quem precisava de ajuda e cuidava fielmente daqueles que serviam a Deus, mesmo que fossem estranhos (3 João 1:5). Era um homem íntegro (v.3), mas essa não era sua melhor qualidade. Gaio era um homem que ia "bem espiritualmente" (v.2), que mantinha um andar firme com Deus.

Quanto a Diótrefes, digamos que seria bom evitá-lo (v.9). Porém, era difícil ignorar sua presença. Ele amava assumir a liderança. Diótrefes fazia questão de expor suas opiniões negativas e suas "acusações," defendendo seus pontos de vista (v.10). Ele gostava de assumir o papel de chefe disciplinar da igreja e expulsava pessoas da comunhão até por *servirem aos outros*. Se não gostasse de alguém, ele riscaria o nome dessa pessoa da lista e a mandaria embora. Era um homem realmente arrogante, egoísta e autoritário.

Por fim, havia Demétrio. Todos falavam muito bem dele. Sua conduta era bem condizente com a Palavra de Deus, e era um exemplo que valia a pena seguir (v.12).

Em suma, há uma forma simples de descrever esses três homens: *semelhante a Cristo* e *diferente de Cristo*. É bem óbvio perceber quais deles eram semelhantes a Cristo, e qual não era.

Esses três homens viveram há quase dois mil anos, mas continuam a ser apresentados como exemplos nas Escrituras: tanto para o bem, como para o mal.

Quando nossos nomes forem mencionados no futuro, o que será dito de nós? *Uma pessoa semelhante a Cristo?* Assim como Gaio, Diótrefes e Demétrio, nosso caráter e como servimos aos outros em nome de Jesus contarão a história. —*POH FANG CHIA*

24 DE AGOSTO

MANTENDO-SE ALERTA

LEIA

1 Coríntios 10:1-13

Portanto, aquele que pensa que está de pé é melhor ter cuidado para não cair (v.12).

EXAMINE

Leia 1 Coríntios 16:13,14 e reflita sobre a mensagem de Paulo à igreja de Corinto. Veja o que ela diz sobre nos mantermos alertas em nossa fé.

CONSIDERE

Caráter é aquilo que você é quando ninguém está olhando. Qual é o seu caráter? O que você precisa fazer para se manter mais ciente e alerta em sua fé em Jesus?

O escritor e consultor de mídia Phil Cook viajava a negócios. A mais de 1500 quilômetros de casa, achou que andaria em total anonimato, até que alguém bateu em seu ombro e perguntou: "Você não é o Phil Cook?". O homem que o abordou tinha lido seus livros e o seguia nas redes sociais. Phil não estava fazendo nada que pudesse manchar sua reputação, mas aquela abordagem o fez lembrar de histórias infelizes de executivos, pastores, políticos e outros mais, que tinham cruzado o limite da moralidade ao acharem que ninguém estava olhando.

Em 1 Coríntios 10, Paulo nos exorta a não nos tornarmos arrogantes, acreditando que somos fortes o suficiente para resistir a qualquer tentação (v.12). Ao contrário, ele nos encoraja a estarmos alertas contra quatro tentações:

• *Idolatria* (v.7). Em 2012, o conhecido evangelista Billy Graham se referiu à idolatria atual como uma obsessão por dinheiro e bens materiais. A Bíblia nos alerta a evitar o amor por coisas (Lucas 16:13; 1 Timóteo 6:10).

• *Imoralidade sexual* (v.8). Paulo nos disse para nos afastarmos do pecado sexual (1 Coríntios 6:18).

• *Testar Jesus* (v.9). Testamos Jesus quando o desobedecemos intencionalmente, e nos garantimos em Sua graça (Mateus 4:7; Romanos 6:1,2).

• *Queixas* (v.10). Paulo alerta a igreja em Filipos para fazer tudo sem queixas nem discussões (Filipenses 2:14,15).

As coisas que nos tentam hoje, são as mesmas que tentavam os crentes em Jesus que nos antecederam (1 Coríntios 10:13). Porém, Deus não permite que a tentação nos oprima. Quando sentirmos sua sedução, Ele nos mostrará um caminho para que possamos suportar e resistir (v.13). Devemos estar alertas e seguir ao Senhor. —*Ruth O'Reilly Smith*

A BÍBLIA em UM ANO ▶ Sl 116–118; 1Co 7:1-19

25 DE AGOSTO

A FONTE

LEIA
Lucas 19:1-10

Zaqueu se levantou e disse ao Senhor: "Escute, Senhor, eu vou dar a metade dos meus bens aos pobres. E, se roubei alguém, vou devolver quatro vezes mais" (v.8).

EXAMINE
Leia 1 João 4:10 e João 13:34,35 para ver como nossa compaixão e generosidade deve fluir do Deus que as têm dado a nós.

CONSIDERE
O que significa para você passar tempo com Jesus? Lembrando do que Deus deu a você, o que Ele o está chamando a compartilhar com os outros?

Durante alguns anos, servi numa igreja na região degradada de uma grande cidade. Foi um ministério difícil, que demandou de mim profunda compaixão e coração aberto aos outros: coisas que, para mim, não são naturais. Com frequência me sentia terrivelmente desqualificado e me perguntava como ser a pessoa de graça e compaixão que precisava me tornar.

É bom me lembrar de que houve alguém ainda menos qualificado para o ministério do que eu era: *Zaqueu*. Ele era um homem conhecido por sua ganância, um coletor de impostos que usava suas cobranças para se tornar muito rico (LUCAS 19:2). Mas quando Jesus concluiu sua conversa com ele, Zaqueu havia se tornado uma fonte de generosidade e justiça. Prometeu dar metade de seus bens aos pobres e a devolver quatro vezes mais daquilo que tinha cobrado injustamente dos outros (v.8). Não são muitos que podem afirmar ser tão generosos como esse renovado coletor de impostos!

Zaqueu se tornou uma influência do bem simplesmente pela graça e pela amizade de Cristo. Ele foi convidado a conhecer Jesus, a fazer amizade com Ele (vv.5,6): "Jesus [...] olhou para cima e disse: 'Zaqueu, desça depressa, pois hoje preciso ficar na sua casa'". Então Zaqueu desceu do galho onde estava e "...recebeu [Jesus] na sua casa, com muita alegria". E, como foi abençoado e ajudado por Jesus, achou fácil e natural abençoar os outros em troca.

Como ministro, é por ser cheio da graça e do amor de Jesus, que realmente sou capaz de exercer o ministério. O coração e a fonte do ministério é que podemos amar os outros com generosidade e compaixão porque primeiro fomos mui generosamente amados! —PETER CHIN

Sl 119:1-88; 1Co 7:20-40

26 DE AGOSTO

AUTOEXAME ESPIRITUAL

LEIA

Lamentações 3:31-43

Examinemos seriamente o que temos feito (v.40).

EXAMINE

Leia 2 Coríntios 13:5 para ver o que o autoexame espiritual pode revelar sobre sua fé. Leia Salmo 26:1-3 para ver como corajosamente, Davi convidou Deus a examinar o seu coração.

CONSIDERE

Peça a Deus para revelar áreas de pecado escondidas em seu coração. Qual o caminho para você praticar mais o autoexame espiritual?

Yed Anikpo criou um aplicativo chamado *Heartpoints* (pontos do coração) para ajudar cristãos a acompanhar seu progresso espiritual. Os usuários podem revisar seu registro diário para se alegrar com as vitórias e se arrepender dos pecados. Segundo Anikpo, "*Heartpoints* [pode] nos ajudar a perceber como foi nossa caminhada do dia para que possamos examinar e usar isso para melhorar... nossa peregrinação de amanhã".

O autoexame espiritual é parte de um relacionamento contínuo com Deus (1 Coríntios 11:27,28). Ele mostra a nossa necessidade por perdão. Sondar nossa alma pode revelar o pecado que pode estar causando o sofrimento em nossa vida.

Os israelitas fizeram um autoexame coletivo da alma durante um período de intensa aflição. As atrocidades que tinham suportado resultaram de ignorar os padrões de Deus. O autor de Lamentações os questionou: "Por que nos queixarmos da vida quando somos castigados por causa dos nossos pecados?" (3:39). E ele incentiva: "Examinemos seriamente o que temos feito..." (v.40). Quando os israelitas confessaram seus pecados e se arrependeram, tiveram nova esperança no futuro (vv.55-57).

Avaliar nosso estado espiritual, não é apenas nos confessar a Deus. É, antes de tudo, evitar o pecado. Jesus motivou Seus discípulos: "Vigiem e orem para que não sejam tentados..." (Mateus 26:41). Em nossa busca por santidade, Jesus não quer que Satanás seja capaz de nos enganar.

Deus se agrada quando observamos o estado de nossa alma de forma saudável. Identificar e confessar nosso pecado nos mantém humildes perante Ele. Melhor de tudo, nos ajuda a compreender a enorme profundidade de Sua graça e amor por nós. —Jennifer Benson Schuldt

27 DE AGOSTO

ORGULHO DESTRUTIVO

LEIA

2 Samuel 14:25-27; 18:9-14

Temer o Senhor Deus é odiar o mal. Eu odeio o orgulho e a falta de modéstia, os maus caminhos e as palavras falsas (Provérbios 8:13).

EXAMINE

Leia Provérbios 11:2 para ver o que mais Salomão tinha a dizer sobre os perigos do orgulho.

CONSIDERE

Por que o orgulho é algo tão destrutivo? Em que área você luta contra ele? Confesse hoje a Jesus o seu orgulho.

No clássico filme de animação de 1991, *A Bela e a Fera*, Gaston é o egocêntrico e robusto herói da cidade. Ele é um "homem viril" admirado pelos moradores e desejado por muitas das jovens locais. A maioria parece ser grande fã de Gaston e ignorar seu comportamento antipático, exceto a jovem e linda Bela.

No início do filme, Gaston encontra Bela na rua e pega o livro que ela está lendo. "Como pode ler isso?", ele pergunta. "Não tem imagens… Está na hora de você tirar sua cabeça desses livros e prestar atenção em coisas mais importantes, *como eu*."

Gaston é a versão moderna do personagem do Antigo Testamento, Absalão — o terceiro filho do rei Davi. O livro de 2 Samuel o descreve da seguinte maneira: "Em Israel não havia ninguém tão famoso por sua beleza como Absalão. Ele era perfeito da cabeça aos pés. Tinha muito cabelo, que ele cortava uma vez por ano, quando ficava muito comprido e pesado. A sua cabeleira pesava mais de dois quilos…" (14:25,26).

Assim como Gaston, Absalão parecia estar preso em si mesmo: especialmente em seu cabelo. Ironicamente, foi sua longa cabeleira que o levou à ruína final. Durante uma intensa batalha contra as forças de seu pai, Absalão foi morto depois que seu cabelo ficou preso em galhos de uma grande árvore, deixando-o pendurado frente aos seus inimigos (2 Samuel 18:9-14).

Salomão, o irmão mais novo de Absalão, escreveu mais tarde: "O orgulho leva a pessoa à destruição, e a vaidade faz cair na desgraça" (Provérbios 16:18). Talvez ele tenha aprendido isso ao ver como a arrogância levou seu irmão à morte.

Santo Espírito, por favor, nos dê consciência do orgulho destrutivo que, potencialmente, se esconde dentro de todos nós.

—Jeff Olson

28 DE AGOSTO

INUNDAÇÃO DE JUSTIÇA

LEIA

Amós 5:10-24

Quero que haja tanta justiça como as águas de uma enchente e que a honestidade seja como um rio que não para de correr (v.24).

EXAMINE

Leia Deuteronômio 10:18 e considere o que diz sobre o coração de Deus.

CONSIDERE

Como seu olhar sobre os pobres e necessitados é afetado, ao considerar que todos são feitos à imagem de Deus? Como promover justiça aos que necessitam em seu contexto?

"Deus julga o pecado porque Ele odeia o que ele faz conosco e aos outros. Não há [...] nada mais profundo do que Seu amor por nós. Ele quer que odiemos o pecado também — e que sejamos seu carrasco. Se não o fizermos, Ele o fará." —David Roper (*Elias: Um homem como nós*)

Deus odeia o pecado e a injustiça. Então, quando Seu povo levava uma vida injusta — desfrutando prosperidade, mas não demonstrando compaixão pelos pobres — Ele os exortou.

O Senhor enviou Amós para anunciar Seu veredito.

Esse profeta não se deteve quando Deus lhe deu Sua mensagem de condenação. Chamado por Deus no Reino do Sul, Judá, Amós viajou ao norte até o santuário de Betel. E proclamou corajosamente a mensagem do Senhor naquele lugar: um templo no qual um bezerro era adorado como ídolo. Aquele lugar pecaminoso refletia idolatria do coração do povo do Reino do Norte, Israel.

"Vocês exploram os pobres [...] maltratam as pessoas honestas, aceitam dinheiro para torcer a justiça", Amós gritou (Amós 5:11,12). Deus tinha visto injustiça em Seu povo e o profeta fora enviado para expor suas "maldades e graves pecados" (v.12). Deus viu a falsa adoração da nação, e disse por meio de Amós: "Parem com o barulho das suas canções religiosas..." (v.23).

O que Ele diria de nós? Adoramos ao Senhor enquanto toleramos a injustiça e ignoramos o apelo dos pobres?

"[Quero] que haja tanta justiça como as águas de uma enchente e que a honestidade seja como um rio que não para de correr" (v.24). Essas palavras revelam o coração justo e amoroso de Deus. Que possamos receber Seu chamado para buscar justiça para os pobres e necessitados desta época. Que as águas da vida e da justiça inundem nossa terra. —TOM FELTEN

29 DE AGOSTO

DAR O TROCO?

LEIA
Romanos 12:14-21
Meus queridos irmãos, nunca se vinguem de ninguém; pelo contrário, deixem que seja Deus quem dê o castigo (v.19).

EXAMINE
Leia 2 Reis 6:20-23 para ver como Eliseu ilustrou o princípio destacado mais tarde por Paulo, em Romanos 12:2-21.

CONSIDERE
Se a vingança não é uma opção para os cristãos, o que você pode fazer (1 Pedro 2:21-23; 3:8-12; 1 Tessalonicenses 5:15)? Por que não devemos dar o troco?

Durante um discurso numa grande universidade cristã em 2012, o magnata e celebridade de TV Donald Trump disse a 10 mil alunos que o caminho para ter sucesso nos negócios é "dar o troco". Isso inflamou protestos de críticos que diziam que a filosofia de Trump era inconsistente com os valores cristãos.

"Dar o troco" pode lhe dar vantagem no mundo dos negócios, mas certamente causará estragos em seu mundo interior. Ao invés de dar o troco, Paulo nos diz para fazer o oposto: "Não paguem a ninguém o mal com o mal" (ROMANOS 12:17), e "nunca se vinguem" (v.19).

A vingança é uma estrada que o cristão precisa evitar. Por quê? Porque é um direito que Deus reserva apenas para si mesmo. Essa responsabilidade nunca nos foi delegada (v.19). E é algo que prejudica mais a você do que ao seu inimigo.

"Não fique com raiva, dê o troco", pode até soar bem, mas consome a vitalidade e a espiritualidade daqueles que o praticam. As pessoas que buscam vingança nutrem sua própria amargura que pode crescer ao ponto de se tornar hostilidade, ódio e malícia, que logo consumirá e desumanizará aqueles que a possuem. A presença do amor — a Deus e ao próximo — é destruída quando você dá o troco. A contraofensiva? "Não deixem que o mal vença vocês, mas vençam o mal com o bem" (v.21).

Você pode se perguntar se esse tipo de vida é possível. Felizmente, Jesus revelou que é: pois quando ainda éramos Seus inimigos, Cristo morreu por nós (ROMANOS 5:8-11). "O próprio Cristo […] deixou o exemplo […] não respondeu com insultos […] não ameaçou, mas pôs a Sua esperança em Deus" (1 PEDRO 2:21-23).

Não precisamos dar o troco. Ao invés disso, vamos deixar que Deus cuide da questão. —*K. T. Sim*

30 DE AGOSTO

O SÉTIMO MANDAMENTO

LEIA

Mateus 5:27-30

Não cometa adultério (Êxodo 20:14).

EXAMINE

Leia Provérbios 5:1-23 e 6:20-35. Identifique os alertas contra o adultério e como fugir de sua sedução.

CONSIDERE

Como você pode, na prática, amar Deus com todo o seu coração, alma e força? Como amar o Senhor o ajuda a se manter longe do pecado sexual?

O adultério é definido como: "Ato de ter relações sexuais com outra pessoa que não o seu próprio cônjuge" (Dicionário Aulete). Então, o sétimo mandamento só se aplica àqueles que cometem o ato, certo?

Jesus explicou que adultério não é apenas o ato físico; é o que começa no coração (MATEUS 5:27,28). Ele não apenas envolve o que fazemos com nosso corpo, mas também o que olhamos, fantasiamos em nossa mente, ou cobiçamos em nossos desejos.

D. A. Carson diz: "A imaginação é um dom de Deus; mas se é alimentada com imundície pelo olho, ela será suja. Todo pecado, não apenas o pecado sexual, começa na imaginação. Portanto, o que alimenta a imaginação é de fundamental importância na busca pelo reino da justiça. Nem todos reagem da mesma forma a todos os objetos. Mas se (vv.28,29) seu olho o está fazendo pecar, arranque-o fora ou, pelo menos, não olhe!".

Hoje em dia, muitos homens e mulheres têm sido vítimas do encanto da pornografia on-line. Partindo da premissa do anonimato, ela apresenta um apelo quase irresistível a explorar o sexo fora do casamento.

Morgan Bennett escreveu em seu artigo *O Novo Narcótico*: "Outro aspecto do vício da pornografia que supera as características viciantes e prejudiciais do abuso das substâncias químicas, é sua permanência. Enquanto as substâncias podem ser expelidas pelo corpo, as imagens pornográficas não podem ser expelidas pelo cérebro".

Assim, como podemos guardar o sétimo mandamento? Sendo cuidadosos com onde nosso olhar repousa, e cumprindo o maior mandamento: "...amem o SENHOR, nosso Deus, com todo o coração, com toda a alma e com todas as forças" (DEUTERONÔMIO 6:5; MATEUS 22:37,38). —POH FANG CHIA

31 DE AGOSTO

GRANDES EXPECTATIVAS

LEIA

1 Crônicas 11:15-19

"...gostaria que alguém me trouxesse um pouco da água do poço que fica perto do portão de Belém!" Então [...] passaram pelo meio do acampamento dos filisteus, tiraram água do poço e levaram para Davi... (vv.17,18).

EXAMINE

Leia Provérbios 18:21 e veja o que diz sobre o poder de nossas palavras. Leia Salmo 141:3 e ore esse versículo antes de liderar outros.

CONSIDERE

O que pessoas arriscaram por amarem e respeitarem você? Em seu papel como líder, como você pode entender melhor o impacto de suas expectativas básicas?

A maioria de nós tem o desejo inato de ajudar os outros. Trabalhamos além da hora para garantir que a empresa cumpra um prazo importante. Um jovem perde o emprego e seu pai se oferece para pagar o aluguel. Essas histórias nos lembram que às vezes subestimamos nossa influência. Por outro lado, também podemos usar nossa posição ou autoridade para impactar negativamente aqueles que nos amam e respeitam: algumas vezes até inadvertidamente.

O rei Davi estava acampado perto da caverna de Adulã, próximo ao exército filisteu que ocupava a cidade de Belém (1 Crônicas 11:15). Quando três homens de seu grupo de elite chegaram, ele comentou: "'Como eu gostaria que alguém me trouxesse um pouco da água do poço que fica perto do portão de Belém!' Então "Os Três" passaram pelo meio do acampamento dos filisteus, tiraram água do poço e levaram para Davi..." (vv.17,18).

Quando Davi percebeu que a lealdade de seus homens os tinha colocado em perigo, se recusou a beber a água e a derramou como oferta ao Senhor. "Ó Deus, eu não poderia beber desta água! Isso seria o mesmo que beber o sangue destes homens que arriscaram a sua vida para trazê-la!' E assim ele não tomou daquela água" (v.19).

Davi compreendeu o impacto das palavras de um rei respeitado e muito amado. Sua declaração aparentemente inofensiva sobre o desejo de água, resultara em três homens corajosos se colocando em perigo e arriscando suas vidas para satisfazer seu pedido.

Sejam quais forem nossos papéis, todos temos posições de autoridade ou influência. Devemos tentar usar nossas palavras com sabedoria e sermos cuidadosos com nossas expectativas básicas com relação aos outros. —*Ruth O'Reilly Smith*

1.º DE SETEMBRO

FÉ EM GRANDE PERIGO

LEIA

Êxodo 1:15-22

Porém as parteiras temiam a Deus e não fizeram o que o rei do Egito havia mandado... (v.17).

EXAMINE

Leia Hebreus 11:23-29 e reflita sobre a fé e vida de um homem que, quando bebê, foi salvo miraculosamente.

CONSIDERE

Como Deus o abençoou quando você colocou sua confiança nele? Como pode usar sua profissão para ampliar o reino do Senhor?

Um grupo de amigos e eu nos propomos a ler a Bíblia em 90 dias. Desde o início, fomos surpreendidos como a Palavra de Deus se tornou tão viva para nós.

Ler grandes trechos da Bíblia provou ser uma experiência poderosa. Vimos que contextos ganharam vida, e histórias se renovaram. Quase como se estivéssemos lendo passagens conhecidas pela primeira vez.

Quando me aventurei por Êxodo, me vi fascinada pelas ações e fé de duas mulheres em quem pouco prestei atenção antes. Apesar de não serem da realeza, essas duas mulheres hebreias, Sifrá e Puá, foram usadas por Deus para grandes propósitos.

Sifrá e Puá eram parteiras que ajudavam no nascimento dos bebês judeus no tempo em que um cruel Faraó considerava o crescimento da população hebraica uma ameaça ao seu domínio (1:15). Por isso, ele disse a Sifrá e Puá: "Quando vocês forem ajudar as mulheres israelitas nos seus partos, façam o seguinte: se nascer um menino, matem; mas, se nascer uma menina, deixem que viva" (v.16).

"Porém as parteiras temiam a Deus e não fizeram o que o rei do Egito havia mandado. Pelo contrário, deixaram que os meninos vivessem" (v.17).

Sifrá e Puá tinham uma notável fé em Deus e estavam dispostas a arriscar a vida por isso. E "...Ele foi bom para elas" e não apenas poupou a vida delas, como as usou para ajudar os israelitas a se multiplicarem em número e poder (v.21). E como "as parteiras temiam a Deus [...] fez com que tivessem as suas próprias famílias" (v.20).

Quando você dedicar tempo à Bíblia, seja em trechos grandes ou pequenos, peça a Deus para ajudá-lo a andar em obediência como Sifrá, Puá e outros que encontramos na Bíblia, e que viveram pela fé. —ROXANNE ROBBINS

2 DE SETEMBRO

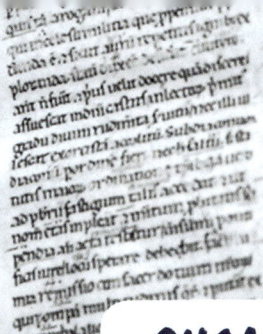

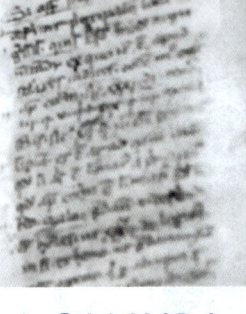

OUÇA A PALAVRA

LEIA

Colossenses 4:2-18

Depois de lerem esta carta, [...] a mandem para Laodiceia a fim de que os irmãos de lá também a leiam. E vocês leiam a carta que vai chegar de Laodiceia (v.16).

EXAMINE

Leia Deuteronômio 6:1-25 para saber a importância de ouvir a Palavra de Deus.

CONSIDERE

Você já confiou mais no que vê do que na Palavra de Deus? Em que promessas ou verdades Deus quer que você creia hoje?

Os comentários finais de Paulo indicam como suas cartas eram apresentadas. A igreja se reunia para ouvir sua leitura em voz alta e, depois, a carta era copiada e enviada a outra cidade. Os cristãos em geral *ouviam* a Palavra de Deus com seus ouvidos antes de *vê-la* com seus olhos.

Somos gratos por poder ler a Bíblia quando queremos. Mas não devemos negligenciar o poder que se manifesta quando a igreja se reúne para ouvi-la lida em voz alta. Quando ouvimos a Palavra de Deus, percebemos que:

Sua Palavra é viva. A Palavra de Deus não é apenas letras reunidas no papel. Ela é "viva e poderosa" — faz coisas acontecerem. Deus falou: "Que haja luz" e o Universo veio a existir (GÊNESIS 1:3). Deus disse: "Lázaro, saia!" e um homem voltou à vida (JOÃO 11:43). "Agora", Ele declara, "faço novas todas as coisas!" e Suas palavras sibilam enxaguando e expulsando a corrupção da criação (APOCALIPSE 21:5).

A Bíblia realiza o que descreve. Martinho Lutero destaca a importância de ler a promessa de perdão de Deus (1 JOÃO 1:9), mas a entenderemos realmente quando escutarmos essa promessa nos sendo dita: "Vá e não peque mais" (JOÃO 8:11). Esse poder da Palavra de Deus falada é o motivo de o sermão ser o momento central do culto.

Sua Palavra é vida. A Palavra de Deus que ouvimos interpreta o que vemos. Nossos olhos nos dizem que somos pecadores; a Bíblia declara que somos santos (1 CORÍNTIOS 1:2). Nossos olhos nos dizem que nosso irmão falecido não voltará mais; a Palavra de Deus diz que seu túmulo é solo de ressurreição (15:50-58).

Confiamos em nossos ouvidos, não em nossos olhos. Vamos continuar a nos reunir com cristãos e ouvir mais! —MIKE WITTMER

3 DE SETEMBRO

FOCO

LEIA

João 4:13-26

Mas virá o tempo, e, de fato, já chegou, em que os verdadeiros adoradores vão adorar o Pai em espírito e em verdade (v.23).

EXAMINE

Para conhecer outras formas de pessoas adorando a Jesus, leia Mateus 2:9-11; Marcos 14:3-9; Lucas 18:35-42 e João 9:35-38.

CONSIDERE

Como podemos adorar a Deus ao longo do dia? Como podemos ser menos autocentrados e mais cientes dele e de Seu amor por nós?

Eu estava apreciando cantar com a congregação durante o louvor. Então uma mulher fez um solo. Não me lembro o cântico, mas pensei: *que letra chata! Clichê cristão! Por favor, quero uma boa e velha música cristã fácil de ouvir* (Confesso meu sarcasmo e escárnios inapropriados).

Ao fim, ela se sentou para receber aplausos, então o líder do louvor disse emocionado: "Essa música nunca deixa de falar ao meu coração. Obrigado!".

Ao pensar no meu gosto durante a adoração, me esqueci que deveria estar louvando a Deus com os outros cristãos, um privilégio fantástico! Ao colocar minha preferência pessoal no lugar do louvor, eu a tinha transformado em ídolo. Eu tinha perdido o meu foco, ou pior, eu o tinha direcionado erroneamente para mim mesmo.

Há mais de 2 mil anos, num poço em Samaria, uma mulher, certamente sentindo-se incomodada por Jesus se concentrar nela ("pois já teve cinco maridos…" João 4:18), desviou o assunto de seu estilo de vida perguntando algo religiosamente partidário e político: "Por que vocês judeus insistem que Jerusalém é o único lugar de adoração?" (v.20).

Sabiamente, Jesus direcionou o foco de adoração ao Pai celeste: "…chegará o tempo em que ninguém vai adorar a Deus nem neste monte nem em Jerusalém" (v.21). E continuou: "…os verdadeiros adoradores vão adorar o Pai em espírito e em verdade…" (v.23). Quando a mulher disse: "Eu sei que o Messias […] tem de vir", Jesus trouxe o foco ao ponto central: "pois eu […] *sou* o Messias" (vv.25,26 — GRIFO DO AUTOR).

Acho que quando a mulher correu à cidade para contar a todos sobre aquele Homem que acabara de conhecer, teve uma nova razão para adorar. E aquela adoração tinha o foco correto. —TIM GUSTAFSON

A BÍBLIA em UM ANO ➤ Sl 140–142; 1Co 14:1-20

4 DE SETEMBRO

UMA MISSÃO

LEIA

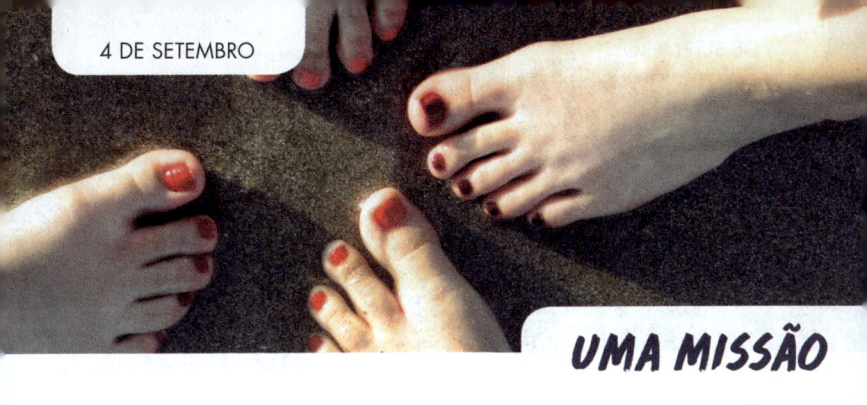

Lucas 9:46-62

Então Jesus disse [...]: "Não o proíbam, pois quem não é contra vocês é a favor de vocês" (v.50).

EXAMINE

Leia Números 11:16-30 e peça a Deus para lhe mostrar as vezes em que você julgou erradamente a obra do Senhor nas pessoas e através delas.

CONSIDERE

Há cristãos com quem você não quer ser identificado? Qual é a raiz de seus problemas com eles? Quando devemos discordar e quando recuar em amor?

Com frequência, eu e meu marido atuamos como árbitros ao moderar diferenças entre nossos dois filhos. Eles se concentram em suas diferenças ao invés de atentarem ao que os une. Constantemente os lembramos de que precisam um do outro — às vezes é difícil perceberem isso.

Frequentemente o Corpo de Cristo é reconhecido mais por suas divisões do que por sua unidade em Jesus. E se as discórdias se centram em denominações, filosofias de ministério ou em estilos de adoração, as brigas podem ser terríveis.

Como Lucas 9 ilustra, essa não é uma batalha nova. Se por um lado, os discípulos estavam tentando proteger a integridade do ministério de Jesus, por outro, seu desejo por excelência foi além de uma paixão pela verdade. Ao dizer a Jesus: "...nós o proibimos de fazer isso porque ele não é do nosso grupo", eles criaram uma linha de separação que Cristo não delineou (v.49).

Olhando essa passagem, vemos um padrão interessante. Observe os versículos 46-48, no qual Jesus reposiciona os discípulos visto que se colocaram erroneamente numa posição de relevância. Um pouco mais tarde, novamente, eles tiveram uma visão errônea ao querer pedir que descesse fogo do céu sobre os que estavam rejeitando a Cristo (vv.52-54). Mas a fé radical deles não garantia que sua perspectiva sempre revelasse o quadro completo (1 CORÍNTIOS 13:12).

Não podemos comprometer a verdade da salvação que está somente em Jesus. Mas quando se trata da unidade dos cristãos, precisamos nos lembrar: Seu corpo foi partido e Suas vestes rasgadas para que Sua Igreja não precisasse ser (1 CORÍNTIOS 13:13; EFÉSIOS 2:14; COLOSSENSES 1:16-20). —*REGINA FRANKLIN*

5 DE SETEMBRO

NÃO DESISTA!

LEIA

Esdras 1:1-4

Que Deus esteja com todos vocês que são o Seu povo! Vão a Jerusalém para construir de novo o Templo do Senhor, o Deus de Israel, o Deus que é adorado em Jerusalém (v.3).

EXAMINE

Leia 1 Tessalonicenses 5:24 e pense no que Paulo diz sobre a vontade e fidelidade de Deus.

CONSIDERE

O que você pode fazer para aprofundar sua confiança em Deus ao sentir que foi posto de lado? Como pode descansar hoje em Seu poder e provisão?

Ao redor do mundo, podemos encontrar leis estranhas e antiquadas. No Reino Unido, por exemplo, colocar o selo postal com a figura do monarca de cabeça para baixo é considerado um ato de traição, e, na Inglaterra, é ilegal comer torta de carne em 25 de dezembro. Em um estado americano, as mulheres precisam de permissão escrita do marido para usar dentadura. Em Milão, é uma exigência legal sorrir o tempo todo, exceto em funerais e visitas hospitalares.

Seria ridículo impor qualquer uma dessas leis hoje em dia, mas em certa ocasião, a aplicação de uma antiga lei acabou levando à reconstrução do Templo em Jerusalém. Os israelitas viviam no exílio, na Babilônia, há 70 anos quando os persas subiram ao poder. No primeiro ano de Ciro, o rei da Pérsia, o Senhor tocou seu coração e ele declarou que quem quisesse voltar a Jerusalém para reconstruir o Templo do Senhor, deveria ir (Esdras 1:1-4).

Porém, os que voltaram a Jerusalém sofreram grande oposição, o rei Xerxes foi enganado e decretou o fim da reconstrução do Templo (4:1-24). Apenas no segundo ano do reinado do rei Dario, quando uma carta lhe foi enviada lembrando o decreto original do rei Ciro (5:6-17), os israelitas tiveram permissão de continuar a reconstruir o Templo. O rei renovou seu compromisso com a antiga lei, forneceu todo o material necessário à restauração do Templo, e garantiu a segurança dos israelitas que receberam permissão para realizar o trabalho novamente sem medo (6:1-12).

Quando sua vida é colocada de lado por causa da frustrante influência de outros, lembre-se da promessa do Senhor e confie nele para abrir um caminho onde não parece haver nenhum (Efésios 3:20). —*Ruth O'Reilly-Smith*

6 DE SETEMBRO

ACHAR ALEGRIA EM JESUS

LEIA
João 3:23-36
Ele tem de ficar cada vez mais importante, e eu, menos importante (v.30).

EXAMINE
Leia Filipenses 2:1-11 para ver como Jesus se humilhou e se concentrou nos outros.

CONSIDERE
Como você pode começar a se alegrar mais com o sucesso dos outros do que com o seu? Como pode ver essa atitude refletida em seu relacionamento com Jesus?

Todos nós ouvimos que os planos de Deus são mais importantes do que os nossos. E, se você é como eu, acenou a cabeça concordando com a sabedoria dessas palavras. Ainda assim, quando nos encontramos numa situação de vida em que as coisas não acontecem de acordo com nossos planos, normalmente ficamos devastados!

Os discípulos de João Batista se viram numa situação de perplexidade. Eles seguiam um profeta maravilhoso e um homem de Deus, e viram outro Homem despontar e ofuscá-lo (João 3:26). Mesmo João tendo dito que Alguém maior viria (João 1:15), seus discípulos ficaram confusos e desapontados.

E como o profeta reagiu? Usando a analogia de ser o padrinho em um casamento, ele mostrou a alegria que é baseada no sucesso do outro, não numa realização pessoal (3:29). Assim como o padrinho de um noivo, o professor de um aluno ou o pai de um filho, ele sentia grande alegria em saber que Jesus estava sendo exaltado. João Batista disse: "Aquele que vem de cima é o mais importante de todos..." (v.31).

Numa época dominada pelo egoísmo, com frequência me esqueço desse tipo de alegria. Ela não é centrada no eu, mas no outro e, especialmente, em Cristo. Minha paz é com muita frequência centrada só em mim, nas minhas circunstâncias e no meu sucesso. Mas João Batista me lembra de que a verdadeira fonte de alegria do cristão é ver Jesus ser exaltado e adorado como nosso grande Rei.

É nossa alegria servir a Deus e, como escreveu o salmista no capítulo 84, declarar: "...Eu gostaria mais de ficar no portão de entrada da casa do meu Deus do que morar nas casas dos maus" (v.10). Encontremos alegria em Jesus quando o exaltarmos hoje. —PETER CHIN

7 DE SETEMBRO

LUZ PODEROSA

LEIA

Atos 9:1-20

De repente, uma luz que vinha do céu brilhou em volta dele (v.3).

EXAMINE

Leia 2 Coríntios 4:7 para ver a relação entre humildade e ter a luz de Deus em nosso coração. Leia 1 Pedro 2:9 para entender como a obra de Deus em nós pode beneficiar os outros.

CONSIDERE

Como sua alma reage ao meditar sobre as boas coisas que a luz de Deus produz em você? Por que acha que a Bíblia relaciona a luz com o poder de Deus?

O grande arranha-céu em Londres, apelidado de *Walkie Talkie*, criou alguns problemas peculiares durante sua construção. Por vezes, sua estrutura curva refletia os raios de sol com uma intensidade perigosa. Equipes de TV usaram raios de sol refletidos do prédio para cozinhar um ovo! Vizinhos do edifício reclamaram de danos na pintura e nos carpetes devidos aos reflexos intensos.

A Bíblia traz um caso de luz poderosa que incidiu sobre um homem e o transformou para sempre. "Saulo não parava de ameaçar de morte os seguidores do Senhor Jesus" (Atos 9:1). Ele tinha saído para prender cristãos em Damasco e levá-los acorrentados para Jerusalém e, "De repente, uma luz que vinha do céu brilhou em volta dele" (v.2). Ele caiu no chão e ouviu uma voz dizendo: "Eu sou Jesus, aquele que você persegue" (v.5). Quando Saulo levantou e abriu os olhos, estava cego.

Por causa da luz, Saulo perdeu a visão, mas encontrou a Deus. Com a ajuda de amigos, ele seguiu até Damasco, onde foi batizado, recuperou a visão e "começou imediatamente a anunciar Jesus nas sinagogas, dizendo: 'Jesus é o Filho de Deus'" (v.20).

Assim como Saulo (que se tornou o apóstolo Paulo), os cristãos foram expostos à poderosa luz de Deus: Jesus abriu nossos olhos espirituais ao sermos salvos (João 1:9-13). E a luz de Deus age em nosso coração hoje. Quando lutamos contra o pecado, medo ou dúvidas, podemos nos lembrar do que Paulo disse: "A luz [do Senhor] produz uma grande colheita de todo tipo de bondade, honestidade e verdade" (Efésios 5:9). Essas bênçãos nos asseguram de que Deus, que iniciou Seu bom trabalho em nós, continuará até que Seu Filho retorne (Filipenses 1:6). —*Jennifer Benson Schuldt*

8 DE SETEMBRO

UM AMIGO

LEIA

Tiago 4:1-5

...Quem quiser ser amigo do mundo se torna inimigo de Deus (v.4).

EXAMINE

Leia 1 João 3:13. Por que o mundo odiaria você? Por que é necessário recusar o mundo para buscar a vida que Deus oferece?

CONSIDERE

De algum modo, você mede seu valor, significado ou propósito longe de Deus? Como a alternativa mundana de buscar valor e amizade pode ferir sua alma?

Quando minha irmã mais nova tinha 4 anos, um ditador (vamos chamá-lo de Frank) era o assunto frequente nos noticiários, e os conteúdos de seus discursos raivosos estampavam as manchetes dos jornais. Ele era violento, expelindo ódio e medo. É claro que minha irmã não tinha entendimento político, mas ela captava nossa ansiedade nacional e compreendia que a maior parte das pessoas acreditava que aquele ditador era um homem mau e perigoso. Um dia, meu pai (que nos ensinou que Deus queria que amássemos a todos sem distinção) perguntou à minha irmã: "O que você acha do Frank?". Surpresa, ela pensou na resposta com cuidado e finalmente disse: "Eu o amo, mas não brincaria com ele".

Minha irmã entendia o que o apóstolo Tiago diz: Nossos atos de amizade fazem diferença. A amizade é um dom valioso e não deve ser concedida indistintamente. Nossa amizade verdadeira é nosso relacionamento com Deus. Entretanto, amizades menores podem inviabilizar nossa comunhão com o Senhor, se o outro não se relaciona com Ele. É por isso que Tiago pergunta surpreso: "...Será que vocês não sabem que ser amigo do mundo é ser inimigo de Deus?..." (v.4).

A expressão "amigo do mundo" pode ser confusa. Ela não se refere a se preocupar com as questões deste mundo (o planeta em si, as estruturas mundiais ou políticas). O mundo, na concepção de Tiago, é uma forma de medida de significado e valores. O teólogo Luke Timothy Johnson traduz bem isso: "O mundo é uma medida que não leva em conta a existência e, consequentemente, as demandas de Deus".

É por isso que ser amigo do mundo é *não* ser amigo de Deus. Ser amigo de Deus significa dizer "sim" à Sua visão para nós.

—WINN COLLIER

9 DE SETEMBRO

AGARRANDO-SE À ESPERANÇA

LEIA

Hebreus 6:13-20

E assim nós, que encontramos segurança nele, nos sentimos muito encorajados a nos manter firmes na esperança que nos foi dada (v.18).

EXAMINE

Leia Romanos 15:13 e reflita sobre o que o apóstolo Paulo escreveu a respeito da esperança.

CONSIDERE

Em Jesus, o que lhe dá esperança em sua jornada hoje? Como você pode compartilhar a esperança que tem nele com os outros?

Em 2011, Dave Mull passou quase quatro horas sozinho e à deriva nas ondas do Lago Michigan, nos EUA, agarrado às alças de uma caixa térmica. Seu barco de pesca, tinha emborcado e afundado a 8 quilômetros da margem. Ele e seus três companheiros foram jogados nas profundas e revoltas águas do lago. Antes de ser afastado dos outros, Dave, num gesto altruísta, entregou seu colete salva-vidas a um dos amigos que não conseguia se agarrar à térmica flutuante.

Por fim, todos foram salvos. Dave foi o primeiro, encontrado por outro barco de pesca. Ele desabou em lágrimas quando a Guarda Costeira avisou pelo rádio que todos os quatro tinham sido resgatados com vida.

Até ser encontrado, ninguém sabia que Dave estava com problemas. O barco tinha afundado com tanta rapidez, que não tiveram tempo de mandar um pedido de socorro pelo rádio. Ainda assim, Dave sabia que não estava sozinho. Ele disse: "É difícil explicar, mas não sei quando me senti mais entregue nas mãos de Deus. Nunca perdi a esperança de ser encontrado".

A alma de Dave se agarrou à esperança, assim como suas mãos seguraram a caixa térmica. Sua história me lembra de como a carta aos Hebreus orienta a "nos manter firmes na esperança que nos foi dada" (6:18).

A maior esperança na qual podemos nos agarrar é centrada nas promessas de Deus cumpridas em Jesus. Ao descrever esse tipo de esperança, Hebreus a compara a uma "âncora" para a alma, que é "segura e firme" (v.19). É uma esperança baseada num relacionamento com Deus e Seu Filho (v.20).

Não importam as circunstâncias, é a esperança em Jesus que tranquiliza a nossa alma. Ele é o verdadeiro estabilizador que nos mantém na superfície. —*JEFF OLSON*

10 DE SETEMBRO

SEM TÉDIO

LEIA

1 Samuel 2:12-36

Assim os filhos de Eli tratavam com muito desprezo as ofertas trazidas a Deus, o Senhor. E para o Senhor o pecado desses moços era muito grave (v.17).

EXAMINE

Leia Salmo 119:97-120 para saber o quanto Deus deve nos entusiasmar (e não entediar).

CONSIDERE

Que bênção espiritual você começou a crer como certa? Como trataria essa bênção hoje se soubesse que pode perdê-la amanhã?

A foto na revista mostrava um urso do circo de Moscou sendo puxado por uma corda, se preparando para a próxima exibição. O mais interessante, era a mulher sentada ao fundo com a cabeça apoiada numa mão, como se já tivesse visto o número antes. Seu olhar era de tédio.

Ela me lembrou o ensaio de Ralph Waldo Emerson, "Natureza", onde declara como ficaríamos maravilhados se as estrelas aparecessem a cada mil anos. E quando chegasse *aquele* dia, nos reuniríamos com amigos para ficar acordados a noite inteira. Mas as estrelas aparecem todas as noites, assim fechamos as cortinas e vamos dormir.

Ela me lembrou os filhos de Eli, que cresceram na presença de Deus. Mas a familiaridade, com frequência, gera desprezo, e eles "não prestavam [atenção] e não se importavam com Deus [...] não obedeciam aos regulamentos a respeito daquilo que os sacerdotes tinham o direito" (1 Samuel 2:12,13). Eles dormiam com mulheres que serviam no tabernáculo e roubavam a carne que os adoradores ofereciam lá (vv.12-17,22).

Ela me lembrou B. B. Warfiel, que alertou aos alunos do seminário de que o "contato constante com as coisas divinas" podia levá-los a verem-nas como "corriqueiras". Ele declarou que esse perigo era também um privilégio: "Pense no que é seu grande privilégio quando seu maior perigo é que as grandes coisas da religião possam se tornar corriqueiras para você!".

Ela me lembrou de nós. Você tem a bênção do acesso a diversas traduções da Bíblia? Lê livros e blogs inspiradores? Cânticos de louvor fazem parte de sua seleção musical? Que privilégio! Que perigo!

Sejamos como o pequeno Samuel, que nunca se acostumou com o fato de crescer no serviço do Senhor (v.21). Ele escutou a voz de Deus porque já a estava ouvindo (3:10). —*Mike Wittmer*

11 DE SETEMBRO

DEUS DOS VIVOS

LEIA

Lucas 20:27-40

...Deus é Deus dos vivos e não dos mortos, pois para ele todos estão vivos (v.38).

EXAMINE

Leia João 5:28,29 para saber o que a passagem revela sobre a ressurreição de dois grupos: os que ressuscitam para a vida eterna, e os que ressuscitam para vivenciar o julgamento.

CONSIDERE

Como Lucas 20:38 ajuda você a lidar com sua mortalidade? Como a maneira que Jesus lidou com as perguntas dos céticos o encoraja a lidar com céticos ao seu redor?

Os saduceus interessavam-se mais em política do que em religião, aceitando apenas o Pentateuco (os cinco livros de Moisés) como Livro Sagrado. Com um pensamento materialista, não acreditavam em anjos, nem na ressurreição (Lucas 20:27; Atos 23:8).

Eles colocaram uma situação hipotética para Jesus (Lucas 20:28-32) sobre o casamento *levirato* — quando o irmão de um homem que morreu sem filhos, deveria casar-se com a viúva para sustentá-la e preservar a descendência do falecido (Deuteronômio 25:5,6). Isso mostrava que a ressurreição era impossível e absurda (Lucas 20:33).

Jesus respondeu: "Nesta vida os homens e as mulheres casam" (v.34), significando que isso pertencia à Terra, mas que não é um elemento nos propósitos eternos de Deus (v.35). A exclusividade do casamento será substituída pela perfeita comunhão com Deus e todos os cristãos (Mateus 8:11; Apocalipse 21:1-4). Como não haverá morte e, portanto, a necessidade de repor a raça humana, não será necessário casamento nem procriação. Quando as pessoas forem ressuscitadas, serão transformadas em gloriosa imortalidade como a dos anjos (Lucas 20:36).

Ao citar os escritos de Moisés (v.37), reverenciados pelos saduceus como autoridade, Jesus se referiu ao episódio da sarça ardente (Êxodo 3:1-10), no qual Deus disse a Moisés: "Eu sou o Deus dos seus antepassados, o Deus de Abraão, o Deus de Isaque e o Deus de Jacó" (3:6). Moisés escreveu sobre Deus ser o Deus deles no presente muito depois da morte de Abraão, Isaque e Jacó (Lucas 20:37) confirmando que os patriarcas ainda estavam vivos (v.38). Com apenas uma passagem de Moisés, Jesus afirmou o que os saduceus negavam: A existência de anjos e a ressurreição (v.36). —*K. T. Sim*

A BÍBLIA em UM ANO > Pv 10–12; 2Co 4

12 DE SETEMBRO

DESABANDO

LEIA

Obadias 1:1-14

Ainda que você voe tão alto como a águia e faça o seu ninho entre as estrelas, eu o derrubarei dali (v.4).

EXAMINE

Leia Provérbios 29:23 e reflita sobre o que diz a respeito dos destinos opostos de pessoas orgulhosas e das humildes.

CONSIDERE

O que o orgulho faz ao seu relacionamento com Deus? Como você pode buscar ser humilde, mesmo quando as coisas acontecem do seu jeito?

"Fomos muito bem", Raleigh Becket se gabou. Ele e seu irmão comandavam um *Jaeger*, um enorme robô de batalha lutando contra criaturas enormes como dinossauros, chamadas Kaiju, como descritas no filme *Círculo de Fogo*. Em sua arrogância, os irmãos desafiaram ordens e saíram numa imprudente missão, para lutarem sozinhos contra um enorme Kaiju. A assombrosa fera destruiu o *Jaeger* deles, fazendo-o desabar. O irmão de Raleigh foi morto, enquanto o jovem era incapaz de fazer qualquer coisa além de assistir, aterrorizado.

O profeta Obadias conhecia bem a arrogância. Chamado por Deus para transmitir palavras de condenação à nação de Edom (OBADIAS 1:1), declarou: "O seu orgulho o enganou" (v.3). O povo de Edom vivia "nas cavernas das rochas, lá no alto das montanhas". Mas Deus revelou que nem mesmo a aparente segurança de seu antro poderia salvá-los. "Eu o derrubarei dali", disse aos edomitas (v.4).

Deus estava irado com Edom, pois não tinham ajudado Seu povo em Judá, quando foram derrotados e Jerusalém destruída pelos babilônios. Os edomitas viviam próximo a Judá e eram descendentes de Esaú (irmão de Jacó, cujos filhos e seus descendentes se tornaram as 12 tribos de Israel), então Deus disse que tinham traído "seus irmãos" e "quando o inimigo derrubou os portões de Jerusalém, [...] não se importaram" (vv.10,11).

As palavras proféticas de Deus se tornaram realidade. Apenas 33 anos depois que Jerusalém caiu perante a Babilônia (ajudada por Edom), os babilônios queimaram as cidades edomitas. A não tão poderosa, caiu.

O orgulho acabará por destruir você, mesmo que pense que é "muito bom". Não provoque Deus — se humilhe hoje sob Sua "poderosa mão" (1 PEDRO 5:6). —*TOM FELTEN*

13 DE SETEMBRO

PRIMEIRO E SEGUNDO TEMPO

LEIA

2 Crônicas 26:1-23

...O que ele quer é que façamos o que é direito, que amemos uns aos outros com dedicação e que vivamos em humilde obediência ao nosso Deus (Miqueias 6:8).

EXAMINE

Leia João 15:1-9 e reflita sobre o que esse texto diz a respeito da fonte da verdadeira vida e da frutificação.

CONSIDERE

Como você está mais próximo de Deus este ano do que no anterior? O que está fazendo para buscar a Deus e fazer o que é certo aos olhos do Senhor?

Pronto para um teste bíblico? Que rei alcançou influência nacional aos 16 anos; foi um gênio em estratégia militar e segurança nacional; inventou novas armas militares; tinha visão do desenvolvimento comercial e negócios; e tinha o toque de Midas em agropecuária?

Quem era ele? O rei Uzias, cujo nome significa "O Senhor é a minha força". O cronista nos conta o segredo do sucesso do rei. Uzias se preocupava em fazer o certo aos olhos do Senhor e seguia a Deus genuinamente. Ele também era orientado por um homem sábio (2 CRÔNICAS 26:5).

Mas infelizmente sua história terminou mal. Ao se tornar poderoso, também ficou orgulhoso. Contrariou as regras de Deus com relação à adoração no templo, e ao ser confrontado, irou-se (vv.16-19). Seu coração estava orgulhoso demais para ser repreendido. Deus disciplinou rapidamente sua desobediência (v.20). Uzias morreu de lepra.

Após anos de proveitosa liderança, foi trágico que o legado de Uzias tenha fracassado. O assustador é que a história dele poderá ser a nossa, se não andarmos humildemente com Deus (MIQUEIAS 6:8).

Faça uma autoavaliação, questione-se: *Você está preocupado em fazer o que é certo aos olhos de Deus? Ainda busca ao Senhor? Está pronto a receber orientações de pessoas sábias?*

Jesus disse: "...sem mim vocês não podem fazer nada" (JOÃO 15:5). Refletindo sobre esse versículo, eis a observação de um professor de Bíblia: "Cristãos são como selos. Só cumprimos nosso propósito se ficarmos colados ao envelope até chegarmos ao destino. Nosso objetivo não é realização, mas estar colado. Precisamos estar colados a Cristo até chegarmos ao céu".

Essa é a forma de termos um bom primeiro e segundo períodos de vida! —POH FANG CHIA

A BÍBLIA em UM ANO ➤ Pv 16–18; 2Co 6

14 DE SETEMBRO

UMA ESCOLHA

LEIA

Josué 24:1-28

Mas, se vocês não querem ser servos do Senhor, decidam hoje a quem vão servir. [...] Porém eu e a minha família serviremos a Deus, o S<small>ENHOR</small> (v.15).

EXAMINE

Leia Rute 1:15,16 e João 6:67,68 para ver as escolhas que essas pessoas fizeram. O que as motivou a optar pelo que escolheram?

CONSIDERE

O que mais motiva você a obedecer a Deus? Culpa ou graça? Como você renovará hoje seu compromisso com Ele?

Uma noite, eu e minha família assistíamos a um episódio do programa de TV *Truques da mente*. Era um segmento onde testavam a habilidade das pessoas para fazer escolhas. Um grupo entrou numa sorveteria com 50 a 60 sabores diferentes. O outro foi para uma que tinha apenas três sabores de sorvete. O grupo que estava na sorveteria com muitos sabores, ficou mais ansioso do que aquele que tinha poucas opções. Ter muitas opções não era libertador, mas debilitante.

Antes de morrer, Josué queria que Israel percebesse que sua escolha de servir exclusivamente a Javé os libertaria e seria uma influência positiva no futuro. Ele chamou o povo a Siquém para motivá-los a renovar o compromisso com Deus (J<small>OSUÉ</small> 24:1). Teria sido fácil usar a culpa, vergonha ou coerção para que renovassem seu compromisso, mas Josué fez algo mais convincente. Lembrou à nação os grandes feitos de graça de Deus.

Seu primeiro feito de graça foi tê-los escolhido por meio de Abraão e seus descendentes (vv.3,4). A graça continuou com Deus livrando Seu povo da escravidão (vv.5-7). O Senhor não apenas os escolhera e libertara como também os protegera e enriquecera (vv.8-13).

Então Josué fez um voto de que ele e toda a sua família serviriam ao Senhor independente da escolha do povo (v.15). E quando eles foram lembrados dos atos de graça de Deus e ouviram a declaração de Josué, escolheram Javé ao invés de outros deuses (v.16).

Ao nos lembrarmos dos grandes feitos de Deus — a redenção em Jesus, o dom do Espírito Santo, os dons e talentos e o pão de cada dia que recebemos da mão de nosso Pai — nossa única escolha lógica e razoável, é nos ajoelharmos perante Ele em adoração. —M<small>ARVIN</small> W<small>ILLIAMS</small>

Pv 19–21; 2Co 7

15 DE SETEMBRO

ESPERANÇA

LEIA

Salmo 65:1-13

Ó Deus, tu nos respondes, dando-nos a vitória, e fazes coisas maravilhosas para nos salvar. Os povos do mundo inteiro, até os dos mares distantes, põem a sua esperança em ti (v.5).

EXAMINE

Leia Lamentações 3:17-26 e reflita sobre a declaração de Jeremias à luz das circunstâncias do profeta.

CONSIDERE

Que inimigos da esperança você enfrenta? Se a esperança foi reprimida ou perdida, o que você pode fazer para restaurá-la?

Hoje foi um dia de alegria; à noite foi difícil. O que parecia uma coisa pequena, desencadeou em mim uma torrente de emoção. No dia anterior, meu marido e eu recebemos notícias difíceis. Agitada pela fé, durante o dia eu estava agarrada à inexplicável determinação e alegria que Deus havia colocado em meu coração mesmo naquele lugar difícil. Entretanto, quando o dia virou noite, não me sentia vitoriosa. Sentia-me sozinha, desencorajada e frustrada.

Ao invés de desistir, me inclinei na presença de Deus e abri meu coração. Não num rompante amargo. Não com um leque de desculpas. Não num relato heroico de sacrifícios. Eu simplesmente me lembrei.

Menos de 24 horas antes, Deus tinha falado ao meu coração: Este será um bom ano. Pedindo encorajamento ao Senhor, peguei minha Bíblia e li o Salmo 65. Sem grande surpresa, nenhum fluxo de emoções, nenhuma solução imediata às minhas preocupações, coloquei meu coração nessas palavras: "Como é grande a colheita que vem da tua bondade! Por onde passas, há fartura" (v.11). Naquele momento, escolhi o Senhor. Na provação, escolhi a esperança.

Revelando não apenas a promessa de bênção, Jeremias 17:7 evidencia a pulsação da esperança (Salmo 65:5): confiança. Como é uma qualidade revelada pelo Deus eterno, a esperança não pode ser simplesmente evocada por nós. A esperança vive conosco ou sem nós. Mas é nossa escolha, se ela viverá ou não em nós.

Mais do que o desejo de uma vida feliz, a esperança nos chama a avançar — embora ainda não vejamos a realização do que esperamos — e a soltar o controle, de modo que possamos descansar em Sua força (Romanos 5:5, 8:24,25; Hebreus 6:18,19; 10:23).

—REGINA FRANKLIN

16 DE SETEMBRO

RAÍZES

LEIA

Mateus 12:22-37

Porque é pela qualidade das frutas que sabemos se uma árvore é boa ou não presta. (v.33)

EXAMINE

Leia Efésios 3:14-21 para saber o que alimenta nossas raízes e nos torna saudáveis e fortes.

CONSIDERE

Qual o estado de suas raízes? Sua condição espiritual? Que pecado pessoal ou relacional precisa podar antes que cresça e estrangule você?

Meu amigo notou que sua árvore de bordo estava soltando folhas antes do tempo. O jardineiro disse a ele que a árvore sofria de raiz anelada. Tinha levado 30 anos, mas a raiz ruim havia rodeado a árvore e agora a estava, lentamente, estrangulando. Se meu amigo não cavasse fundo e cortasse aquela raiz, a árvore morreria.

Os fariseus tinham deixado a raiz do orgulho e do ciúme sufocar o seu amor por Deus. Quando Jesus expulsou um demônio de um homem cego e mudo, eles creditaram o milagre do Senhor a Satanás (Mateus 12:24). Jesus respondeu que não faria sentido Satanás expulsar Satanás, e alertou que os fariseus haviam se tornado árvores ruins, que poderiam produzir apenas frutos ruins (vv.33-35).

Assim como a árvore do meu amigo, podemos parecer bem por fora, enquanto que por dentro, uma raiz de orgulho, inveja ou luxúria sufoca lentamente nossa vida espiritual. O dano pode ser profundo, muito além da superfície, onde os outros não podem ver. Mas se não adotarmos atitudes definitivas, começaremos a demonstrar sinais de decadência e morte espiritual.

É vital que também cortemos o mal que começa a crescer entre nós e os outros. Hebreus 12:15 ordena: "Tomem cuidado para que ninguém abandone a graça de Deus. Cuidado, para que ninguém se torne como uma planta amarga que cresce e prejudica muita gente com o seu veneno".

Paulo diz que depois que extirpamos o mal, devemos nos manter saudáveis, fixando nossas raízes em Jesus de modo que tenhamos "[nossas] raízes e alicerces no amor" (Efésios 3:17). Ele também diz: "Estejam enraizados nele, construam a sua vida sobre Ele e se tornem mais fortes na fé, como foi ensinado a vocês. E deem sempre graças a Deus" (Colossenses 2:7). —*Mike Wittmer*

17 DE SETEMBRO

DEIXANDO JESUS ZANGADO

LEIA

Marcos 3:1-6

"O que é que a nossa Lei diz sobre o sábado? O que é permitido fazer nesse dia: o bem ou o mal? Salvar alguém da morte ou deixar morrer?" Ninguém respondeu nada (v.4).

EXAMINE

Leia 2 Timóteo 3:16,17 para ver os propósitos das Escrituras que Paulo destaca.

CONSIDERE

Você já viu as Escrituras como uma arma para punir? Por quê? De que maneira o fato da Palavra de Deus, ao mesmo tempo, convencer e confortar o motiva?

Minha esposa raramente se zanga, sendo assim, é o oposto de mim. Mas isso também quer dizer que quando ela se zanga, presto muita atenção, porque apenas algo muito importante a tira do sério.

Em Marcos 3 aconteceu algo similar. Jesus não ficou apenas irritado com os fariseus, ficou furioso e triste. Essa reação não é algo comum nos evangelhos, então, por que Ele se zangou tanto? (v.5).

Há alguns motivos, mas um deles foi que os fariseus usaram a Palavra como uma arma e não como bênção. Tecnicamente, os fariseus não estavam errados em desafiar a Jesus, porque desrespeitar o sábado era um crime capital, como descrito no Antigo Testamento (Êxodo 31:12-17). Provavelmente achavam que estavam sendo fiéis à lei (Marcos 3:4). Mas tinham deturpado totalmente a *essência* dela, uma vez que a Lei do Sábado tinha sido dada a Israel para abençoar, não para colocar os outros numa armadilha.

Como Jesus ensinou em Marcos 2:27, o sábado foi feito para nós, não o contrário. Mas os fariseus não pretendiam ensinar a Ele, nem evitar que Ele cometesse um grande erro. Seu objetivo era ver se Jesus violaria a lei, para ajudar na acusação que estavam preparando (3:2). Para eles, a Escritura era uma ferramenta de punição, não de bênção. E essa mentalidade irritou Jesus.

Geralmente, preciso me lembrar dessa verdade: *a Palavra de Deus não está aqui para me punir ou para me colocar em meu lugar, mas para me instruir e abençoar!* Pensar nela como qualquer outra coisa, entristece a Jesus. A perspectiva correta transformou minha abordagem da Bíblia. Não a vejo mais como algo a ser temido. Ao contrário, é algo em que me alegro e que conservo como um tesouro. —PETER CHIN

18 DE SETEMBRO

SERENATA SUBTERRÂNEA

LEIA

1 Coríntios 3:1-9

Eu plantei, [...] mas foi Deus quem a fez crescer (v.6).

EXAMINE

Dê uma olhada em 1 Coríntios 10:33 para conhecer uma atitude que Deus pode usar para trazer pessoas a Ele. Leia Romanos 10:9 para ver como uma pessoa pode ser salva.

CONSIDERE

Por que Deus quer que ajudemos os outros a perceber que precisam de salvação? Esta semana, como você pode ajudar alguém a saber mais sobre Jesus?

Eu estava fascinada por um vídeo no qual sete cantores entoavam um hino composto há 800 anos. Eles cantavam *a capella*, numa estação de metrô alemã, onde a acústica do subsolo criava um lindo som. Enquanto a apresentação me hipnotizava, percebi que apenas algumas pessoas paravam para ouvir. Com uma mensagem tão linda e maravilhosa, me perguntei por que mais gente não parou para assistir o concerto improvisado.

A falta de audiência me lembrou a forma como algumas pessoas reagem à mensagem do evangelho. Algumas recebem com alegria, mas não se prendem a ela; outras são roubadas por Satanás; algumas a ignoram porque se distraem com o mundo (MARCOS 4:15-19). Entretanto, outros recebem a Palavra de Deus e se tornam cristãos, e isso pode não acontecer com a frequência que gostaríamos. Então nos perguntamos: *Por que me incomodar, se ninguém vai ouvir? Por que dar um bom exemplo, se ninguém o relaciona a Jesus?*

É animador lembrar que Deus pode nos usar na jornada espiritual das pessoas. Paulo comparou o processo de conversão com o brotar de uma planta. Para um grupo de cristãos, ele disse: "Eu plantei, e Apolo regou a planta, mas foi Deus quem a fez crescer" (1 CORÍNTIOS 3:6). Alguns plantam, e outros regam as sementes. Independentemente de nosso papel, o progresso espiritual não acontece da noite para o dia — leva tempo (vv.7,8).

E por fim, é Deus quem possibilita a conversão, não nós. Receber a Cristo como nosso Salvador é um evento sobrenatural, e sabemos que por isso precisamos compreender que "ninguém pode dizer 'Jesus é Senhor', a não ser que seja guiado pelo Espírito Santo" (1 CORÍNTIOS 12:3). Deus ainda está trabalhando no mundo, chamando pessoas "para tomar parte na Sua própria glória e bondade" (2 PEDRO 1:3). —*JENNIFER BENSON SCHULDT*

19 DE SETEMBRO

DOM DA SUBMISSÃO

LEIA

Tiago 4:6-10

Portanto, obedeçam a Deus (v.7).

EXAMINE

Leia 1 Pedro 5:5. Pedro repete o provérbio que Tiago cita (Provérbios 3:34). Qual a relação entre se submeter a Deus e submeter-se aos outros?

CONSIDERE

Ao quê você está se prendendo, que precisa soltar em submissão a Deus? O que impede você de confiar que Deus não o desapontará se você se render a Ele?

Uma vez, escrevi um livro baseado numa série de cartas escritas por François Fénelon (um pastor francês do século 17) a um amigo que servia na corte moralmente corrupta do rei Luiz XIV. A postura paterna de Fénelon e seu chamado de inflexível devoção a Deus me conquistaram. Palavras como estas são um padrão de Fénelon: "Tornar-se um seguidor de Deus é difícil porque requer que nos submetamos completamente a um Deus diferente de nós. Devemos abandonar nossa insistência de que sabemos o que necessitamos. Devemos parar de exigir que Deus aja quando e como queremos".

Tiago nos diz o mesmo: "...obedeçam a Deus". A Nova Versão Internacional da Bíblia coloca como: "...submetam-se a Deus" (4:7). Humildade é uma parte crucial da submissão, pois nosso orgulho (insistência de que sabemos mais e não precisamos de Deus) evita que abramos mão de nossas exigências e vontade. Ainda assim, precisamos colocar de lado nosso coração arrogante. Precisamos abrir mão de tudo a que nos agarramos. Pois, se estamos cheios de nós mesmos e de nossas conquistas, nunca teremos espaço ou desejo pelo que Deus quer nos dar.

É por isso que Tiago nos lembra que "...Deus é contra os orgulhosos, mas é bondoso com os humildes" (v.6). Os orgulhosos são os que acham que o mundo é o que fazemos dele. Os orgulhosos são os que não serão amigos de Deus, que não verão o mundo como realmente é — o mundo de Deus. Os orgulhosos são aqueles que não se submeterão, que não se esvaziarão de si mesmo para receber amor.

Mas no louvor a Deus, a graça flui nos humildes. Se colocarmos nossa vida aos pés de Deus, descobriremos que ao nos submetermos, seremos capazes de viver verdadeiramente.

—WINN COLLIER

20 DE SETEMBRO

PARA TODOS

LEIA

Atos 2:1-41

Pedro se levantou [...] e em voz bem alta começou a dizer à multidão: "Meus amigos judeus e todos vocês que moram em Jerusalém, prestem atenção e escutem o que eu vou dizer!" (v.14).

EXAMINE

Leia Atos 16:25-34 e reflita sobre o que aconteceu quando um carcereiro ouviu a mensagem da salvação.

CONSIDERE

Há pessoas que tendem a achar que estão além da graça de Deus? O que você pode fazer para proclamar a mensagem do evangelho mais eficazmente a todos?

Na primeira vez em que um dos apóstolos se levantou e falou publicamente a uma multidão sobre a boa-nova de Jesus, ele quis deixar claro que estava falando para todos.

O livro de Atos, no Novo Testamento, nos conta que isso aconteceu no dia de Pentecostes — uma festa judaica anual. O prometido Espírito Santo tinha vindo e habitava nos crentes em Jesus, os enchendo da presença e do poder de Deus (Atos 2:1-11). Pedro, que apenas algumas semanas antes, na noite em que Jesus fora preso, tinha mentido e negado que o conhecia (Marcos 14:66-72), se viu de pé com seus companheiros perante uma grande multidão, explicando os eventos maravilhosos que haviam tomado Jerusalém (Atos 2:14).

Agora, o corajoso apóstolo anunciava que algo bem radical tinha acontecido através da morte e ressurreição de Jesus, e que tinha transformado o mundo inteiro para sempre. Uma nova era começara, e o Criador dos céus e da Terra estava fazendo algo novo. Perdão, restauração e vida nova estavam sendo oferecidos a todos.

Pedro passou a destacar para a multidão que o que Deus estava fazendo não era apenas para aqueles que, por acaso, estavam em Jerusalém naquele dia. Nem era apenas para alguns poucos privilegiados. Ele disse: "Pois essa promessa é para vocês, para os seus filhos e para todos os que estão longe, isto é, para todos aqueles que o Senhor, nosso Deus, chamar" (v.39).

A notícia da graça de Deus e da nova vida através de Jesus é para todos. É para você, sua família, seu vizinho, aquele colega de trabalho rude, a pessoa que espera em sua mesa no restaurante, a criança que ainda vai nascer e para aqueles que vivem do outro lado do mundo. Vamos proclamar hoje as boas-novas!

—*Jeff Olson*

21 DE SETEMBRO

LÁGRIMAS NO CÉU

LEIA

Apocalipse 21:1-7

Ele enxugará dos olhos deles todas as lágrimas. Não haverá mais morte, nem tristeza, nem choro, nem dor. As coisas velhas já passaram (v.4).

EXAMINE

Leia a promessa de Jesus sobre o céu em João 14:1-6. Como Suas palavras ajudam você com a dor nesta vida?

CONSIDERE

Você está pronto para ir para morar no céu? Por que ou por que não? A ideia de viver na mesma casa que Deus o consola ou o apavora? Por quê?

Uma das minhas músicas favoritas é *Tears in Heaven* (lágrimas no céu), vencedora do Grammy 1993. É uma canção intimista que Eric Clapton compôs para ajudá-lo a se curar da perda e dor da morte acidental de seu filho de 4 anos. Baseado na tragédia e sofrimento, Eric expressa a esperança de ver seu filho novamente. Ele escreve sobre um lugar além deste mundo, um lugar além das lágrimas: o céu. Essa canção me tocou profundamente. Assim como Clapton, enfrentamos momentos dolorosos e devastadores na vida — que nos fazem ansiar pelo dia em que não choraremos mais.

Sempre que o céu é descrito num sermão, nos é dito que é um lugar onde Deus "...enxugará dos olhos deles todas as lágrimas. Não haverá mais morte, nem tristeza, nem choro, nem dor" (Apocalipse 21:4). Um dos versículos mais consoladores e animadores que normalmente é lido durante funerais. Sim, o que ele declara, abençoa e consola, mas não é a bênção maior. A maior bênção sobre o céu é que estaremos para sempre na presença do Senhor: "...Agora a morada de Deus está entre os seres humanos! Deus vai morar com eles, e eles serão os povos dele. O próprio Deus estará com eles..." (v.3).

Jesus nos garantiu: "Na casa do meu Pai há muitos quartos [...]. Se não fosse assim, eu já lhes teria dito. E, depois que eu for e preparar um lugar para vocês, voltarei e os levarei comigo para que onde eu estiver vocês estejam também" (João 14:2,3).

Nossa esperança não diz respeito apenas a inexistência da morte, da tristeza, do choro e da dor (Apocalipse 21:4), mas também a presença de nosso Pai celestial. É a presença de Deus que faz o céu ser o *paraíso*! Um dia estaremos em casa! —*K. T. Sim*

22 DE SETEMBRO

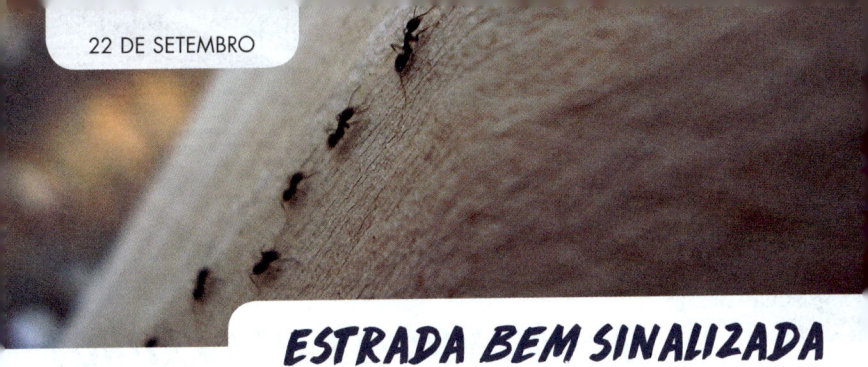

ESTRADA BEM SINALIZADA

LEIA
2 Pedro 1:1-15
Farei tudo o que puder para que, depois da minha morte, vocês lembrem sempre dessas coisas (v.15).

EXAMINE
Reflita sobre os "marcadores" que Paulo lista em Gálatas 5:22,23 (o fruto do Espírito), e sobre os encontrados em 2 Pedro 1:5-7. Ao olhar essas listas, em que itens você mais precisa trabalhar hoje?

CONSIDERE
Em que condições você está deixando o caminho para os outros seguidores de Jesus? Esta semana, o que ajudará você amadurecer espiritualmente?

Já ouviu falar em "inteligência coletiva"? As formigas a utilizam para definir os caminhos mais rápidos entre a comida e o formigueiro. As formigas batedoras deixam uma trilha de *feromônios* (substância química) no caminho até o alimento. Outras formigas seguem a trilha, deixando o odor ainda mais forte. Assim, os melhores caminhos se tornam mais populares e cheirosos, enquanto que os menos eficientes diminuem gradativamente em número de formigas e em feromônios. A "inteligência coletiva" permite que elas encontrem sempre os melhores caminhos até o alimento necessário.

Pedro não usava feromônios para ajudar seus leitores a encontrarem o caminho em direção a fé em Jesus (2 PEDRO 1:1), mas deixou uma trilha de coisas importantes que poderia ajudá-los. O apóstolo identificou "bondade", "conhecimento", "domínio próprio", perseverança", "devoção", "amizade cristã" e "amor" como sinalização ao longo do caminho em direção à maturidade espiritual (vv.5-7).

Embora a sequência não seja importante, a existência dessas qualidades na vida do cristão, é vital. Por quê? Pedro escreveu: "...Se vocês as tiverem [qualidades] e fizerem com que elas aumentem, serão cada vez mais ativos e produzirão muita coisa boa como resultado do conhecimento que vocês têm do nosso Senhor Jesus Cristo" (v.8). Esse conhecimento de Jesus e a habilidade de deixar o "odor" da verdadeira fé nele para que outros possam seguir, foi algo que Pedro obteve trabalhando arduamente (vv.10-15).

Você e eu podemos seguir o caminho que Deus estabeleceu em Sua Palavra. Ao nos esforçarmos, ampliamos o caminho em direção ao verdadeiro alimento e maturidade espiritual que os outros podem seguir. —TOM FELTEN

23 DE SETEMBRO

MANTENDO-SE NOS TRILHOS

LEIA

Deuteronômio 5:1-21

Moisés [...] falou assim: "Povo de Israel, preste atenção nas leis e nos mandamentos que estou dando a vocês hoje. Aprendam essas leis e façam tudo para cumpri-las" (v.1).

EXAMINE

Leia o Salmo 1 e pondere sobre os resultados de se deleitar na Palavra de Deus.

CONSIDERE

Quando os limites de Deus pareceram mais rigorosos do que libertadores? Como eles demonstram o amor do Senhor? Como sua obediência demonstra seu amor por Ele?

Em 2013, um trem com 213 passageiros descarrilou na Espanha matando 79 pessoas e ferindo 66. Apesar de o condutor dizer que não sabia explicar as causas do acidente, imagens em vídeo deram a resposta. O trem estava a uma velocidade de 190 km/h antes de alcançar uma curva mortal — mais de duas vezes o limite de velocidade permitido naquele trecho. Então, não foi apenas a velocidade que causou o acidente, foi a combinação dela com um determinado trecho dos trilhos. O limite de velocidade foi criado para a proteção dos passageiros, mas o experiente condutor o ignorou, e isso ocasionou uma tragédia.

Num segundo relato dos Dez Mandamentos (A LISTA ORIGINAL APARECE EM ÊXODO 20:2-17), o Senhor lembrou a Moisés e ao povo de Israel sobre a natureza importante e protecionista dos limites da aliança (DEUTERONÔMIO 5:1-21). Moisés encorajou essa nova geração a observar a Lei como aliança pessoal com Deus (5:3), e então declarou novamente os Mandamentos (5:6-21). Ao repetir a Lei e tirar lições da desobediência da geração anterior, a mensagem de Moisés enfatizou a reverência a Deus, a humildade pessoal e a lembrança da história da aliança; em especial, a fidelidade de Deus. O Senhor tinha estabelecido um trilho para o Seu povo, para que não destruíssem a vida deles nem a de outros. Se ignorassem Suas regras, fariam isso por sua conta e risco.

Em Jesus, nos tornamos povo de Deus, e Ele escreveu Sua Palavra em nosso coração. Continuemos a fazer da Bíblia o nosso deleite, sabedoria e o trilho para nossa vida. Ela pode nos manter no caminho da obediência, nos impedir de destruirmos nossa vida, e nos manter dedicados em nossa devoção a Deus. —MARVIN WILLIAMS

24 DE SETEMBRO

O VERDADEIRO JESUS

LEIA

Atos 10:34-48

...Nós comemos e bebemos com ele depois que Deus o ressuscitou (v.41).

EXAMINE

Leia 1 Coríntios 15:12-34 para saber por que a ressurreição de Jesus é a chave para a vida verdadeira.

CONSIDERE

Qual a importância de sua vida física em sua vida espiritual? Por que não devemos negligenciar o valor das atividades diárias, como o compartilhar a refeição?

Quando Pedro levou o evangelho aos gentios, contou a história de Jesus a Cornélio. Explicou como o Salvador fora pela Judeia curando pessoas e expulsando demônios, morrera na cruz e ressuscitara, e aparecera aos Seus discípulos ordenando que contassem a todos que Ele era o Messias. E bem no meio, Pedro declarou: "Nós comemos e bebemos com ele depois que Deus o ressuscitou" (ATOS 10:41).

Que coisa estranha para dizer! Por que Pedro fez questão de mencionar o fato de ter compartilhado uma refeição com o Senhor ressurreto? Porque *Jesus* a valorizou.

Quando o Senhor ressurreto apareceu pela primeira vez aos Seus discípulos, eles ficaram "assustados e com muito medo e pensaram que estavam vendo um fantasma". E Jesus disse: "Olhem para as minhas mãos e para os meus pés e vejam que sou eu mesmo. Toquem em mim e vocês vão crer". E, como ainda não acreditavam, Ele pegou um pedaço de peixe assado e "comeu diante deles" (LUCAS 24:37-43).

É uma cena simplória, mas me alegro que tenha acontecido. O que Cristo disse na verdade foi: "Olhem, estou mastigando! Vejam, estou engolindo!", mas Sua atitude provou que Ele realmente tinha derrubado a porta da morte e voltado para o outro lado. A ressurreição de Jesus é essencial para a nossa salvação, porque "se Cristo não foi ressuscitado, a fé que vocês têm é uma ilusão, e vocês continuam perdidos nos seus pecados" (1 CORÍNTIOS 15:17). Se Jesus tivesse continuado morto, teria permanecido culpado. Inclusive você e eu também.

Jesus provou que era divino ao fazer o que apenas Deus pode fazer. Provou que realmente estava vivo, ao fazer o que apenas corpos humanos vivos podem fazer — Ele compartilhou uma refeição com amigos. —MIKE WITTMER

25 DE SETEMBRO

APÓS DECISÕES RUINS

LEIA

Lucas 22:31-38

...Satanás já conseguiu licença para pôr vocês à prova. [...] Mas eu tenho orado por você, Simão, para que não lhe falte fé. E, quando você voltar para mim, anime os seus irmãos (vv.31,32).

EXAMINE

Leia Efésios 2:1-10 para conhecer uma bela descrição dos planos de Deus para nós.

CONSIDERE

Como a história do apóstolo Pedro muda sua perspectiva sobre erros e decisões ruins? Como pode aprender a ser mais perdoador quando as pessoas erram com você?

Tenho um fraco pelo apóstolo Pedro em parte porque temos o mesmo nome, e em parte, porque ambos somos propensos a tomar decisões ruins. Em Lucas 22 encontramos um prelúdio de um dos maiores tropeços de Pedro: ele negou a Jesus (vv.54-62).

O que mexe comigo nessa passagem, é que Jesus sabia que Pedro cometeria um grande erro. Apesar de Sua insistência, Pedro negaria a Jesus não uma, mas três vezes (v.34). Jesus estava completamente ciente e mesmo tendo previsto, aquilo aconteceria. Mas esses versículos também revelam que Jesus não apenas sabia da falha eminente de Pedro, como também estava intercedendo ativamente por ele. Jesus olhava adiante, para o dia em que Pedro se arrependeria e seria perdoado pelo Senhor (v.32). Já havia um plano para Pedro seguir em frente.

A reação de Jesus a falha de Pedro não era simplesmente mostrar o que aconteceria, mas envolvia intercessão, perdão e restauração! E essa dinâmica também pode ser vista na vida de Paulo. O plano de Deus não era julgá-lo por seus crimes sérios, mas curar e usá-lo como um instrumento para proclamar a boa-nova de Jesus (Atos 9:15,16).

Esses relatos sobre Pedro e Paulo me encorajam muito, pois sei que quando cometo erros, Jesus não me abandona com meu pecado. Ele tem um plano abrangente para me restaurar. Mas também sou desafiado pelo que os dois apóstolos vivenciaram, afinal, como eu trato os outros quando eles tomam decisões ruins? Da mesma forma como Jesus me trata?

Infelizmente, a resposta mais frequente é "não." Que todos nós possamos compreender verdadeiramente o significado da parábola do mau empregado (Mateus 18:21-35). *O que Deus fez por mim, devo ofertar aos outros em troca.* —Peter Chin

26 DE SETEMBRO

O DIA

LEIA

Malaquias 4:1,2

...Está chegando o dia em que todos os orgulhosos e todos os maus serão queimados como a palha é queimada na fogueira... (v.1).

EXAMINE

Leia o recado de Malaquias 4 (vv.3-6). Como continua esse assunto do dia de Deus? O que acontecerá quando Deus agir?

CONSIDERE

Você encontra esperança na promessa de que chegará o dia em que Deus agirá decisivamente em favor dos oprimidos e de Seu povo? Você precisa mudar algo hoje?

Alguns anos atrás nossa família fez uma viagem para visitar meus pais num estado distante. Nossos filhos amam os avós, então ficaram muito animados em vê-los. Estavam animados por faltar uma semana de aulas, viajar de avião e, por termos ingressos para irmos juntos a um jogo de futebol americano. Como pode imaginar, meus meninos estavam contando os dias para a viagem, algo que para eles era ao mesmo tempo doloroso e extremamente empolgante.

Ao longo das Escrituras, profetas e apóstolos dizem ao povo de Deus para vigiar e esperar o dia quando Ele agirá (Isaías 30:18; Lamentações 3:25; Habacuque 2:3; Gálatas 5:5). O profeta Malaquias falou sobre aquele dia, como um dia tanto de esperança como de ira. Quando Deus age, é uma boa notícia para aqueles que necessitam de resgate e para os que escolheram o lado da justiça. Mas, o agir de Deus em nosso mundo é uma terrível promessa para os que escolheram o caminho da rebelião, injustiça e violência.

O profeta Malaquias enviou duras palavras de alerta aos agressores: "...Está chegando o dia em que todos os orgulhosos e todos os maus serão queimados como a palha é queimada na fogueira. Naquele dia, eles queimarão e serão completamente destruídos" (Malaquias 4:1). Porém, os que se apegam a Deus têm motivos para grande esperança: "Mas, para vocês que me temem, a minha salvação brilhará como o sol, trazendo vida nos seus raios. Vocês saltarão de alegria, como bezerros que saem saltando do curral" (v.2).

O dia do agir de Deus é uma boa notícia, pois significa que cada momento desde agora até lá, está sobre o cuidado do Senhor. Um dia, todos os que esperam no Senhor conhecerão Sua infindável alegria. —Winn Collier

27 DE SETEMBRO

ENTREGUE-SE

LEIA

2 Coríntios 1:3-12

Ele nos auxilia em todas as nossas aflições para podermos ajudar os que têm as mesmas aflições [...] assim como tomamos parte nos muitos sofrimentos de Cristo, assim também, por meio dele, participamos da sua grande ajuda (vv.4,5).

EXAMINE

Leia Mateus 16:25 e reflita sobre o que Jesus diz a respeito de se entregar e para onde isso leva.

CONSIDERE

Hoje, o que você precisa para se entregar? O que acontecerá se você der um passo verdadeiramente de fé e se entregar a Deus?

Fazendo caminhada, um homem sozinho escorrega e cai num penhasco. Em desespero, se agarra a um galho de árvore e começa a gritar por socorro. Finalmente, escuta uma potente voz responder: "Sim, estou aqui". O alpinista fica eufórico. "Quem é você?" "Sou o Senhor." "Ah, obrigado Senhor!", o homem engasga. "O que quer que eu faça?" "Entregue-se." O alpinista aterrorizado não podia soltar a única segurança que pensava ter, então, por fim, pergunta suavemente: "Tem mais alguém aí em cima?".

A vida é difícil. Frequentemente, circunstâncias parecem injustas e, há momentos em que nos sentimos próximos à morte. Normalmente é nesses momentos de desespero que Deus nos incita a nos libertarmos de nossas soluções falíveis e confiarmos nele. Em 2 Coríntios 1:8-11, Paulo relata o difícil momento que teve na Ásia e de como se sentiu próximo à morte. Entretanto, ele também lembra aos seus leitores de que Deus é nossa fonte de consolo e que podemos usar nosso crescimento através das provações para ajudar aos outros (vv.3-6).

Foi em meio a dificuldades que Paulo aprendeu a depender e a se entregar à graça de Deus ao invés de confiar em sua própria sabedoria (vv.9-12). Ele viajou milhares de quilômetros ao longo de muitos anos, enfrentando situações difíceis. Ainda assim, ele aprendeu a estar contente, não importava a circunstância (FILIPENSES 4:11-13).

A maioria de nós jamais escolheria uma vida de sofrimentos, mas a única forma de amadurecermos e aprendermos a ter paciência é através dos momentos difíceis (ROMANOS 5:3-5). Quando nos entregamos a Deus e confiamos que Ele vai cuidar de nós, podemos encontrar paz em nossa jornada final nesta vida — através do vale da sombra da morte (SALMO 23:4; TIAGO 1:2-4).

Entregue-se e deixe Deus ser o seu tudo! —RUTH O'REILLY-SMITH

A BÍBLIA em UM ANO > Is 3–4; Gl 6

28 DE SETEMBRO

SEUS FILHOS

LEIA

1 João 3:1-10

Vejam como é grande o amor do Pai por nós! [...] somos chamados de filhos de Deus e somos, de fato, Seus filhos (v.1).

EXAMINE

Leia Romanos 8:18-30 e reflita sobre o que diz sobre o nosso futuro com Jesus.

CONSIDERE

No que você precisa melhorar para demonstrar que é filho de Deus? Se está persistindo no pecado, o que está "dizendo" a Deus? O que está dizendo a si mesmo?

Ao frequentarem a escola nos EUA, dois irmãos chineses moraram conosco. Como temos três filhos, minha esposa e eu chamamos Dongyao e Dongpeng de nossos "filhos chineses". Eles têm pais amorosos na China, mas também nos esforçamos para amá-los. Ficamos com cinco filhos!

O apóstolo João ministrou durante 20 anos entre os gentios na província romana da Ásia (hoje Turquia). Ao se sentar para escrever uma carta aos cristãos que amava e com quem se importava, as palavras fluíram: "Vejam como é grande o amor do Pai por nós! [...] somos chamados de filhos de Deus e somos, de fato, Seus filhos" (1 João 3:1).

É verdade: se pertencemos a Deus, somos Seus filhos. E João revela o que isso significa:

Temos a imagem de Jesus e um dia habitaremos com Ele. João escreve: "Agora nós somos filhos de Deus, mas ainda não sabemos o que vamos ser. Porém sabemos isto: quando Cristo aparecer, ficaremos parecidos com ele" (v.2).

Devemos nos manter puros, "assim como Cristo é puro" (v.3). Como somos filhos de Deus pela salvação em Jesus, não devemos persistir no pecado, pois vai contra a nova natureza que nos foi dada. "Quem é filho de Deus não continua pecando, porque a vida que Deus dá permanece nessa pessoa" (v.9).

Perceba as palavras: "continua pecando". Como João colocou no versículo 6, a questão não é o pecado ocasional. Como ainda lutamos com uma natureza pecaminosa, caímos de vez em quando. Mas persistir num pecado não reflete a Deus e Sua santidade, ou seja, não parecemos Seus filhos.

João conclui: "Quem não faz o que é correto ou não ama o seu irmão não é filho de Deus" (v.10). Ao exibirmos caminhos justos e amorosos, demonstramos que somos Seus filhos!

—TOM FELTEN

Is 5–6; Ef 1

29 DE SETEMBRO

POSSO DIZER UMA COISA?

LEIA

Jó 32:1-22

Esperei que vocês falassem e escutei as suas razões... (v.11).

EXAMINE

Leia Colossenses 3:16,17 para saber como se tornar um amigo melhor e um consolador de verdade.

CONSIDERE

O conselho que você dá reflete a visão correta de Deus, ou você diria que sua teologia precisa ser trabalhada? Como começar a armazenar a Palavra de Deus em sua vida?

Eliú estava chateado. Ao escutar a conversa entre um homem em sofrimento e três de seus amigos ficava cada vez mais zangado (Jó 32:2,3).

"Jó, você está sendo punido pelos seus pecados!" "Não. Sou inocente. Deus está me tratando injustamente." "Jó, se arrependa. Deus não vai rejeitar um homem inocente." "Não importa o que acontecer, vou ser considerado culpado. Então, por que tentar?" "Jó, você merece pior. Seja grato por não ter o que merece." "Que consoladores terríveis vocês são!"

A conversa ia e voltava. Por fim, fecharam a cara uns para os outros. *Qual o sentido de falar mais? Não há consenso de forma alguma.* Jó não conseguia ver nada de errado em si; e eles não viam nada de certo em Jó.

Os amigos estavam errados: em sua noção sobre Deus, e em seu método de lidar com Jó. E Deus estava indignado com eles (CAP.42). Mas o erro deles não significava que Jó estava certo.

O autor Ray Stedman escreveu: "Jó, assim como os amigos, tinha uma visão estreita e limitada, que não dava espaço para a forma de agir de Deus além do pensamento normal dos homens". Então Eliú lembrou a Jó: "...Deus é maior do que as criaturas humanas" (33:12). Em cada ato de Deus, há o coração amoroso. O Senhor sempre age conforme Sua natureza compassiva. E, por mais que talvez não pensemos assim, somos nós que julgamos errado.

Eliú nos dá lições sobre como consolar o aflito. Primeiro, precisamos ser rápidos em ouvir e lentos em falar (32:11,12). Em seguida, se queremos ajudar os outros, precisamos guardar a Palavra de Deus no coração. E desse reservatório de sabedoria bíblica, seremos capazes de distribuir xícaras de graça, enquanto o Espírito Santo nos orienta (v.8). —*POH FANG CHIA*

282 | A BÍBLIA em UM ANO ➤ Is 7–8; Ef 2

30 DE SETEMBRO

VIÚVAS E CRIANÇAS

LEIA

Lucas 18:1-18

Vocês, mesmo sendo maus, sabem dar coisas boas aos seus filhos. Quanto mais o Pai de vocês, que está no céu, dará coisas boas aos que lhe pedirem! (Mateus 7:11).

EXAMINE

Leia Mateus 7:7-11 e Efésios 3:14-21 para saber o que nosso Pai celestial está disposto a fazer por nós se simplesmente pedirmos!

CONSIDERE

Você concorda que nos falta poder de persistência, e desistimos fácil, prematura e rapidamente de orar? Por quê? O que você levará hoje em oração ao seu Pai celestial?

Na sociedade judaica antiga, as viúvas eram a síntese dos destituídos e desamparados. Lucas escreveu muitas vezes sobre viúvas e suas jornadas de fé: a profetiza Ana, que viu o recém-nascido Messias (Lucas 2:36-38); a viúva de Sarepta que cuidou de Elias (4:26; 1 Reis 17:18,19); a viúva de Naim, cujo único filho foi ressuscitado por Jesus (Lucas 7:11-15); e a pobre viúva que deu duas moedas de pequeno valor (21:1-4). Lucas também registra Jesus contando uma parábola sobre uma viúva persistente (18:1-8), "...mostrando aos discípulos que deviam orar sempre e nunca desanimar" (v.1).

Essa parábola contrasta o sofrimento de uma viúva e o privilégio de uma criança. Assim como a viúva, somos indefesos. Mas, diferente dela, que era estranha ao juiz, somos filhos de Deus (Romanos 8:16). Ela não tinha acesso fácil ao injusto juiz, mas temos acesso direto ao nosso Pai (Efésios 2:18, 3:12). O juiz não se importava, mas nosso Pai celestial se importa conosco (Mateus 6:26; 1 Pedro 5:7). A viúva ia até o tribunal de justiça, nós vamos ao trono da graça (Hebreu 4:14-16). A viúva não tinha ninguém para defender sua causa, nós temos Jesus nos defendendo, como nosso Advogado (1 João 2:1), e o Espírito Santo articulando nossos apelos (Romanos 8:26,27). Ela tinha uma demanda baseada na lei do homem, nós temos todas as promessas de Deus (2 Coríntios 1:20).

Se um juiz injusto e insensível pode vir a fazer o certo, imagine o que nosso Pai justo e gracioso pode estar disposto a fazer? (Lucas 18:6-8). Jesus responde: "Vocês, mesmo sendo maus, sabem dar coisas boas aos seus filhos. Quanto mais o Pai de vocês, que está no céu, dará coisas boas aos que lhe pedirem!" (Mateus 7:11). —*K. T. Sim*

1.º DE OUTUBRO

CONFIANÇA E REALIDADE

LEIA

Juízes 6:11-16

Gideão respondeu: "Se o Senhor Deus está com o nosso povo, por que está acontecendo tudo isso com a gente?" (v.13).

EXAMINE

Leia Gênesis 15:1-6 para ver como Abraão demonstrou sua confiança em Deus diante de uma situação que parecia sem esperança.

CONSIDERE

Como sua vida poderá mudar se pedir a Deus que lhe diga quem você é e lhe mostre a realidade das circunstâncias que você vive agora? Do que você precisa para confiar em Deus?

O jovem me olhou aterrorizado. Ele não conseguia subir sequer mais um palmo. "O que vai acontecer se eu cair?", gritou. "O problema não é cair; é se espatifar no chão", brinquei.

Eu lhe garanti: "Você está preso numa corda de segurança ligada a mim. Não vai cair porque eu o estou segurando". Meu aluno tinha de saber que sua insegurança não fazia sentido, pois eu estava dizendo a verdade.

Certa vez, um anjo saudou Gideão como um homem "corajoso" e disse que o Senhor estava com ele. A *última coisa* em que Gideão poderia pensar naquela hora era em coragem (ele estava se escondendo), e toda a nação se achava oprimida pelos midianitas. Era como se Deus tivesse abandonado Israel (vv.11-13).

Às vezes, Deus nos diz algo que, a princípio, parece não fazer muito sentido. Ele diz que "…temos a vitória completa por meio [de Cristo] que nos amou" (ROMANOS 8:37). Você se vê como um vitorioso? Talvez sua situação não se pareça com a que Deus descreve no evangelho de Mateus: "Os deveres que eu exijo de vocês são fáceis, e a carga que eu ponho sobre vocês é leve" (11:30). Nestes tempos em que vivemos, é importante confiar em Deus e nos agarrarmos na certeza de que a Sua Palavra é a verdade.

Muitas vezes, os sentimentos e as circunstâncias que nos envolvem podem nos deixar com medo. Isso é compreensível. Um alpinista iniciante, ao subir num paredão de rocha, por certo vai se sentir inseguro, mas seu instrutor sabe que ele está em total segurança. Por quê? Porque ele conhece a *realidade* da situação e — assim como Deus, age em nossos desafios — o instrutor cuida da segurança do iniciante.

Você pode confiar em Deus, pois "o Senhor está com você!" (JUÍZES 6:12). —RUSSELL FRALICK

2 DE OUTUBRO

A DÁDIVA DO TEMPO

LEIA
Isaías 53:1-12
Era o nosso sofrimento que ele estava carregando, era a nossa dor que ele estava suportando (v.4).

EXAMINE
Que esperança e advertência Romanos 8:9-17 nos apresenta, quando cremos no Filho de Deus? (O alerta está no verso 17.) O que a esperança traz para toda a criação (vv.18-25)?

CONSIDERE
Por que razão você acha que Deus nos dá liberdade até mesmo para nos rebelarmos contra Ele? Por que Ele não nos criou apenas para amar e obedecê-lo?

Nosso filho mais novo tem um lema: Jamais ficar entediado!

Ele está sempre investigando, testando, e nunca descansa — nem mesmo durante o sono. Liam não tem medo de altura ou de cobras como o pai, e não possui o bom senso da mãe. Seu anúncio vem sempre tarde demais para que possamos intervir: "Veja isto!", ele exclama enquanto salta para... seja o que for.

Talvez você não espere que um Liam tão confiante tenha um coração sensível. Mas ele tem. Quando descobriu um predador invadindo um ninho de coelhos recém-nascidos, ficou inconsolável. Trazendo nas mãos um coelhinho sem vida para mostrar à mãe, ele soluçava: "Os coelhinhos não deveriam morrer!".

Cada dia vemos lembretes implacáveis de que alguma coisa está errada — muito errada. Coelhinhos não deveriam morrer.

Na teologia cristã, a razão para a morte começou no Éden. O pecado de nossos primeiros pais trouxe uma sentença de morte para toda a criação (GÊNESES 3:1-19). Isso custou caro para Deus.

A Bíblia revela o plano de Deus para redimir Sua criação. Isaías 53 traz a seguinte declaração: "Porém ele estava sofrendo por causa dos nossos pecados, estava sendo castigado por causa das nossas maldades. Nós somos curados pelo castigo que ele sofreu, somos sarados pelos ferimentos que ele recebeu [...]. Foi sepultado ao lado de criminosos, [...] embora nunca tivesse cometido crime nenhum, nem tivesse dito uma só mentira" (vv.5,9).

O Filho de Deus não deveria ter de morrer! "O SENHOR Deus diz: 'Eu quis maltratá-lo, quis fazê-lo sofrer. Ele ofereceu a sua vida como sacrifício para tirar pecados e por isso terá uma vida longa e verá os seus descendentes. Ele fará que o meu plano dê certo'" (v.10). —TIM GUSTAFSON

3 DE OUTUBRO

PERSISTINDO EM ORAÇÃO

LEIA

1 Samuel 12:16-25

Quanto a mim, não deixarei de orar por vocês, pois do contrário estaria pecando contra o Senhor (v.23).

EXAMINE

Leia Tiago 5:16 e descubra os incríveis resultados que Deus tem trazido em resposta às orações que você faz.

CONSIDERE

Você não sabe como pode orar por alguém? Peça a Deus que lhe ensine. Que coisas podem ajudar você a continuar orando esta semana?

O relacionamento de um casal de amigos estava indo de mal a pior. Durante meses, enquanto eram aconselhados, pensei que estavam trabalhando para o restaurar. Porém, comecei a duvidar disso. As coisas entre eles estavam tão ruins, que certa noite, ao orar, já não tinha muita esperança. Então, fiquei imaginando *por que orar, se não há chance (ao menos era o que parecia) de que eles se acertassem?*

Quando admiti para Deus que eu estava preocupada em continuar orando em favor do casal (mesmo reconhecendo que amigos oraram por mim enquanto eu enfrentava lutas!), o Espírito Santo me levou a Sua Palavra. Ao fazer isso, fui lembrada de que devo...

• Continuar intercedendo com "orações, pedidos, súplicas e ações de graças a Deus em favor de todas as pessoas" (1 Timóteo 2:1; 1 Samuel 12:23).

• Lembrar de que Jesus "pode, hoje e sempre, salvar as pessoas que vão a Deus por meio dele, porque Jesus vive para sempre a fim de pedir a Deus em favor delas" (Hebreus 7:25).

• Confiar que Deus "pela honra do seu nome, prometeu que não vai abandoná-los" (1 Samuel 12:22).

• Crer que o ensino de Jesus aos Seus discípulos continua sendo verdade ainda hoje: "...se vocês tivessem fé, mesmo que fosse do tamanho de uma semente de mostarda, poderiam dizer a este monte: 'Saia daqui e vá para lá', e ele iria" (Mateus 17:20).

• Exortar amigos para que "não deixem de adorar o Senhor, nosso Deus, mas sirvam a ele com todo o coração" (1 Samuel 12:20).

Temos um Deus que compreende quando estamos cansados, e ele nos convida a lançar sobre Ele nossos fardos. Somente Ele pode nos dar descanso e nos conceder forças para continuarmos em oração e praticar boas obras (Mateus 11:28).

—Roxanne Robbins

4 DE OUTUBRO

O ENCANTADOR DE CÃES

LEIA

Gênesis 1:24-28

E tenham poder sobre os peixes do mar, sobre as aves que voam no ar e sobre os animais que se arrastam pelo chão (v.28).

EXAMINE

Leia Jó 12:10 e veja a regra de Deus sobre todas as coisas criadas. Leia o Salmo 8:6-8 para ver o que o texto fala sobre nossa responsabilidade para com Sua criação.

CONSIDERE

Alguma vez você supervalorizou ou não deu importância a seus animais de estimação? O que acontece quando as pessoas não cuidam adequadamente de seus animais?

Minhas sobrinhas mais novas me apresentaram ao programa de TV favorito delas: *O encantador de cães*. Na série, o treinador de animais, Cesar Millan, dá conselhos para donos de cães desobedientes.

Eu não assisti a muitos episódios, mas qualquer que fosse o problema do cão — desobediência ou comportamento agressivo — o conselho de Cesar era quase sempre o mesmo: Os donos deveriam agir com calma e exercer liderança assertiva sobre os animais. Quando tratavam os cães no mesmo nível (como muitos o fazem), ou como substitutos de crianças (ainda *mais* gente faz), os cães tendem a preencher o vazio de liderança e começam a governar a casa. Mas quando eles são levados para rápidas caminhadas, são disciplinados e recebem o afeto adequado, a paz é restabelecida. E os cães ficam menos ansiosos, parecendo mais felizes.

Descobri algumas coisas, assistindo ao referido programa. De alguma forma, Cesar Millan ensina um princípio bíblico. Exercer domínio "...sobre os peixes do mar, sobre as aves que voam no ar e sobre os animais que se arrastam pelo chão" é parte da tarefa de Deus para a humanidade (Gênesis 1:28). Como seres criados, ficamos calmos quando orientados de forma assertiva e recebemos afeição apropriada. Todos os animais — domesticados e selvagens — foram criados por Deus e imensamente valorizados (vv.24,25). Mas eles não são iguais a nós. Nem o mais querido desses animais substitui uma criança. Somente quando homens e animais estão no seu devido lugar na ordem da criação divina, *ambos* vivem plenamente.

Cesar Millan realmente não treina cães. Ele treina seres humanos para desenvolver seu papel do modo adequado como Deus determinou. —Sheridan Voysey

Is 20–22; Ef 6 ◀ A BÍBLIA em UM ANO

5 DE OUTUBRO

EXAMINE O CORAÇÃO

LEIA

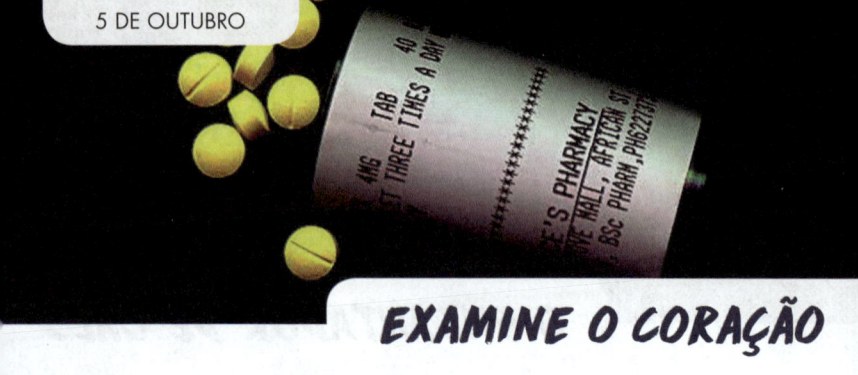

Salmo 139:1-7,23,24

Ó Senhor Deus, tu me examinas e me conheces (v.1).

EXAMINE

Leia Deuteronômio 4:29 e descubra no texto o que é preciso fazer para se encontrar com Deus.

CONSIDERE

O que tem levado você a estar em sua atual condição espiritual? Como ela pode se tornar mais saudável nos dias que estão à frente?

Todas as manhãs eu tomo uma aspirina. Minha família tem problemas cardíacos e o médico me disse que a aspirina ajudaria a manter a regularidade dos batimentos do meu coração.

A marca que eu uso tem o desenho de um coração num dos lados da pequena pílula amarela. A princípio achava isso apenas interessante. Mas agora, cada vez que a vejo, sou lembrado do quanto um simples remédio auxilia o meu coração.

Assim como é importante cuidar do coração físico, que bombeia o sangue para todo o corpo, também é imprescindível cuidar da saúde do "coração" espiritual. Refiro-me àquele lugar escondido dentro de nós que armazena os mais profundos sentimentos, necessidades, desejos e convicções. É o lugar onde cada um de nós experimenta as maiores alegrias e também trava as maiores batalhas da vida.

Há muita coisa em jogo quando se trata de nosso coração. É por isso que o livro de Provérbios coloca em alta prioridade o cuidado dele: "Acima de tudo, guarde o seu coração, pois dele depende toda a sua vida" (Provérbios 4:23 NVI).

Saber como está a saúde do coração é um dos primeiros passos para cuidar dele. Talvez haja ali alguma fadiga que precisa de repouso, ou alguma ferida que tenha de ser curada. Ou eu esteja iludido com um prazer passageiro, precisando de uma advertência. Quem sabe, um estado de rebelião que necessita de humildade para render-se.

Qual a condição de seu coração hoje? Como Davi escreveu, Deus sabe! "Ó Senhor Deus, tu me examinas e me conheces" (Salmo 139:1).

Faça essa oração comigo: "Ó Deus, examina-me e conhece o meu coração! Prova-me e conhece os meus pensamentos. Vê se há em mim algum pecado e guia-me pelo caminho eterno" (vv.23,24). —Jeff Olson

A BÍBLIA em UM ANO › Is 23–25; Fp 1

6 DE OUTUBRO

FUJA CORRENDO

LEIA

2 Timóteo 2:19-26

Fuja das paixões da mocidade e procure viver uma vida correta, com fé, amor e paz, junto com os que com um coração puro pedem a ajuda do Senhor (v.22).

EXAMINE

Leia Provérbios 5:1-23 e descubra como essa passagem se aplica à sociedade atual.

CONSIDERE

O que significa dizer que a igreja deveria ser um lugar seguro? Quais são algumas maneiras práticas da igreja ajudar cristãos a enfrentar tentações sexuais?

Eu tinha 7 anos quando vi pornografia pela primeira vez. Algumas crianças haviam encontrado uma imagem e concordei em ver. No mundo digital da contemporaneidade, o poder dos vídeos destrói a pouca inocência que ainda resta no mundo.

Ao longo dos anos, tenho ouvido falar de pornografia em várias formas: pornô via telefone, fotos enviadas por mensagens, imagens no computador. Cristãos, incrédulos, homens, mulheres, jovens e idosos, todos podem cair nessa arapuca. A tentação está vencendo, a dor e as consequências podem ser notadas.

Estabelecida num mundo caído, a Igreja tem o dever de dar respostas àqueles que estão sofrendo os efeitos terríveis do pecado. Como em qualquer outro caso, a cura do pecado sexual começa com a verdade da Palavra. As razões para cair podem variar, mas a resposta é a mesma: Arrependa-se e fuja do pecado (2 Timóteo 2:19,22).

Como somos chamados para proclamar a sabedoria da Palavra de Deus, devemos compreender que o resgate de outros vai além da mera advertência contra o pecado (Judas 1:23). Todos os cristãos enfrentam tentações sexuais e algumas vezes caem nelas. Gálatas 6:1,2 nos exorta a oferecer força e encorajamento para aqueles que estão na luta. A batalha não está no que se pode ver, mas ocorre no campo invisível (2 Coríntios 10:3,4; 2 Timóteo 2:26).

A libertação é verdadeira, e se torna real para nós quando entendemos que essa desvirtuação não pode nos tornar cativos (Romanos 8:1). Como um barco de esperança, a igreja deve ser um lugar seguro onde o povo pode ser honesto — primeiro com Deus e depois com os semelhantes. Essa é a única forma de podermos verdadeiramente enfrentar o sofrimento que o pecado nos traz. —*Regina Franklin*

7 DE OUTUBRO

APATIA

LEIA

Romanos 1:18-32

Eles sabem quem Deus é, mas não lhe dão a glória que ele merece e não lhe são agradecidos (v.21).

EXAMINE

Leia Apocalipse 3:14-20 para descobrir por que os laodiceanos eram apáticos e como Jesus os chamou a voltarem para Ele.

CONSIDERE

Em que ponto você detecta apatia espiritual em sua vida? De que modo a realidade da cruz e o poder do evangelho podem despertar seu desejo espiritual?

Em dezembro de 2011, publicou-se um artigo sobre um grupo de americanos considerados "espiritualmente apáticos". Seu conteúdo apresentava as seguintes estatísticas:
- 44% não investiam tempo buscando a "eterna sabedoria".
- 19% disseram: "Não vale a pena buscar significado para a vida".
- 28% afirmaram: "Não é minha prioridade buscar um propósito especial".
- 18% negaram que Deus tem um plano específico para cada pessoa.

Certa vez, Paulo escreveu sobre a apatia espiritual que ele viu entre o povo romano. Aqui está um relance dessa espiral descendente: eles conheciam o Senhor; Deus havia se revelado poderosamente a eles por meio da criação, portanto "não têm desculpa nenhuma". Mesmo assim, eles recusaram esse maravilhoso conhecimento e não se voltaram para Ele (ROMANOS 1:18-20). Eles conheciam a Deus, mas não estavam dispostos a adorá-lo. Sua indiferença produziu ingratidão e a ingratidão os levou à ignorância (1:21-23). Trocaram a verdade de Deus por mentiras (v.25). E estas mentiras se manifestaram na adoração da criatura em lugar do Criador; do homem em lugar de Deus.

O último passo nessa espiral descendente foi a recusa total do conhecimento de Deus. O único poder que conseguiria quebrar essa apatia era o poder do evangelho de Jesus Cristo, e eles somente receberiam esse poder através da fé no Senhor.

Muitos hoje estão apáticos para com as coisas de Deus. O único jeito de levá-los a desenvolver zelo e fervor espiritual é por meio da cativante e graciosa pregação do poder da cruz de Jesus Cristo.

Esta é a boa-nova: Jesus veio e morreu por nossos pecados; podemos ser restaurados e ter novamente um relacionamento com o Pai celestial. —MARVIN WILLIAMS

8 DE OUTUBRO

RELIGIÃO FALSA

LEIA

2 Coríntios 5:11-21

E, se antes de nos termos tornado cristãos julgamos Cristo de acordo com regras humanas, agora não fazemos mais isso (v.16).

EXAMINE

Leia Tiago 1:19–2:26 para saber como dever ser a verdadeira religião.

CONSIDERE

Você conhece alguém, cuja religião não passa de um "moralismo terapêutico deísta"? De que maneira você pode começar a conduzir essa pessoa a Jesus?

Em seus livros *Soul Searching* (Em busca de almas) e *Souls in Transition* (Almas em transição) o sociólogo Christian Smith traz a pesquisa, realizada entre jovens adultos americanos, que mostra que a maioria deles segue um tipo de "moralismo terapêutico deísta". São deístas por crerem que Deus não interfere na vida a não ser para resolver algum problema. São moralistas, pois acham que Deus deseja que sejamos bons e amáveis com os outros. É uma visão terapêutica porque se sentem bem.

Esse equívoco pode ser descrito assim: *eu* faço o papel de Deus porque *eu* determino o tipo de bondade requerido no céu e *eu* preencho esse critério. Sou livre para viver como quero, e creio numa divindade que acredita em *mim*.

Todos descobriremos no momento da morte que não somos Deus. Seu padrão de santidade e amor (1 PEDRO 1:16; 1 JOÃO 4:8) não se satisfaz com nada menos do que com a perfeição.

Isso é essencial para o entendimento do evangelho. Paulo explicou aos coríntios que Deus Pai revelou Seu elevado padrão ao dar o Seu Filho. "Em Cristo não havia pecado. Mas Deus colocou sobre Cristo a culpa dos nossos pecados para que nós, em união com ele, vivamos de acordo com a vontade de Deus" (2 CORÍNTIOS 5:21). O Pai e o Filho enviaram o Espírito, o qual nos torna uma nova criatura. "Quem está unido com Cristo é uma nova pessoa; acabou-se o que era velho, e já chegou o que é novo" (v.17).

O Espírito nos ajuda a crescer em santificação e no amor abnegado, o qual, diz Deus, é o que caracteriza a verdadeira religião: "...a religião pura e verdadeira é esta: ajudar os órfãos e as viúvas nas suas aflições e não se manchar com as coisas más deste mundo" (TIAGO 1:27). —MIKE WITTMER

9 DE OUTUBRO

A VIDA E O AMOR

LEIA

Romanos 8:31-39

...nem a morte, nem a vida [...] não há nada que possa nos separar do amor de Deus... (vv.38,39).

EXAMINE

Em 1 Coríntios 13:4-7 você pode encontrar os melhores adjetivos para o amor. É assim que Deus ama você.

CONSIDERE

Como Deus tem demonstrado que Ele ama você? Como a certeza de saber que nada pode separá-lo do amor de Deus o fortalece para enfrentar as dificuldades do presente e as preocupações com o futuro?

A vida pode ser difícil. Algumas vezes os fardos, os desapontamentos e as incertezas são difíceis de se carregar. A poetiza Annie Johnson Flint capturou os sentimentos que surgem nas lutas da vida em seu poema "Um dia de cada vez":

Um dia de cada vez com suas falhas e temores,
Com suas dores e erros, com suas fraquezas e lágrimas,
Com sua porção de dores e fardos para carregar.
Um dia de cada vez, temos de cumprir nosso dever e suportar.
Um dia de cada vez, temos de ser pacientes e fortes,
Para estar calmos diante das provações e misericordiosos diante dos erros.
Logo suas lutas passarão e suas tristezas cessarão.
Eles vão sumir nas trevas, e a noite irá lhe trazer paz.
Um dia de cada vez — mas o dia é tão longo,
E o coração não é tão valente e a alma não é tão forte.

Felizmente, como cristãos, temos razões para nos manter otimistas em meio às tempestades da vida. Pois nada interrompe o amor de Jesus por nós (Romanos 8:31-39). Apenas pense nisto: *Alguma coisa pode nos separar do amor de Deus?* Não, nada, nem a própria morte. Deus caminha conosco, e quando cruzamos a porta da morte, entramos na vida eterna com Ele.

Podem nossos temores de hoje e as preocupações com o amanhã nos separar do amor de Deus? Não, o amor de Deus jamais falha (Jeremias 31:3).

Poderiam os poderes do inferno estabelecer uma barreira entre o amor de Cristo e nós? Não, nem mesmo os inimigos de nossa alma podem diminuir o amor de Deus por nós.

Em Romanos 8, Deus está dizendo: "Eu já determinei. Não vou parar de amá-lo. Estou com você. Vou prover tudo para você. Sou seu advogado. Eu o tornarei um vitorioso". —POH FANG CHIA

10 DE OUTUBRO

MINISTÉRIO SEM FRONTEIRAS

LEIA

Atos 8:26-40

O funcionário perguntou a Filipe:
— Por favor, me explique uma coisa! De quem é que o profeta está falando isso? Então [...], Filipe anunciou ao funcionário a boa notícia a respeito de Jesus (vv.34,35).

EXAMINE

Leia Atos 16:11-15 e observe como o evangelho se espalhou pelo mundo na época de Filipe.

CONSIDERE

Você sabe onde e para quem Deus o está chamando para ministrar? E se Deus estiver o chamando para ministrar além de sua zona de conforto?

Há alguns anos, servi a uma igreja afro-americana, numa grande cidade dos Estados Unidos. Não era muito comum pastores coreanos ministrar neste contexto cultural. Mais de uma vez indaguei sobre o que me levou àquela igreja. A resposta? "Deus!". Eu não planejara servir ali, mas Deus me chamou para lá.

Acho que Filipe pensou do mesmo jeito. Primeiro, ele foi levado por um anjo de Deus até um lugar onde ninguém iria por vontade própria — uma estrada no deserto (Atos 8:26). Mais surpreendente ainda foi a pessoa a quem ele devia ministrar — um oficial da corte da "rainha da Etiópia" (v.27). *O que ele poderia compartilhar com aquele homem tão diferente dele?*

O oficial estava lendo o livro de Isaías e aquela passagem especificamente apresentava Jesus de um modo único para que aquele homem poderia entender (vv.28,32,33). Quando Filipe lhe explicou as Escrituras, o oficial reconheceu a verdade do evangelho e pediu para ser batizado (v.36)!

Por mais improvável que parecesse a princípio, essa ministração estava no plano de Deus. Esse não foi um caso isolado, pois podemos ver situações semelhantes nos relatos do livro de Atos à medida que a Igreja se expandia geograficamente pela Judeia e Samaria (v.1). Também se ampliou culturalmente, alcançando tanto o oficial etíope quanto o oficial romano Cornélio (10:1-33).

Por meio desses exemplos, aprendemos que jamais devemos nos apressar em dizer que sabemos para onde Deus nos está chamando e para quem devemos pregar. O mundo todo faz parte do território de Deus, e o evangelho de Jesus é uma luz para o povo. Devemos estar preparados para Sua obra e para ministrar, não importa onde — ou a quem — Ele nos chamar! —PETER CHIN

Is 34–36; Cl 2

11 DE OUTUBRO

A VIDA QUE VALE A PENA

LEIA

Tiago 5:1-12

Por isso, irmãos, tenham paciência até que o Senhor venha (v.7).

EXAMINE

Leia novamente Tiago 5. Onde encontramos exemplos de perseverança em meio às dificuldades (veja vv.10,11)? Cite alguns exemplos de pessoas que viveram de modo egoísta (vv.1-5)?

CONSIDERE

Sua vida demonstra que você tem confiança em Deus ou dependência de si mesmo? De que forma a promessa do retorno de Jesus pode transformar sua vida e suas perspectivas?

Quando o bilionário Ted Turner completou 75 anos, um canal de notícias da TV anunciou o evento com as emblemáticas palavras: "O que será importante na história de Ted Turner, quando os créditos finais aparecerem no fim do filme de sua vida? Ter fundado o primeiro canal de notícias 24 horas? Sua fortuna de 10 bilhões de dólares? Ser o Homem do Ano eleito pela revista *Time*? Ter uma estrela na Calçada da Fama em Hollywood? Talvez a corrida de barco que ele venceu. Ou o ano em que o time de beisebol que gerenciava ganhou o campeonato mundial. Já impressionamos você?".

O perfil seguiu fornecendo um relato fascinante do acerto de contas de um homem com sua vida. Depois de tanto sucesso, Turner agora está preocupado com o legado que deixará e está se voltando às questões básicas sobre a realidade de Deus.

Tiago fala sobre acertar as contas — quando nossa vida enfrentará o teste final (5:1-12). Para quem se preocupou em acumular riquezas e ser influente, há um perigo real. Tiago diz: "O seu ouro e a sua prata estão cobertos de ferrugem, e essa ferrugem será testemunha contra vocês e, como fogo, comerá o corpo de vocês" (v.3). Vidas construídas sobre o egoísmo não têm significado.

Mas para aqueles que puseram sua confiança na graça de Deus, há esperança e uma promessa. "Vejam como o lavrador espera com paciência que a sua terra dê colheitas preciosas. [...]. Vocês também precisam ter paciência. Não desanimem, pois o Senhor virá logo (vv.7,8).

Possuir riquezas não é bom nem ruim. O ponto crucial é sabermos que a vida provém de Deus e dependermos exclusivamente dele. Deus nos dá vida agora e logo virá para dar a essa vida terrena um destino glorioso. —Winn Collier

A BÍBLIA em UM ANO ▸ Is 37–38; Cl 3

12 DE OUTUBRO

PERFUME CELESTIAL

LEIA
2 Coríntios 2:14-17

Porque somos como o cheiro suave [...] que se espalha (v.15).

EXAMINE
Filipenses 4:18 fala de um "perfume suave" que é aceitável a Deus. Dê uma olhada em João 15:18,19 para conhecer os pensamentos de Jesus acerca de como o mundo recebe os cristãos.

CONSIDERE
Alguma vez você já foi tentado a ignorar suas convicções cristãs para "ter um cheiro melhor" para o mundo? Como é a sensação de saber que a fragrância de nossa vida chega até Deus?

Os insetos amam e os humanos odeiam. Trata-se do odor característico da Rafflesia, uma flor que pode pesar quase 7 quilos e medir cerca de um metro! Essa planta tem cheiro de carniça, algo que atrai insetos, mas repele pessoas. Seu cheiro é tão terrível que muitos a apelidaram de "flor-cadáver".

A Bíblia descreve algo similar em relação ao "aroma" que o cristão pode exalar. "Para os que estão se perdendo, é um mau cheiro que mata" (2 Coríntios 2:16). Pois os que recusam a oferta da graça de Jesus e nós que representamos o evangelho de Cristo, nosso testemunho pode ser um desconfortável alerta das consequências de se rejeitar a Jesus.

Algumas pessoas consideram que os cristãos têm um "odor" maravilhoso. "Para os que estão sendo salvos, é um perfume muito agradável que dá vida" (v.16). Quando nossa vida reflete a bondade de Deus, inspiramos e encorajamos as pessoas que escolhem seguir a Jesus (Efésios 5:2). Amor, sacrifício, veracidade, coragem — essas qualidades (e muitas outras) permitem que Deus nos use como "...um perfume que se espalha por todos os lugares..." (2 Coríntios 2:14).

Como o odor que sai de um frasco de perfume, nossa tarefa como cristãos é transmitir ao mundo um recado de nosso Salvador. Não nos admiramos com a pergunta de Paulo: "Quem é capaz de realizar um trabalho como esse?" (v.16). Embora possamos nos sentir inadequados algumas vezes, a Bíblia nos assegura de que "nossa capacidade vem de Deus. É ele quem nos torna capazes de servir à nova aliança" (3:5,6). Vivendo em nós, o Espírito Santo de Deus nos guia e nos usa para que nossa vida seja "como o cheiro suave [...] que se espalha" (2:15). —Jennifer Benson Schuldt

Is 39–40; Cl 4

13 DE OUTUBRO

POR QUÊ?

LEIA

Jonas 1:1-17

Então, pegaram Jonas e o lançaram ao mar enfurecido, e este se aquietou. Ao verem isso, os homens adoraram ao Senhor com temor, oferecendo-lhe sacrifício...
(vv.15,16 NVI).

EXAMINE

O que Isaías 55:8,9 revela sobre os pensamentos de Deus? O que Davi, no Salmo 55:22, nos recomenda que façamos com nossos fardos?

CONSIDERE

O que o motiva a levar suas questões a Deus? De que forma a soberania dele provê esperança e conforto para você nas tempestades que enfrenta em sua vida?

Senhor, ele era tão jovem... casado havia menos de um ano. Meu coração estava abatido por causa da esposa e de toda a família daquele rapaz — lamentei essa perda. Uma questão veio a minha mente: *Deus, por que ele e não eu? Tenho o mesmo tipo de doença e passei pelo mesmo transplante de medula óssea. Por que ele morreu e meu câncer está regredindo?* Naquele momento, Deus me lembrou novamente que somente Ele é soberano.

Jonas e a tripulação do navio estavam navegando para Társis numa viagem dramática. O profeta desobedeceu ao chamado de Deus, embarcando num navio que ia na direção oposta à que o Senhor disse para Jonas ir (Jonas 1:2,3). Então, o Deus soberano "...mandou um forte vento, e houve uma tempestade no mar. Era tão violenta, que o navio estava em perigo de se partir ao meio" (v.4).

A essa altura, Jonas reconheceu que algo divino acontecia ali. Assim, pediu à tripulação que o lançasse ao mar, reconhecendo: "...pois eu sei que foi por minha culpa que esta terrível tempestade caiu sobre vocês" (v.12). Pela primeira vez, os marinheiros clamaram a Deus, pedindo a Ele que os salvasse da morte e não os culpasse pela morte de Jonas.

Então eles lançaram o profeta no mar furioso e as ondas imediatamente se *aquietaram* (v.15). Deus, em Sua soberania, salvou a vida dos marinheiros, e poupou Jonas para Seus propósitos (v.17).

Algumas vezes perguntamos ao Senhor, *por quê*? Ele nos compreende e sente empatia conosco (Hebreus 4:15). Algumas vezes, as ondas vão se quebrar sobre nós, outras ocasiões nossos queridos serão tirados de nós. Mas podemos, de forma confiante, saber que nosso soberano Deus é ainda o Deus bondoso e cheio de amor... e Ele sabe o *porquê*. —Tom Felten

14 DE OUTUBRO

PALAVRAS DE VIDA

LEIA

Deuteronômio 32:1-4,44-47

Não pensem que esta Lei não vale nada; pelo contrário, é ela que lhes dará vida... (v.47).

EXAMINE

Leia o Salmo 119:1-16 para descobrir o valor de ler, conhecer e obedecer a Palavra de Deus.

CONSIDERE

Quando não está nos cultos da igreja, com que frequência você lê a Bíblia? Por que é importante você se alimentar da Palavra de Deus a cada dia?

Com a estimativa de 6 bilhões de cópias vendidas, a Bíblia é o livro mais vendido do mundo. Em média, os americanos possuem de três a quatro bíblias cada um. Porém, conforme uma pesquisa de 2012, 18% dos frequentadores de igrejas raramente ou nunca leem a Bíblia, e 22% a leem uma vez por mês. Somente 19% afirmaram que estudam a Bíblia todos os dias. Lamar Vest, presidente da Sociedade Bíblica Americana, afirmou: "Os americanos compram Bíblias... eles apenas não as leem."

Enquanto Moisés estava preparando uma nova geração do povo de Deus para entrar na Terra Prometida, ele contou novamente a história do povo em três sermões — ajudando-os a aprender com as falhas do passado e a se comprometer com Deus.

Por meio das palavras de um cântico, Moisés relembrou o povo sobre quem era Deus: "O Senhor é a nossa rocha; ele é perfeito e justo em tudo o que faz. Ele é fiel" (Deuteronômio 32:4). Assim como a chuva e o orvalho revigoram a tenra grama e as plantas novas, todos os que acreditassem nesses ensinamentos sobre Deus seriam nutridos e fortalecidos (vv.1,2).

Mais do que simples Palavras proferidas por Deus, Moisés advertiu os judeus que deveriam levar a sério tudo o que lhes fora ensinado (v.46). Eles precisavam conhecer as instruções de Deus para que as obedecessem completamente. Deveriam também ensinar a seus filhos, para que as gerações seguintes também as praticassem. "...mandem que os seus filhos obedeçam a tudo o que está escrito nesta Lei de Deus" (v.46).

Não importa quantas cópias da Bíblia você possua, mas é vital que você a leia, a conheça e obedeça aos seus ensinos. Pois "...é ela que lhes dará vida" (v.47). —K. T. SIM

15 DE OUTUBRO

UM EXEMPLO VERGONHOSO

LEIA

Ester 1:10-21

Mas a rainha não atendeu a ordem do rei, e por isso ele ficou furioso (v.12).

EXAMINE

Em João 8:1-11, como Jesus tratou a mulher apanhada em adultério?

CONSIDERE

Quando foi que você viu o pecado de alguém servir de alerta para outros? Como isso o encoraja a saber que Deus pode usar até nossos erros para Sua glória?

Embora Dubai possua um dos mais brandos códigos de conduta social do Golfo Pérsico, aqueles que desrespeitam a lei são punidos. Durante nossa estada lá, soubemos de pessoas que foram condenadas à prisão por se beijarem em público ou por trocar mensagens de textos picantes.

O rei Xerxes, que reinou sobre 127 províncias que se estendiam desde a Índia até a região superior do Nilo (ESTER 1:1), fez da rainha Vasti um exemplo, quando ela se recusou a vir a sua presença (v.19).

Durante seis meses, o rei expôs a grandeza de seu reino (vv.3,4), e depois preparou uma magnífica festa de sete dias para todos os seus súditos (vv.5-8). No fim das festividades, o rei ordenou que lhe trouxessem a rainha Vasti para expor sua beleza a todos (vv.10,11).

Quando ela se recusou, o rei ficou furioso e fez com que a punição a ela se tornasse um exemplo para todas as esposas em todo o seu reino, para que nunca tratassem seu marido da mesma forma (vv.16-18). A rainha Vasti foi banida da presença do rei, um decreto foi proclamado em todo o reino, ordenando que toda esposa obedecesse a seu marido (vv.20-22), e uma nova rainha fosse escolhida para substituir Vasti (v.19).

A vergonhosa consequência de nossa desobediência aos mandamentos de Deus podem ser vistas por outras pessoas — tornando-se uma advertência para elas. Entretanto, Deus jamais nos envergonhará; "Agora já não existe nenhuma condenação para as pessoas que estão unidas com Cristo Jesus" (ROMANOS 8:1). Podemos experimentar alguma piedosa tristeza que "...produz o arrependimento que leva à salvação..." (2 CORÍNTIOS 7:10). No entanto, Deus promete: "...nunca mais lembrarei das suas maldades (HEBREUS 8:12). —*RUTH O'REILLY-SMITH*

16 DE OUTUBRO

INSONDÁVEL — MAS ÍNTIMO

LEIA

Jó 38:1,2

Alguma vez na sua vida você ordenou que viesse a madrugada e assim começasse um novo dia? (v.12).

EXAMINE

Leia Jó 38-42 e reflita sobre a maravilhosa majestade de nosso Deus criador.

CONSIDERE

A vida tem sido boa para você nestes dias? Agradeça ao Senhor. Está difícil? Deus sabe. Ele cuida de você e vai fazer com que isso seja para o seu bem. Como você pode aprender a descansar na presença e no poder do Senhor?

Anos atrás eu caí e machuquei a perna. Ao decidir trabalhar a maior parte do meu tempo ao ar livre, preciso me manter saudável para sustentar minha família. Após o acidente, fiquei imaginando as possíveis consequências de uma crise financeira.

Mais tarde, sentindo pena de mim mesmo, saí mancando para levar meu cão num passeio. De repente, percebi certos detalhes: o porte de meu cão, o barulho de um pica-pau, a mudança na cor das folhas outonais, encobrindo minha vista para o lago e os picos irregulares das montanhas ao longe. Havia beleza por toda parte.

Nos capítulos 38–39 de Jó, Deus chama a atenção de Jó para quem Ele é e Seu modo de agir. "Quem é você...? Onde é que você estava...? Alguma vez na sua vida...? (Jó 38:2,4,12). Em Sua repreensão a Jó, Deus não enfatizou Suas ações ou circunstâncias, mas Seu avassalador e imponderável poder e autoridade (vv.8-11).

Por fim, Jó confessou: "Falei de coisas que eu não compreendia, coisas que eram maravilhosas demais para mim" (42:3). Então, ficou em humilde silêncio diante do Criador. A resposta para a adversidade estava no caráter de Deus e não em Suas ações.

Deus nos diz que Seus caminhos são muito complexos para compreendê-los (ISAÍAS 55:8,9). Devemos segui-lo em confiança, obediência e fé (HEBREUS 11), em vez de tentar entendê-lo (PROVÉRBIOS 3:5,6). Ao aceitar isso, estamos livres para receber o consolo que Ele oferece. Pois o Senhor tem o controle de tudo, desde as correntes marítimas até nossas necessidades diárias (MATEUS 6:30).

Quando a vida vai mal, basta descansar naquele que criou os mares e que está ao nosso lado (ROMANOS 8:31). Ele pode ser insondável, mas está *com* você! —RUSSELL FRALICK

17 DE OUTUBRO

PONTE SOBRE O ABISMO

LEIA

2 Coríntios 4:1-13

O deus deste mundo conservou a mente deles na escuridão. Ele não os deixa ver a luz que brilha sobre eles, a luz que vem da boa notícia a respeito da glória de Cristo, o qual nos mostra como Deus realmente é (v.4).

EXAMINE

O que Paulo ressalta em 2 Coríntios 4:14-18? Que obstáculo ele vê para ser superado (v.16).

CONSIDERE

Você tem deixado de ver a grandeza da vida de Jesus, mesmo acreditando nele? De que maneira pode mudar seu foco hoje?

Depois que um vulcão entra erupção, deixa para trás uma enorme cratera conhecida como caldeira. O geofísico Bob Smith descreveu os mais de 72 quilômetros de largura da *caldeira* do Yellowstone na América: "Seu tamanho é tão imenso que nem se pode apreciá-la".

Da perspectiva da Terra não podemos ver a caldeira do Yellowstone. Se não fosse pela enorme lacuna em Rocky Mountains, seria improvável que alguém a tivesse notado.

Como uma montanha dividida por uma cratera, na história há uma linha divisória. Mas a maioria das pessoas só a vê como algo do passado. Em menos de quatro décadas, Jesus Cristo mudou de tal forma o mundo que nosso calendário passou a ser dividido em a.C. (antes de Cristo) e d.C. (depois de Cristo).

Paulo nos mostra por que o mundo perdeu a referência da figura central da história. "O deus deste mundo conservou a mente deles na escuridão. Ele não os deixa ver a luz que brilha sobre eles, a luz que vem da boa notícia a respeito da glória de Cristo, o qual nos mostra como Deus realmente é" (2 Coríntios 4:4). Por essa razão, Paulo foi levado pelo Espírito a pregar sobre Cristo (v.13).

O povo cego que não vê Cristo pode voltar a enxergar a verdade de Seu amor ao vê-lo refletido em nossa vida. Isso não significa que seremos perfeitos; mas transmitiremos que somos amados e perdoados pelo Pai. Paulo explica: "Deus [...] fez a luz brilhar no nosso coração [...] para que fique claro que o poder supremo pertence a Deus e não a nós" (vv.6,7).

Jesus não estabeleceu uma cratera entre Seu Pai e nós; Ele construiu uma ponte sobre o abismo. A forma como vivemos diante dos outros pode ajudá-los a ver a Deus pela primeira vez. —TIM GUSTAFSON

18 DE OUTUBRO

REPASSANDO O SOFRIMENTO

LEIA

1 Samuel 14:1-45

O meu pai fez uma coisa terrível com o nosso povo... (v.29).

EXAMINE

Leia Mateus 18:21-35 e descubra como o perdão pode ajudar você a não pagar na mesma moeda os pecados que foram cometidos contra você.

CONSIDERE

Existe alguém a quem você precisa retribuir com bênção em vez de um insulto? Por que é tão destrutivo ficar preso às dores do passado?

Repassar a bondade implica em que aquele que recebe uma boa ação retribui, fazendo algo de bom para outra pessoa, não necessariamente seu benfeitor. Em nosso mundo corrompido, porém, acabamos ferindo alguém por causa das ofensas cometidas contra nós — talvez no passado — por uma outra pessoa.

Porém Jônatas, em 1 Samuel, mostrou que é possível fazer o bem a outras pessoas, mesmo que no passado tenha sido magoado. Seu próprio pai cometeu muitos erros contra ele. Primeiramente, seu pai — o rei Saul — se preocupava com muitas coisas em vez de dar atenção ao filho. Certa ocasião, parece que ele nem soube que Jônatas saiu do acampamento para se aventurar no campo do inimigo (1 Samuel 14:2-4).

Em outra ocasião, Jônatas teve de suplicar por sua vida. Seu pai queria matá-lo por ter provado um pouco de mel. Jônatas perguntou ao pai: "...devo morrer?" (v.43 ACR).

"Que Deus me mate se você não for morto! — disse Saul" (v.44). Apesar da legítima defesa de Jônatas, Saul pretendia executar seu filho e só desistiu da ideia porque os soldados protestaram (v.45).

Mesmo quando o rei Saul quis matar Davi, o melhor amigo de Jônatas, este não passou adiante as maldades de seu pai. Ao contrário, Jônatas escolheu confiar em Deus e declarou: "...nada poderá impedi-lo de nos dar a vitória..." (v.6).

A confiança de Jônatas em Deus lhe deu coragem para entrar no território do inimigo e com isso ajudar seu povo a vencê-lo. Como Jônatas, você e eu podemos deixar nossas dores no passado e confiar no Senhor, fazendo Sua vontade. Descontar nossas dores nos outros pode feri-los. Ao contrário, devemos confiar em Deus enquanto procuramos ajudar nossos semelhantes. —*Roxanne Robbins*

Is 53–55; 2Ts 1 ‹ **A BÍBLIA em UM ANO**

19 DE OUTUBRO

O PAI DA MENTIRA

LEIA
João 8:38-44

Desde a criação do mundo ele foi assassino e nunca esteve do lado da verdade porque nele não existe verdade (v.44).

EXAMINE
Leia Mateus 6:13 e observe o que Jesus apresentou em Sua oração.

CONSIDERE
Você consegue se lembrar de algum erro que o cegou no passado? Quais conselhos você pode estar ouvindo que, e em última análise, são enganosos?

No livro *O diário de um mago* (Ed. Sextante, 2011), Paulo Coelho, narra sua peregrinação pelo caminho de Santiago de Compostela, entre a França e a Espanha, na companhia de um guia.

Esse guia diz: "Existem basicamente duas forças espirituais ao nosso lado: um anjo e um demônio. O anjo nos protege sempre, e isto é um dom divino... o demônio também é um anjo, mas é uma força livre, rebelde". Sabendo que Coelho não é cristão, fiquei imaginando o que viria a seguir.

Depois de ressaltar a astúcia do anjo caído, o guia disse que esse demônio sabe muita coisa sobre o mundo e pode ser um mensageiro útil para dar informações. "A única maneira de lidar com nosso Mensageiro é aceitando-o como amigo. Ouvindo seus conselhos, pedindo sua ajuda quando necessária", disse ele. O livro, então, orienta o leitor sobre como entrar em contato com seu demônio pessoal.

Parei de lê-lo!

Permita-me ser claro: O diabo e seus demônios não são mensageiros para se ter como amigos, mas são forças que precisam ser repelidas (Tiago 4:7). O diabo não é o detentor da verdade, mas um mentiroso (João 8:44). Embora possa se apresentar como benevolente, isso não passa de um disfarce (2 Coríntios 11:14). Longe de querer o nosso bem, ele deseja nossa morte e destruição (João 10:10).

Certa vez Jesus encontrou pessoas que acreditaram no diabo. Depois de seguir seus conselhos, elas o imitaram (8:38,41), ensurdeceram-se para a verdade (v.43) e finalmente começaram a matar (vv.40,44).

O conselho de *O diário de um mago* é no mínimo ingênuo, e na pior das hipóteses, diabólico. Felizmente, Jesus — a única Verdade — está pronto para nos guiar (v.38; 14:6). —Sheridan Voysey

20 DE OUTUBRO

VIVENDO SEM ARREPENDIMENTOS

LEIA

Eclesiastes 9:1-12

Tudo o que você tiver de fazer faça o melhor que puder, pois no mundo dos mortos não se faz nada, e ali não existe pensamento, nem conhecimento, nem sabedoria (v.10).

EXAMINE

Leia o Salmo 90:10-17 em voz alta como uma oração a Deus.

CONSIDERE

Que mudanças você precisa fazer para não ter de conviver com arrependimentos? De que maneira você gostaria de ser lembrado?

Na sua opinião, quais seriam os cinco maiores arrependimentos de uma pessoa à beira da morte? Uma enfermeira registrou alguns deles num livro:

1. Gostaria de ter tido a coragem de viver para mim mesma, não a vida que esperavam de mim.
2. Gostaria de não ter trabalhado tão arduamente.
3. Gostaria de ter tido coragem de expressar meus sentimentos.
4. Gostaria de ter ficado mais com meus amigos.
5. Gostaria de ter me permitido ser mais feliz.

E você? Com base nas suas escolhas e no seu estilo de vida, teria algo de que se arrepender? O que seria?

Salomão, em Eclesiastes 9, lembra que a vida é curta e a morte é certa. Por isso, nos encoraja a viver de maneira que valha a pena.

Primeiro: "Coma com prazer a sua comida..." (v.7). Em todo o livro de Eclesiastes, o alimento é mencionado frequentemente como exemplo da provisão de Deus (2:24; 3:13; 5:18; 8:15). Salomão nos encoraja a usufruir de uma boa refeição com a família e os amigos.

Segundo: "Esteja sempre vestido com roupas de festa..." (v.8). Eugene Peterson parafraseia este verso: "Vista-se toda manhã como se fosse para uma festa. Não economize nas cores nem nos detalhes." Isto é, não seja desleixado. Mantenha-se limpo e bem arrumado. Vista-se celebrando o dom da vida.

Terceiro: "Aproveite a vida com a mulher que você ama" (v.9). Valorize a família e os amigos. Aprecie a vida com eles.

Por fim: "Tudo o que você tiver de fazer faça o melhor que puder" (v.10). Faça tudo com entusiasmo. Dê o melhor para o Senhor (COLOSSENSES 3:23).

Resumindo, não deixe a vida escapar — alegre-se em Deus e viva sem arrependimentos. —POH FANG CHIA

Is 59–61; 2Ts 3 ‹ A BÍBLIA em UM ANO

VOLTANDO-SE PARA OS AMIGOS

LEIA
Mateus 26:36-39
E disse a eles: — A tristeza que estou sentindo é tão grande, que é capaz de me matar. Fiquem aqui vigiando comigo (v.38).

EXAMINE
Confira as necessidades que Paulo expressou a Timóteo num tempo de grande tribulação (2 Timóteo 4:9,13).

CONSIDERE
Você acha que falar de nossas necessidades é egoísmo ou fraqueza? Você tende a se isolar quando está enfrentando dificuldades? Que escolhas você pode começar a fazer para desafiar essas crenças e padrões?

As sequoias podem atingir alturas incríveis — algumas atingem mais de 115 metros. No entanto, as raízes da maioria das sequoias se aprofundam menos de três metros no solo.

Como podem essas árvores tão grandes permanecer em pé? O que as impede de cair, especialmente quando fortes ventos sopram sobre elas? O segredo é que elas dependem *umas das outras*. Embora suas raízes não sejam profundas, elas se estendem por mais de 30 metros a partir de sua base e se entrelaçam com as raízes de outras sequoias.

De certo modo, essas grandes árvores são como amigos que se ligam a outros em tempos de necessidade. Eles não ficam sozinhos. Não se isolam. Enfrentam juntos as dificuldades da vida.

Um dos exemplos mais claros na Bíblia é a noite em que Jesus foi traído e preso (MATEUS 26:36-38). Naquela noite, Jesus e Seus discípulos foram até o jardim do Getsêmani. Jesus sabia o terrível "cálice" de sofrimento que Ele teria de "beber" (v.39). Num dado momento, ele disse para três de Seus discípulos: "A tristeza que estou sentindo é tão grande, que é capaz de me matar. Fiquem aqui vigiando comigo" (v.38).

Jesus dividiu com Seus discípulos a profunda angústia que estava sentido e revelou que precisava muito deles: "Fiquem aqui vigiando comigo". Necessitava que Seus amigos ficassem com Ele e orassem, à medida que as trevas da noite adensavam.

Jesus não estava sendo egoísta nem demonstrando fraqueza. Também não procurou isolar-se. Enquanto orava a Seu Pai celestial, abriu Seus sentimentos e Suas necessidades a Seus amigos para que eles pudessem sustentá-lo naquele terrível momento. Buscar auxílio em amigos sinceros pode nos ajudar a permanecer firmes por Jesus. —*JEFF OLSON*

22 DE OUTUBRO

BEM ILUMINADA

LEIA

Efésios 5:1-20

Antigamente vocês mesmos viviam na escuridão; mas, agora que pertencem ao Senhor, vocês estão na luz. Por isso vivam como pessoas que pertencem à luz (v.8).

EXAMINE

Leia 2 Samuel 12:1-25 e descubra como a revelação do pecado pode levar a redenção ou a um engano maior.

CONSIDERE

O que o faz ficar nas sombras do pecado por ter medo do que os outros possam pensar se as confessar? Como mover-se das trevas para a luz requer um ajuste em sua visão?

Gosto de dirigir pelas ruas, à noite, e sentir o aconchego de uma casa bem iluminada, permeando a escuridão em torno dela. Independentemente de como seja o bairro durante o dia, o contraste das luzes à noite torna lugares menos atraentes mais convidativos. No entanto, mudando a imagem de uma casa de madeira para um dia ensolarado, ela se torna em uma visão antagônica até para o mais perspicaz visitante.

Dirigindo-se à igreja de Éfeso, cujas crenças podiam ser vistas por meio de ações, Paulo explicou que todas as respostas para a vida podem ser encontradas em Jesus (EFÉSIOS 5:1,2). Alguns séculos antes, Isaías havia profetizado: "O povo que andava na escuridão viu uma forte luz; a luz brilhou sobre os que viviam nas trevas" (9:2). Muito mais do que um modelo de quem faz boas escolhas, Jesus é a própria Luz que Deus havia prometido (JOÃO 1:4,5; 8:12).

Assim como a "luz brilha na escuridão, e a escuridão não conseguiu apagá-la" (1 JOÃO 1:5), também devemos escolher entre a luz e as trevas. O pecado é atrativo, mas a longo prazo as consequências são claras: "Quem anda na escuridão não sabe para onde vai" (JOÃO 12:35).

Paulo definiu salvação — o perdão dos pecados e suas consequências — como sair "do poder da escuridão" e entrar no "Reino do seu Filho amado" (COLOSSENSES 1:13). Andar na luz requer arrependimento (SALMO 56:13; 1 JOÃO 1:7) e adoração (SALMO 89:15); então a vida — e a luz — de Jesus permeará cada parte de nosso ser. Assim, Deus concede a herança de Cristo àqueles que vivem no "Reino da Luz" (COLOSSENSES 1:12). Não conseguimos isso pelas obras, mas nós a desfrutamos por meio da mesma graça que nos concede poder para nos libertar. —*REGINA FRANKLIN*

23 DE OUTUBRO

TENTAÇÕES QUE ENFRENTAMOS

LEIA

1 Coríntios 10:1-13

As tentações que vocês têm de enfrentar são as mesmas que os outros enfrentam; mas Deus cumpre a sua promessa e não deixará que vocês sofram tentações que vocês não têm forças para suportar (v.13).

EXAMINE

Leia Mateus 4:1-11 para descobrir como Jesus resistiu às tentações.

CONSIDERE

Em que área de sua vida você é mais tentado? Como Deus tem sido fiel em todo o tempo para ajudá-lo a resistir a essa tentação?

Esta é a última porcaria que vou comer hoje, você diz para si mesmo. Então, cinco minutos depois você está procurando outra. Michael Moss, em seu livro *Sal Açúcar Gordura* (Ed. Intrínseca, 2015), revela como as companhias estudam meios de "ajudar" as pessoas a comer "porcarias". Algumas contratam "especialistas" para descobrir os gatilhos que atiçam o desejo nas pessoas — o que ajuda a atraí-las. Uma dessas empresas gasta milhões a cada ano para aguçar o desejo dos consumidores.

Assim como há especialistas para nos fazer desejar certos alimentos, há também um "especialista" estudando a vida dos crentes em Jesus — tentando dirigir, moldar e distorcer seus desejos para as coisas que não ajudam na saúde espiritual (1 Coríntios 10:6). Seu nome é Satanás.

Ele é a principal força que age por trás das tentações que os cristãos enfrentam. Ele tentou Adão e Eva, despertando neles o anseio de serem independentes de Deus, levando-os a quebrar a paz que havia no Éden (Gênesis 3:1). Ele encorajou Davi a confiar mais na força militar do que no poder de Deus (1 Crônicas 21:1). Se os cristãos têm problema no casamento, Satanás os encoraja a buscar satisfação fora do lar (1 Coríntios 7:5). Ele é o especialista mais astuto do mundo, pois usa dinheiro, poder, luxúria e orgulho para seduzir cristãos a encontrarem prazer no pecado e os levar à escravidão espiritual.

Podemos resistir às investidas de Satanás com a Palavra de Deus (Mateus 4:4), estando alertas e em oração (26:41), lembrando-nos de que Deus é fiel e crendo que Ele pode nos livrar das tentações. Nosso Deus jamais permitirá que sejamos tentados além do que podemos suportar (1 Coríntios 10:13). —MARVIN WILLIAMS

24 DE OUTUBRO

O RISCO DE AMAR

LEIA

1 João 4:7-21

No amor não há medo; o amor que é totalmente verdadeiro afasta o medo (v.18).

EXAMINE

Leia Efésios 3:14-21 para descobrir o que acontece quando começamos a compreender o maravilhoso e infinito amor de Jesus.

CONSIDERE

Como pode o amoroso abraço de Deus preparar você para o risco da rejeição? Com quem você precisa correr esse risco hoje?

Um projeto de pesquisa observou, durante 70 anos, a vida de mais de 250 universitários graduados, para descobrir o que torna as pessoas felizes. A pesquisa revelou que as emoções positivas nos tornam mais vulneráveis que as negativas — em parte porque elas nos expõem mais à rejeição e ao desgosto. Um estimado médico recebeu uma caixa com 100 cartas de seus pacientes quando se aposentou. Oito anos depois, ele mostrou a caixa a um pesquisador e começou a chorar: "Eu não sei o que você vai fazer com isto, mas eu nunca as li".

"Ser amado" é difícil para muitos de nós. Precisamos de coragem para receber amor dos outros. Por nós — e eles — sermos pecadores, a incompreensão e a rejeição são sempre uma possibilidade. É tentador nos retirar para nosso castelo, levantar a ponte levadiça e, então, ficar a salvo das aflições. Porém, isso nos manterá distantes do amor — de sermos reconhecidos e abraçados.

E se o verdadeiro amor for encontrado no mesmo lugar onde merecemos ser rejeitados? João explica: "Foi assim que Deus mostrou o seu amor por nós: ele mandou o seu único Filho ao mundo para que pudéssemos ter vida por meio dele. E o amor é isto: [...] foi ele que nos amou e mandou o seu Filho para que, por meio dele, os nossos pecados fossem perdoados" (1 João 4:9,10). O amor de Deus expulsa o medo enquanto a luz destrói as trevas, pois "...aquele que sente medo não tem no seu coração o amor totalmente verdadeiro..." (v.18).

Aquele que melhor conhece você, é também quem mais o ama. Você pode confiar no Deus que suportou a cruz por você. Quando está seguro no Seu amor, você pode se abrir para outros. "Nós amamos porque Deus nos amou primeiro" (v.19).

—MIKE WITTMER

Jr 3–5; 1Tm 4 ◀ **A BÍBLIA em UM ANO**

25 DE OUTUBRO

QUEM ME TOCOU?

LEIA

Marcos 5:21-34

Jesus ficou olhando em volta para ver quem tinha feito aquilo. Então a mulher, sabendo o que lhe havia acontecido, atirou-se aos pés dele [...], tremendo de medo, e contou tudo (vv.32,33).

EXAMINE

Leia Lucas 5:17-26 para ver outro exemplo de Jesus realizando uma cura, não física, mas espiritual.

CONSIDERE

Você já passou por alguma dificuldade física que o afetou espiritual e emocionalmente? Você dá tempo para Deus cuidar de suas necessidades espirituais, emocionais e físicas?

Costuma-se dizer que as pessoas têm mais medo de falar em público do que da morte. Ao menos no funeral, disse um comediante, as pessoas vão preferir estar no caixão a ter que falar em público.

Com isso em mente, o fato de Jesus solicitar que a mulher do fluxo de sangue se identificasse parecia mais uma punição (MARCOS 5:30). Afinal, ela já havia sido curada — por que Ele não simplesmente deixou que ela fosse embora sem exposição pública? Uma razão importante é que a cura não estava completa. Sua hemorragia havia cessado, mas suas feridas eram mais do que físicas. Desde que sua condição física a tornara religiosamente impura, ela fora mantida isolada por mais de uma década (v.25). Jesus parou e pediu que ela se identificasse, não para puni-la, mas para que fosse completamente curada, usando palavras confortadoras e chamando-a de "filha" (v.34). Ele não a deixaria ir antes que essas coisas fossem feitas.

Este é um maravilhoso exemplo de que Deus quer curar não apenas nosso físico, mas deseja restaurar também nosso coração e nossa alma. É fácil esquecer disto — como a mulher do poço de Jacó em João 4 — que estava centrada em suas necessidades físicas. Isto nos faz compreender que a "água" que Jesus quer nos oferecer é mais do que algo físico (v.10). Ou podemos ser como o povo de Israel, que desejava um libertador político e por isso falhou em compreender que Jesus veio para trazer uma libertação muito maior — do pecado que os havia separado de Deus Pai.

Sempre que Deus nos provê cura física, não deveríamos sair correndo para reassumir nossa vida anterior. Há uma cura maior e mais profunda que Ele deseja realizar em nosso coração! —*PETER CHIN*

26 DE OUTUBRO

ELE ESTÁ CONOSCO

LEIA

Jonas 2:1-10

Ali, de dentro do peixe, Jonas orou ao Senhor, seu Deus (v.1).

EXAMINE

Leia o Salmo 55:22 e observe o que o texto aconselha a fazer quando enfrentamos as águas turbulentas da vida.

CONSIDERE

Onde é o seu lugar mais profundo e escuro no momento? Faça uma pausa e volte seus pensamentos para Deus, em busca de Sua graça. Preste atenção nas maneiras como Ele se aproxima de você!

Harrison Odjegba Okene ficou preso a 30 metros de profundidade por mais de 72 horas. Esse nigeriano era cozinheiro num rebocador que afundou em maio de 2013, provocando a morte de 11 tripulantes. Okene se deslocou para uma cabine onde havia um pequeno bolsão de ar que diminuía conforme a temperatura abaixava. Confortado pelos salmos que memorizou, orando a Deus e se lembrando de sua esposa, Okene lutou pela vida. Quando o resgate chegou, os mergulhadores encontraram quatro cadáveres e pensaram que Okene seria o quinto. Mas quando um deles puxou a mão de Okene, ele reagiu!

Claro que você nunca esteve na barriga de um peixe, mas talvez tenha experimentado algo parecido, grandes lutas e intensos sofrimentos. Pode ser que tenha chegado a um ponto sem saída. Você fica imaginando se existe alguma esperança, uma possibilidade de mudança, algum alívio. Creio que nessas situações você deve ter orado como Jonas.

Gosto da oração honesta desse profeta: "Ó Senhor Deus, na minha aflição clamei por socorro" (v.2). Para quem mais podemos ir quando estamos em grande dificuldade? Quem mais pode nos socorrer quando nosso coração está ferido, nossos recursos se acabam e nossos dilemas não têm solução? As palavras francas e sinceras de Jonas encontraram uma resposta simples mas profunda: "...e tu me respondeste" (v.2).

Quando estamos mais angustiados, Deus está perto. Sua preciosa promessa é que Ele jamais nos abandonará. Não existem águas tão profundas nem cantos tão escuros onde Ele não possa estar. Jonas proclamou: "Tu, porém, me salvaste da morte, ó Senhor, meu Deus!" (v.6). Ele está sempre por perto — *conosco* — mesmo quando tudo parece perdido. —*Winn Collier*

27 DE OUTUBRO

UMA ÚNICA FONTE

LEIA

1 Coríntios 12:1-7

Existem tipos diferentes de dons espirituais, mas é um só e o mesmo Espírito quem dá esses dons (v.4).

EXAMINE

Leia 1 Coríntios 13:1-3 para ver o que Paulo considera ser mais importante do que os dons espirituais, e Efésios 4:11-13 para descobrir o propósito de nossos dons.

CONSIDERE

Estaria você isento de servir sem exercer seus dons espirituais? Por quê? Como você pode usar seus dons espirituais de forma criativa nesta semana?

Em outubro, as árvores se tornam coloridas na região onde vivo. Uma árvore em particular me chamou a atenção. Ela se vestia de muitas cores. As folhas no topo tinham cor de ameixas. Mais abaixo, eram vermelhas. O vermelho deu lugar à cor laranja, e na parte inferior, surgiu o amarelo como se fosse a barra de uma saia. Embora as folhas tivessem cores totalmente diferentes, faziam parte da mesma árvore.

Nossos dons espirituais são como essa árvore: as cores das folhas podem variar, porém, todas são de uma mesma fonte. "Existem tipos diferentes de dons espirituais, mas é um só e o mesmo Espírito quem dá esses dons" (1 Coríntios 12:4). Vindo de uma fonte divina, nossos dons são espirituais por natureza. Não são fruto de treinamento ou de habilidades pessoais, mas aptidões dadas para servir de variadas formas dentro do Corpo de Cristo (Efésios 4:12).

Uma vez que "é um só e o mesmo Espírito quem faz tudo isso" (1 Coríntios 12:11), a capacitação espiritual que Deus nos dá têm um importante propósito. Cada dom tem seu valor. Os dons revelam a maneira como Deus deseja que sirvamos aos irmãos. "Para o bem de todos, Deus dá a cada um alguma prova da presença do Espírito Santo" (v.7). Imagine como seria a Igreja sem líderes, doadores, servidores ou aqueles que exercem misericórdia (Romanos 12:7,8)!

Aqueles que têm o dom do encorajamento podem ministrar através da música, de atos de bondade ou por palavras escritas. Os líderes podem promover a evangelização ou pastorear uma igreja. Os dons espirituais demonstram a grande diversidade que existe no Corpo de Cristo, e são uma evidência de que "o Senhor que servimos é o mesmo" (v.5). —*Jennifer Benson Schuldt*

28 DE OUTUBRO

O GRANDE "I"

LEIA

Miqueias 7:1-20

Eu sei que tu pões à prova os corações e amas as pessoas corretas (1 Crônicas 29:17).

EXAMINE

Leia Provérbios 2:7 e observe o que Deus proporciona para aqueles que andam em integridade.

CONSIDERE

Você se esforça para ser íntegro? O que você precisa fazer hoje para andar em integridade para com os homens e para com Deus?

Anos atrás, fui a um encontro de líderes que quase se transformou numa grande confusão. O resultado poderia ter sido uma explosão de fogos maior do que a do Ano Novo! Felizmente, as questões difíceis foram tratadas com honestidade e transparência. O grande "I" — *integridade* — levou os líderes a falar a verdade em amor e espírito de perdão.

Miqueias ficaria satisfeito.

Com um nome que significa "alguém que é como Deus", o profeta ansiava que a integridade — princípios morais e retidão — voltasse a reinar entre o povo de Deus, no governo e no país (MIQUEIAS 7:1-4,11). Porém, ao constatar desonestidade e decadência moral, ele afirmou: "Eu, porém, ponho a minha esperança em Deus, [...] o SENHOR será a nossa luz" (vv.7,8).

Miqueias sabia que o povo de Deus, o "rebanho" (v.14), deveria refletir Sua justiça, santidade e *integridade* (PROVÉRBIOS 11:20). O Senhor deseja o que Pedro recomendou: "Sejam obedientes a Deus e não deixem que a vida de vocês seja dominada por aqueles desejos [...] sejam santos em tudo o que fizerem, assim como Deus, que os chamou, é santo" (1 PEDRO 1:14,15).

Integridade não se alcança facilmente. Miqueias declarou o julgamento divino sobre o povo de Jerusalém e Samaria. Eles entenderam que seriam punidos — para que restaurassem a pureza, a "luz" e a "justiça" (MIQUEIAS 7:9). O amor de Deus, Sua compaixão, Seu perdão e Sua fidelidade finalmente prevalecerão (vv.18-20).

Se o grande "I" não se reflete em suas palavras, caráter e decisões, arrependa-se e corra para Deus agora e receba Sua purificação. Somente assim você será capaz de demonstrar honestidade, justiça moral e integridade como parte do "rebanho" de Deus (v.14). —TOM FELTEN

29 DE OUTUBRO

O BOM PERFUME

LEIA

Eclesiastes 7:1-4

O nome limpo vale mais do que o perfume mais caro (v.1).

EXAMINE

O que Paulo fala sobre a fragrância que espalhamos sobre aqueles que estão ao nosso redor? (2 Coríntios 2:14-17).

CONSIDERE

Como cristãos, levamos o nome de Cristo (1 Pedro 4:14-16). De que maneira você está se esforçando para honrar ao Senhor com seu modo de viver? O que você deveria mudar para ter certeza que possui um bom nome?

Muitos de meus amigos usam bons perfumes. Mas depois de algum tempo a fragrância desvanece e é necessário reaplicá-lo para se manterem cheirosos! O que acontece entre as duas datas que demarcam sua vida é o que determina se você terá um aroma agradável ou um odor repulsivo. São elas: seu nascimento, quando seus pais lhe dão um nome, e sua morte, quando seu nome é inscrito na certidão de óbito. Isso é bem ilustrado por duas pessoas no Novo Testamento.

Maria, de Betânia, ungiu Jesus com um perfume caríssimo (Marcos 14:3). O aroma encheu a casa. Jesus lhe disse que seu nome seria honrado (v.9) — e foi. Judas, entretanto, traiu Jesus por 30 moedas de prata (Mateus 26:14,15). No nascimento ele recebeu um bom nome, "Judas", que significa "louvor". Mas quando morreu, ele transformou esse belo nome em algo detestável e desprezível (João 18:5).

"O nome limpo vale mais do que o perfume mais caro" (Eclesiastes 7:1). Essa é a razão pela qual Salomão nos lembra de que "a boa reputação vale mais que grandes riquezas" (Provérbios 22:1 NVI). Ele não diz que devemos parar de usar perfume, mas sim que "quem é sábio pensa também na morte" (Eclesiastes 7:4). Ele nos chama para nos movermos da artificialidade para a autenticidade, da hipocrisia para a integridade. Por meio de nossas atitudes e ações estamos criando memórias que serão associadas ao nosso nome durante nossa vida... e morte.

Salomão nos encoraja a deixar um legado que seja autêntico, positivo, inesquecível e persistente. Como diz Provérbios: "Os bons serão lembrados como uma bênção, porém os maus logo serão esquecidos" (10:7). Sim, o perfume desaparece, mas o aroma da nossa vida persiste. —K. T. Sim

30 DE OUTUBRO

FAZENDO O BEM

LEIA

Gálatas 6:3-10

Não nos cansemos de fazer o bem. Pois, se não desanimarmos, chegará o tempo certo em que faremos a colheita (v.9).

EXAMINE

Leia Tiago 2:14-17 para ver como que fazer o bem aos outros é uma evidência de nossa fé em Jesus.

CONSIDERE

Que bem você pode fazer nesta semana, especialmente entre a família da fé? Se você tem dúvidas sobre estar fazendo o bem, pare e pergunte a Deus se está fazendo o que Ele quer que você faça. Renove suas forças e não desista.

Edward Kimball era professor de Escola Bíblica e estava determinado a ganhar sua classe para Cristo. O jovem Dwight Moody costumava cochilar em suas aulas, mas Kimball manteve firme sua resolução e foi encontrar-se com Moody na loja em que ele trabalhava, fazendo-lhe um apelo para que aceitasse a Cristo. Kimball saiu da loja pensando que havia falhado completamente, mas por causa daquele encontro, Dwight Lyman Moody entregou sua vida a Cristo e se tornou um dos mais bem-sucedidos pregadores de sua época. A conversão e o ministério de Moody o colocaram num seleto grupo de influentes evangelistas usados por Deus para ganhar milhões de pessoas para Cristo.

Nossa propensão para o pecado, a pressão das responsabilidades e a falta de apreço por nós mesmos nos têm dado desculpas convenientes para não fazer o bem. Mas Paulo nos admoesta a não nos cansar de fazer o bem, especialmente aos da família da fé. Pois, no tempo certo teremos a colheita, se não desistirmos (GÁLATAS 6:9,10).

Talvez, a razão pela qual desanimamos em fazer o bem é que temos trabalhado para sermos aprovados pelos outros e não por Deus. Mas se persistirmos em fazer boas coisas para a causa de Deus, teremos a satisfação e a alegria que somente Ele pode dar (vv.4,5).

É compreensível se um professor de Escola Bíblica não se entusiasmar muito em preparar a aula para um grupo de alunos desinteressados. Se Edward Kimball tivesse desistido dos estudantes de sua classe, talvez nunca tivéssemos pregadores como Dwight L. Moody e Billy Graham. Moody disse certa vez: "Há muitos de nós querendo fazer grandes coisas para o Senhor, mas poucos de nós desejam fazer coisas pequenas".

—RUTH O'REILLY-SMITH

31 DE OUTUBRO

ÉTICA NO TRABALHO

LEIA

Colossenses 3:22–4:1

O que vocês fizerem façam de todo o coração, como se estivessem servindo o Senhor e não as pessoas (v.23).

EXAMINE

Leia Efésios 6:6-9. Observe as similaridades entre esta passagem e Colossenses 3:22–4:1.

CONSIDERE

Como seu relacionamento com Deus afeta sua forma de trabalhar? Quando é que o trabalho se torna um ídolo e não algo que você está fazendo para a glória de Deus?

Todo mês de outubro, o escritório onde trabalho fica deserto. Os líderes estão fora, participando de encontros anuais em outros países. Assim, aqueles que ficam costumam dizer: "Quando o gato sai, o rato faz a festa".

Brincadeiras à parte, quando nossos chefes não nos observam, continuamos a fazer nosso trabalho corretamente? Paulo adverte os cristãos a trabalhar primeiramente para o Senhor (Colossenses 3:23). Em que isso implica? O apóstolo diz: "Em tudo obedeçam àqueles que são seus donos aqui na terra" e que procuremos "conseguir a aprovação deles" (v.22).

Se seu chefe é amistoso e justo, talvez isto seja fácil de cumprir. Mas se ele ou ela for imprevisível ou injusto? Deveríamos, então, considerar Colossenses 3:22 como um bom conselho, porém, impraticável?

Os escravos do primeiro século, para quem a epístola foi escrita, eram vistos como meras ferramentas por seus senhores. Eles não tinham um tipo de trabalho justo nem qualquer remuneração. Assim mesmo, Paulo lhes disse: "O que vocês fizerem façam de todo o coração." Por quê? Porque *pertencemos ao Senhor*. Nossa primeira obrigação é honrá-lo, permitindo que Seu senhorio influencie cada área de nossa vida (Colossenses 3:17,23).

Paulo prossegue dizendo que não devemos obedecer de má vontade, mas trabalhar "de *todo o coração*" (v.23).

Assim, não importa que nem sempre concordemos com tudo o que nosso chefe nos pede; desde que não seja contrário à Palavra de Deus, temos a obrigação para com Cristo de fazer o nosso melhor. Podemos apresentar sugestões. Mas, no fim de cada dia, devemos respeitar a autoridade dele.

Façamos as tarefas com o melhor de nossas habilidades para a glória de Deus! —Poh Fang Chia

1.º DE NOVEMBRO

CONFUNDINDO IDENTIDADES

LEIA

Salmo 115:1-18

Somente a ti, ó Senhor Deus, a ti somente, e não a nós, seja dada a glória por causa do teu amor e da tua fidelidade (v.1).

EXAMINE

Leia Colossenses 3:1-11 e veja como você pode viver o que esta passagem recomenda, bem como a nova natureza que Jesus lhe concede.

CONSIDERE

Quais coisas são mais importantes em sua vida? De que maneira você tenta apoiar sua identidade nelas? O que define sua verdadeira identidade em Jesus?

Embora haja 5 anos de diferença entre nós, muitas pessoas me confundem com minha irmã. Temos boas histórias para contar, envolvendo desde o pessoal da lanchonete até seus alunos de enfermagem. Pessoas me fazem perguntas da área médica, ou procuram minha irmã para saber sobre como escrever. Isto é curioso, pois não nos achamos tão parecidas assim.

Deus não confunde identidades. "Porém alguns creram nele e o receberam, e a estes ele deu o direito de se tornarem filhos de Deus. Eles não se tornaram filhos de Deus pelos meios naturais [...]; o próprio Deus é quem foi o Pai deles" (vv.12,13). Às vezes, somos envolvidos por experiências, pessoas e poderes das trevas que tentam destruir quem somos de *verdade*.

Em tempos de incertezas — ou rejeição — somos tentados a criar a própria identidade. Desejando aceitação ou passar uma imagem de sucesso para o mundo, construímos uma autoimagem baseada em coisas temporais. Mas, a Palavra de Deus nos lembra como isso vai acabar: numa identidade vazia, que resulta na busca de um deus que não pode nos responder de modo nenhum, muito menos explicar as questões acerca de nossa identidade (Salmo 115:5-7).

A verdadeira segurança é alcançada quando derrubamos os próprios ídolos e escolhemos Jesus (vv.9-11). A cruz nos proporciona comunhão com Ele e nos limpa de nossos pecados através de Sua pureza. Nessa transfusão de vida, nossa identidade é restaurada a sua integralidade e significado em Deus (139:13-16). Não seremos mais definidos por nossas habilidades, relacionamentos ou realizações. Tudo está centralizado em Deus e no fato de estarmos unidos ao Seu Filho (115:1,9; Efésios 2:13). —*Regina Franklin*

2 DE NOVEMBRO

PARTIDO POR TIM?

LEIA
Lucas 22:14-20
Depois pegou o pão e deu graças a Deus. Em seguida partiu o pão e o deu aos apóstolos, dizendo: — Isto é o meu corpo que é entregue em favor de vocês (v.19).

EXAMINE
Observe em Romanos 8:28-34 o que Deus faz para ajudá-lo a vencer seus medos e a autoimagem negativa.

CONSIDERE
Você finge que tudo vai bem em sua vida? O quanto ser honesto com os outros pode chocá-los? Você tem medo disto? O que a completa honestidade diante de Deus faz com suas dúvidas e medos?

Certa ocasião trabalhei longe de casa por um período longo, e por isso frequentei uma igreja diferente da minha. Aquela igreja realizava a Ceia do Senhor em todas as suas reuniões. Em lugar dos pastores e diáconos, eram os membros que distribuíam o pão e o vinho.

Várias vezes o pastor me pediu que ajudasse a servir na comunhão. Meu trabalho era simplesmente partir o pão em pedaços e entregar às pessoas que vinham à frente. Eu devia dizer a cada uma delas: "O corpo de Cristo, partido por você." Quando conhecia a pessoa, eu dizia: "O corpo de Cristo, partido por José." "O corpo de Cristo, partido por Maria."

A primeira vez que fiz isso, aquelas simples palavras pesaram fortemente sobre mim. Ao pegar o pão e partir um pedaço de cada vez, meus pecados pareciam tomar conta de mim (Lucas 22:19). Mas a grandiosidade do que Jesus fez por mim, morrendo na cruz, provou ser maior do que aqueles sentimentos!

Algumas pessoas, ao observarem minha vida, poderiam pensar que estava tudo certo comigo. Mas eu é que sabia bem como estava! Aquela voz continuava me acusando: *Você é uma fraude. Se as pessoas soubessem de verdade quem você é, elas o iriam desprezar. Você não vale quase nada!* E mesmo assim, eu estava ali distribuindo os elementos da Ceia do Senhor a pessoas que necessitavam de perdão tanto quanto eu mesmo.

A verdade é que todos estamos no mesmo barco. Em Jesus encontramos genuína igualdade e unidade. Temos o Seu corpo e Seu sangue oferecido por nós para que possamos ir a Ele como filhos e filhas amados, totalmente confiantes no seu infindável perdão. Como Jesus disse: "Este cálice é [...] derramado em favor de vocês" (v.20). —*Tim Gustafson*

3 DE NOVEMBRO

NO ARDOR DA BATALHA

LEIA

2 Samuel 22:1-7

No meu desespero eu clamei ao Senhor; eu pedi que ele me ajudasse. No seu templo ele ouviu a minha voz, ele escutou o meu grito de socorro (v.7).

EXAMINE

Veja em 2 Timóteo 2:13 a paciência de Deus e Sua amorosa fidelidade para conosco mesmo quando falhamos.

CONSIDERE

Em que ou em quem você pode confiar para ajudá-lo em tempos de dificuldade? Trabalho, família, elogios? Confesse isso a Deus e tome a decisão de colocá-lo em primeiro lugar, acima de todas as coisas.

Certa vez, conversei com um ex-soldado das forças britânicas, que enfrentou muitas batalhas e sobreviveu. Ele me disse: "Eu não acredito em Deus". Eu o desafiei com a seguinte frase: "Não há ateus num campo de batalha".

Ele franziu as sobrancelhas e encolheu os ombros. Então lhe perguntei qual era seu maior desejo no ardor das batalhas — quando pensava que poderia morrer. Com lágrimas nos olhos, ele respondeu: "Eu pedia ao Deus Todo-poderoso que me mantivesse vivo!".

Davi sabia o que era estar em perigo e sentir-se sozinho (2 Samuel 22:4-7). Ele aprendeu, durante sua aflição, que podia confiar somente numa fonte de força: Deus (v.2). Quando tudo parecia perdido, ele confiava no Único, e Ele era suficiente! Como nós, o povo de Israel se voltou muitas vezes para outros deuses em lugar de para Deus. "Naquele tempo não havia rei em Israel, e cada um fazia o que bem queria" (Juízes 17:6). Eles confiavam em si mesmos e em seus conhecimentos em vez de buscar a direção do Senhor.

Ezequiel 16:1-34 descreve de maneira bem vívida uma esposa (Jerusalém) que abandona o seu marido (Deus) e segue seus desejos pecaminosos. Em Apocalipse, Jesus repreende a igreja de Éfeso, declarando que — apesar das conquistas consideráveis — ela havia removido o Senhor do lugar que lhe pertencia por direito: "Porém tenho uma coisa contra vocês: é que agora vocês não me amam como me amavam no princípio" (2:4). Ao longo da história, as pessoas têm usado Deus como o último recurso em lugar do seu primeiro amor, "rocha" e "Salvador" (2 Samuel 22:3).

Que não seja o ardor da batalha que nos conduza a Deus. Ele é digno de toda a nossa entrega e completa devoção hoje!

—Russel Fralick

4 DE NOVEMBRO

VISTA A ARMADURA

LEIA
Efésios 6:10-20
Vistam-se com toda a armadura que Deus dá a vocês... (v.11).

Ao visitar um museu de arte, observei uma armadura de 1521. Nenhuma das outras armas defensivas era tão completa quanto aquela. Tinha uma peça de metal ventilada para cobrir o rosto; um peitoral curvo para desviar os golpes; um molde de metal para cobrir os braços, as mãos e cada dedo; e escudos para as pernas que se encaixavam nos sapatos de metal. O artesão planejou uma peça de defesa para cada golpe em potencial.

Deus também deu aos Seus seguidores uma reluzente armadura semelhante àquela que vi no museu. Ele quer nos manter protegidos quando enfrentamos o inimigo, para que possamos ser capazes de ficar "firmes contra as armadilhas do diabo" (v.11). Muitos de nós sentimos o ataque do inimigo — quer se trate do lançamento de pequenos dardos, quer seja um tiro de canhão disparado contra nós. Satanás usa várias formas de artilharia, mas quando estamos vestidos com a armadura de Deus, o diabo não pode nos vencer, forçar-nos a recuar ou mesmo ferir nossa alma.

EXAMINE
Encontre em 1 Tessalonicenses 5:8 a importância de estar consciente da necessidade de vestir a armadura de Deus. Conheça em 1 Timóteo 1:18,19 o conselho de Paulo a Timóteo em relação às batalhas do Senhor.

Para permanecer firmes, devemos vestir toda a armadura que Deus nos oferece (v.13). Que tipo de guerreiro iria para a guerra usando apenas um capacete ou somente um escudo? A armadura de proteção que Deus provê inclui salvação, justiça, verdade, fé e o evangelho (vv.14-17).

CONSIDERE
Por que é importante usar toda a armadura de Deus? Como você pode "revestir-se" com a armadura de Deus em sua vida hoje?

Quando penso no que Deus proveu para nossa segurança espiritual, lembro-me de que Ele conhece quem luta contra nós (v.12), e está atento ao nosso bem-estar durante a guerra. Ele não nos deixa sozinhos quando enfrentamos o sofrimento como Seus bons soldados (2 Timóteo 2:4).

Façamos escolhas que possam refletir Sua justiça; falemos a verdade em amor; seguremos o escudo da fé. *Vistamos* toda a Sua armadura. —JENNIFER BENSON SCHULDT

> A BÍBLIA em UM ANO > Jr 32–33; Hb 1

5 DE NOVEMBRO

O SILÊNCIO DE JESUS

LEIA

João 8:1-11

Eles fizeram essa pergunta para conseguir uma prova contra Jesus, pois queriam acusá-lo. Mas ele se abaixou e começou a escrever no chão com o dedo (v.6).

EXAMINE

Leia o Salmo 5:1-3. De acordo com Davi, qual postura devemos ter diante do silêncio de Deus?

CONSIDERE

Como você interpreta o silêncio de Deus em sua vida? O que Ele lhe tem dito que você precisa lembrar ou algo que precisa fazer?

Silêncio. Foi tudo o que Ele lhes ofereceu. Silêncio. E alguns rabiscos estranhos na areia.

Antes Ele havia falado, ensinando as multidões no Templo. Ele tinha lhes dito de forma calma, mas corajosa; com emoção, mas por enigmas, sobre o reino de Deus. Todos se encantavam com Suas palavras. Mas agora, Ele estava em silêncio (João 8:6).

Outras pessoas, porém, não estavam quietas. Subiram o tom, exigindo uma resposta. "De acordo com a Lei que Moisés nos deu, as mulheres adúlteras devem ser mortas a pedradas. Mas o senhor, o que é que diz sobre isso?" (v.5). Ele continuava em silêncio, bem como a mulher envergonhada, quase despida, diante da multidão. Lágrimas escorriam por sua face. Jesus começou a escrever no chão — sem dizer qualquer palavra.

"Jesus aprumou o corpo e disse a eles: — Quem de vocês estiver sem pecado, que seja o primeiro a atirar uma pedra nesta mulher!" (v.7). E voltou a escrever no chão. Não disse sequer mais uma palavra.

Silêncio, umas poucas palavras, e então, mais silêncio.

Cada um dos acusadores foi saindo de fininho, com as palavras de Jesus ecoando em seus ouvidos... e alma. Por fim, só Ele e a mulher estavam ali.

Mais tarde, Jesus ficaria em silêncio em outro momento. Porém, agora, Ele seria a pessoa envergonhada e desprezada. Quando Pilatos começou a lhe fazer perguntas, Jesus permaneceu em silêncio até dizer algo que lhe atingiu a alma (19:8-12).

Talvez, deveríamos considerar o silêncio de Jesus quando lutamos para ouvir Sua voz. Seu silêncio não indica Sua ausência, nem diminui Seu poder e cuidado por nós. Deveríamos refletir se temos realmente ouvido aquilo que Ele já nos tem falado. —SHERIDAN VOYSEY

6 DE NOVEMBRO

O GRANDE PEDIDO

LEIA

Gênesis 18:16-33

Peça, e eu lhe darei todas as nações; o mundo inteiro será seu (Salmo 2:8).

EXAMINE

Leia Hebreus 8:1. Como o fato de saber que Jesus está assentado ao lado direito de Deus, o Pai, afeta o conteúdo de nossas orações?

CONSIDERE

Como você compararia o conteúdo de suas recentes orações com os pedidos e súplicas de homens e mulheres na Bíblia? O que seria necessário para você levar a Ele, em oração, seu maior pedido?

John Newton, um comerciante de escravos que se tornou pastor e escritor de hinos, acreditava num "grande pedido", quando orava. Ele encorajou a muitos com as palavras: "Você está adentrando à presença do Rei, leve com você grandes pedidos, pois Sua graça e poder são tais que ninguém consegue pedir demais".

Seu "grande pedido" era motivado, sem dúvida pelas pessoas que fizeram grandes pedidos em suas orações. Abraão suplicou graça para o povo de Sodoma e de outras cidades da planície (Gênesis 18:16-33). Moisés intercedeu em favor do povo de Israel, pedindo a Deus que riscasse seu nome do livro da vida em lugar de destruir a nação (Êxodo 32:31,32). Ester, arriscando a própria vida, compareceu diante do rei para salvar seu povo (Ester 5:1-8). O apóstolo Paulo orou para que os romanos experimentassem "completa harmonia" e para que a "mensagem de Jesus" fosse pregada aos gentios (Romanos 15:5-7; 16:25-27). Ele também orou a Deus para que os efésios fossem espiritualmente fortes (Efésios 3:14-21), que o amor entre os filipenses fluísse cada vez mais (Filipenses 1:8-11), e que os colossenses tivessem sabedoria e pleno conhecimento da vontade de Deus (Colossenses 1:9-12).

Em cada caso, Deus, em Sua soberania, respondeu com Sua graça. Ele nos estendeu Seu amoroso convite para que pudéssemos fazer grandes pedidos. Considerando o alto preço pago para termos acesso ao Pai celestial (a morte de Seu Filho), deveríamos praticar as palavras de Philips Brooks: "Faça grandes pedidos em orações. Você não pode pensar que, ao fazer um pedido tão grande, Deus, ao respondê-lo, não queira que você o torne ainda maior. Não ore por muletas, mas por asas".

—Marvin Williams

7 DE NOVEMBRO

"SE EU APENAS"

LEIA

Marcos 5:25-34

...Se eu apenas tocar na capa dele, ficarei curada (v.28).

EXAMINE

Quais orientações você encontra em Provérbios 3:7,8 que promovem a cura espiritual?

CONSIDERE

O que você precisa entregar a Jesus hoje para ir a Ele com fé e confiança? O que nos leva a buscar Jesus quando somos afligidos por provações?

Marcos 5:25-34 contém os passos daquilo que eu chamo "se eu apenas...". Eles representam as mais desesperadas necessidades, mas geralmente são o último recurso, ações que eu devo tomar para ir até Jesus e alcançar a cura, e uma intimidade profunda com Ele.

Eu sigo os passos "se eu apenas..." quando pego um voo que cruza o país e em seguida dirijo por sete horas para me juntar a um grupo de mulheres, num retiro de oração. Sentindo-me esgotada, após uma temporada difícil em Uganda, eu cheguei a um ponto em que precisava estar envolvida numa comunhão com amigos de oração. Ali, eu acreditava que poderia enfrentar os pensamentos negativos que me cercavam durante as provações — desafios que ultrapassavam a minha compreensão do amor de Deus por mim.

"Se eu apenas tocar na capa dele, ficarei curada", disse a mulher, enquanto corajosamente abriu caminho em meio à multidão e conseguiu tocar o manto de Jesus (MARCOS 5:28). E como resultado de tê-lo encontrado, a "terrível condição" que aquela mulher viveu por 12 anos a deixou "imediatamente" (v.29).

"No mesmo instante, Jesus sentiu que dele havia saído poder. Então virou-se no meio da multidão e perguntou: *Quem foi que tocou na minha capa?* Os discípulos responderam: O senhor está vendo como esta gente o está apertando de todos os lados e ainda pergunta isso? [...] Então a mulher, sabendo o que lhe havia acontecido, atirou-se aos pés dele, tremendo de medo, e contou tudo. E Jesus disse: Minha filha, você sarou porque teve fé. Vá em paz; você está livre do seu sofrimento" (vv.30-34).

Se algo o aflige, ore intensamente, considerando os passos "se eu apenas" e encontre Jesus hoje! —*ROXANNE ROBBINS*

Jr 40–42; Hb 4 ◁ A BÍBLIA em UM ANO | 321

8 DE NOVEMBRO

PARTE DO MEU CORAÇÃO

LEIA

Habacuque 1:12–2:12

O tempo certo vai chegar logo; portanto, espere, ainda que pareça demorar, pois a visão virá no momento exato (2:3).

EXAMINE

Leia o Salmo 33:5 e medite no que o autor diz sobre Deus. Veja em Isaías 61:8 a esperança que o texto nos oferece quando enfrentamos injustiça.

CONSIDERE

O que o leva a perder parte do seu coração? De que forma a promessa de restauração e de justiça divina no futuro podem encorajá-lo hoje?

A violência sem sentido e a injustiça obscura podem desenvolver um tipo de vida insensível — espíritos amortecidos no meio de uma névoa cinzenta. No verão de 2013, um jovem de 17 anos, morador de um bairro violento, pôs-se na frente de sua mãe para protegê-la de um ataque. O tiro o matou, deixando a mãe segurando aquele corpo sem vida em frente de sua casa. O irmão do rapaz, que testemunhou o crime, disse depois: "Perdi parte do meu coração naquela noite".

Habacuque sentiu seu coração despedaçar-se. Ao seu redor havia injustiça e violência. Judá estava em guerra contra uma nação pagã — a Assíria — que os pressionava, e os efeitos dos seus pecados que os estavam corroendo. O profeta clamou a Deus: "Tu sempre exististe, ó Senhor. Ó meu Santo Deus, tu és imortal. Tu és o nosso protetor..." (Habacuque 1:12). O profeta conhecia a Deus e Seus caminhos; e tinha a eterna esperança da qual necessitava naquelas circunstâncias.

Ao clamar ao Senhor, o profeta o chamou de "santo e imortal" (v.12). Isso fala da soberania de Deus, de Seu poder e constante fidelidade. Habacuque lutava contra o pecado, a violência e a injustiça naqueles dias, mas sabia que poderia clamar ao Único que o ouviria e — um dia — faria com que as coisas fossem *consertadas*. E Deus não o desapontou. Ele falou a esse profeta que, ainda que os inimigos de Judá prosperassem por algum tempo e os vencessem, Seu julgamento e punição certamente viriam "...no tempo certo..." (2:3).

Quando você e eu enfrentamos injustiças, podemos escolher como Habacuque — clamar a Deus e aguardar com expectativa por Sua resposta (v.1). "No tempo certo" Ele responderá e fará com que tudo fique no devido lugar (v.3). —Tom Felten

9 DE NOVEMBRO

SOFRENDO SOZINHO

LEIA

2 Samuel 13:1-20

Aí ela [Tamar] pôs cinza na cabeça, rasgou o vestido e saiu gritando, cobrindo o rosto com as mãos (v.19).

EXAMINE

Observe em Gálatas 6:2 o que Paulo diz sobre carregar os fardos um dos outros, como uma forma de ser como Cristo para eles.

CONSIDERE

Que fardo de vergonha você carrega sozinho? Encontre uma pessoa com quem você possa se abrir e compartilhar sua dor. De que modo você poderá experimentar o amor de Deus através dessa pessoa?

Num episódio de *Downton Abbey* (uma série da TV inglesa), a amada camareira Anna Bates é brutalmente estuprada. A governanta da casa, Sra. Huges, encontra Anna logo após o ocorrido — machucada e chorando em um canto. Apesar dos insistentes apelos, Anna lhe pediu que não contasse a ninguém, nem mesmo a seu próprio marido. Não era só o medo de que o estuprador fosse morto, mas ela também se sentia "suja" e achava que o estupro era, de algum modo, sua culpa.

Os sentimentos de Anna são típicos e compreensíveis nas vítimas de estupro. A vergonha que sentem — embora imerecida — está além das palavras.

A Bíblia também relata uma história de abuso sexual perturbadora. Tamar, filha do rei Davi, foi estuprada por seu meio-irmão Amnon (2 Samuel 13:1-20). Mas em vez de esconder o fato, Tamar se lamentou abertamente (vv.18,19). Dois anos mais tarde, um outro irmão de Tamar se vingou. Absalão assassinou Amnon, lançando a família de Davi num caos (vv.23-28).

Alguns poderiam argumentar que a confusão na família real poderia ter sido evitada, se Tamar tivesse ficado quieta. *Não!* A amargura e a divisão na família ocorreram porque Amnon agiu com egoísmo e não assumiu a responsabilidade por ter violado Tamar.

Aqueles que foram vítimas de alguma forma de abuso sexual, por favor, saibam que a *culpa não é sua*. Deus não deseja que você carregue seus fardos mais pesados sozinho (GÁLATAS 6:2). Pior do que os próprios abusos é viver na escuridão por causa de um sofrimento não compartilhado. Se você sofreu algum tipo de abuso moral ou sexual, fale com alguém que possa ajudá-lo. Você descobrirá que o que é compartilhado, com o tempo, se torna mais suportável. —*Jeff Olson*

Jr 46–47; Hb 6 ◄ A BÍBLIA em UM ANO

10 DE NOVEMBRO

TRABALHO VERSUS ROUBO

LEIA

Efésios 4:17-28.

Não roube
(Êxodo 20:15).

EXAMINE

Conheça a história de Zaqueu em Lucas 19:1-10 e observe o que ele fez depois de ter sido salvo ao encontrar-se com Jesus.

CONSIDERE

Que formas de roubo são mais comuns no mundo de hoje? Como você pode cultivar um espírito de trabalho mais intenso e de doação com generosidade?

Quando minha irmã gêmea e eu tínhamos 5 anos, começamos a contar as moedas de nossos cofrinhos. Uma de nós tinha mais do que a outra. Em nossa mente infantil isso não estava certo. Então, decidimos fazer um ajuste de nossas contas com dinheiro da mamãe!

Desde então, não me orgulho de confessar que algumas vezes, eu "ajudei a mim mesma" utilizando músicas e e-books baixados de websites não oficiais. Algo dentro de mim dizia que isso era errado. Mas eu simplesmente o ignorava.

Só que eu não poderia mais justificar minha ignorância. A Palavra de Deus me confrontou: "Não roube" (Êxodo 20:15). Este mandamento é direto e claro. "Você", que pertence a Deus e acredita que Ele é seu provedor "não deve" jamais justificar o erro; "roubar" — é tomar algo que não lhe pertence e torná-lo seu.

Ao roubar, estamos dizendo duas coisas a Deus: "Realmente não confio em que o Senhor vai me dar tudo o que eu preciso" e "meu desejo de ter o que eu quero é maior do que minha vontade de obedecê-lo". Essencialmente, estamos violando o Grande Mandamento — amar a Deus de todo o nosso coração.

Um pregador comentou: "Muitas vezes, as pessoas pegam o que não lhes pertence porque não podem ou não querem esperar ou acreditam que não precisam esperar".

Paulo escreveu sobre o que não deveríamos fazer sob a perspectiva desses erros: "Quem roubava que não roube mais, porém comece a trabalhar a fim de viver honestamente e poder ajudar os pobres (Efésios 4:28).

O oposto do roubo é suprir nossas necessidades por meio do trabalho honesto. Trabalhe, assim você terá condições de arcar com suas despesas e também poderá se tornar um doador generoso para quem precisar de ajuda. —POH FANG CHIA

11 DE NOVEMBRO

PASSOS SINGELOS

LEIA

Atos 6:1-7

...os doze apóstolos [...] disseram: Não está certo nós deixarmos de anunciar a palavra de Deus para tratarmos de dinheiro [...] escolham entre vocês sete homens de confiança, [...] e nós entregaremos esse serviço a eles (vv.2,3).

EXAMINE

Leia Lucas 19:1-10 para ver como a singela atitude de Jesus levou Zaqueu a se tornar uma força para reconciliação e justiça.

CONSIDERE

De que maneiras simples você pode começar a colocar a base para a reconciliação em sua vida pessoal? E na sua igreja?

Reconciliação. Está no coração de Deus restaurar o relacionamento entre as pessoas, no que se refere à cultura, raça ou classe social. Isso é essencial, mas algumas vezes parece uma tarefa tão grande que nem sabemos por onde começar.

A resposta é: comece com algo *pequeno*.

Atos 6 registra uma questão relacionada com a distribuição de alimentos. O problema era sério e envolvia judeus hebreus e helênicos — povos que não falavam a mesma língua e tinham costumes diferentes (v.1). O conflito entre eles era um problema recorrente na Igreja Primitiva. Outros relatos podem ser encontrados em Atos 9; 11 e 12. Diante de tal problema, a decisão dos apóstolos de colocar alguns homens para administrar a distribuição de comida parecia inadequada.

Mas estes eram homens cheios do Espírito Santo, entre eles estavam Estêvão, o primeiro mártir da igreja (Atos 7), e Filipe, um dos mais poderosos evangelistas da Igreja Primitiva (Atos 8). O simples ato de distribuir a comida de maneira igualitária minimizou o potencial do conflito. Isso pavimentou o caminho para a reconciliação entre os dois grupos.

A reconciliação não seria possível sem o simples fato de se escolher sete homens para distribuir os alimentos. Na verdade, após eles começarem a trabalhar, a Igreja cresceu ainda mais (6:7).

Podemos ser grandemente encorajados por este exemplo. Sim, a reconciliação é um exercício difícil. Mas ao mesmo tempo, ela começa com singelos atos de generosidade, equidade e hospitalidade. Estas ações parecem pequenas, mas — com a liderança de Deus — elas criarão um ambiente de cura dos relacionamentos e início de diálogos, estabelecendo a verdadeira reconciliação. —PETER CHIN

Jr 50; Hb 8 ‹ A BÍBLIA em UM ANO

12 DE NOVEMBRO

O PODER DO ESPÍRITO

LEIA

João 16:1-33

Eu falo a verdade quando digo que é melhor para vocês que eu vá. Pois, se não for, o Auxiliador não virá; mas, se eu for, eu o enviarei a vocês (v.7).

EXAMINE

Leia 2 Coríntios 3:7-18 para saber quem é o Espírito Santo e o que Ele faz por nós.

CONSIDERE

Em que área você precisa da ajuda do Espírito hoje? Diga-lhe que está contando com Ele, e não se esqueça de mencionar as áreas em que você tem maiores necessidades.

Os efeitos de uma tempestade tinham deixado minha casa sem energia elétrica. Mais tarde, naquela noite, quando voltamos de um passeio nas proximidades, chegamos a nossa rua e vimos que a eletricidade tinha voltado. *Sim!* Não havíamos percebido quão dependentes somos da energia elétrica até que a perdemos, e entendemos que nem sempre podemos contar com ela.

O episódio me fez lembrar da obra do Espírito Santo, que é o poder de Deus em nossa vida. Ele é Deus, a terceira pessoa da Trindade (Mateus 28:19), e habita no coração de todos os que creem em Jesus. Somos templos ambulantes, pois nosso corpo é "o templo do Espírito Santo" (1 Coríntios 6:19). O Espírito nos batiza no Corpo de Cristo, juntando-nos com outros cristãos "para formar um só corpo" (12:13) e assim nos tornamos o "templo de Deus" (vv.16,17).

O Espírito nos reavivou quando estávamos mortos no pecado (Tito 3:5), então nos selou para que perseveremos até o fim (Efésios 1:13,14; 2 Coríntios 1:21-22). "O Espírito Santo examina tudo, até mesmo os planos mais profundos e escondidos de Deus [...] para que possamos entender tudo o que Deus nos tem dado" (1 Coríntios 2:10-12). Ele intercede por nós quando não sabemos orar (Romanos 8:26), e nos enche para que entendamos e obedeçamos à Palavra de Deus (Efésios 5:18, Filipenses 2:12,13).

Não é possível descrever, aqui, como os dons que Ele nos concede servem à Igreja (1 Coríntios 12:4-11,28; Efésios 4:11), mas a partir dos pensamentos acima podemos entender por que Jesus disse que era melhor enviar o Espírito Santo para ficar em Seu lugar. É fácil receber a garantia de que o Espírito nos é concedido, mas é incrivelmente difícil viver sem Ele. —*Mike Willmer*

13 DE NOVEMBRO

A ALEGRIA DA FIDELIDADE

LEIA

Deuteronômio 28:1-6

Se vocês derem atenção a tudo o que o SENHOR, nosso Deus, está dizendo a vocês [...] Deus fará com que sejam mais poderosos do que qualquer outra nação do mundo (v.1).

EXAMINE

Leia Deuteronômio 28. Como Moisés descreve as bênçãos que resultariam da obediência? Que infortúnios acompanham a desobediência?

CONSIDERE

Em que área de sua vida você luta para ser fiel a Deus e a vida que Ele providenciou para você? De que maneira a alegria poderá vir como resultado de dizer "sim" a Deus?

No começo de 2014, a atenção do mundo se voltou para Sochi, Rússia, onde atletas olímpicos se reuniram para as competições. Nossa família ama os Jogos de Verão e de Inverno — a garra dos atletas e a celebração entre os países.

Nossos momentos favoritos são as histórias de cada atleta, contadas durante as duas semanas das Olimpíadas. Depois dos anos de preparo e dedicação ao esporte, superando grandes dificuldades — homens e mulheres — se tornaram os representantes de seus países para competir num palco de visibilidade mundial. Ao ouvir as histórias dos atletas olímpicos, impressiona-me a forma como muitos deles são movidos pela alegria da competição, pelo amor ao esporte e pela conquista de uma medalha.

Nas Escrituras, Deus conclamou Seu povo a viver em obediência e fidelidade a toda a prova para seguir Seus caminhos. Moisés os advertiu a "...obedecerem fielmente a todos os seus mandamentos..." (DEUTERONÔMIO 28:1). Deus proveu estas instruções como guias para a vida. Não eram caprichos passageiros, mas um padrão para viver e existir.

No entanto, haveria muita alegria e promessas acompanhando o guardar estes mandamentos. Moisés relembrou Israel que através da obediência, Deus lhes daria todas essas bênçãos (v.2). Suas cidades seriam abençoadas (v.3). Suas famílias e seus campos seriam abençoados (v.4). Haveria abundância (v.5). E para confirmar que Deus estava sendo bem claro sobre a extensão da alegria prometida, Moisés concluiu com chave de ouro: "Deus os abençoará em tudo o que fizerem" (v.6).

Uma vida de fidelidade persistente a Deus requer muito empenho e, em geral, é difícil. Mas o caminho conduz a uma verdadeira e eterna alegria. —WINN COLLIER

14 DE NOVEMBRO

AUTOCONTROLE OU CONTROLADOR?

LEIA

Provérbios 1:1-7

Eles nos ensinam a vivermos de maneira inteligente e a sermos corretos, justos e honestos (v.3).

EXAMINE

Observe em Tito 2:11-14 como a revelação da graça de Deus nos ensina a viver exercendo o autocontrole em nossa vida.

CONSIDERE

Não espere até o começo do próximo ano para estabelecer como alvo controlar menos os outros e mais a si mesmo. O que o impede de começar agora com esse propósito e seguir nele durante o próximo ano?

No começo do ano, um amigo meu estabeleceu uma meta para lhe guiar até o fim de dezembro. Nicola se convenceu de que o "controle" está na raiz de muitas de nossas lutas interiores — sendo o domínio próprio o mais desafiador de ser controlado. Ficamos com raiva ou sem ação quando não podemos controlar pessoas ou circunstâncias. Perdemos nossa autodisciplina e o domínio sobre os próprios pensamentos, palavras e ações, entrando numa espiral destrutiva — machucando-nos a nós mesmos e aos outros.

O rei Salomão, um homem excepcionalmente sábio (1 Reis 4:30), escreveu o livro de Provérbios como um guia prático para se obter sabedoria e disciplina (Provérbios 1:2). Embora ele tenha enfrentado lutas em muitas áreas, também travou uma guerra ferrenha em sua mente e sofreu as consequências da falta de autocontrole. Suas 700 mulheres e 300 concubinas "...fizeram com que o seu coração se voltasse para deuses estrangeiros..." (1 Reis 11:4), e ele também perdeu muito do controle sobre o seu reino.

Salomão entendeu que pessoas sem autocontrole são como as cidades sem muros (Provérbios 25:28). Elas ficam sem rumo e acabam morrendo por sua própria estupidez (5:23).

As Escrituras ensinam, no entanto, que os que não confiam em sua própria sabedoria temem a Deus e se afastam do mal (3:7,8). O escritor de Hebreus entendeu que a disciplina não é agradável quando aplicada — ela dói. Mas depois há uma colheita de paz e vida correta para aqueles que aprendem com ela (Hebreus 12:11).

Ao nos aproximarmos do fim deste ano, continuemos a buscar a Palavra de Deus e o Espírito Santo para que nos ajudem a escolher uma vida disciplinada e de autocontrole (Provérbios 1:3).

—*Ruth O'Reilly-Smith*

15 DE NOVEMBRO

GPS DIVINO

LEIA

Êxodo 13:17-22

Tu os guiaste com uma nuvem durante o dia e de noite com uma coluna de fogo, para iluminar o caminho por onde deviam ir (Neemias 9:12).

EXAMINE

Leia Salmo 119:97-106 para conhecer outros meios pelos quais Deus guia Seu povo.

CONSIDERE

Que tipo de pilares de nuvens e de fogo poderão ajudá-lo a seguir a Deus e os propósitos dele? Como os períodos no "deserto" da vida podem nos preparar para servir a Deus de forma ainda melhor?

A tecnologia conhecida como *Global Positioning Satellite* (GPS) tem mudado a forma como nos deslocamos de um lugar para outro. Basta inserir um endereço no GPS e ele me guiará até o destino.

Ao conduzir os israelitas para a Terra Prometida, "...Deus fez com que o povo desse uma volta pelo caminho do deserto..." (Êxodo 13:18). Sem a ajuda de satélites, como Ele os conduzia pelo deserto? "Durante o dia o Senhor ia à frente deles numa coluna de nuvem, para lhes mostrar o caminho. Durante a noite ele ia na frente deles numa coluna de fogo, para iluminar o caminho, a fim de que pudessem andar de dia e de noite" (v.21). Sem essas colunas, a nuvem e o fogo, o povo vagaria sem rumo pelo deserto.

A nuvem e o fogo eram evidências visíveis da *presença* de Deus (vv.21,22), um testemunho para os judeus — e para o mundo — de que Deus estava pessoalmente acompanhando Seu povo (Números 14:14).

Essas colunas também demonstravam a *proteção* de Deus (Êxodo 14:19-25), um alerta às nações hostis de que Deus lutaria por Seu povo e os livraria de perigos e de quaisquer danos. O Senhor protegeu os vulneráveis israelitas dos poderosos egípcios que os perseguiram (vv.19,20,24). Embora o povo de Deus estivesse exposto ao calor extremo durante o dia e às temperaturas muito baixas à noite, a nuvem proporcionava sombra para protegê-los do sol escaldante e o fogo lhe fornecia luz e calor durante a noite.

A nuvem e o fogo eram revelações do *plano* de Deus — meios infalíveis de guiá-los para onde deveriam ir. Deus lhes proveu uma direção clara e um destino certo (Números 9:15-23; Neemias 9:12,19,20).

A nuvem e o fogo eram seus — e nosso — *Emanuel* ("Deus conosco"). —*K. T. Sim*

Ez 1–2; Hb 11:1-19 ‹ A BÍBLIA em UM ANO

16 DE NOVEMBRO

FÉ E OBEDIÊNCIA

LEIA

2 Reis 5:1-14

Se o profeta mandasse o senhor fazer alguma coisa difícil, por acaso, o senhor não faria? Por que é que o senhor não pode ir se lavar, como ele disse, e ficar curado? (v.13).

EXAMINE

Observe em Hebreus 11:1-31 como muitas pessoas mencionadas nesta passagem foram exaltadas por sua fé em Deus.

CONSIDERE

Alguma vez você tentou ganhar a bênção divina? Pare de tentar. Apenas permita que Ele seja o Deus gracioso e generoso que já é. Por que a fé e a obediência são ao mesmo tempo fáceis e difíceis?

Você já desejou intensamente receber alguma coisa de Deus? Prometeu-lhe algo para que Ele agisse em seu favor?

Naamã, o comandante do exército da Síria, era muito respeitado (2 Reis 5:1). Seu rei tinha tanta consideração por ele que enviou cartas ao rei de Israel, pedindo que o profeta Eliseu curasse Naamã da lepra (vv.5,6). Naquele tempo, não havia cura para essa doença, por isso, o comandante imaginava ter de pagar um preço alto e fazer um grande sacrifício para receber a cura. Porém, — por meio de Eliseu — esse não era o plano de Deus. O profeta simplesmente mandou que ele "...fosse se lavar sete vezes no rio Jordão..." (v.10). Nenhum pagamento ou ação extraordinária!

Ainda hoje, a ideia de obter algo em troca de nada não é bem aceita para muitos de nós. Geralmente achamos muito difícil apenas crer pela fé. Por vezes, mesmo os cristãos maduros tentam ganhar a bênção de Deus fazendo algo bom ou trabalhando para receber Seu favor. "Naamã ficou muito zangado" quando recebeu a simples instrução de mergulhar num rio (v.11). A sabedoria de seus servos, que insistiram com ele, é uma lição para todos nós (v.13). A obediência de Naamã lhe proporcionou a cura (v.14).

Fé e obediência caminham juntas. Jesus disse à mulher que lavou Seus pés: "A sua fé salvou você. Vá em paz" (LUCAS 7:50). Abraão creu em Deus "e por isso o SENHOR o aceitou" (GÊNESIS 15:6). Paulo resumiu desta forma: "Pois pela graça de Deus vocês são salvos por meio da fé. Isso não vem de vocês, mas é um presente dado por Deus" (EFÉSIOS 2:8).

Só precisamos crer e obedecer, como Naamã o fez. Nossa salvação não provém de obras, mas do Deus que nos salva ao crermos em Jesus, Seu Filho. —RUSSELL FRALICK

17 DE NOVEMBRO

ONDAS DE FRIO E CURIOSIDADE

LEIA

Gênesis 3:1-9

...Aí [Eva] apanhou uma fruta e comeu...
(v.6)

EXAMINE

Leia Salmo 51:5 para entender como o pecado do primeiro casal se propagou para as gerações seguintes. Veja em Atos 13:38 como Jesus resolve o problema que Adão e Eva criaram.

CONSIDERE

Por que você acha que Deus criou o ser humano com a capacidade de ser curioso? De que modo a curiosidade pode levar alguém a considerar a pessoa de Deus em um relacionamento com Ele?

Quando a temperatura caiu para 27 graus negativos em minha cidade, os noticiários recomendaram que o público ficasse em casa. O alerta era que "em 10 minutos poderíamos morrer se não estivéssemos vestindo roupas apropriadas". Ao ouvir isso, meu marido disse: "Acho que eu quero ir lá fora... para saber como é".

O gosto pelo que é proibido, somado à curiosidade, pode ser uma combinação perigosa. Adão e Eva tinham tudo o que precisavam no perfeito jardim de Deus. Só havia uma restrição — o fruto da árvore do conhecimento do bem e do mal. Deus lhe disse: "...Não coma a fruta dessa árvore; pois, no dia em que você a comer, certamente morrerá" (GÊNESIS 2:17).

A advertência de Deus era clara, mas a serpente atiçou a curiosidade do casal (3:1). Ela lhes provocou dúvida: "Vocês não morrerão coisa nenhuma! Deus disse isso porque sabe que, quando vocês comerem a fruta dessa árvore, os seus olhos se abrirão, e vocês serão como Deus, conhecendo o bem e o mal" (vv.4,5). No lugar de Eva, eu ficaria imaginando o que aconteceria se eu experimentasse do fruto proibido. *Eu seria realmente igual a Deus? Morreria mesmo? O que significaria conhecer o bem e o mal?*

As respostas para estas questões vieram à tona para o casal, quando Adão e Eva comeram o fruto (v.6). Satisfazer a sua curiosidade e desobedecer a Deus intencionalmente afetou negativamente toda a humanidade (vv.16-19).

Embora a curiosidade não seja crime, desobedecer às leis de Deus devastará nosso relacionamento com Ele. Entretanto, aqueles que amam a lei do Senhor "...têm muita segurança, e não há nada que os faça cair" (SALMO 119:165). Nossa curiosidade jamais deve nos impedir de obedecer a Deus. —JENNIFER BENSON SCHULDT

Ez 5–7; Hb 12 ‹ A BÍBLIA em UM ANO

18 DE NOVEMBRO

O CHAMADO

LEIA
João 6:40-50

Só poderão vir a mim aqueles que forem trazidos pelo Pai, que me enviou, e eu os ressuscitarei no último dia (v.44).

EXAMINE
Leia João 12:32 e medite no que Jesus disse acerca de nosso futuro com Ele.

CONSIDERE
De que maneira Deus o chama para seguir a Jesus? Quem Ele está chamando dentre sua família e seus amigos hoje?

Certo domingo, depois de falar sobre como como Deus pode restaurar nossos sonhos e curar nossos sofrimentos, um homem veio conversar comigo. "Faz 26 anos que não venho à igreja. Acabo de me divorciar e estou falido — tenho um monte de sonhos desfeitos. Dias atrás disse a um amigo: 'Se há um Deus, por que Ele não veio me ajudar?' Então, tive esse sentimento durante toda a semana e achei que tinha de vir à igreja. O que você disse realmente mexeu comigo. Eu tinha mesmo de estar aqui."

Pouco depois, um casal me procurou. "Tenho sido membro da igreja durante anos", disse o homem. "E eu nunca vim à igreja", emendou a mulher. "Mas durante esta semana", ele continuou, "tivemos um estranho sentimento de que deveríamos vir ao culto. O que você compartilhou foi exatamente o que precisávamos ouvir. Tínhamos de estar aqui."

Essas experiências me lembram de que Deus sempre age — chamando o povo para perto dele. O Seu desejo é que todos nós encontremos salvação nele e então Ele nos leva a Jesus (João 6:40,44; 1 Timóteo 2:3,4). As pessoas com quem falei não vieram à igreja exclusivamente por sua decisão — elas haviam sido constrangidas a estar lá. Se continuarem a ouvir a voz do Pai, encontrarão Jesus e a vida eterna que tanto procuram. Jesus disse: "E todos os que ouvem o Pai e aprendem com ele vêm a mim (v.45).

"Deus trouxe você aqui porque Ele o ama", eu disse ao primeiro homem, antes de entregar uma Bíblia para ele. "Quando saírem deste lugar, vocês encontrarão toda sorte de distrações em seu caminho que tentarão fazê-los ignorar o que aconteceu nesta noite. Não se distraiam. Deus está chamando vocês. Ouçam Sua voz e saberão quem é Jesus." —SHERIDAN VOYSEY

19 DE NOVEMBRO

MUITO DIVERTIDO?

LEIA

Lucas 17:20-37

Como foi no tempo de Noé, assim também será nos dias antes da vinda do Filho do Homem. Todos comiam e bebiam, e os homens e as mulheres casavam, até o dia em que Noé entrou na barca. Depois veio o dilúvio... (vv.26,27).

EXAMINE

Veja em Romanos 13:11,12 por que é importante nos envolvermos na realidade da volta de Jesus e falar aos outros sobre Ele.

CONSIDERE

Qual a condição daqueles que não seguem a Jesus? O que precisa ser despertado em você para a realidade do retorno de Cristo?

Num dos filmes da série *A Era do Gelo*, muitas daquelas criaturas estão tentando se salvar de um iminente desastre. Porém, dois gambás, chamados Crash e Eddie, simplesmente se divertem e brincam.

Luís, um ouriço, faz uma série de perguntas a respeito do mecanismo de fuga deles: "Por que estão tão felizes? Não se importam que o mundo pode estar acabando?". Então, Eddie coloca o dedo na ponta do nariz de Luís e diz: "Bip". Definitivamente, uma fuga da realidade! Por nenhum segundo eles se preocupam com o fim do mundo.

Para ilustrar a fuga mental daqueles que ignoram Seu iminente retorno, Jesus usou o exemplo de Noé (Lucas 17:27). Nos dias que antecederam ao dilúvio (Gênesis 6:5–7:5), a vida boa era a preocupação da maioria do povo. Noé, entretanto, obedecendo a ordem de Deus, investiu muitos anos de sua vida construindo aquela enorme arca (6:14). O restante do povo não estava nem aí, até que começou a chover, o dilúvio veio e destruiu a todos, menos Noé e sua família.

Ao usar esta ilustração, Jesus advertiu o povo contra o falso sentimento de segurança, e ao mesmo tempo, encorajou-os a se prepararem para o Seu retorno — pois não haverá segunda chance. Muitos irão com Ele, entretanto, outros serão deixados para trás (Lucas 17:30-35).

Assim como os descuidados gambás, muitos estarão se divertindo — compras, jogos, festas, celebrações, casamentos — ignorando com isso a realidade da segunda vinda de Jesus. Um dia, porém, Ele *vai* voltar. Tenhamos a certeza de estarmos preparados para este evento. E contemos aos outros sobre o amor de Deus e Sua misericórdia, ajudando-os a se prepararem para o dia da volta de Jesus! —*Marvin Williams*

Ez 11–13; Tg 1 ‹ A BÍBLIA em UM ANO

20 DE NOVEMBRO

TOTALMENTE INJUSTO

LEIA

Gênesis 39:1-23

O Senhor Deus julga a favor dos oprimidos e garante os seus direitos (Salmo 106:6).

EXAMINE

Leia 1 Pedro 2:19 e medite no que o texto diz sobre como Deus conceitua aqueles que escolhem fazer o que é certo.

CONSIDERE

Quando foi que você enfrentou pacientemente um tratamento injusto e viu Deus lhe ajudando a passar por essa situação? Como o fato de conhecer Deus pode ajudá-lo a superar as situações difíceis em sua vida?

Ao monitorar algumas atividades infantis, observei dois garotos participando de um tipo de luta medieval num "ringue" inflável. Cada menino devia permanecer num pedestal inflável. E, usando uma enorme lança, também inflável, um tentava derrubar o outro de seu pedestal. Quem caísse antes, perdia o jogo.

Os meninos lutaram mesmo depois de cair de seus pedestais. Embora o instrutor tivesse ordenado que parassem, um dos garotos continuou cutucando as costas do outro, desafiando a autoridade do instrutor. O menino que estava sendo cutucado queria parar, mas ele se viu forçado a resistir ao ataque do seu oponente.

Há ocasiões em nossa vida quando somos falsamente acusados ou enfrentamos hostilidade e, mesmo assim, tentamos fazer a coisa certa. José poderia falar sobre isso. Quando a mulher de Potifar procurou seduzi-lo, ele respondeu: "Nesta casa eu mando tanto quanto ele [Potifar]. Aqui eu posso ter o que quiser, menos a senhora, pois é mulher dele. Sendo assim, como poderia eu fazer uma coisa tão imoral e pecar contra Deus?" (Gênesis 39:9).

Mas a mulher de Potifar se recusou a ouvi-lo e continuou insistindo todos os dias "que ele fosse para a cama com ela". Embora José não aceitasse e evitasse ficar perto dela (v.10), foi lançado na prisão depois que ela o acusou falsamente (vv.17,18).

A prisão de José foi injusta, mas o Senhor, que sabia da verdade, "estava com ele e o abençoou", finalmente, favorecendo-o junto ao carcereiro e em tudo o que fazia, José prosperava (vv.21-23).

Por vezes, somos tratados injustamente. Mas, como podemos ver, nosso justo Deus nos capacitará a nos levantarmos das provações como vencedores aos Seus olhos. —*Roxanne Robbins*

21 DE NOVEMBRO

PALAVRAS DE ENCORAJAMENTO

LEIA

Naum 1:7-15

Vejam! Pelas montanhas vem um mensageiro que traz boas notícias, notícias de paz... (v.15).

EXAMINE

Leia as palavras de Jeremias em Lamentações 3:19-26 e veja como ele encontrou esperança e luz, mesmo vivendo em dias escuros.

CONSIDERE

Que memórias amargas e circunstâncias dolorosas estão escurecendo seu mundo hoje? O que você fará para colocar essas coisas nas mãos de Deus e clamar pelas encorajadoras mensagens em Sua Palavra?

No filme *Saving Mr. Banks* (Walt nos bastidores de Mary Poppins) a escritora Pamela Lyndon (P. L.) Travers concorda relutantemente que Walt Disney leve sua personagem Mary Poppins para a tela. Carregando profundas feridas emocionais, P. L. era controladora e impertinente — tornando a adaptação do filme Mary Poppins uma tarefa difícil para os que estavam envolvidos nessa produção. Ao contrário de sua personagem que podia voar, Travers — envolta em pensamentos amargos e melancólicos — quase impediu que a versão cinematográfica de Mary Poppins saísse do papel.

Naum e o povo de Judá lutavam sob uma nuvem escura — a ameaça dos assírios (que já haviam destruído o Reino do Norte de Israel). Isso levava ao desespero e a uma existência amarga. Mas Naum recebeu uma palavra de Deus — uma palavra de *encorajamento*. Boas-novas estavam "vindo das montanhas" para tirá-los do vale do desespero (1:15). Deus prometeu que logo Ele iria destruir o império que os ameaçava. Não só destruiria os assírios, mas também preservaria Seu povo — criado para a paz e celebração (vv.12,15).

Estas boas-novas certamente reanimaram o povo, envolvendo seu coração com esperança. Naum, inspirado por Deus, declarou: "O Senhor Deus é bom. Em tempos difíceis, ele salva o seu povo e cuida dos que procuram a sua proteção" (v.7).

P. L. Travers, comovida por algumas palavras da música composta para o filme *Mary Poppins*, encontrou alívio de seus tristes pensamentos ao cantar: "Vamos fazer voar uma pipa..." em uma das cenas do filme. Você se sente oprimido sob uma nuvem escura provocada por circunstâncias cruéis? Permita que as palavras encorajadoras de Deus cheguem ao seu coração hoje! —*Tom Felten*

22 DE NOVEMBRO

NÃO LONGE DE NÓS

LEIA

Atos 17:24-31

Pelo seu poder, o Senhor Deus fez a terra; com a sua sabedoria, ele criou o mundo e, com a sua inteligência, estendeu o céu como se fosse uma coberta (Jeremias 10:12).

EXAMINE

Leia Gênesis 1:1 e Apocalipse 4:11 e veja as semelhanças nestes versículos que falam de Deus.

CONSIDERE

Como você tem experimentado a presença de Deus ultimamente? Como você pode buscá-lo de um jeito novo hoje?

Os cientistas afirmam que o elemento químico carbono é o bloco de construção da vida. Invisível a olho nu, este átomo vital está em tudo, desde o ar que respiramos até a comida que ingerimos. Na verdade, o carbono representa cerca de 20% da composição do corpo humano.

Sem o carbono, a vida como a conhecemos não existiria. Mas, de onde ele vem? Como se tornou a espinha dorsal de todas as coisas vivas? As minuciosas observações feitas através de um microscópio só conseguem chegar até certo ponto. As demais respostas podem ser encontradas apenas através das lentes da fé.

As páginas da Bíblia indicam fielmente a resposta. Dentre seus 66 livros, 27 falam de um Criador, Deus, que fez "os céus e as estrelas [...] a terra, o mar e tudo o que há neles" (NEEMIAS 9:6; JEREMIAS 10:11).

Paulo deu algumas respostas num discurso que fez na cidade de Atenas. O apóstolo declarou, para um grupo de pessoas interessadas em ouvir mais acerca da ressurreição de Jesus, que o verdadeiro Deus do Universo "fez o mundo e tudo o que nele existe" (ATOS 17:24). Em outras palavras: A vida como a conhecemos, a partir dos átomos de carbono de que somos feitos, têm origem numa única Fonte — o Criador dos céus e da Terra.

Paulo afirma que somos muito mais do que uma composição química elaborada pelo Deus Criador. Ele nos ama e nos conhece. O apóstolo proclamou que o Deus "que dá a vida a todos" não está longe de nós (VV.25,27). Embora tenha determinado um dia em que julgará o mundo, Ele deseja que os povos de todas as nações o busquem (VV.30,31).

Busque o seu Criador hoje. Ele deseja ser encontrado. As obras de Suas mãos podem ser vistas e Sua presença pode ser sentida. —*JEFF OLSON*

23 DE NOVEMBRO

ELE VAI RESTAURAR

LEIA

1 Pedro 5:6-11

Mas, depois de sofrerem por um pouco de tempo, o Deus que tem por nós um amor sem limites e que chamou vocês para tomarem parte na sua eterna glória, por estarem unidos com Cristo, ele mesmo os aperfeiçoará e dará firmeza, força e verdadeira segurança (v.10).

EXAMINE

Medite em Jó 38:1-4 sobre o poder de Deus.

CONSIDERE

Como o conselho de Pedro o encoraja no sofrimento? Use 1 Pedro 5:6-11 esta semana como uma oração que sirva de guia para você e outros que estão sofrendo.

O despertador tocou às 7h da manhã. Sofia acordou com muita dor de cabeça, mas não deu atenção. Ela empurrou os cobertores e levantou-se da cama. De repente, um AVC [ataque vascular cerebral] devastou seu cérebro e ela caiu desfalecida no assoalho. Infelizmente, situações como esta têm atingido a vida de muitas pessoas ao longo dos anos.

Muitas vezes, o sofrimento nos atinge nos momentos mais inoportunos e — para algumas pessoas — ele se torna uma companhia constante. Em períodos de dor e dificuldades, somos tentados a duvidar de duas coisas: De que Deus está no controle e de que Ele cuidará de nós. Pensamos: *Posso crer em Deus? Isso parece muito difícil quando me encontro no meio de uma crise.*

Pedro oferece alguns conselhos. Primeiro, ele diz que devemos nos *humilhar perante Deus* (1 PEDRO 5:6). Deus é Deus e tem um alto propósito, uma clara perspectiva e um tempo exato para todas as coisas. Então é vital que nos submetamos ao Seu controle e ao Seu cuidado, entregando-lhe nossas ansiedades, porque Ele tem cuidado de nós (v.7).

Segundo, temos de *resistir ao diabo* (vv.8,9). Durante as provações nos tornamos vulneráveis aos ataques do inimigo. Ele tentará nos levar a duvidar da bondade de Deus, acusando nossa consciência para pensarmos que somos os únicos a sofrer. "Fiquem firmes na fé e enfrentem o Diabo porque [...] no mundo inteiro os seus irmãos na fé estão passando pelos mesmos sofrimentos (v.9).

Por fim, devemos *nos firmar nas promessas de Deus* (vv.10,11). Ele quer que você compartilhe de Sua eterna glória. Então, "ele mesmo os aperfeiçoará e dará firmeza, força e verdadeira segurança" (v.10).

O Deus da graça é também o Todo-Poderoso. —POH FANG CHIA

Ez 20–21; Tg 5 ◁ A BÍBLIA em UM ANO

24 DE NOVEMBRO

ALÉM DA COMPREENSÃO

LEIA

Efésios 3:14-21

Para que assim [...], vocês possam compreender o amor de Cristo em toda a sua largura, comprimento, altura e profundidade (v.18).

EXAMINE

Observe em Romanos 8:31-39 outra ilustração da imensidão do amor de Deus — um amor que não pode ser superado por nada nem por ninguém!

CONSIDERE

Invista alguns minutos meditando no que Deus tem feito por você. Alguma vez você foi capaz de vislumbrar a ação do Deus invisível? Como você pode louvar ao Senhor pelas coisas que Ele faz?

A oração de Paulo em Efésios 3 é uma bênção para mim, mas também me parece um pouco confusa. Como poderíamos medir o amor de Deus por nós, algo que está além de nossa compreensão? Uma experiência com meu filho pode ajudar a responder essa questão.

Minha esposa e eu estamos treinando nosso filho para usar o banheiro. No meio da noite eu o acordo e gentilmente o tiro da cama, coloco-o assentado no vaso sanitário e aliso seu cabelo desgrenhado. Depois, eu o levanto para que seus pés não toquem no piso frio. Por fim, eu o coloco na cama, certificando-me de que seu cobertor favorito esteja em suas mãos.

No entanto, por isso ocorrer no meio da noite, e meu filho estar sonolento, tenho dúvidas de que se lembre dessas coisas que faço por ele. Talvez não seja agradecido por isso durante muitos anos, até que tenha uma experiência semelhante.

Deus nos ama desse mesmo jeito. Ele nos envolve com milhares de exemplos de amor e cuidados, alguns pequenos, outros bem maiores (EFÉSIOS 3:17,18). Mas por causa da correria de nossa vida, e nossa relativa imaturidade, muitas vezes nos esquecemos dessas incríveis manifestações de Seu grande amor e cuidado por nós. Imaginamos, ao contrário, que passamos a noite toda por nossa própria conta, em nossa força, e acordamos sem considerar quem realmente cuidou de nós durante a escuridão.

O amor de Deus por nós é tão vasto que está muito além de nossa compreensão (v.19). Seus caminhos são mais altos do que os nossos (ISAÍAS 55:8,9) e Seu conhecimento é profundo demais para nós (SALMO 139:6). Mesmo assim, podemos reconhecer pela fé que nosso Pai celestial faz muitas coisas por nós — tanto visíveis quanto invisíveis. —PETER CHIN

25 DE NOVEMBRO

DÊ O PRÓXIMO PASSO

LEIA

João 19:28-42

Depois disso, José, da cidade de Arimateia, pediu licença a Pilatos para levar o corpo de Jesus. (José era seguidor de Jesus, mas em segredo porque tinha medo dos líderes judeus)... (v.38).

EXAMINE

Leia o Salmo 3:1-8 e aprenda como agir diante de uma situação desesperadora.

CONSIDERE

Que situação em sua vida parece sem esperança? Que pequenos passos você pode dar para expressar sua confiança em Deus?

Você já sentiu o peso esmagador do desespero? Talvez uma avaliação negativa, um exame positivo para câncer ou um divórcio. De repente, sua vida parece ter um peso maior do que você pode suportar.

José de Arimateia estava tendo um desses dias. Como um seguidor secreto de Jesus, aparentemente ele estava presente quando os membros do Sinédrio condenaram o Senhor à morte (LUCAS 23:50,51). Ele pensava que Cristo estabeleceria Seu reino na Terra. Mas a esperança se foi quando testemunhou a morte de Jesus naquele tenebroso dia.

José, então, fez algo que parecia não valer o risco. Foi um pequeno gesto, mas que se tornou parte da história da salvação. No fim daquela tarde, ele pediu a Pilatos o corpo de Jesus. Se tivesse fugido, o corpo do Salvador teria sido lançado no depósito de lixo com os outros criminosos crucificados para ser comido pelos cães e urubus. Pouca coisa sobraria para ser ressuscitada e a profecia sobre Seu sepultamento teria sido falsa (MATEUS 12:40). Porém, José sepultou Jesus em sua própria tumba, e outra profecia do Antigo Testamento se cumpriu (ISAÍAS 53:9).

As equipes de emergência dizem às vítimas de desastres que se concentrem na tarefa do momento: Fazer o necessário para sobreviver e esperar a chegada do resgate. A ajuda certamente virá, se você crê no Deus que salva. Pode vir em dois dias ou não chegar até o fim da vida. Mas é certo que virá, pois, o mesmo Espírito que ressuscitou Jesus "...dará também vida ao corpo mortal de vocês, por meio do seu Espírito, que vive em vocês" (ROMANOS 8:11).

Você está esperando o livramento? Dê o próximo passo. Poderá ser exatamente o que Deus usará para resgatá-lo.

—MIKE WITTMER

26 DE NOVEMBRO

AQUELE QUE CONFUNDE A CIÊNCIA

LEIA

Lucas 2:39-52

Todos os que o ouviam estavam muito admirados com a sua inteligência e com as respostas que dava (v.47).

EXAMINE

Os seguidores de Jesus muitas vezes não entendiam Seus ensinamentos. O que Hebreus 11:1-3 ensina sobre sermos capacitados para saber o que Deus deseja que entendamos acerca de Sua vontade?

CONSIDERE

Há algo a respeito de Jesus e de Seus ensinos que confundem você? O que podemos saber e entender sobre Deus?

Meu filho Wyatt assiste a alguns vídeos chamados *"Minuto da Física"*. Eles apresentam um jovem professor que responde a questões incompreensíveis para muitos, tais como "o que é matéria escura?" e "como o Sol funciona?".

Certa vez, ele me perguntou: "Papai, você acha que o Universo é infinito?". Olhei para ele antes de dar uma vaga resposta filosófica sobre o infinito. Percebendo minhas truncadas palavras, passei para uma manobra teológica sobre os mistérios de Deus. Wyatt olhou para mim e, sem se impressionar disse: "Acho que vou assistir ao Minuto da Física para ver o que ele diz".

Posso entender o choque que José e Maria (e os demais que estavam no Templo) tiveram ao ver a curiosidade do jovem Jesus e sua notável argumentação. Jesus nem deveria estar no Templo. Sua família já estava a caminho de casa, mas Ele havia ficado para trás (Lucas 2:43). Três dias depois, quando Sua família retornou para Jerusalém e começou a procurá-lo, ficaram atônitos quando o encontraram "...sentado no meio dos mestres da Lei, ouvindo-os e fazendo perguntas a eles" (v.46). Isto não era o que pensavam a respeito do que Jesus deveria estar fazendo. Ele surpreendeu mais pessoas do que apenas Seus pais. "Todos os que o ouviam estavam muito admirados com a sua inteligência e com as respostas que dava" (v.47).

Não é apenas a cruz ou a ressurreição ou os ensinos perturbadores de Jesus que conflitam com nossas expectativas. Ele supera *tudo* o que nós achamos que compreendemos. O Filho de Deus, desde Sua primeira respiração até Sua ascensão, confunde as nossas expectativas humanas. Esta é a boa notícia, porque nossas expectativas são geralmente muito pequenas.

—Winn Collier

27 DE NOVEMBRO

ESPERANÇA RENOVADA

LEIA

Salmo 34:1-22

Os bons passam por muitas aflições, mas o Senhor os livra de todas elas (v.19).

EXAMINE

Leia Jeremias 29:11-13 e seja encorajado por Deus, que lhe oferece "um futuro e uma esperança".

CONSIDERE

Você já desistiu e caiu em desânimo, no meio das turbulências de uma vida sem esperança? Fale com sua alma, como Davi, e diga-lhe que adore ao Senhor, em quem você pode crer e ter esperança.

Em dezembro de 2013, a líder de louvor Darlene Zschech foi diagnosticada com câncer de mama. Em meio a um turbilhão de emoções, consultas, exames e cirurgia, ela procurou esperança na Palavra de Deus — nos Salmos em particular. Em janeiro de 2014, ela tuitou: "O Salmo 91, em qualquer versão; Deus é tão bom para todos nós, agarre-se em Sua Palavra e encontre a esperança que nunca desaponta".

Os Salmos oferecem esperança em meio as consequências do pecado (Salmos 32; 38; 51), a tristeza de uma perda (31:9; 116:3; 119:28), as feridas da rejeição (27:10; 34:17-20; 66:16-20; 94:14) e da persistência daqueles que se levantam para nos arruinar (56:9; 59:1,10; 60:12).

Davi lutou contra a depressão. Mesmo nas mais escuras trevas, nos momentos mais vulneráveis, ele disse a sua alma para firmar a esperança em Deus (42:11; 43:5). Seus esforços para fugir da presença de seu Criador foram vãos, e ele finalmente se rendeu ao Deus que jamais desiste (139:7-12).

A vulnerabilidade apresentada nos Salmos proporciona esperança para pessoas como um jovem que luta contra a ação destrutiva do pecado (Salmo 119:9-16), ou um adulto devastado pela rejeição em seu nascimento (139:13-17). E quando quase somos derrotados pela desesperança, temos a garantia de que veremos a bondade do Senhor por toda a nossa vida (27:13,14).

Os Salmos revelam o Deus que nunca nos abandona em nossas fraquezas nem nos momentos mais vulneráveis. Ele caminha conosco através do vale da sombra da morte, livrando-nos do temor e enchendo-nos de esperança (23:2-6). Davi escreveu: "Eu pedi a ajuda do Senhor, e ele me respondeu; ele me livrou de todos os meus medos" (34:4). —*Ruth O'Reilly-Smith*

Ez 30–32; 1Pe 4 ◂ **A BÍBLIA** em **UM ANO**

28 DE NOVEMBRO

O EVANGELHO 101

LEIA

Atos 10:34-43

Vocês conhecem a mensagem que Deus mandou ao povo de Israel, anunciando a boa notícia de paz por meio de Jesus Cristo, que é o Senhor de todos (v.36).

EXAMINE

Conheça em 1 Coríntios 15:3-8 o que Paulo considera a síntese dos elementos essenciais das boas-novas.

CONSIDERE

Você falará de Jesus a alguém nesta semana? O que o inspira a respeito de Pedro e da apresentação que ele faz das reivindicações de Cristo?

Suponha que um não-cristão esteja visitando sua igreja. No final do culto, o pastor pede que você apresente o evangelho ao visitante. O que você diria a ele? O que apresentaria acerca das boas-novas?

Pedro definiu as boas-novas como a "paz com Deus por meio de Jesus Cristo". Todas as pessoas nascem em pecado e em estado de rebelião contra Deus — estamos em guerra contra Ele. Mas a paz é possível por causa do que Jesus fez na cruz.

Pedro disse que o batismo de Jesus demonstrou que Ele era totalmente humano *e* totalmente Deus (Atos 10:37; Mateus 3:13-17). Em continuação, o apóstolo disse que Jesus nos libertou do poder e da escravidão de Satanás bem como do pecado (Atos 10:38). Quando morreu na cruz (v.39), Jesus tornou-se "...maldição por nós..." (Gálatas 3:13; 1 Pedro 2:24). Pedro também fala sobre a ressurreição de Jesus. "...Deus ressuscitou Jesus no terceiro dia..." (Atos 10:40).

Não estaremos proclamando adequadamente o evangelho se deixarmos de mostrar o solene evento do dia do julgamento que se aproxima. Pedro adverte que Deus apontou Jesus "...como Juiz dos vivos e dos mortos" (v.42; Hebreus 9:27).

Pedro concluiu sua apresentação do evangelho com um convite: "Os que creem nele [Jesus] recebem, por meio dele, o perdão dos pecados" (Atos 10:43). E ele podia verdadeiramente falar sobre como Jesus viveu e ensinou. Ele disse: "Nós somos testemunhas de tudo o que ele fez..." (vv.39,41).

Hoje temos a comissão de falar aos outros a respeito dele (v.42; Mateus 28:19,20; Atos 1:8). O que isso implica? Compartilhar as boas-novas é falar de Jesus às pessoas e lhes contar o que Ele fez para nos reconciliar com Deus. Isso é o evangelho 101! —*K. T. Sim*

29 DE NOVEMBRO

CORAGEM SOB FOGO

LEIA

Neemias 2:1-9

Por isso [o rei] perguntou: — Por que você está triste? Você não está doente; portanto, deve estar se sentindo infeliz. Então eu fiquei com muito medo (v.2).

EXAMINE

Leia Efésios 6:10-18. Quando Deus nos pede que sejamos fortes, Ele nos equipa com as armas de que necessitamos!

CONSIDERE

O Senhor o chama para fazer algo difícil hoje? Como pode a coragem — baseada em sua fé na Palavra de Deus — prover o que você precisa para seguir em frente?

Neemias ficou aflito com o terrível estado de destruição de Jerusalém (NEEMIAS 2:3). Ele compartilhava do amor de Deus pela cidade santa, mas nada podia fazer por causa de seu cargo como copeiro do rei na distante cidade de Susã. Então, a oportunidade de fazer a diferença surgiu inesperadamente: arriscou a vida para fazer um pedido ao rei (vv.4,5). Um copeiro não podia aparentar tristeza, quanto mais falar da angústia por sua distante cidade. No mínimo, isso significava a morte. Mas Neemias *seguiu em frente*.

Muitas vezes, Deus coloca os Seus servos em posições de risco de morte. Por exemplo, considere o risco que correu a rainha Ester (ESTER 4:11). Gideão guerreou com apenas 300 homens contra um vasto exército (JUÍZES 7:7). Davi não tinha a menor chance contra o gigante Golias! (1 SAMUEL 17:4; 33). Vez após vez, Deus colocou os Seus em situações visivelmente impossíveis, e lhes disse (como ordenou a Josué): "...Seja forte e corajoso!..." (JOSUÉ 1:9).

As respostas dos heróis da fé desafiam a todos nós. Ester disse: "...depois irei falar com o rei, mesmo sendo contra a lei; e, se eu tiver de morrer por causa disso, eu morrerei" (ESTER 4:16). Davi tinha tal confiança em Deus que disse a Golias no campo de batalha: "Hoje mesmo o SENHOR Deus entregará você nas minhas mãos; eu o vencerei e cortarei a sua cabeça..." (1 SAMUEL 17:46).

Deus ainda hoje pode pedir-lhe que arrisque tudo por Ele, mas a maravilhosa promessa é que *Ele* realizará a tarefa. O Senhor também lhe dará a coragem necessária para permanecer firme. "Não fique desanimado, nem tenha medo, porque eu, o SENHOR, seu Deus, estarei com você em qualquer lugar para onde você for!" (JOSUÉ 1:9). —*RUSSEL FRALICK*

30 DE NOVEMBRO

VOCÊ É MUITO ESPECIAL

LEIA

2 Crônicas 32:2-22
Pois aquele que está do nosso lado é mais poderoso do que o que está do lado dele (v.7).

EXAMINE

Encontre em Romanos 15:4,5 duas fontes de encorajamento. Veja em Deuteronômio 3:18 uma situação em que o encorajamento foi especialmente importante.

CONSIDERE

Que palavras você pode usar para ajudar alguém excessivamente crítico de si mesmo? Como Deus o encorajou em um tempo difícil? Por meio de pessoas, de Sua Palavra, do Espírito Santo?

Ashley Munroe escreveu a mensagem: "Você é muito especial" em cerca de 2 mil cartões e os colocou na porta de cada armário em sua escola. Através das câmeras de segurança, as autoridades escolares viram Ashley distribuindo os cartões. O diretor achou que ela estava causando problemas e lhe deu uma suspensão. Centenas de estudantes, entretanto, fizeram um abaixo-assinado para ajudar Ashley a não ser punida. Talvez sua maior recompensa foi saber de uma garota que planejava cometer suicídio naquele dia, mas não o fez por causa de sua mensagem.

Ezequias usou palavras para encorajar os israelitas sob seu comando quando eles enfrentavam o ataque dos assírios. O profeta começou dizendo: "Sejam fortes e corajosos! Não fiquem assustados, nem tenham medo" (2 CRÔNICAS 32:7). É importante saber que o exército da Assíria, liderado pelo rei Senaqueribe, tinha exterminado seus inimigos no passado e esperava fazer o mesmo com Israel (v.17).

Os que atacavam poderiam até ser mais fortes, mas não tinham o suporte divino. Ezequias disse ao povo: "Pois aquele que está do nosso lado é mais poderoso [...]. Ele só conta com a força dos homens, mas do nosso lado está o SENHOR" (v.8). De fato, a batalha era entre o exército de carne e sangue dos assírios e a invisível força do Deus Todo-poderoso.

O rei Ezequias e o povo viram que poderiam enfrentar o perigoso inimigo porque Deus estava ao lado deles. Podemos não estar lutando com guerreiros cruéis, mas talvez estejamos enfrentando doenças, discriminações ou pessoas maldosas. Deus está ao nosso lado, e Ele fala diretamente ao nosso coração com encorajamento: *Eu criei você. Eu levarei o seu fardo. Eu me alegro em você.* —JENNIFER BENSON SCHULDT

1.º DE DEZEMBRO

SOLDADOS DE PLÁSTICO E PROTEÇÃO

LEIA

Mateus 2:13-23

Você não sabe que, se eu pedisse ajuda ao meu Pai, ele me mandaria agora mesmo doze exércitos de anjos? (26:53).

EXAMINE

Observe em Mateus 26:36-53 a luta pela qual Jesus passou ao decidir morrer na cruz.

CONSIDERE

Você está mais prédisposto a lutar ou a fugir quando os problemas chegam? De que maneira Deus pode ajudá-lo a permanecer firme?

Nossos dois filhos pequenos queriam um presépio de Natal. Assim colocamos um no quarto deles. Certa noite, minha esposa foi colocá-los na cama e descobriu que Liam (5 anos) havia colocado soldadinhos no presépio. "Eles estão aí para proteger Jesus", ele declarou.

Quase não podia esperar para compartilhar com alguns amigos militares. "Eu ri muito", um deles disse. "Vamos proteger esse valioso bem."

A confiança de Liam na força militar podia estar equivocada. Afinal, foram soldados que, sob a ordem de Herodes, mataram os bebês em Belém (MATEUS 2:16). Mas sua preocupação com o menino Jesus comoveu o meu coração.

Deus tem métodos incomuns para proteger os que Ele ama. Com os exércitos do céu à Sua disposição, Ele escolhe formas surpreendentes de nos afastar dos problemas — ou de nos *conduzir* a eles.

No caso do bebê Jesus, "um anjo do Senhor apareceu num sonho a José" e o mandou ir ao Egito (v.13). Os soldados não conseguiram achar o Filho de Deus. Mas, 33 anos depois, não havia um plano de escape divino e eles pregaram Jesus na cruz. O amor de Deus por Jesus era menor? Não, mas cada um nós é muito valioso para Deus! Por isso Ele enviou Seu Filho a cruz.

"Guarde sua espada...", ordenou Jesus ao discípulo que quis defendê-lo. "Você não sabe que, se eu pedisse ajuda ao meu Pai, ele me mandaria agora mesmo doze exércitos de anjos? Mas, nesse caso, como poderia se cumprir aquilo que as Escrituras Sagradas dizem que é preciso acontecer?" (MATEUS 26:52-54).

"Alguns confiam nos seus carros de guerra, e outros, nos seus cavalos, mas nós confiamos no poder do SENHOR, nosso Deus" (SALMO 20:7) — o Deus que enviou Seu Filho para morrer por Seus amados. —TIM GUSTAFSON

Ez 40–41; 2Pe 3 ‹ A BÍBLIA em UM ANO

2 DE DEZEMBRO

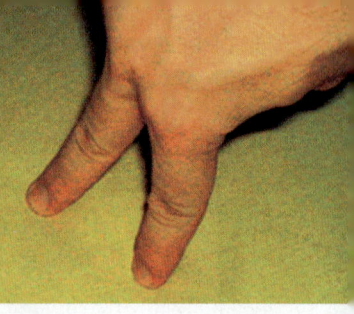

DECLARAÇÃO DA MISSÃO

LEIA

Efésios 5:1-2

Vocês são filhos queridos de Deus e por isso devem ser como ele. Que a vida de vocês seja dominada pelo amor, assim como Cristo nos amou e deu a sua vida por nós, como uma oferta de perfume agradável e como um sacrifício que agrada a Deus! (vv.1,2).

EXAMINE

Veja em Romanos 5:5 de que forma Deus enche o seu coração com o amor dele.

CONSIDERE

Já tentou fazer algo para Deus em vez de apenas permitir que Ele o ame? Como seria sua vida se, por um ano, colocasse em prática a "declaração de sua missão"?

No fundo, cada um de nós anseia saber por que estamos aqui na Terra — tendo senso de propósito e missão. Alguns têm um versículo bíblico que lhes dá uma síntese dessa missão. Se você ainda não tem o seu, talvez o texto de hoje seja uma boa opção.

Qual é a declaração da missão de sua vida? De acordo com Efésios, nossa missão se baseia em três elementos:

Aceitar ser amado. Antes de uma grande visão para seguir ou uma grande realização a alcançar, é preciso receber o amor que Deus tem por você. Nós somos seus "filhos queridos" (Efésios 5:2; 1 João 3:1); antes que nós o amássemos, Ele nos amou (4:19). "Mas Deus nos mostrou o quanto nos ama: Cristo morreu por nós quando ainda vivíamos no pecado" (Romanos 5:8). Antes de fazer alguma coisa, há algo para você *ser* — amado por Deus.

Imitar a Deus. Sendo você Seu filho, deve imitar o Pai, assim como uma criança imita os pais (Efésios 5:1). Observe que isso se refere mais a aspectos de caráter do que a decisões por uma carreira. Imitamos a Deus sendo gentis, compassivos e perdoadores — assim como Ele nos perdoou (4:32). Ele determina o padrão e nós o seguimos. Ele é a fonte de bondade, e nós os Seus canais.

Amar o próximo. Paulo diz: "Que a vida de vocês seja dominada pelo amor, assim como Cristo nos amou" (5:2). Todos os sonhos que temos, os objetivos de nossa vida e o que fazemos no dia a dia devem refletir o grande mandamento de amar a Deus e ao próximo (Mateus 22:37-39). Esse amor é medido em sacrifício (Efésios 5:2). Devemos oferecer aos que estão ao nosso redor o amor que recebemos e vemos em Deus.

Aceitar ser amado, imitar a Deus, amar o próximo. Essa é a declaração de missão ideal para sua vida. —Sheridan Voysey

3 DE DEZEMBRO

A ADORAÇÃO E O NATAL

LEIA

Lucas 2:1-20

Hoje mesmo, na cidade de Davi, nasceu o Salvador de vocês — o Messias, o Senhor! (v.11).

EXAMINE

Leia Isaías 9:1-7 e medite sobre como nossas celebrações de Natal podem se alinhar com o propósito profético da vinda de Jesus.

CONSIDERE

O que você mais valorizou nesta semana? É possível cultivar admiração e ficar maravilhado em seu relacionamento com Jesus ou isso é algo automático? De que maneira você pode criar uma atmosfera de louvor neste Natal?

Quando estávamos indo à casa de minha irmã, no Natal, meu marido e eu paramos num supermercado para comprar alguns itens de última hora. Minha expectativa de encontrar muitos compradores se frustrou quando passei pelo corredor que dias antes estava cheio de produtos natalinos. As cores verde e vermelha já não predominavam. No lugar, corações rosa e vermelho para o dia dos namorados preenchiam os espaços.

O Natal nem mesmo havia chegado e já parecia ter ido embora. Em sua estratégia de marketing, os comerciantes simplesmente demonstravam seu desejo de querer sempre *mais* — em se tratando de lucros, quanto mais datas comemorativas... melhor. Como esta é a natureza do consumismo, não há o que eu possa fazer, mas isso revela algo sobre o coração humano. Quão rapidamente as coisas menos importantes roubam a sua atenção! E perdemos a capacidade de honrar algo — ou melhor ainda, *Alguém* (LUCAS 2:11).

Rico em detalhes, o relato do nascimento de Jesus (LUCAS 2:1-16) nos revela uma verdade central: Somos chamados a adorar Jesus — o Messias que veio nos salvar. Certamente, nem sempre podemos abrandar os acontecimentos da vida, mas nossa adoração não deve se basear em circunstâncias. Deve ter como base o que Deus fez e a glória de Seu Filho. Que sigamos o exemplo dos pastores, glorificando e louvando a Deus neste Natal. "Então os pastores voltaram para os campos, cantando hinos de louvor a Deus pelo que tinham ouvido e visto" (v.20).

Neste momento mais precioso do ano, estejamos atentos para permitir que o Espírito Santo conduza a nossa celebração. Não nos acomodemos ao ritmo do mundo. O Salvador da humanidade é digno de todo o nosso louvor. —REGINA FRANKLIN

4 DE DEZEMBRO

UMA BELA TAPEÇARIA

LEIA
Salmo 139:1-24

Eu te louvo porque deves ser temido. Tudo o que fazes é maravilhoso, e eu sei disso muito bem (v.14).

EXAMINE
Leia 1 Coríntios 6:19,20 e pense a respeito das implicações de o seu corpo ser o templo do Espírito Santo.

CONSIDERE
O que torna difícil ser grato a Deus pela forma como Ele tece sua vida? Como você pode agradecer a Deus hoje a tapeçaria que Ele teceu quando o criou? De que maneira pode honrá-lo com seu corpo nesta semana?

De acordo com um jornal italiano, há cada vez mais imigrantes querendo fazer cirurgia plástica para que fiquem mais parecidos com os "ocidentais". Alguns asiáticos estão pedindo mudanças nos olhos, tornando-os mais arredondados; alguns africanos desejam reduzir o tamanho dos lábios e remodelar seu corpo; outras etnias de pele escura desejam clarear sua pele porque a pele clara está associada ao sucesso. Esses indivíduos, que não estão satisfeitos com sua aparência, provavelmente teriam dificuldade em cantar o Salmo 139.

Davi reconheceu que o íntimo e completo conhecimento que Deus tinha a seu respeito começou antes mesmo de ele nascer. O Deus soberano cuidava dele enquanto crescia no útero materno (vv.13,15). Embora não pudesse ser visto por olhos humanos, ele não estava oculto aos olhos do Deus que tudo vê (v.16). Quando Davi pensou no total conhecimento de Deus, controlando todo o processo de seu desenvolvimento, ele respeitou e admirou a complexidade e beleza da criação de Deus — cada mínimo detalhe de seu corpo (v.14). Os olhos de Davi, seus lábios, o pigmento de sua pele, seu porte físico e todo o seu ser não continha erros que necessitassem de alterações, mas sim dons de Deus que precisavam ser reconhecidos.

Vamos nos unir a Davi em seu hino de louvor a Deus. Como alguém que tece uma tapeçaria, Deus criou cada parte de nosso corpo com detalhes maravilhosos, com diversidade e propósito. Ele nos fez do modo como somos — a mais bela, maravilhosa e complexa criatura que saiu de Suas mãos. Que a nossa resposta a tão magnífico trabalho sempre inclua gratidão (v.14), lealdade (vv.19-22) e humilde entrega (vv.23,24). —*MARVIN WILLIAMS*

5 DE DEZEMBRO

RESPONSABILIDADE PESSOAL

LEIA

Sofonias 3:1-8

Pensei assim: "Agora, o meu povo vai me temer. Eles deixarão que eu os corrija e não esquecerão as muitas vezes em que eu os castiguei." Mas eles se esforçaram ainda mais para fazer tudo o que é mau (v.7).

EXAMINE

Leia 2 Coríntios 5:10 e pense no futuro. Leia 1 Pedro 5:5,6 e Efésios 1:7. O que acontece quando buscamos a graça de Deus?

CONSIDERE

O que você pensa sobre ser responsável por seu pecado? De que forma a rebelião e as escolhas erradas envergonham a Deus? Como é possível demonstrar arrependimento genuíno?

Os olhos de meu amigo revelavam o que eu sentia — medo! Nós dois, então com 13 anos, comportamo-nos mal e estávamos diante do diretor do acampamento. Ele, que conhecia nossos pais, disse-nos em voz alta: "Você, filho de Dick Thomas, e você, filho de Ray Felten, como puderam fazer isto?". Queríamos nos esconder debaixo da mesa, por causa do remorso e da vergonha causada a nossos pais.

Deus deu a Sofonias uma mensagem para o povo de Judá, foram palavras fortes acerca da responsabilidade pessoal pelo pecado (1:1,6,7). No capítulo 2, depois de julgar os adversários de Judá, no capítulo 3, Deus volta Seus olhos à rebeldia de Seu povo. Deus proclamou: "Ai de Jerusalém, cidade rebelde e cheia de corrupção!" (3:1). "...eles [o povo] se esforçaram ainda mais para fazer tudo o que é mau" (v.7).

Ele havia sentido a frieza do coração de Seu povo — sua apatia espiritual, injustiça social e más ações — e Ele traria "fogo" (v.8). E não importava que fossem "líderes", "juízes", "profetas" — cada um era culpado diante do Deus santo (vv.3,4).

Essa história parece estar bem distante de nós. Mas considere o fato de que cada um de nós é pessoalmente responsável pelos pecados que cometemos contra o Pai celestial, àqueles que nos amam e a outros cristãos. Como escreveu Paulo acerca daqueles que persistem em se rebelar contra Deus: "Por isso você está aumentando ainda mais o castigo que vai sofrer no dia em que forem revelados a ira e os julgamentos justos de Deus, pois ele recompensará cada um de acordo com o que fez" (ROMANOS 2:5,6).

Em contraste, podemos escolher viver de uma forma que honre nosso santo e amoroso Deus, e não nos conduza ao remorso. —TOM FELTEN

6 DE DEZEMBRO

AMOR, VIDA E RELIGIÃO

LEIA
Efésios 3:14-21

Peço também que, por meio da fé, Cristo viva no coração de vocês. E oro para que vocês tenham raízes e alicerces no amor (v.17).

EXAMINE
Medite em 1 João 3:16 sobre o que o texto diz sobre a fonte de amor verdadeiro.

CONSIDERE
Como você deve viver para que sua reputação seja baseada na fé em Jesus e no seu amor por Ele e pelos outros? De que maneira o amor de Deus o ajuda a conhecer mais sobre Ele e sobre você mesmo?

No livro *Bono: A Self-Portait in Conversation* (Bono: autorretrato numa conversa), o lendário vocalista do U2 compartilhou estes pensamentos sobre o amor de Deus a MIchka Assayas: "Minha compreensão das Escrituras tem se tornado simples através da pessoa de Cristo. Ela ensina que Deus é amor. O que isso significa? Para mim, significa um estudo da vida de Cristo. O amor aqui descreve a si mesmo como uma criança nascida sem honra numa pobre manjedoura, a situação mais vulnerável de todas. Não deixo que o meu mundo religioso se torne muito complicado. [...] Deus é amor, e eu o respondo, permitindo-me ser transformado por esse amor, e agindo sob esse amor, isso é minha religião".

Paulo escreveu muitas vezes sobre o incrível amor de Deus, desejando recebê-lo em toda a sua dimensão, como encontrado em Seu Filho (EFÉSIOS 3:17). Embora não o mereçamos, o amor de Deus nos é dado livremente através de Jesus e — espantosamente — diferente de qualquer outro tipo de amor, não o podemos oferecer.

Paulo escreveu: "Pois eu tenho a certeza de que nada pode nos separar do amor de Deus: nem a morte, nem a vida; nem os anjos, nem outras autoridades ou poderes celestiais [...]. Em todo o Universo não há nada que possa nos separar do amor de Deus, que é nosso por meio de Cristo Jesus, o nosso Senhor" (ROMANOS 8:38,39).

Entender completamente "a largura, comprimento, altura e profundidade", Paulo explica, "peço que vocês venham a conhecê-lo, para que assim Deus encha completamente o ser de vocês com a sua natureza" (EFÉSIOS 3:18-20).

No contexto desse amor, experimentamos a transformação que nos compele a tornar nossa vida e religião unidas pelo amor. —*ROXANNE ROBBINS*

A BÍBLIA em UM ANO ➤ Dn 3–4; 1Jo 5

7 DE DEZEMBRO

MELHOR DO QUE EU MESMO

LEIA

Provérbios 27:5-10,27

É melhor a crítica franca do que o amor sem franqueza. O amigo quer o nosso bem, mesmo quando nos fere; mas, quando um inimigo abraçar você, tome cuidado! (vv.5,6).

EXAMINE

Leia Efésios 4:15 para lembrar da atitude que deve ter quando fala a verdade.

CONSIDERE

Você lida bem com a crítica? Por que é importante aceitar palavras duras ditas com amor e falar a verdade em amor para os outros?

Charles reclamou de dores nas costas com seu amigo. Ele apenas procurou um ouvido compreensivo, mas seu amigo fez uma observação honesta. "Seu problema não está em suas costas, mas em seu estômago. Seu estômago é tão grande que está afetando suas costas."

Você se sentiria ofendido se alguém falasse assim com você?

Charles se recusou a se sentir ofendido. Ele emagreceu e o "problema" com as costas desapareceu. Charles reconheceu que "É melhor a crítica franca do que o amor sem franqueza. O amigo quer o nosso bem, mesmo quando nos fere; mas, quando um inimigo abraçar você, tome cuidado!" (PROVÉRBIOS 27:5,6). O problema com a maioria de nós é que preferimos ser arruinados por um elogio do que ser ajudados pela crítica. A verdade *dói*. Ela machuca nosso ego. Ela sugere mudanças. Isso nos deixa desconfortáveis.

Os verdadeiros amigos não querem nos ferir, eles nos amam muito para querer nos enganar. Por isso, demonstram um amor corajoso ao nos apresentar o que provavelmente já conhecemos bem — coisas que achamos difíceis de aceitar e das quais não queremos tratar. Esses amigos nos falam o que *precisamos* e não o que *queremos* ouvir.

O escritor Vaughn Roberts escreveu: "Há uma certa 'gentileza' numa amizade em que, como dizem, eu posso ser eu mesmo. Mas eu preciso realmente ter relacionamentos que me incentivem a me tornar melhor do que eu mesmo. Preciso crescer um pouco a cada dia. Não quero ser o mesmo que fui ontem. Quero desenvolver-me a cada dia para ser mais semelhante a Cristo".

Você tem amigos que o ajudam a crescer em Cristo? Esforce-se para conservar essas amizades. Elas o ajudarão a se tornar melhor do que a versão de si mesmo hoje. —*POH FANG CHIA*

Dn 5–7; 2Jo ‹ A BÍBLIA em UM ANO

8 DE DEZEMBRO

PREPARANDO O CAMINHO

LEIA

Lucas 1:13-17

Ele será mandado por Deus como mensageiro e será forte e poderoso como o profeta Elias. Ele fará com que pais e filhos façam as pazes e que os desobedientes voltem a andar no caminho direito... (v.17).

EXAMINE

Conheça em Apocalipse 5:6-14 outra face de Cristo, digno de louvor e glória.

CONSIDERE

Quando você adora a Deus, como o imagina em seu coração? Você pode influenciar outros a ouvir as boas-novas de Jesus, o Rei dos reis, neste Natal?

Em julho de 2013, a mídia prendeu a atenção do mundo em torno do nascimento do bebê do príncipe William e Kate Middleton. A criança era a terceira na linha de sucessão do trono britânico e assim, no dia seguinte ao nascimento do príncipe George, o assunto se tornou manchete em quase todos os jornais, revistas e programas de TV.

Uma estrela homenageou ao Criador (MATEUS 2:9); anjos cantaram em louvor "Glória a Deus nas maiores alturas do céu!" (LUCAS 2:14); os pastores e os sábios do Oriente deram a Jesus a glória e os presentes que Ele merecia (MATEUS 2:11; LUCAS 2:15,16). Antes do nascimento de Jesus, outro bebê nasceu. Esse bebê cresceu e foi chamado por Deus para anunciar Sua mensagem de arrependimento e preparar o caminho para o Rei que haveria de chegar. Como lemos em Lucas 1, um anjo anunciou não apenas o nascimento de Jesus, mas também o nascimento do profeta João Batista (v.17). Ainda no ventre materno, João pulou de alegria quando Jesus — ainda no ventre de Maria — se aproximou dele (v.41).

Mais tarde, já adulto, João começou seu ministério preparando o caminho para o maior Rei que o mundo já conheceu. Enquanto João pregava, ele conheceu a verdadeira identidade de Jesus e o proclamou como o Messias. Todos se curvarão diante dele — estrelas, anjos, pastores e os sábios do Oriente. Paulo escreveu: "Quando chegar o tempo certo, Deus fará com que isso aconteça, o mesmo Deus que é o bendito e único Rei, o Rei dos reis e o Senhor dos senhores" (1 TIMÓTEO 6:15).

O Natal permanece com uma vívida lembrança da identidade de Jesus como o Rei dos reis. Que preparemos o caminho para que outros se curvem diante deste Rei, ao proclamar as boas-novas neste Natal. —PETER CHIN

A BÍBLIA em UM ANO ▶ Dn 8–10; 3Jo

9 DE DEZEMBRO

USANDO O SEU DOM

LEIA

1 Coríntios 12:31–13:7

Por isso se esforcem para ter os melhores dons. Porém eu vou mostrar a vocês o caminho que é o melhor de todos (v.31).

EXAMINE

Leia 1 Coríntios 13:3 e pense no que o texto diz sobre a importância do amor.

CONSIDERE

Como você lida com o pensamento de que seu dom espiritual é menos ou mais importante do que o de outras pessoas? Que temores podem impedi-lo de exercer seus dons para a Glória de Deus?

O filme *Frozen — uma aventura congelante* conta a história de uma princesa, chamada Elsa, que tinha o dom especial de criar gelo e neve. Não estamos falando de fazer chá gelado. Não — com um movimento de mão, ela poderia desencadear uma tempestade de neve que podia transformar um dia de verão num inverno congelante.

Entretanto, quando ainda era criança, o dom de Elsa quase resultou na morte de sua irmãzinha Anna. Com medo de não poder controlar sua habilidade, a princesa escolheu esconder seu dom e viver sozinha com seus temores. Perto do final do filme, Elsa descobriu que o amor verdadeiro não só era a chave para controlar seu poder para o bem dos outros, mas também para abrir a porta da restauração dos relacionamentos que os anos de temor e desentendimentos haviam roubado.

O apóstolo Paulo ansiava que a jovem igreja de Corinto fizesse essa mesma descoberta sobre o poder do amor no exercício dos "dons especiais" (1 Coríntios 12:1). Aparentemente, as questões e desentendimentos acerca do significado de "dons espirituais" que haviam surgido ameaçavam a harmonia na jovem igreja local. Paulo escreveu que todos os dons espirituais são importantes e foram dados "para o bem de todos…" (v.7). Ele desejava mostrar que a maior virtude de todas — *amor* — tem a chave para o exercício dos dons e a solução para as tensões que ameaçam a unidade.

Nenhum de nós consegue viver plenamente de acordo com a famosa descrição do genuíno amor (1 Coríntios 13:4-7), mas com a ajuda de Deus podemos nos esforçar "…para ter os melhores dons…" (1 Coríntios 12:31).

Em vez de permitir que o medo e o desentendimento nos separe, mostremos amor; ele tem o poder de nos unir. —*Jeff Olson*

Dn 11–12; Jd ‹ A BÍBLIA em UM ANO

10 DE DEZEMBRO

GENEROSIDADE INCRÍVEL

LEIA

Lucas 1:46-56

Agradeçamos a Deus o presente que ele nos dá, um presente que palavras não podem descrever
(2 Coríntios 9:15).

EXAMINE

Leia Mateus 7:11. O que este texto nos fala acerca da generosidade de Deus? O que diz sobre Deus não ser mesquinho em Suas dádivas?

CONSIDERE

Qual o maior ato de generosidade que alguém já fez para você? Como Deus lhe tem demonstrado a Sua generosidade?

Durante meu último ano no Ensino Médio, guardei dinheiro para comprar alguns presentes extravagantes para minha família. Quando chegou o Natal, surpreendi a todos, meus pais, irmã e avós. Eu imaginava que — com a ida para universidade se aproximando — eu não teria outra chance de ser tão generoso com meu dinheiro.

Porém, seria perigoso equiparar a generosidade apenas com o ato de dar dinheiro ou presentes. Também é verdade que, ao viver numa cultura em que o desejo insaciável de ter mais e mais ameaça nos dominar, é bom distinguir entre a generosidade e o consumismo egoísta. Eu ainda me considero defensor da antiga prática de dar presentes no Natal. Quando feito do modo correto, acredito que a disposição de dar presentes uns aos outros pode refletir, de alguma forma, a própria essência do extravagante presente de Deus — a *Dádiva* que celebramos a cada 25 de dezembro (Lucas 1:46-55).

O ponto central das boas-novas de Deus é Sua incrível generosidade. O evangelho destrói nosso egocentrismo porque declara uma verdade quase absurda: Deus, Criador e Rei de todos, veio até *nós*... como um indefeso *bebê*. Esta dádiva foi dada primeiro a Maria, ela exclamou: "...o Deus Poderoso fez grandes coisas por mim..." (v.49).

Esta dádiva foi estendida a todos nós — ela vai além de nossa mais delirante imaginação, algo que não podemos fazer por nós mesmos. Neste Natal, em honra à Grande Dádiva, eu também vou oferecer presentes. Quero dar mais do meu tempo, mais de mim mesmo e de minha atenção, mais palavras amáveis, orações e abraços. Mas também, oferecerei alguns generosos presentes que trazem alegria e produzem sorrisos (vv.46,47). Seguirei o exemplo de Deus. —*Winn Colier*

11 DE DEZEMBRO

A SOMBRA DA TERRA

LEIA

Marcos 8:31-38

Quem esquece a si mesmo por minha causa e por causa do evangelho terá a vida verdadeira (v.35).

EXAMINE

Leia Neemias 5:14-18 para ver a abnegação de Neemias refletindo sua atitude de temor a Deus. Veja em Atos 5:1-5 qual foi o custo do egoísmo para a vida de Ananias.

CONSIDERE

Que relação existe entre o amor e o egoísmo? Quais mudanças Deus está pedindo que você faça para aperfeiçoar sua devoção a Ele?

Quando vejo a Lua na sua fase minguante, penso num texto que li em *A Prayer Jounal* (Diário de oração) de Flannery O'Connor. O escritor compôs estas palavras para Deus: "Tu és o quarto crescente da Lua... e eu sou a sombra da Terra que me impede de ver toda a Lua... Eu não te conheço porque estou no meio do caminho. Por favor, ajuda-me a ficar de lado".

Ao considerar estes pensamentos, admito que uma parte de mim se sente no direito de desfrutar o conforto deste mundo e ter, ao mesmo tempo, profunda intimidade com Cristo. Porém, Jesus disse: "Se alguém quer ser meu seguidor, que esqueça os seus próprios interesses" (Marcos 8:34). Para mim, isto quer dizer não pôr os meus pés onde Deus diz "não", nem se aborrecer quando Deus diz "espere", e não resmungar quando Ele me dá uma nova tarefa.

Como todo mundo, nasci com uma tendência egoísta. Felizmente, Jesus me alertou e se ofereceu para me ajudar a controlá-la com mandamentos tais como: "Ame o seu próximo como você ama a você mesmo" (Lucas 10:27). Esta é Sua maneira de me mostrar que o amor por mim mesmo é, de fato, automático. Não é preciso me ensinar a buscar conforto pessoal ou a autopreservação — sou igual a todos nesses quesitos!

Felizmente, Jesus disse: "Pois quem quiser salvar a sua vida, a perderá, mas quem perder a vida por minha causa e pelo evangelho, a salvará" (Marcos 8:35 NVI). Aprofundar meu relacionamento com Cristo significa me mover de "uma vida centrada em mim" para "uma vida centrada em Deus". E ao abandonarmos nossos desejos egoístas, Deus nos concederá novos desejos (Gálatas 5:24). Ele nos dará uma melhor visão de Sua glória ao permanecermos em Sua sombra. —*Jennifer Benson Schuldt*

12 DE DEZEMBRO

UMA MÃE SOLTEIRA

LEIA

Mateus 1:18-25

Pois ela está grávida pelo Espírito Santo. Ela terá um menino, e você porá nele o nome de Jesus, pois ele salvará o seu povo dos pecados deles (vv.20,21).

EXAMINE

Leia Isaías 7:14 e descubra o que a profecia revelou sobre "Emanuel".

CONSIDERE

Se você fosse José, acreditaria em Maria se *ela* lhe dissesse que estava "grávida pelo Espírito Santo? (Mateus 1:18). Por quê? Como você tem experimentado o poder de Deus, Seus planos e Sua presença?

Imagine a cena. José conduzindo uma carroça puxada por um jumento em direção a Belém. Dentro da carroça está Maria, sua esposa grávida. Ela engravidou antes de terem consumado seu casamento! Seria um escândalo em sua cidade. Imagine os olhares. *Seguramente ela seria considerada uma mulher promíscua. E ambos seriam culpados de ter relações sexuais antes do casamento.*

Poucos meses antes, José precisou tomar uma decisão difícil. Ele poderia sair ileso se expusesse publicamente a infidelidade de Maria. Porém, se o fizesse, estaria condenando Maria à morte (Deuteronômio 22:23-27). José quis terminar seu noivado secretamente para não envergonhar ou magoar Maria (Mateus 1:19). Mas não foi isso que fez. Pois um anjo lhe ordenou a se casar com a grávida Maria, como planejado, "...pois ela está grávida pelo Espírito Santo" (v.20). E José devia dar ao menino "...o nome de Jesus, pois ele salvará o seu povo dos pecados deles" (v.21).

Não nos é relatado o quão perplexo e atônito esse homem realmente se sentiu com a situação. Mas sabemos que José simplesmente obedeceu. Ele *imediatamente* "...fez o que o anjo do Senhor havia mandado e casou com Maria. Porém não teve relações com ela até que a criança nasceu..." (vv.24,25).

Atualmente, não há qualquer indicação de escândalo sobre o nascimento de Jesus, ou de que Ele tenha sido um filho ilegítimo (João 8:41). Em vez disso, há uma sacralidade inexplicável e um indescritível maravilhamento sobre uma virgem ter engravidado.

A história dessa mãe solteira é a história do *poder* de Deus (Mateus 1:18), o *plano* divino da salvação (v.21), e a *presença* de Deus (v.23). Pela graça de Deus, podemos celebrar esse acontecimento hoje. —*K. T. Sim*

A BÍBLIA em UM ANO ▸ Os 9–11; Ap 3

13 DE DEZEMBRO

ALEGRE-SE

LEIA

Habacuque 3:17-19

Ainda que as figueiras não produzam frutas, [...] mesmo assim eu darei graças ao Senhor e louvarei a Deus, o meu Salvador (vv.17,18).

EXAMINE

Leia Hebreus 5:8 e veja como Jesus aprendeu por meio do sofrimento.

CONSIDERE

Por que tentamos evitar as dificuldades e provações? Como pode o nosso sofrimento revelar Deus e Sua glória para os outros?

A epidemia de febre aftosa no Reino Unido em 2001 provocou mais destruição na pecuária britânica do que qualquer outra catástrofe. Alguns irmãos oravam para que os fazendeiros cristãos fossem miraculosamente protegidos, enquanto outros oravam para que eles permanecessem firmes em seu testemunho por Jesus, não importando o que acontecesse.

O rebanho e os produtos lácteos de um amigo tiveram de ser destruídos um mês após aquela corrente de oração. Seu pai, idoso, ligou para um velho amigo, que também tivera grandes perdas, para solidarizar-se com ele. O amigo estava literalmente no meio das carcaças de seus touros reprodutores. Um rebanho que fora iniciado por seu avô, aperfeiçoado por seu pai e desenvolvido por ele, na esperança de que seu filho mais velho herdasse uma linhagem de animais cuidadosamente selecionados.

Mas agora, diante de seus animais mortos, seus sonhos estavam destruídos e o futuro parecia incerto. Foi então que o amigo de meu pai citou Habacuque 3:14-19, e os dois homens choraram.

Eles choraram, mas ao mesmo tempo se alegraram no Deus de sua salvação (v.18). E o Senhor foi glorificado quando outros os viram seguir em frente com alegria. João escreveu: "A luz brilha na escuridão, e a escuridão não conseguiu apagá-la" (João 1:5).

Seguir adiante com Deus em meio às provações mais difíceis faz um cristão brilhar. Alguns meses depois, perguntei ao fazendeiro que citou Habacuque: —Quando você falou deste texto, e viu seu rebanho morto ao seu redor, onde estava Deus?

Com lágrimas nos olhos, ele respondeu: —Bem ao meu lado; jamais esteve tão perto.

Toda a igreja chorou com ele e louvou. Você quase podia ouvir aplausos no céu; tenho certeza de que Deus se agradou.

—Russel Fralick

14 DE DEZEMBRO

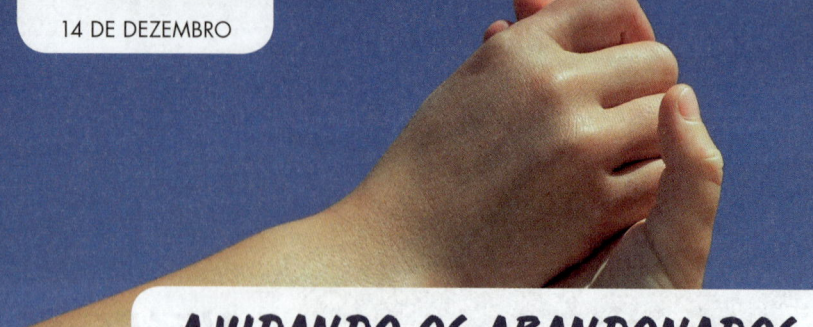

AJUDANDO OS ABANDONADOS

LEIA

Filipenses 2:1-11

Pelo contrário, ele abriu mão de tudo o que era seu e tomou a natureza de servo, tornando-se assim igual aos seres humanos (v.7).

EXAMINE

Leia Mateus 7:12; Lucas 6:31; Atos 20:35 e descubra o que as Escrituras revelam sobre como devemos tratar os outros.

CONSIDERE

Como você pode verdadeiramente servir os outros por ocasião do Natal? De que maneira a humildade e o serviço aos outros se complementam?

Após a morte de Nelson Mandela, no final de 2013, muitas histórias foram contadas sobre seu genuíno interesse pelos outros. Na década de 50, no tempo do *Apartheid* (segregação racial) da África do Sul, certa feita Mandela viu uma mulher com o carro enguiçado, numa estrada em Johanesburgo. Aproximando-se dela, ofereceu ajuda, pois podia consertar o carro.

A mulher se prontificou a pagá-lo, mas Mandela respondeu: —Ah não, não é necessário. Então ela lhe perguntou: —Por que você, um homem negro, faria isso por mim, se não fosse em troca de dinheiro? Ao que ele respondeu: —Porque você estava abandonada ao lado da estrada. Este mesmo homem se tornou o primeiro presidente do país, eleito democraticamente em 1994.

Neste tempo de Natal, muitos de nós somos mais generosos do que costumamos ser. Paulo, elogiou a igreja de Filipos por sua generosidade (FILIPENSES 4:15-18), mas os alertou sobre motivação errada (2:3,4). Suas palavras nos lembram a não sermos egoístas, nos impelem a sermos humildes, a pensarmos nos outros mais do que em nós mesmos, e pede que nos interessemos pelas necessidades deles.

O apóstolo desafiou seus ouvintes a ter a mesma atitude de Jesus Cristo que, embora sendo Deus, deixou de lado Seus privilégios divinos, assumiu a posição de um servo e nasceu como ser humano. Humilhou-se a si mesmo em obediência a Deus e morreu como um criminoso na cruz. Entretanto, Deus o exaltou, concedendo-lhe um nome acima de todos os nomes, para que ao nome de Jesus todo joelho se dobre e toda língua confesse que Jesus Cristo é o Senhor, para a glória do Deus Pai (2:5-11).

Ele deu Sua vida porque estávamos presos em nossos pecados e morte. Que vivamos como Seus servos. —RUTH O'REILLY-SMITH

15 DE DEZEMBRO

EM QUE VOCÊ CRÊ?

LEIA
Tiago 2:14-26
Você crê que há somente um Deus? Ótimo! Os demônios também creem e tremem de medo (v.19).

EXAMINE
Aprenda em Marcos 9:14-19 sobre como devemos lidar com nossas dúvidas.

CONSIDERE
O que suas ações, ou sua inatividade, revelam acerca do que você realmente acredita? Como você pode aumentar sua fé em Deus e em Sua Palavra?

Numa cena do filme *Indiana Jones e a última cruzada*, um vilão atira no pai de Indiana, para forçá-lo a entrar num templo cheio de armadilhas e recuperar o Santo Graal. "O poder curador do Santo Graal é a única coisa que pode salvar seu pai", disse o vilão. "É o tempo de perguntar a si mesmo no que você crê." Aquele homem mau estava certo numa coisa: O que acreditamos determina o que fazemos.

A palavra *crer* significa tomar por verdadeiro ou confiar, e isto pode ser visto de duas maneiras:

Um frágil senso de crer significa: "Acredito que vai chover", quando não temos certeza. Mas se chove, e temos boas razões para acreditar nisso, dizemos que sabíamos que choveria. Assim usamos a certeza como o primeiro passo rumo ao conhecimento. Isso é o que Tiago afirma quando diz que até os demônios creem que há um Deus (TIAGO 2:19). Eles sabem que *Yahweh* é o único Deus, mas não se aprofundam nesse conhecimento.

Há um segundo significado de *crer*. Esta fé, que salva, vai muito além de um simples conhecimento e compromete todo o nosso ser com o que sabemos ser verdadeiro. Paulo expressou esta fé genuína quando disse: "Sei em quem tenho crido e estou certo de que ele é poderoso para guardar, até aquele dia, aquilo que ele me confiou" (2 TIMÓTEO 1:12). Martinho Lutero explicou que esta fé salvadora é "a viva e desafiadora confiança na graça de Deus, tão segura e certa que o cristão poderia confiar sua vida nessa segurança mil vezes".

Indiana Jones escolheu comprometer-se com o Graal, de modo que entrou no templo e pegou a água que curaria seu pai. Em que você crê? De que maneira isso afeta o modo como você vive num mundo que precisa do toque curador de Deus?

—MIKE WITTMER

16 DE DEZEMBRO

TEMPO DE AVENTURA!

LEIA
Lucas 9:57-62
...As raposas têm as suas covas, e os pássaros, os seus ninhos. Mas o Filho do Homem não tem onde descansar (v.58).

EXAMINE
Mateus 11:28-30 traz palavras de grande encorajamento para você, caso esteja cansado, mas ainda assim deseja seguir a Jesus.

CONSIDERE
Que compromissos (se tiver algum) você assumiu com Jesus? Como você pode procurar Sua ajuda, vivendo de acordo com estes compromissos?

Ao tentar voltar para casa depois de visitar nossa filha, minha esposa se deparou com vários voos cancelados por causa do mau tempo. Dois dias depois, tinha um punhado de cartões de embarque para aviões que não podiam decolar. Ela se juntou a milhares de passageiros que tentavam encontrar um lugar para descansar.

Atraso ocasional é uma coisa. Dormir sobre sua bagagem é outra.

Aparentemente, Jesus dormiu muitas vezes no chão. Quando alguém declarou: "Eu estou pronto a seguir o senhor para qualquer lugar onde o senhor for", Jesus lhe respondeu: "As raposas têm as suas covas, e os pássaros, os seus ninhos. Mas o Filho do Homem não tem onde descansar" (LUCAS 9:57,58).

Sem dúvida, muitas pessoas demonstraram hospitalidade a Jesus. Mas é estranho pensar nele como um sem-teto. Um simples fato ameniza o problema, Ele não tinha problema em dormir sob as estrelas.

Na semana anterior à morte de Jesus, Lucas relata que o Senhor "...à noite ia para o monte das Oliveiras..." (21:37) e pela manhã retornava ao Templo para ensinar.

Gosto dessa ideia de Jesus ao ar livre. Imagine o Criador do cosmos indo à montanha para conversar com Seu Pai durante a noite. E então me lembro de que o "Filho do Homem não tem onde descansar". O Filho de Deus, nascido num estábulo... vagando como um mestre sem-teto... pregado numa cruz.

Comprometer-se com uma grande causa parece ser uma aventura, mas a realidade logo se intromete. Crer em Jesus é fácil, mas segui-lo é um desafio. Ele pode me conduzir a lugares aonde não quero ir. E minha promessa de fidelidade parece sem sentido se eu não contabilizar seu custo. "Quem [...] olha para trás não serve para o Reino de Deus (9:62). —TIM GUSTAFSON

17 DE DEZEMBRO

AGIR, BUSCAR, HUMILHAR-SE

LEIA

Mateus 2:1-12

Onde está o menino que nasceu para ser o rei dos judeus? Nós vimos a estrela dele no Oriente e viemos adorá-lo (v.2).

EXAMINE

Medite em João 13:12-17. Aquele perante o qual os sábios do Oriente se encurvaram é o mesmo, o Rei humilde, que se inclina para servir.

CONSIDERE

Você pode ver sua jornada espiritual na história dos sábios do Oriente? De que maneira sua história pode nos ajudar a entender melhor aqueles que estão numa busca espiritual hoje?

Os cartões de Natal e as cenas de presépios descrevem os sábios do Oriente em visita ao bebê Jesus. Porém, creio que a história vai além dessa representação. A jornada dos sábios é também um padrão para a nossa jornada espiritual.

"Vimos a estrela", disseram os sábios (MATEUS 2:2). A estrela, enviada por Deus, deu início à jornada para encontrá-lo. Assim como eles, nossa própria jornada espiritual começa com uma *ação* (JOÃO 6:44) — talvez como resultado de uma crise ou de um sentimento de que *deve existir algo mais*.

"Vimos a estrela", disseram, "e viemos adorá-lo". Depois da ação vem a *busca*. Eles devem ter viajado a pé por cerca de um ano para chegar até Jerusalém. Além disso, contrariaram as diretrizes de um rei conhecido por sua brutalidade (MATEUS 2:7-16). Poucos de nós pagariam tal preço para buscar a Deus. Mas as pessoas ainda o procuram, mesmo que seja na simples compra de um livro que prometa revelar o segredo para encontrar "algo mais".

Nós "viemos adorá-lo". Após agir e buscar, vem a *humilhação*. Num desafiador ato contra Herodes (autoproclamado "Rei dos judeus"), contra os reis persas (tradicionalmente coroados como "Rei dos reis"), e sua religião, os sábios se curvaram perante Jesus (v.11).

Este estágio final da jornada é para nós a *chave* que avalia o resultado de nossa busca. Será que a espiritualidade encontrada nos conduz à autorrealização ou à autorrendição? Ela nos leva a Alguém maior? Ela nos guia a adorar a humanidade ou a curvar-nos diante de Deus?

Estou convencido de que se a nossa espiritualidade não nos faz curvar diante de Jesus, a quem os sábios encontraram, ela não é grande o suficiente para ser aceita. —SHERIDAN VOYSEY

UM RIO NÃO PREGUIÇOSO

18 DE DEZEMBRO

LEIA

Provérbios 22:1-21

Eduque a criança no caminho em que deve andar, e até o fim da vida não se desviará dele (v.6).

EXAMINE

Leia Mateus 5:1-16 e pense em como os pais podem ativamente desenvolver em seus filhos os atributos que Jesus apresenta.

CONSIDERE

Quais são algumas valiosas lições que você aprendeu de seus pais ou de outros adultos? De que maneira o mundo o desafia, ultimamente, em seus relacionamentos com seus filhos ou com os filhos dos outros?

Um de nossos lugares favoritos para passar as férias é uma comunidade na praia. Gostamos de ir fora de temporadas, quando há poucos turistas. Quando a água do mar está fria, usamos a piscina coberta. Há também ali um rio de pequena correnteza, muito convidativo para as crianças. Elas tentam nadar contra a corrente, apenas para serem levadas na direção oposta.

Meu marido e eu nadamos contra a corrente dos valores da sociedade para levar nossos filhos a um entendimento saudável de quem eles são. Ao considerar nossa experiência com o ministério de jovens ou na educação cristã, voltamos a esta verdade: Somos, em última instância, responsáveis pela educação espiritual de nossos filhos.

O treinamento das crianças pode ser um trabalho exaustivo (Provérbios 22:6). Entretanto, se seguirmos a corrente da sociedade como pais, teremos um rio "preguiçoso" para nossos filhos — uma viagem sem rumo, proporcionando-lhes uma direção equivocada e sem objetivo (Provérbios 29:18). Da mesma forma, superprotegê-los só em ambientes cristãos não trará melhores resultados na sua preparação para os rigores do verdadeiro discipulado (Mateus 22:9; Marcos 16:15).

A maior bagagem espiritual que posso oferecer à vida de meus filhos é conduzi-los ao conhecimento de Deus e disciplina-los (Provérbios 22:15,17-19). Também devo compreender que eles nunca aprenderão a perseverar na fé se eu remover de seu caminho todos os obstáculos que provocam dor e desencorajamento. O processo de treinamento nem sempre é fácil, mas ao olhar para a Palavra de Deus, podemos descansar em sua promessa de que "os olhos do Senhor protegem o conhecimento..." (v.12 NVI).

—Regina Franklin

19 DE DEZEMBRO

FIQUE ESPERTO

LEIA

Mateus 26:36-46

Vigiem e orem para que não sejam tentados. É fácil querer resistir à tentação; o difícil mesmo é conseguir (v.41).

EXAMINE

Medite na recomendação de Jesus em Apocalipse 3:2,3 para estar alerta e não negligenciar a vigilância.

CONSIDERE

Se Jesus classificasse seu nível de oração neste momento, Ele ficaria satisfeito com sua diligência ou o repreenderia por estar dormindo no ponto? Em que parte de sua vida de oração você precisa ter mais disciplina?

Um funcionário de um banco alemão estava fazendo uma transferência de 62 euros para a conta de um cliente, porém por conta de uma "cochilada" seu dedo ficou pressionando a tecla "2". Como resultado, 222 milhões de euros foram transferidos para aquele correntista. O funcionário "soneca" chegou bem perto de causar um pesadelo ao banco, tudo porque não estava bem desperto.

Jesus advertiu os Seus discípulos de que se eles não permanecessem alertas, poderiam cair num erro que lhes custaria muito caro. Ele levou Seus discípulos ao Getsêmani para ficar algum tempo em oração com eles (LUCAS 22:40). Enquanto orava, uma terrível tristeza tomou conta dele — uma angústia de morte. Era algo que Jesus jamais havia sentido.

Jesus pediu a Pedro, Tiago e João que ficassem orando com Ele (MATEUS 26:38). Porém, no momento de Sua maior necessidade, eles dormiram (vv.40,41). A falha deles em dar o apoio de que o Mestre precisava, os deixou sem defesa quando lhes sobreveio a tentação. Ele os havia advertido a ficar de prontidão e a vigiar para que não caíssem em tentação — a tentação de não o negarem. Neste caso, os discípulos precisavam de vigilância espiritual, incluindo também o autocontrole físico.

Hoje, o Salvador nos chama à mesma vigilância que Ele desejava de Seus primeiros discípulos. Estar de prontidão para evitar o grande erro de negar a Jesus significa que é preciso gastar mais tempo ajoelhados. Precisamos dedicar todo nosso ser para estarmos alertas e orarmos com gratidão a Deus (COLOSSENSES 4:2), e orar no poder do Espírito Santos em todos os momentos e ocasiões (EFÉSIOS 6:18) e sermos disciplinados nas orações até a volta do Senhor (1 PEDRO 4:7). —MARVIN WILLIAMS

20 DE DEZEMBRO

ETERNO ESPLENDOR

LEIA

Judas 1:20-25

Porém vocês, meus amigos, continuem a progredir na sua fé, que é a fé mais sagrada que existe. Orem guiados pelo Espírito Santo (v.20).

EXAMINE

Veja em João 15:15 como Jesus nos considera. Medite em Efésios 2:10 e Colossenses 2:19 sobre o que Paulo fala sobre nossa verdadeira identidade.

CONSIDERE

Que falsos conceitos a seu respeito estão ofuscando sua verdadeira identidade em Jesus? Como você pode encorajar outros cristãos, ajudando-os a ver que se tornarão "eternos esplendores"?

C. S. Lewis compreendeu a essência da humanidade e capturou-a nessas selecionadas palavras em *O peso de glória* (Ed. Vida, 2011): "Não existem pessoas comuns. Você não está falando com um simples mortal". Então mencionou a verdade pungente, biblicamente correta, de que cada um de nós se tornará um "horror eterno" ou um "esplendor eterno".

Em seus primeiros anos de vida, Judas, o meio-irmão de Jesus, não compreendia o fato de que seu irmão mais velho era divino e muito menos o Seu eterno esplendor. Por fim, após a morte e ressurreição de Jesus, Judas aceitou que, de fato, Jesus é o Salvador do mundo (Atos 1:14; 1 Coríntios 9:5), e começou a proclamar a Sua mensagem.

No livro que leva seu nome, Judas — já idoso — alertou seus leitores sobre o perigo de falsos mestres e sua mensagem traiçoeira. Concluiu seu livro convidando os verdadeiros cristãos a compreenderem quem são em Jesus: (1) possuidores da "fé santíssima"; (2) vasos cheios do "Espírito Santo"; (3) recipientes da "misericórdia de nosso Senhor Jesus Cristo" e "vida eterna" encontrada em Jesus; (4) e filhos que vivem no "amor de Deus" (Judas 20,21 NVI).

É importante que alertemos outros cristãos a que recebam as promessas de que Deus nos torna Seus eternos esplendores. O mundo, com sua falsa visão e o menosprezo da fé, vai continuar dizendo que somos "eternos horrores". É por isso que precisamos constantemente ter "misericórdia uns dos outros" em nossa fé, ajudando e sustentando uns aos outros quando a fé vacila (vv.20,22,23).

Você, como cristão, é um eterno esplendor que um dia estará na gloriosa presença de Jesus (v.24). Que hoje nos apoiemos uns aos outros com essas verdades! —Tom Felten

21 DE DEZEMBRO

ORE E DESCANSE

LEIA

Filipenses 4:1-9

Não se preocupem com nada, mas em todas as orações peçam a Deus o que vocês precisam (v.6).

EXAMINE

Veja em Provérbios 12:25 o que as preocupações fazem com as pessoas. Leia Lucas 12:29-32 para compreender por que os cristãos não precisam ter preocupações.

CONSIDERE

Como as constantes preocupações podem afetar o testemunho dos cristãos para os incrédulos? O que lhe acontece com mais frequência: Orar e se preocupar ou orar e descansar?

A autora e oradora Mary Lou Quinlan afirma que sua mãe "inala uma preocupação e exala uma oração". Sua mãe tem o hábito de escrever seus pedidos de oração e colocá-los num lugar especial — a "Caixa de Deus". Há uma regra para essas petições. De acordo com Mary, "se [alguém] se preocupa quanto ao pedido feito, mamãe lhe diz: 'Se você acha que pode lidar com isso melhor do que Deus, o pedido sai da caixa'". Isto ajudou Mary e sua família a lidar com as preocupações.

Deus quer que deixemos os problemas em Suas mãos (MATEUS 11:28). Se você for como eu, isto requer algum esforço. Primeiro, apresento meus problemas a Deus. Paulo diz: "...peçam a Deus o que vocês precisam e orem sempre com o coração agradecido" (FILIPENSES 4:6). Depois de orar, eu respiro e abro meus olhos e as preocupações voltam. Tenho duas opções: Continuar preocupada ou começar a orar.

Ao me preocupar de novo, estou dizendo a Deus que não estou certa de que Ele é poderoso o suficiente para cuidar do problema. Reescrevo a Palavra que diz: "Entreguem todas as suas preocupações a Deus, pois ele cuida de vocês" (1 PEDRO 5:7); da seguinte forma: "Agarre-se aos seus problemas, pois Deus não está preocupado com sua vida".

Deus ama Seus filhos! Seu plano não inclui a preocupação como forma de resolver problemas (MATEUS 6:27). A disciplina da oração pode nos ajudar a ver Seu poder e a nos lembrar das coisas que Ele já proveu no passado para nós. Entregar nossas preocupações a Jesus pode nos levar a encontrar paz quando estamos estressados. A paz "...que ninguém consegue entender, guardará o coração e a mente de vocês, pois vocês estão unidos com Cristo Jesus" (FILIPENSES 4:7). —JENNIFER BENSON SCHULDT

Mq 4–5; Ap 12 ‹ A BÍBLIA em UM ANO

22 DE DEZEMBRO

PROMESSAS CUMPRIDAS

LEIA

Lucas 1:39-45

Ele cumpriu as promessas que fez aos nossos antepassados e ajudou o povo de Israel, seu servo. Lembrou de mostrar a sua bondade a Abraão e a todos os seus descendentes, para sempre (v.55).

EXAMINE

Leia Lucas 1:68-70 e veja o que Zacarias, o esposo de Isabel, fala a respeito de Deus e de Sua fidelidade.

CONSIDERE

Quais promessas Deus cumpriu que você pode celebrar? Como Sua fidelidade é revelada em sua vida?

No filme *O homem de aço*, de 2013, o jovem Clark Kent usou sua força sobre-humana para salvar os estudantes de um ônibus que caíra num rio. O pai de Clark, por crer que o mundo não estava preparado para o dom sobrenatural do filho, insistiu com Clark que mantivesse sua grande força em segredo. Ele explicou: "Quando o mundo descobrir o que você pode fazer, isso poderá mudar todas as coisas — nossas crenças, nossa noção do que significa ser humano — tudo!".

Essa cena, levou-me a imaginar se José, o pai adotivo de Jesus, tinha noção do ser sobrenatural que era *seu* filho. Fico pensando se alguma vez lhe ocorreu que o mundo seria completamente transformado quando descobrisse quem seu filho verdadeiramente era.

Não podemos afirmar que José teve tais pensamentos, mas Maria sim. Vários dias depois que o anjo deu a ela a notícia de que ficaria grávida (LUCAS 1:26-38), ela foi à casa de sua parente, Isabel, que já estava grávida havia seis meses. Lucas relata que o bebê no ventre de Isabel "pulou de alegria" ao ouvir a voz de Maria (v.44). As duas mulheres viram que esse era um sinal de que Maria estava realmente grávida do Filho de Deus.

Tomada de grande alegria, Maria compôs aquele que se tornaria um dos mais belos cânticos da Bíblia — O *Magnificat* — (vv.46-55). A última estrofe da canção revela que Maria tinha plena consciência de que a criança em seu ventre era o cumprimento da promessa longamente aguardada, feita a Abraão — que abençoaria e transformaria todo o mundo (GÊNESIS 12:1-3).

Uma das muitas coisas reveladas pelo nascimento de Jesus é a fidelidade de Deus. Celebrar o nascimento de Jesus é celebrar Aquele que cumpre Suas promessas. —*JEFF OLSON*

23 DE DEZEMBRO

RECONSTRUINDO

LEIA

Neemias 2:1-18

...Vamos começar a reconstrução!... (v.18).

EXAMINE

Leia Esdras 9:9 e pense em como Deus amorosamente continua a reconstruir vidas.

CONSIDERE

O que você precisa pedir que Deus reconstrua em sua vida? Como você poderá compartilhar o amor de Deus e Seu poder restaurador com aqueles que estão ao seu redor?

Em 31 de outubro de 2003, Bethany Hamilton, então com 13 anos, foi atacada por um tubarão, enquanto surfava no litoral norte do Havaí. Bethany sobreviveu, mas perdeu o braço esquerdo e mais de 60% do seu sangue durante o ataque.

Como retratado no filme *Coragem de viver*, ela recusou-se a desistir, mesmo tendo um braço amputado. Confiou que Deus lhe daria a coragem e a confiança de que necessitava.

A fé dessa jovem a impulsionou a viver intensamente, inspirando outros ao redor do mundo (2 Coríntios 1:3-5). Seu testemunho me lembra da obra de restauração relatada no livro de Neemias. Bethany foi à Tailândia para ministrar aos sobreviventes do tsunami. Em 2005, milhares de crianças ficaram órfãs depois que suas casas e muitas vidas foram destruídas na região costeira do sudeste asiático. Assim como Jerusalém, em ruínas (Neemias 2:17), grande parte da costa da Tailândia ficou arruinada.

Como Neemias, que disse ao povo que Deus tinha sido gracioso para com ele (v.18), Bethany falou aos órfãos da Tailândia sobre como a graça de Deus agiu em sua vida. Então, "com a prancha de surfe nas mãos, ela conduziu um receoso garoto de 8 anos para o meio das ondas na vila de Phuket... Depois de uns poucos minutos, ela o ajudou a se levantar na prancha e o medo dele se dissolveu num largo sorriso".

Quando Neemias testificou da bondade do Deus, o povo sentiu esperança e exclamou: "...Vamos começar a reconstrução!..." (v.18). A fé demonstrada por Bethany inspirou muita gente a reconstruir o que estava em ruínas.

Hoje, pense em como você pode compartilhar acerca do agir de Deus em sua vida a fim de inspirar outros a se levantarem vitoriosamente por Jesus. —Roxanne Robbins

Na 1–3; Ap 14

24 DE DEZEMBRO

O PRESENTE

LEIA

Lucas 2:25-35

Agora, Senhor, cumpriste a promessa que fizeste e já podes deixar este teu servo partir em paz. Pois eu já vi com os meus próprios olhos a tua salvação (vv.29,30).

EXAMINE

Encontre em Lucas 11:1-13 e Tiago 1:17 observações adicionais sobre o tipo de provedor que é o nosso grande Deus.

CONSIDERE

Alguma vez Deus lhe deu algo que não parecia ser um presente? De alguma forma esse "presente" acabou se tornando uma bênção? Por quais dons você agradecerá a Deus hoje?

A maioria das pessoas não diz que já pode morrer em paz. É preciso viver algo mais profundo para se expressar com tais palavras! Mas foi o que Simeão declarou ao segurar o bebê Jesus em seus braços. Ele disse a Deus: "...podes deixar este teu servo partir em paz" (Lucas 2:29).

A reação desse homem nos leva a uma questão: *O que exatamente Simeão viu Jesus fazer?* A resposta: *Nada*. Não há qualquer indício de que Jesus fez algum milagre nos primeiros anos de vida, nem havia um coral de anjos pairando sobre Ele. Provavelmente, Ele viveu igual a qualquer criança, contudo não tão comum assim. Porém, Simeão disse: "...eu já vi com os meus próprios olhos a tua salvação, que preparaste na presença de todos os povos" (vv.30,31).

Por que Simeão reagiu desse modo? Isto pode ser explicado em parte pelo ministério do Espírito Santo. Foi o Espírito que levou Jesus a Simeão e lhe revelou Sua verdadeira identidade, o tão esperado Messias (vv.25,26).

Que grande exortação para nos lembrar de que precisamos do Espírito para nos ajudar a ver Jesus claramente! Mas, além disso, penso que Simeão teve aquela reação porque foi fiel em toda a sua vida e realmente *conhecia* a Deus. Lucas o descreveu como "bom e piedoso", e sendo um homem de Deus, sabia que o Senhor é bom e amoroso (v.25). Assim, o servo do Senhor, seguramente também era bom e amoroso. Por Simeão ter confiado no Doador, ele foi capaz de ver a Dádiva (Jesus), porque Ele realmente era!

Para reconhecer as boas dádivas de Deus, precisamos nos concentrar não apenas na dádiva, mas no caráter do Doador. E se cremos num Pai bondoso, sábio e poderoso, então seguramente, Ele também dará o que é maravilhosamente bom!

—PETER CHIN

25 DE DEZEMBRO

O TEMPO CERTO

LEIA

Lucas 4:16-21

O Senhor me deu o seu Espírito. Ele me escolheu para levar boas notícias aos pobres [...] libertar os que estão sendo oprimidos e anunciar que chegou o tempo em que o Senhor salvará o seu povo (vv.18,19).

EXAMINE

Conheça em Mateus 5:3-10 as bênçãos que Deus tem dado a todo aquele que recebe Jesus como Salvador.

CONSIDERE

Deus já lhe mostrou o Seu favor. Você recebeu o dom da salvação? Se você é cristão, como a salvação em Jesus mudou a sua vida?

Na inauguração de uma agência missionária, meu amigo — líder desse ministério — falou sobre a missão e a visão da organização, apresentando de forma clara os alvos e os planos que tinha.

Jesus, no começo de Seu ministério público, apresentou Sua "mensagem inaugural" na sinagoga de sua cidade natal. Ele direcionou a atenção de todos para a profecia de Isaías (LUCAS 4:16-20).

Cerca de 700 anos antes, Isaías profetizou sobre a missão do Messias. "O SENHOR me deu o seu Espírito. Ele me escolheu para levar boas notícias aos pobres [...] para animar os aflitos, para anunciar a libertação aos escravos e a liberdade para os que estão na prisão [...] para anunciar que chegou o tempo em que o SENHOR salvará o seu povo" (ISAÍAS 61:1,2). Isaías 61 celebra a graça divina em libertar os judeus da escravidão, e proclama a glória de Deus em restaurar e abençoar os judeus após o exílio babilônico.

Depois de ler esta passagem das Escrituras, Jesus anunciou publicamente que *Ele* era o Messias que haveria de vir: "Hoje se cumpriu o trecho das Escrituras Sagradas que vocês acabam de ouvir" (LUCAS 4:21). Jesus declarou Sua missão (vv.18,19). Ele afirmou que Deus o havia enviado para nos resgatar (MATEUS 1:21), para curar os quebrantados pelo pecado (SALMOS 34:18; 147:3), para libertar os cativos de Satanás e do pecado (JOÃO 8:32-36; ROMANOS 6:6-8) bem como nos abençoar e nos restaurar (EFÉSIOS 1:3).

O Natal nos lembra que "chegou o tempo em que o Senhor salvará o seu povo" (LUCAS 4:19). E Paulo nos adverte a não rejeitar "a graça de Deus, a qual vocês receberam. Escutem o que Deus diz: Quando chegou o tempo de mostrar a minha bondade [...] chegou o dia da salvação" (2 CORÍNTIOS 6:1,2). —K. T. SIM

26 DE DEZEMBRO

A FONTE DA ALEGRIA

LEIA

Salmo 43:1-5

Então, irei ao altar de Deus, de Deus, que é a minha grande alegria... (v.4 ARA).

EXAMINE

Leia Lucas 10:17-22 para descobrir o que motivou Jesus a se regozijar grandemente e o que poderia nos levar também a nos alegrarmos.

CONSIDERE

O que traz alegria para você? O que significa para você encontrar alegria no Senhor?

Numa escala de 1 a 10, como você definiria seu nível de felicidade, hoje?

Quando faziam esta pergunta a uma amiga, sua resposta era: "1." Ela explicava: "Eu sou alegre, vivo uma vida tranquila, faço o que gosto, mas não sou feliz".

Alegria e felicidade são distintas, Oswald Chambers explica dessa forma: "Alegria é diferente de felicidade, porque felicidade depende das circunstâncias. Existem situações e coisas que não podemos controlar; a alegria não depende de nada disso".

Então, onde podemos encontrar a felicidade? Em Deus!

As muitas recomendações para se regozijar no Senhor (SALMOS 5:11; 9:2; 32:11; 40:16; FILIPENSES 3:1; 4:4) mostram ser possível a todos os cristãos sentir a alegria do Senhor. E por Deus ser o mesmo ontem, hoje e sempre, podemos nos regozijar em Seus atributos, assim como em Suas ações tanto nos dias bons como nos ruins.

O autor do Salmo 43 conhecia esta verdade objetivamente, mas se sentiu triste e desanimado. Estou certa de que todos nós podemos nos identificar com ele. Veja o que ele fez para alegrar-se novamente: Primeiro, falou com o Senhor sobre as circunstâncias (vv.1-4). O salmista pediu que a luz e a verdade pudessem guiá-lo a Deus e a Sua extraordinária alegria. Segundo, ele falou à sua alma (v.5). O pregador Martin Lloyd-Jones descreveu a importância de falarmos a nós mesmos: "Você já notou que a maior parte de sua infelicidade se deve ao fato de você estar se *ouvindo*, em vez de *falar a si mesmo*?".

Aprendamos com o salmista. Fale de esperança à sua alma quando as circunstâncias incitarem ao desânimo. Diga a si mesmo: "Porei minha esperança em Deus", "ainda o louvarei" porque "Ele é o meu Salvador e meu Deus" (v.5). —*POH FANG CHIA*

27 DE DEZEMBRO

HOSPITALIDADE

LEIA

Hebreus 13:1-3

Não deixem de receber bem aqueles que vêm à casa de vocês (v.2).

EXAMINE

Leia Hebreus 13:2 novamente. O que o impressiona sobre a possibilidade de encontrar anjos? Por que, em sua opinião, isto foi incluído nesta passagem?

CONSIDERE

Em que ponto você precisa ser mais hospitaleiro? Como a hospitalidade reflete a natureza amorável de Deus?

Em 2011, biólogos marinhos de todo o mundo devotaram sua atenção ao grupo de baleias cachalotes no Atlântico Norte; elas adotaram um jovem golfinho nariz-de-garrafa. Jens Krause, especialista em comportamento animal, relatou que esses animais "nunca foram conhecidos por agir em colaboração com outras espécies". Aparentemente, o jovem golfinho tinha um defeito na sua espinha dorsal e não podia nadar tão depressa para acompanhar os outros golfinhos. Mas, surpreendentemente, as baleias cachalotes trouxeram o golfinho com problemas para o seu grupo.

Essas baleias são um modelo para o que o povo de Deus deve fazer — receber os estrangeiros com amor, acolhendo-os em nossas comunidades. O escritor de Hebreus ordena à igreja: "Continuem a amar uns aos outros como irmãos em Cristo" (HEBREUS 13:1). Mas antes de demonstrar amor, devemos nos integrar em comunidades em que amor é o centro, formando assim nossa identidade. Precisamos viver o amor que é derramado sobre nós.

O amor jamais deve estar confinado em nós. Precisa ser repartido. "Não deixem de receber bem aqueles que vêm à casa de vocês" (v.2), dizem as Escrituras. Essa instrução, além de um mandamento moral, propõe boas-vindas, amizade e relacionamento, atende às necessidades dos outros e também os ajuda a levar seus fardos. "...Lembrem dos que sofrem, como se vocês estivessem sofrendo com eles" (v.3). Para sentir a dor dos outros, temos de permitir que cheguem bem perto de nós. Precisamos recebê-los em nosso círculo mais íntimo.

Teresa de Ávila encorajou esse tipo de hospitalidade bíblica. "Espalhe amor por onde quer que você for", disse ela. "Que ninguém venha a você sem se tornar mais feliz." —WINN COLLIER

Zc 1–4; Ap 18 ‹ A BÍBLIA em UM ANO

28 DE DEZEMBRO

PLATEIA DE UM

LEIA

2 Samuel 6:12-23

Eu estava dançando em louvor ao Senhor, que preferiu me escolher em vez de escolher o seu pai e os descendentes dele (v.21).

EXAMINE

Medite em Filipenses 1:21 sobre o que significa ser completamente dedicado a Jesus e aos Seus caminhos.

CONSIDERE

De que modo o orgulho pode nos impedir de louvar verdadeiramente a Deus? Por que, às vezes, somos influenciados por opiniões de outros? O que podemos fazer a esse respeito?

Como pregador, realmente me preocupo com meus sermões de domingo. Tenho de confessar que costumo cair na armadilha de me preocupar com o que o povo pensa sobre minha mensagem — não importando se ela foi claramente entendida, ou não, ou se o povo e o próprio Senhor foram ou não abençoados pelo que falei. Posso me preocupar mais em ter mais membros na igreja que gostem do que eu digo e aprovem minha mensagem. Por vezes, uma testa franzida, especialmente de alguém que eu conheço e por quem tenho respeito espiritual, pode comprometer seriamente minha linha de pensamento e me causar certo constrangimento.

Em 2 Samuel 6, Davi não se envolveu nessa obsessão quando dançou "com todo o entusiasmo diante da arca" (v.14). Seu comportamento não era de um rei nem condizente com um guerreiro. "Saul matou mil; Davi matou dez mil!" (1 SAMUEL 18:7). Guerreiros poderosos e reis não se comportam apaixonadamente, de modo tão intenso diante de seus súditos. O que seus comandantes devem ter pensado?

Mas Davi dançou diante do Senhor "com todo entusiasmo", porque Deus é digno de todo o louvor, e Ele deseja tudo de nós. O escritor do grande hino "Quando eu olho a maravilhosa cruz" faz uma perfeita colocação: "Amor tão imenso, tão divino, requer minha alma, minha vida, meu tudo".

Igualmente, em João 7:1-52, lemos sobre Jesus fazendo apaixonadamente tudo o que Seu Pai queria que Ele fizesse. Sua família, os judeus, as multidões e os fariseus, todos se voltaram contra Ele! Mas Jesus continuou, apesar das palavras rudes e ataques físicos. Somente a opinião de Seu Pai era o que importava. Que isso seja verdade para nós, ao servir apaixonadamente nosso Deus. —*RUSSEL FRALICK*

29 DE DEZEMBRO

BALANÇO ANUAL

LEIA

Eclesiastes 3:1-11

Deus marcou o tempo certo para cada coisa... (v.11).

EXAMINE

Leia Filipenses 4:11,12 e veja o que Paulo diz sobre encontrar contentamento em qualquer situação.

CONSIDERE

Com o que se parece a atual fase de sua vida? Como Deus pode ajudar você a encontrar o contentamento que o honre e glorifique?

Ao refletir sobre mais um ano que se foi, temos a tendência de propor um maior equilíbrio em todas as áreas de nossa vida para o ano seguinte. O escritor e pastor Andy Stanley sugere que nosso objetivo deve ser encontrar um ritmo para as mudanças nas fases da vida. Em vez de propor iguais quantidades de tempo em cada atividade para manter um estilo de vida equilibrado, há ocasiões que requerem maior ou menor tempo de trabalho, fazer mais ou menos exercícios, cortar ou adicionar certos alimentos em nossa dieta, e assim por diante.

O rei Salomão olhou para sua vida, cheia de excessos e se desapontou ao ver o pouco significado de tudo aquilo. "É ilusão, é ilusão, diz o Sábio. Tudo é ilusão" (Eclesiastes 1:2). Ele reconheceu, porém, que Deus torna as coisas belas no ritmo das mudanças, ao escrever: "Tudo neste mundo tem o seu tempo; cada coisa tem a sua ocasião" (3:1).

O contentamento vem quando entramos no compasso da mudança. O nascimento de uma criança ou a morte de um ente querido; começar algo novo e esperar que cresça e produza frutos (v.2); o momento em que terminamos algo que consome nossa força; o dia em que escolhemos dizer "sinto muito" e começamos a trabalhar pela nossa cura (v.3); o tempo de derrubar ou construir, chorar ou sorrir, ficar triste ou dançar de alegria, espalhar ou recolher, abraçar ou se afastar, procurar ou perder, economizar ou desperdiçar, rasgar ou remendar, ficar quieto ou falar, amar ou aborrecer, fazer guerra ou buscar a paz (vv.4-8).

Em todas as coisas, o tempo todo, encontrar um ritmo baseado na direção divina, com certeza nos trará mais satisfação do que lutar para encontrar o perfeito equilíbrio. —*Ruth O'Reilly-Smith*

30 DE DEZEMBRO

O MELHOR ESTÁ POR VIR

LEIA

Salmo 24:1-10

Abram bem os portões, abram os portões antigos, e entrará o Rei da glória (v.7).

EXAMINE

Leia Isaías 60 para saber como será a vida quando Jesus retornar.

CONSIDERE

Onde você desfruta o reino de Deus hoje? De que maneira isso pode levá-lo a se interessar mais em aguardar o retorno de Jesus?

Comprei um lote de rolos de papel higiênico a fim de ter um reembolso parcial. O formulário de reembolso indicava o endereço: "Estrada da Glória." Sério? Eu não matei um dragão nem venci um campeonato. Apenas comprei papel higiênico. Então ri muito com o endereço que escrevi no envelope.

O mundo costuma exagerar suas conquistas e nós fazemos o mesmo. Usamos as redes sociais para postar o "incrível" fim de semana com nossas "fantásticas" crianças, quando tudo o que fizemos foi lanchar e ir à praia. Se já usamos superlativos para descrever piqueniques, não vai sobrar nada para o que for realmente espetacular.

É importante nos lembrarmos da tentação de exagerar na descrição do reino de Deus. Jesus disse que Seu reino *já* está aqui — pois "o Reino de Deus já chegou até vocês" (MATEUS 12:28) — e também que ainda não chegou. Ele nos ensinou a orar: "Pai [...] Venha o Teu reino" (LUCAS 11:2). Devemos celebrar Seu reino agora, mas não de forma que diminui o que está por vir.

É bom para a igreja plantar hortas comunitárias, lutar contra a injustiça e ajudar aos necessitados, mas não deveríamos deixar a impressão de que estes esforços são a consumação do reino. Se exagerarmos o que temos feito, poderemos levar os outros a se sentirem deprimidos. *É isto tudo o que o reino deveria ser? É isto tão bom quanto deveria ser?*

O Salmo 24 expressa nosso conflito. Aprecie a vida agora, porque "...ao SENHOR Deus pertencem o mundo e tudo o que nele existe..." (v.1). Mas nunca deixe de ansiar pelo retorno do Rei. Nosso mundo será infinitamente melhor quando Ele voltar, então, "abram bem os portões, abram os portões antigos, e entrará o Rei da glória!" (v.9). —MIKE WITTMER

31 DE DEZEMBRO

MUDANÇA RADICAL

LEIA

Atos 4:13-20

Não podemos deixar de falar daquilo que temos visto e ouvido (v.20).

EXAMINE

Veja no Salmo 51:17 como Deus recebe aqueles que se arrependem do pecado. Leia Tito 1:16 para ver o que acontece com uma pessoa que nega a Cristo e como ela vive.

CONSIDERE

Como você reagiria se alguém o mandasse "ficar calado" a respeito de Jesus? Você acha que a vida de Pedro se tornou melhor ou pior depois que ele se arrependeu de ter negado a Jesus? Por quê?

Tentando fazer um *quadruple toe loop*, o skatista olímpico Jeremy Abbott girou no ar e caiu. Surpreendentemente, Abbott se levantou e reassumiu sua exibição. O restante de sua apresentação incluía duas manobras extremamente difíceis, porém muito bem executadas. No final, sua perseverança lhe rendeu o respeito dos espectadores.

O maior erro de Pedro foi predito por Jesus: "Você dirá três vezes que não me conhece" (Lucas 22:32). No dia seguinte, Jesus foi preso e levado à casa do sumo-sacerdote. Pedro o seguiu à distância; mas quando foi identificado por uma criada como amigo do Salvador, ele rejeitou essa declaração. Duas vezes mais Pedro negou qualquer ligação com Ele. Finalmente, lembrou-se das palavras de Jesus e chorou.

Quando Jesus falou sobre a negação de Pedro, também declarou que o discípulo se arrependeria e voltaria para Ele (v.32). Pedro foi restaurado de seu erro espiritual. Depois que Cristo ressuscitou, o apóstolo empenhou-se com zelo em proclamar as boas-novas. Quando os líderes religiosos reconheceram Pedro e João como discípulos de Cristo, ordenaram que eles se calassem. Nessa ocasião, porém, o discípulo não se envergonhou de sua lealdade a Jesus. Ele disse: "Não podemos deixar de falar daquilo que temos visto e ouvido" (Atos 4:20).

Depois de terem sido açoitados, eles entraram no templo e seguiram pregando de casa em casa que "Jesus é o Messias" (v.42). Pedro também escreveu duas cartas para encorajar os cristãos a viver para Deus e adorar a Cristo "...como Senhor..." (1 Pedro 3:15).

A vida de Pedro prova que você pode retomar seu relacionamento radical com Jesus, mesmo depois de ter cometido sérios erros (Atos 4:13). —*Jennifer Benson Schuldt*

ENFOQUE

> **QUAL SERIA A COISA MAIS SÁBIA PARA EU FAZER SE HOJE FOSSE O MEU ÚLTIMO DIA NA TERRA?**
>
> —Raymond

Há inúmeras coisas que você poderia fazer, se hoje fosse o seu último dia na Terra. Como por exemplo: deliciar-se com alimentos, roubar um banco, ir às compras, despedir-se de seus entes queridos, perdoar, reconciliar-se, planejar o próprio funeral etc. Porém, a coisa mais sábia a fazer dependerá, em parte, do que você prioriza.

Se este fosse o meu último dia na Terra, gostaria de passar tempo com os meus familiares e — com eles — preparar-me para a eternidade. Gostaria de estar pronto para me encontrar com o meu Deus!

Isso foi o que um criminoso condenado fez. Dois criminosos foram crucificados com Jesus, que afirmava ser o Filho de Deus (LUCAS 23:32,39-43). Um desses criminosos estava consciente de que aquele seria o seu último dia na Terra. Em poucas horas, ele estaria morto! Aterrorizado, esse homem sabia que compareceria diante do tribunal de Deus a fim de prestar contas sobre a maneira como viveu (AMÓS 4:12). Ele admitiu os erros que cometeu, e que merecia aquela justa punição (LUCAS 23:40,41). Acreditava na inocência de Jesus e que, de fato, Ele era quem afirmava ser — o Messias (v.39). Assim, esse criminoso confiou sua eternidade ao Rei dos judeus (v.42). Em troca, Jesus lhe deu esta garantia: "...hoje você estará comigo no paraíso" (v.43).

Este foi um momento transformador na vida de um homem condenado. Todo o seu antecedente criminal e pecaminoso do passado tinha sido apagado e seu destino futuro transformado e assegurado por toda a eternidade. Pois "...já não existe nenhuma condenação para as pessoas que estão unidas com Cristo Jesus" (ROMANOS 8:1). Crer em Jesus foi a coisa mais sábia que esse homem fez em toda a sua vida.

Agora já não existe nenhuma condenação para as pessoas que estão unidas com Cristo Jesus.
—Romanos 8:1

Da mesma forma, a coisa mais sábia para você fazer hoje, visto que este poderia ser o seu último dia na Terra, é estar preparado para comparecer diante Deus. Se você crê em Jesus, está pronto. Não precisa temer ao se preparar para se encontrar com o seu Deus! Você está pronto para a eternidade com Ele (João 14:1-3).

—K. T. Sim

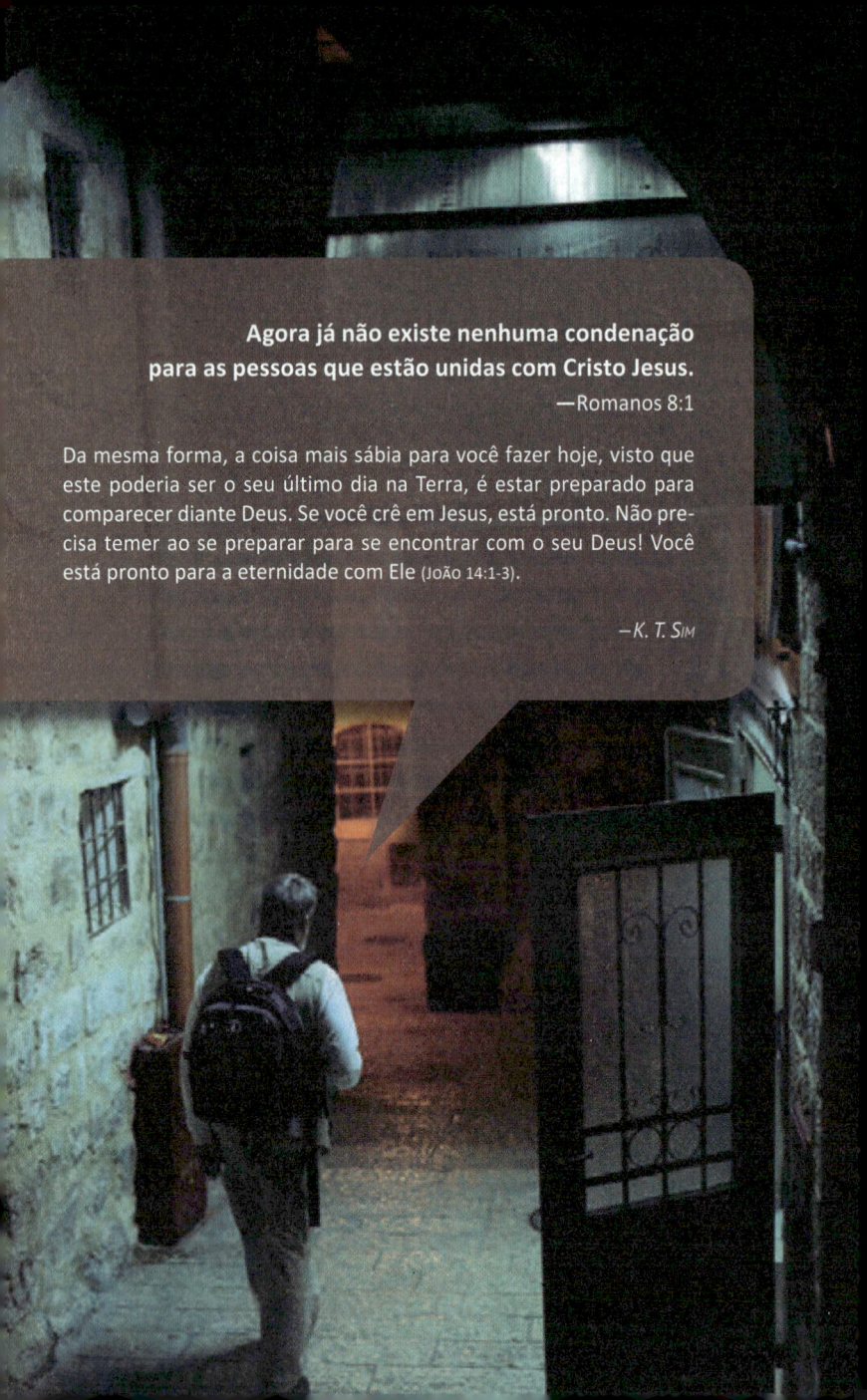

ENFOQUE

O QUE POSSO FAZER PARA FORTALECER MINHA FÉ EM DEUS E COLOCAR MINHA CONFIANÇA TOTALMENTE NELE — E SABER QUE TUDO DARÁ CERTO? (MEU MARIDO TEM CÂNCER TERMINAL.)

—Ann

A fé é fortalecida quando é exercitada. Os músculos de um atleta só se fortalecem à medida que são exercitados. Acontece o mesmo com a fé.

Imagino que alguns de seus amigos enfrentaram a morte do marido ou da esposa por causa de um câncer. Isso significa que você está adentrando em um território desconhecido, e que a única opção que tem é confiar em Deus. Sua fé será fortalecida durante o processo, mas não antes.

Jesus, como um ser humano que vivenciou as mesmas emoções que experimentamos, certamente preferiria evitar a extrema prova de Sua vida. Lembra o que aconteceu horas antes de Ele ser preso?

"Jesus foi com os discípulos para um lugar chamado Getsêmani e lhes disse: — Sentem-se aqui, enquanto eu vou ali orar. [...] Aí ele começou a sentir uma grande tristeza e aflição e disse a eles: — A tristeza que estou sentindo é tão grande, que é capaz de me matar. Fiquem aqui vigiando comigo. Ele foi um pouco mais adiante, ajoelhou-se, encostou o rosto no chão e orou: — Meu Pai, se é possível, afasta de mim este cálice de sofrimento! Porém que não seja feito o que eu quero, mas o que tu queres" (Mateus 26:36-39).

Jesus disse: "o empregado não é mais importante do que o patrão, e o mensageiro não é mais importante do que aquele que o enviou" (João 13:16). Se o nosso Senhor experimentou conflitos emocionais, podemos esperar o mesmo para nós. Como Ele, devemos submeter nosso sofrimento e dor emocional, comprometendo-nos a confiar em Deus durante momentos de grande aflição (Mateus 16:24-27).

Na provação que você enfrenta, Satanás incitará o seu medo e desespero. Você lutará com emoções obscuras que darão a impressão de dominá-lo. Porém, o Espírito Santo estará com você, trazendo-lhe conforto e sabedoria no momento em que mais precisar (João 14:16,26).

Assim como Jesus procurou a companhia de Seus discípulos, você necessitará do apoio de pessoas. Dentro do possível, elas ajudarão a carregar a sua carga. Busque comunhão com outros cristãos que já passaram pelo que você enfrenta, e jamais se esqueça: assim como compartilhamos do sofrimento do nosso Senhor, compartilharemos Sua vitória (Romanos 8:31-37; 1 Coríntios 15:51-58).

–*Dan Vander Lugt*

ENFOQUE

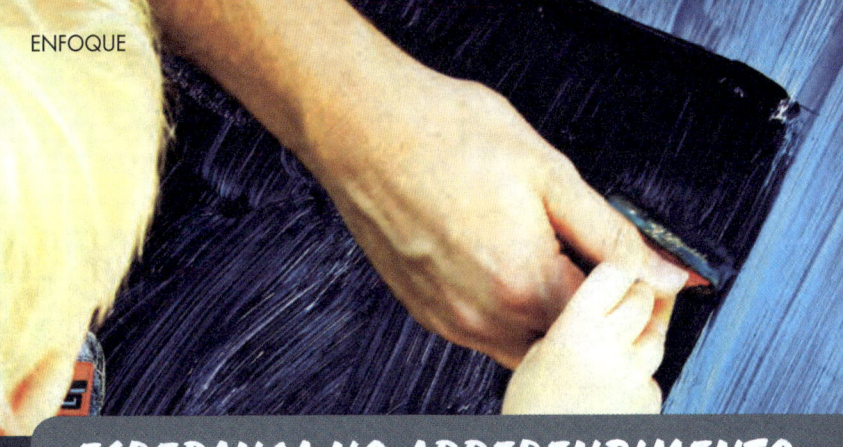

ESPERANÇA NO ARREPENDIMENTO

De acordo com sua mãe, M.L. era um filho maravilhoso que aos 14 anos se envolveu com drogas e álcool. Com os anos, devido a uma série de escolhas erradas, sua vida degringolou e ele acabou sendo preso e condenado por assalto à mão armada. Para o alívio de seus pais, sua sentença foi suspensa e ele parecia estar se saindo melhor — até que repentinamente pôs fim à sua vida. Ele deixou um bilhete desculpando-se por toda a dor e os problemas que tinha causado. Olhando para trás, sua mãe, arrasada, disse: "Nós o perdoamos... ele não conseguiu perdoar a si mesmo".

Como essa mãe enlutada, podemos saber o que significa nos sentirmos desesperançosos aos vermos um familiar ou um amigo perder a esperança. Ou talvez tenhamos visto as mesmas emoções no espelho. Muitos de nós descobrimos que pode ser bem mais fácil perdoar outros do que parar de nos culpar pelo que fizemos ou deixamos de fazer.

Ao longo do caminho, talvez possamos ter ouvido outros falando sobre suas próprias lutas para abandonar o passado ou, melhor ainda, para encontrar meios de usar o que aprenderam com suas perdas como maneira de ajudar outros a prosseguirem. No processo, muitos descobriram que há dois tipos de arrependimento. Um amarra você ao passado, o sobrecarrega e torna a vida no presente muito difícil. O outro, nos liberta para aprendermos com nossos fracassos, ajuda a moldar o caminho adiante e nos dá asas.

Mas saber que precisamos abrir mão daquilo que não podemos mudar é mais fácil do que fazê-lo. Se a desesperança se estabelecer, talvez seja necessário um cuidado profissional, um momento e um local para a cura e seu progresso, além de encorajamento paciente por parte da família e amigos.

Em meio à luta, muitos encontraram ajuda na sabedoria misericordiosa da Bíblia. Por exemplo, a segunda carta do apóstolo Paulo aos coríntios descreve dois tipos de arrependimento (2 Coríntios 7:8-12). Paulo, no entanto, faz mais do que descrever a diferença entre os tipos de arrependimento que nos edificam ou nos derrubam. Ele também descreve um tipo de tristeza que dá uma chance a Deus de fazer por nós o que não podemos fazer por nós mesmos (v.10).

Para compreender o que Paulo tinha em mente, é importante saber que ele estava escrevendo a partir de sua própria experiência. Ele jamais esqueceria os erros de seu passado. Anos antes, enquanto ainda era conhecido como Saulo, ele fizera parte da multidão religiosa que tinha apedrejado um homem até a morte (Atos 7:57–8:1). Mais tarde, numa fúria assassina, Paulo foi de casa em casa, arrastando homens e mulheres que eram conhecidos como seguidores de Jesus (8:3; 9:1,2). O que aconteceu em seguida, pegou Paulo de surpresa. Ele jamais seria o mesmo. De acordo com seu próprio relato, foi na estrada para Damasco, Síria, que ele encontrou o Cristo ressurreto (9:3-9). Anos mais tarde, Paulo escreveria com grande emoção: "...Cristo Jesus veio ao mundo para salvar os pecadores, dos quais eu sou o pior" (1 Timóteo 1:15).

Ainda que Paulo jamais tenha esquecido as coisas terríveis que disse contra Jesus ou o mal que fez contra os que agora considerava família (v.13), ele passou o resto de sua vida tentando ajudar aqueles a quem tinha perseguido e amando a Jesus, a quem uma vez tinha odiado.

Mas como podemos explicar a dimensão que Paulo alcançou para ajudar aqueles a quem antes odiava? Continuou ele sofrendo mais por Cristo do que qualquer um de sua geração por redirecionar o zelo que antes o tinha tornado um homem tão irado?

Paulo deu aos seus leitores a resposta para essa pergunta. Ele estava convencido de que enquanto os erros que tinha cometido foram por

> **"...NO ENTANTO NÃO SOU EU QUEM TEM FEITO ISSO, E SIM A GRAÇA DE DEUS QUE ESTÁ COMIGO"**
> (1 Coríntios 15:10).

conta própria, o crédito por sua transformação de vida pertencia a Deus. Ao reconhecer o arrependimento e a profunda gratidão, Paulo escreveu: "De fato, eu sou o menos importante dos apóstolos e até nem mereço ser chamado de apóstolo, pois persegui a Igreja de Deus. Mas pela graça de Deus sou o que sou, e a graça que ele me deu não ficou sem resultados. Pelo contrário, eu tenho trabalhado muito mais do que todos os outros apóstolos. No entanto, não sou eu quem tem feito isso, e sim a graça de Deus que está comigo" (1 Coríntios 15:9,10).

Para Paulo, lembrar de si mesmo como um perseguidor religioso assassino que viveu tempo o bastante para ver o perdão e a graça de Deus que transformam vidas não se tratava apenas dele. Era um presente divino para aqueles que se encontram oprimidos por seu passado, incapazes de abrir mão e precisam desesperadamente da ajuda que Paulo agora oferece como as imensas riquezas de Cristo (Efésios 3:7,8).

Pai celestial, graças por não nos pedires para que apenas pensemos no tipo de perdão e esperança que desesperadamente precisamos. Por favor, mostra-nos novamente hoje o que significa experimentar, em nosso arrependimento, a graça que nos capacita a abrir mão do passado e a alcançar o que tu queres fazer em e por meio de nós.

— MART DEHAAN

Adaptado do artigo *Hope and regret* do livro *Been thinking about* © 2014 Ministérios Pão Diário.